삶은 장소에서 일어난다

이 저서는 2018년 대한민국 교육부와 한국연구재단의 지원을 받아 수행된 연구
임 (NRF—2018S1A6A3A03043497)

삶은 장소에서 일어난다

현상학 | 생활세계 | 장소 만들기

Life Takes Place　데이비드 시먼 지음　최일만 옮김

앨피

모빌리티인문학 Mobility Humanities

모빌리티인문학은 기차, 자동차, 비행기, 인터넷, 모바일 기기 등 모빌리티 테크놀로지의 발전에 따른 인간, 사물, 관계의 실재적 · 가상적 이동을 인간과 테크놀로지의 공-진화co-evolution라는 관점에서 사유하고, 모빌리티가 고도화됨에 따라 발생하는 현재와 미래의 문제들에 대한 해법을 인문학적 관점에서 제안함으로써 생명, 사유, 문화가 생동하는 인문-모빌리티 사회 형성에 기여하는 학문이다.

모빌리티는 기차, 자동차, 비행기, 인터넷, 모바일 기기 같은 모빌리티 테크놀로지에 기초한 사람, 사물, 정보의 이동과 이를 가능하게 하는 테크놀로지를 의미한다. 그리고 이에 수반하는 것으로서 공간(도시) 구성과 인구 배치의 변화, 노동과 자본의 변형, 권력 또는 통치성의 변용 등을 통칭하는 사회적 관계의 이동까지도 포함한다.

오늘날 모빌리티 테크놀로지는 인간, 사물, 관계의 이동에 시간적 · 공간적 제약을 거의 남겨두지 않을 정도로 발전해 왔다. 개별 국가와 지역을 연결하는 항공로와 무선 통신망의 구축은 사람, 물류, 데이터의 무제약적 이동 가능성을 증명하는 물질적 지표들이다. 특히 전 세계에 무료 인터넷을 보급하겠다는 구글Google의 프로젝트 룬Project Loon이 현실화되고 우주 유영과 화성 식민지 건설이 본격화될 경우 모빌리티는 지구라는 행성의 경계까지도 초월하게 될 것이다. 이 점에서 오늘날은 모빌리티 테크놀로지가 인간의 삶을 위한 단순한 조건이나 수단이 아닌 인간의 또 다른 본성이 된 시대, 즉 고-모빌리티high-mobilities 시대라고 말할 수 있다. 말하자면, 인간과 테크놀로지의 상호보완적 · 상호구성적 공-진화가 고도화된 시대인 것이다.

고-모빌리티 시대를 사유하기 위해서는 우선 과거 '영토'와 '정주' 중심 사유의 극복이 필요하다. 지난 시기 글로컬화, 탈중심화, 혼종화, 탈영토화, 액체화에 대한 주장은 글로벌과 로컬, 중심과 주변, 동질성과 이질성, 질서와 혼돈 같은 이분법에 기초한 영토주의 또는 정주주의 패러다임을 극복하려는 중요한 시도였다. 하지만 그 역시 모빌리티 테크놀로지의 의의를 적극적으로 사유하지 못했다는 점에서, 그와 동시에 모빌리티 테크놀로지를 단순한 수단으로 간주했다는 점에서 고-모빌리티 시대를 사유하는 데 한계를 지니고 있었다. 말하자면, 글로컬화, 탈중심화, 혼종화, 탈영토화, 액체화를 추동하는 실재적 · 물질적 행위자agency로서의 모빌리티 테크놀로지를 인문학적 사유의 대상으로서 충분히 고려하지 못했던 것이다. 게다가 첨단 웨어러블 기기에 의한 인간의 능력 향상과 인간과 기계의 경계 소멸을 추구하는 포스트-휴먼 프로젝트, 또한 사물 인터넷과 사이버 물리 시스템 같은 첨단 모빌리티 테크놀로지에 기초한 스마트 도시 건설은 오늘날 모빌리티 테크놀로지를 인간과 사회, 심지어는 자연의 본질적 요소로 만들고 있다. 이를 사유하기 위해서는 인문학 패러다임의 근본적 전환이 필요하다.

이에 건국대학교 모빌리티인문학 연구원은 '모빌리티' 개념으로 '영토'와 '정주'를 대체하는 동시에 인간과 모빌리티 테크놀로지의 공-진화라는 관점에서 미래세계를 설계하기 위한 사유 패러다임을 정립하려고 한다.

감사의 말

이 책을 쓰면서 나는 최상의 장소현상학을 저술한 다섯 명의 학자, 에드워드 케이시·제프 말파스·로버트 무게라워·에드워드 렐프·잉그리드 레만 스테파노빅에게 감사하고 싶다. 이들이 나의 관점과 결론에 서로 다른 방식으로 동의하거나 동의하지 않을 것임은 알지만, 이들의 노력은 내가 제시한 논증의 많은 토대 작업을 제공했다. 넓은 마음으로 각 장의 초고를 읽어 준 동료들, 존 카메론·비키 킹·클라우디아 마우스너·수 마이클·제니 퀼리엔·스티븐 우드에게도 감사한다. 이들의 통찰 있는 제안과 비판은 고마운 것이었고, 이 책에 더 강하고 더 나은 통합성을 주었다. 이 책의 도판 작업을 도와준 캔자스 주립 대학의 동료 레이 스트리터에게 감사한다. 장소에 대한 정의를 제공해 달라는 나의 요청에 응답해 준 친구들과 동료들에게 감사한다(이는 5장에서 검토할 것이다). 이들은 밥 바잔, 훌리오 베르무데스, 존 카메론, 아냐 클라우스, 린다 핀레이, 토니노 그리페로, 징 한, 레나 홉쉬, 수전 잉엄, 비키 킹, 토머스 라슨, 피터 로렌스, 제프 말파스, 클라우디아 마우스너, 수 마이클, 댄 파머, 아야 페리-베이더, 그랜트 프라이스, 제니 퀼리엔, 에드워드 렐프, 커스틴 세일러, 에바 심스, 잉그리드 레만 스테파노빅, 페트르 우르반, 제레미 웰즈, 팀 화이트, 스티븐 우드이다. 같은 학과 동료 게리 코츠에게도 감사한다. 그는 30년도 더 전에 나를

5

구슬러 캔자스 주립대학에 가게 했고, 내내 믿음직한 친구이자 맹우였다. 그가 없었으면 나의 직업적 삶은 정말로 재미없고 보람 없는 것이 되었을 것이다. 교육자이자 현상학자인 막스 반 매넌에게 특히 감사한다. 이 책을 쓸 원동력을 준 것이 그였다. 그가 사려 깊은 비판과 친절한 지지를, 개념적·방법론적 불일치의 지점에서도 아끼지 않은 덕에 원동력은 더욱더 강해졌다.

베넷 저작의 구절에 의거하여 글을 쓰는 것을 허가해 준 "J. G. 베넷의 유산"의 대표자 벤 베넷에게도 감사한다. 자신의 저작《변동》에 실린 몇 가지 도판의 사용을 허락해 준 폴 크레이펠에게도 감사한다. 2장, 10장, 16장의 일부는《인권과 환경 저널》에서 처음 출간된 논문〈실감되는 신체, 장소, 현상학〉에서 가져온 것이다(Seamon, 2013b). 이 논문들의 사용을 허가해 준 저널 편집자 애너 기어와 에드워드 엘가 출판사에 감사한다. 3장, 13장, 15장은《공간문법 저널》에서 처음 출간되었던 논문〈장소를 전체적으로 이해하기: 도시, 상호상승적 관계성, 공간문법〉에서 가져온 것이다(Seamon, 2015c). 이 논문들의 사용을 허가해 준 저널 편집자 대니얼 코크와 런던 바틀렛 건축 학교에 감사한다.

오스트레일리아의 화가 수 마이클Sue Michael에게도 감사한다. 그녀는 자신의 경이로운 장소 3부작〈불레루 뒤뜰Booleroo Backyard〉을 책 표지로 사용하는 것을 허가해 주었다. 불레루는 오스트레일리아 남부의 서던 플린더스 레인지스에 있는 작은 마을이다. 마이클은 회화의 배경을 설명해 주면서, 이 뒤뜰 정원을 돌보던 93세 여성을 이렇게 묘사했다. "그녀는 종종 아침과 오후 내내 자기 정원에서 일을 했어요. 사계절 내내요. 참을 수 없이 더운 날에도, 그녀가 관목 아래에서 잡초를 뽑고 있는 것을 볼 수 있었지요."

내가 이 책에서 제시하는 사고, 목표, 희망은 세 명의 뛰어난 사유자에게 깊은 영향을 받은 것이다. 나는 이들과 함께 공부할 수 있는 행운을 얻었다. 첫째, 지리학자 앤 버티머는 나를 현상학으로 이끌어 현상학이 환경 연구와 건축 연구를 위한 재생적 가능성을 가질 수 있음을 알려 주었다. 둘째, 철학자 헨리 보토프트는 현상학적으로 현상학을 가르쳐 주었으며, 전체성과 속함에 대한 괴테 자연학과 현상학에 대한 관심을 북돋워 주었다. 셋째, 철학자 J. G. 베넷은 세계에 알아야 할 것이 얼마나 많은지, 특히 형언하기 어려운 것이 얼마나 많은지를 깨닫게 해 주었다. 이 세 사유자들은 나의 지적·정서적·윤리적 성장에 막대한 도움을 주었다. 나는 이들에게 큰 빚을 졌다.

이 책을 작고하신 어머니와 아버지께 바친다. 어머니와 아버지는 내가 이해할 수 없는 세계로 나를 낳아 주었다. 이 세계를 알고 받아들이는 방도를 찾으려는 마음이 나를 현상학으로 이끌었고, 가장 비호의적인 장소조차 희망과 가능성을 제공한다는 사실을 깨닫도록 해 주었다. 이 희망과 가능성은, 우리가 그 너머까지 나아가서 원망 섞인 고마움으로 돌아볼 때에야 상상하기 힘든 방식으로 일어난다.

데이비드 시먼
미국 캔자스 주 맨해튼 애지빌의
블루스템 카페에서

　건국대학교 모빌리티 인문학 연구원의 지원으로 출간하게 된《삶은 장소에서 일어난다》한국어판에 서문을 쓰게 되어 영광이다. 내 책의 개념적 · 실천적인 잠재적 가치를 알아봐 준 샹이저우 교수에게 감사를 표하고, 훌륭한 번역을 해 준 철학자 최일만에게도 감사한다.

　《삶은 장소에서 일어난다》에서 내가 논하는 바는, 현재 우리가 처해 있는 지리적 모빌리티, 디지털 테크놀로지, 전 지구적 상호연결의 시대에도, 실제-세계 장소와 장소 체험은 인간의 삶과 안녕에 불가결하다는 것이다. 나는 환경 사상가 에드워드 케이시, 제프 말파스, 에드워드 렐프가 저술한 최신 장소현상학에 의거하여, 장소 및 실감되는 장소 잡기가 어떻게 인간의 체험의 필수적 일부인지, 인간 존재가 어떻게 언제나 이미 장소-내-인간-존재인지를 고찰한다. 케이시가 공언하듯이, "존재함은 장소 내에 존재함이다." 이러한 의미에서, 현재 우리의 이동적 초근대 세계에서도 인간의 삶은 장소 없이는 불가능하다.

　《삶은 장소에서 일어난다》에서 나는 장소를 더 포괄적으로 이해하고자 구체적 장소 및 장소 체험 사례에 의거한다. 내가 공동상승적 관계성이라고 부르는 전체론적 이해 방식을 옹호하면서, 나는 세 가지 상보적인 관점에서 장소, 장소 체험, 실감되는 장소 잡기를 고찰한다. 그것은 첫째, 전체론적 관점, 둘째, 변증법적 관점, 셋째, 생성적 관점이다. 이 세 관점 각각이 다양한 장소 유형과 장소 체험에 충실한 상보적 체험, 상황, 행위, 의미의 스펙트럼을 가리킨다고 논한다. 이 세 관점 각각이 장소를 개념적으로 이해할 대조적이지만 상보적인 방도를 제공한다고 나는 제안한다. 인간 삶의 질은 탄탄한 장소 및 창조적이며 실현된 장소 만들기와 불가피하게 관련되어 있다고 나는 주장한다.

인간 모빌리티 연구와 관련하여, 장소 및 장소 체험의 변증법적 면모는 특히 중요하다. 인간의 삶과 환경적 체험은 언제나 운동과 정지, 집과 여정, 여기와 저기, 고정성과 흐름 사이의 실감되는 변증법을 포괄하기 때문이다. 오늘날의 상호연결된 세계는 세계화, 디지털 테크놀로지, 물리적 유동성이 지배하고 있다. 이로 인해 학계는 모빌리티, 네트워크, 결합체, 리좀, 초물리적 이동, 그 밖에 연속적이고 역동적인 변화를 전제하고 촉진하는 지리적 · 사회적 요인 및 과정을 강조하게 되었다. 《삶은 장소에서 일어난다》에서 나는 운동과 정지 양쪽 모두 인간의 삶에 불가결하다는 점, 사람의 실감되는 지리학을 포괄적으로 이해하는 데에 양쪽 모두를 고려해야 한다는 점을 강조한다. 어려운 개념적 · 실천적 물음은, 장소/모빌리티의 얽혀 있고 불가분한 이들 두 성질이 어떻게 단절되지 않고 함께 묶일 수 있느냐는 것이다. 장소와 모빌리티를 통합적인 방식으로 사고하는 데에, 또한 "좋은 삶"이란 장소나 모빌리티 중 한쪽이 다른 쪽에 둘러싸이거나, 우회되거나, 대체되는 세계에서는 아마도 불가능하리라는 점을 깨닫는 데에, 장소 체험의 변증법적 면모에 대한 나의 논의가 하나의 개념적 수단을 제공해 주기를 희망한다.

장소 및 장소 체험의 과정적 면모에 대한 나의 설명은 인간 모빌리티 연구에 유용할 가능성이 있다. 장소는 언제나 시간에 걸쳐 변화한다. 나는 이 점을 인지하고서, 장소 상호작용, 장소 정체성, 장소 해방, 장소 실현, 장소 증진, 장소 창조라고 이름 붙인 여섯 과정을 식별함으로써 장소의 생성적 차원을 고찰한다. 건축, 계획, 도시설계에서 온 실제적 사례에 의거하여 내가 논하는 바는, 이러한 여섯 장소 과정에 대한 이해가, 탄탄한 장소를 생산하고 생동적 환경적 체험을 촉발하는 더욱 철저한 장소 만들기에 기여할 수 있으리라는 점이다. 우리는 모빌리티의 다양한 유형 및 모빌리티 체험의 양상이 어떻게 이 여섯 장소 과정을 지지하거나 침해하는지를 묻고, 이어서 모빌리티와 인간의 이동의 측면에서 볼 때 이러한 장소 과정에 지리학적으로 대응하는 실감되는 등가물이 무엇인지 물을 수 있을 것이다.

가장 포괄적으로 이해할 때, 이 책에서 나의 목표는 장소와 환경이 인간의 삶에서 불가결한 역할을 행하는 다차원적 방식을 찾아내고 기술하는 것이다. 장소와 장소 만들기에 관한 나의 작업을 지원해 준 모빌리티 인문학 연구원에 감사한다. 나는 지구상의 수많은 놀라운 장소들이 번영하기를 기원한다. 그리고 동요하는 장소들을 재건할 방법, 새로운 생동적 장소를 만들 방법을 우리가 찾아내기를 기원한다!

2019년 9월 미국 캔자스주 맨해튼에서

데이비드 시먼

차례

일러두기

원어 표기 인명이나 지명은 외래어 표기용례를 따랐다. 단, 널리 알려진 이름이나 표기가
　　굳어진 명칭은 그대로 사용했다. 본문에서 주요 인물(생몰연대)이나 도서, 영화 등의
　　원어명은 맨 처음, 주요하게 언급될 때 병기했다.

출처 표시 주요 인용구 뒤에는 간략한 출처를 표시했다. 상세한 서지 사항은 책 뒤 〈참고
　　문헌〉 참조.

작품 제목 본문에 나오는 도서와 영화 등 작품 제목은 원 제목을 번역 표기하는 것을 원
　　칙으로 하되, 국내에 번역 출간된 도서는 그 제목을 따랐다.

본문 강조 본문에 굵은 서체로 강조된 것은 원 저자의 강조이다.

옮긴이주 옮긴이가 독자의 이해를 돕고자 붙인 주석은 본문 각주에 〔옮긴이주〕 또는 본문
　　안에 〔　〕 형태로 표기했다.

1
삶은 장소에서 일어난다: 서론

내가 이 책의 집필을 마쳤을 때, 허리케인 하비가 텍사스주 휴스턴시를 강타했다. 하비는 9조 갤런의 물을 도시에 퍼부었다. 가로세로 4마일에 높이 2마일의 액체 육면체를 만들 수 있을 양이었다. "미국 역사상 가장 극심한 호우"라고 묘사된 이 "천 년에 한 번 올까 말까 할" 폭풍은 텍사스 공동체를 폐허로 만들고 텍사스인의 삶을 뿌리 뽑았다. "돌아갈 집이 되어 줄 장소가 없으면 우리는 어떡하지요?" 한 생존자가 눈물을 글썽이며 물었다. 그녀는 카약 위에 있던 집을 포기했고, 그녀의 아들은 어머니의 집이 인접한 자기 집 옆으로 떠내려가는 것을 막 본 참이었다. 아들이 설명했다. "우리는 집으로 가고 싶어요. 하지만 갈 집이 없어요."[1] 하비 같은 극단적 기상재해 시기에 대중의 관심은 인간 삶에서 장소, 장소 체험, 장소 애착이 가지는 압도적인 중요성으로 쏠

....

[1] 허리케인 하비에 대한 이 정보는 *New York Times*, Saturday, September 2, 2017, A1쪽, A10–A11쪽, A18쪽의 기사에 근거한 것이다. 생존자의 말은 A10쪽에 인용되어 있다.

린다. 그러나 대부분의 경우, 일상적 삶이 무미건조하고 별일 없이 진행되는 동안 이 압도적으로 중요한 것들은 마치 당연한 것인 양 여겨진다. 이 책에서 나는 인간의 삶에 장소, 장소들, 장소 체험이 왜 불가결한지, 어떻게 불가결한지, 그리고 하비의 생존자 같은 사람들이 장소를 잃을 때에 실존적·체험적으로 무슨 일이 일어나는지를 현상학에 의거하여 검토하려 한다.

내 주장에 초점을 맞추기 위한 주제적 실마리로서 나는 일상적 표현, "삶은 장소에서 일어난다〔삶은 장소를 취한다〕life takes place"를 이용하겠다. 생각해 보면 이 관용구는 당혹스럽다. 왜 삶은 장소를 "취하는가?" 이때 "취한다"라는 말이 뜻하는 바는, "배움은 노력을 취한다"든가 "치료는 시간을 취한다"는 표현에서처럼 "요구하다"라는 것인가? 삶이 장소를 요구한다는 말은 무엇을 뜻할 수 있는가? 오늘날의 초근대적 시대에, 자율적 개인이 자기 적소適所로 삼는 환경이나 장소와 독립적으로 세계로 나아가는 일이 인간적 삶에서 극히 빈번히 일어나는 때에, 저 관용구가 말이 되기는 하는가? 저 "삶은 장소를 취한다"라는 말이 오늘날에 갖는 실존적·지리적 견인력은 과거의 사람과 과거의 장소에 비해 훨씬 작지 않은가? 하비 생존자들이 겪었던, 심란케 하는 체험이 시사하는 바는 이와 다르다 해도 말이다.

이러한 물음이 이 책의 핵심이다. 그리고 이러한 물음은 지난 수십 년 동안 폭넓게 다양한 분과학문과 직업에서 이루어지는 연구의 중심 물음이 되었다. 장소에 대한 이러한 관심은 1970년대의 인문주의적 지리학과 건축 현상학에서 시작되어, 지난 20년간 심화되었다. 특히 에드워드 케이시(Casey, 1997, 2009), 제프 말파스(Malpas, 1999), 로버트 무게라워(Mugerauer, 1994), 에드워드 렐프(Relph, 1976, 1981), 잉그리드 스테파노빅(Stefanovic, 2000) 같은 환경 사상가들이 제공한 장소의 현상학이 이러한 흐름에 기여했다. 이 같은 이전의 현상학적 연구에 의거하고 이를 확장하여 나는 삶이 실제로 장소를 요구한다고 논할 것이며, 이러한 요구가 왜 그러한지를 설명할 것이다.[2]

장소에 대한 최근의 현상학적 작업은 인간적 삶과 인간적 체험에 대한 도발적이며 새로운 이해를 제공한다. 이들 현상학자는 인간 존재가 언제나 장소 내의 인간 존재라고 주장한다. 케이시가 공언하듯이, "존재함이란 장소에 있음이다"(Casey, 2009, 14쪽). 이 견해가 참이라면, 삶은 참으로 장소에서 일어난다. 사실상, 인간의 삶은 장소 없이는 불가능하다고 주장할 수 있다. 우리 자신이 언제나 이미 어떤 세계에 현전해 있음을 발견한다는 의미에서, 우리는 언제나 장소 잡혀 있다.[3] 저 세계가 상대적으로 일시적이든(익숙하지 않은 도시에서 회의에 참석하는 경우), 항구적이든(평생 동안 가문의 농장을 보살피는 경우) 간에 그렇다. 이러한 영구적이고 불가피한 장소 잡기를 이해하는 것이 이 책의 주요 목표다.

....

2 장소에 대한 연구는 방대하다. 이에 대한 리뷰에는 Cresswell, 2014; Gieryn, 2000; Gruenewald, 2003; Hay, 2002; Janz, 2005; Lewicka, 2011; Manzo, 2005; Manzo and Devine-Wright, 2014; Patterson and Williams, 2005; Seamon, 2013b; Seamon and Gill, 2016; Trentelman, 2009가 있다.

3 [옮긴이주] 무엇을 설치한다는 뜻의 동사 'emplace'는 어원적으로 '장소place'에서 유래한다. 본 번역본에서는 이 용어가 가진 장소라는 어원을 살리기 위해, 이를 "장소 잡다"라고 번역하고, 명사형 'emplacement'를 "장소 잡기"라고 번역한다.

내가 제공하는 장소 검토 작업은 현상학에 의거할 것이다. 인간적 체험, 의식, 의미를 검토하고 이해하는 데에 가장 개념적이고 실제적인 지침을 제공하는 것이 이 서양철학 전통이기 때문이다. 내가 목표로 하는 것은, 장소를 더 포괄적으로 이해할 수단으로서 구체적 장소와 장소 경험에 관한 상황 및 체험에 의거하는 장소현상학이다. 이는 또한 어떻게 "삶이 장소에서 일어나는지"에 대한 더욱 철저한 해설도 포함한다. 현상학적 관점에서 우리는 장소를 인간적 체험, 행위, 의미를 시간적 · 공간적으로 모으는 모든 환경적 현장이라고 정의할 수 있다. 더 정교한 현상학적 정의는 철학자 제프 말파스(Malpas 1999, 36쪽)가 제공했다. 그는 장소를 "다른 인격체, 사물, 공간, 추상적 위치, 또한 심지어 개인의 자아가 모습을 보이고, 인지되고, 식별되며, 상호작용하는, 열려 있으며 상호연결된 지역"이라고 기술한다.

이 두 정의가 시사하는 바는, 사물, 인간, 체험, 의미, 사건을 모으고, 활성화하고, 유지하고, 식별하고, 상호연결하는 공간적 장으로서 장소가 기능한다는 것이다. 두 정의 모두 장소가 친밀한 규모로부터 지역적 규모까지 이른다고 상정한다. 그리고 장소가 좋아하는 공원 벤치, 꺼림칙한 어린 시절의 기억과 연관된 집, 깊은 애착을 가진 근린주구近鄰住區, 또는 평생을 살아왔기에 당연하게 여겨지는 지리적 권역 같은 환경적 상황을 포함한다는 것도 상정한다. 체험적으로, 장소는 그 구성에서 다가치적이고 그 역동에서 복잡하다. 한편으로 장소는 호감을 받고, 아껴지고, 사랑받을 수 있다. 다른 한편으로는 미움 받고, 불신 받고, 두려움을 일으킬 수 있다. 관련 인격체와 집단에게 장소는 지지하거나, 중립적이거나, 침해하는 행위·체험·기억이라는 폭넓은 작용을 촉발할 수 있다.

현상으로서의 장소와 개념으로서의 장소 근거 짓기

장소의 현상학을 시도할 때 우리는 실제-세계 증거에 관한 중요한 물음과 마주친다. 이상적으로, 장소에 대한 폭넓은 개념적 이해를 제공하는 책이라면 이 이해를 구체적 장소와 장소적 사건에 대한 직접적 체험에 근거 지어야 한다. 예를 들어, 비교와 대조를 위한 도발적 증거를 제공하도록 선별된 두어 곳의 실제 장소에 대한 심화적이고, 장기적이며, 참여 관찰적인 연구가 하나의 실제-세계 맥락이 되겠다. 이러한 연구는 물리적 환경으로서, 상황과 사건으로서, 또한 이 장소와 연관된 이용자 및 여타 사람들이 가진 상례적(어떤 경우에는 이례적) 세계로서의 이러한 장소에 대한 꼼꼼한 기술을 제공할 것이다. 이러한 실제-세계에서의 발견은 장소에 대한 더 포괄적인 개념적 주장을 위한 시험장과 도약대를 제공할 것이다.

이 책에서 삶이 어떻게 장소에서 일어나는지를 고찰하고자 내가 택하는 방법론적 경로는 이와 다르다. 나의 현상학적 주장을 위한 체험적 증거는, 일차 자료와 이차 자료의 기우적[4] 교차다. 이 자료들에는 장

----

4 [옮긴이주] serendipitous. serendipity는 기대하거나 생각하지 못했던 좋은 것을 우연히 마주치게 되는 사건을 가리키는 용어로서, 이 번역본에서는 "기우奇遇"로 번역한다. 이 책에서 serendipity는 장소의 중요한 요소 중 하나로서 논의된다. 자세한 내용은 11장을 참조할 것.

소 및 장소 체험에 관한 신문 기사, 허구적 문학, 신뢰성 있는 현장 연구 및 개념적 해명이 있다. 나의 현상학적 방법은 2장에서 더 충분히 설명겠지만, 여기에서 나는 실제 세계의 장소 및 장소 체험의 몇 가지 사례를 제공할 것이다. 그리하여 독자들은 내가 개념적으로 밝히고자 하는 종류의 상황과 사건이 어떤 것인지에 관한 단초적 감을 얻을 수 있을 것이다. 이후의 장에서는 두 미국 유력지,《뉴욕 타임스》(NYT)와 《월스트리트 저널》(WSJ)의 기사를 장소 기술의 한 전거로 삼을 것이다. 이 책을 쓰는 동안 나는 매일 이 두 신문을 연구하여, 장소의 어떤 면모를 일차적 초점으로 삼은 기사를 기록해 두었다. 명백하게도, 거의 모든 신문 기사는 장소를 다루고 있다. 기자가 기사를 쓰기 위해서는 "어디서?"라는 질문을 할 것이 요구되기 때문이다. 내가 일차적으로 관심을 준 기사들은 각 장소의 어떤 중심적 면모를 논하는 기사였다. 그러나 중요한 현재 사건으로 인해서 신문의 반복적 보도 대상이 되는 장소에 관한 것은 피했다. 예를 들어, 다음은 2017년 3월 1일 수요일자 두 신문에 실린 여덟 기사의 요약이다. 이날은 전도유망한 파리의 근교 지역에서 시작하여 해체되는 프랑스 마을까지 이르는, 장소에 관한 이야기가 특히 풍성한 날이었다.[5]

....

5 예를 들어, 내가 이 책을 쓰던 시기에 반복적으로 뉴스에 등장하던 이야기는, 2014년 7월 이후로 이슬람 국가가 차지하고 있던 북이라크의 도시 모술을 재탈환하려는 이라크 연합군의 10개월에 걸친 노력이었다. 명백하게도, 이 이야기는 장소와 관계되어 있다. 그러나 그 관계 방식은 극적이고 상례를 벗어난 것이었고, "장소 내에서, 장소 사이에서의 분쟁" 및 "전쟁을 통한 장소의 황폐화"라는 현상에 대해 더 이야기하는 것이다. 나의 연구 관심사는 안정된 일상적 양상에서의 상례적인 대로의 장소의 현상학이기 때문에, 나는 일상성 안에서 장소를 기술하는 이야기

오랫동안 공산주의의 요새였던 파리 근교의 오베르빌리에를 상업 개발자들이 상류사회의 사업 구역으로 탈바꿈시키고 있다. 이 구역은 값비싼 파리 중심가에 대한 대안으로 상상되고 있다(WSJ, B8쪽).

노스다코타주의 입법자들은 주차 요금 징수기의 재설치를 허가하는 주법州法 제정을 고려하고 있다. 주차 요금 징수기를 설치하면, 대체로 도심의 노동자들이 차지하던 주차 공간이 비게 될 것이며, 상점이나 식당에 들르는 사람들의 주차가 쉬워질 것이라고 지지자들은 주장한다(WSJ, A1쪽).

휴대폰 중독자들이 장치와의 연결을 끊고 실제 장소 및 사건과 교류할 수 있게 하는 방법으로, 욘더라는 회사는 잠글 수 있는 네오프렌 소재의 주머니를 개발했다. 이 주머니에 전화기를 넣으면, 그 장소나 행사를 떠나서 주머니를 잠금 해제봉으로 터치해야만 전화기와 다시 접촉할 수 있다. "우리 중 어떤 사람에게는 디지털 세계로의 접근을 봉쇄할 필요가 있다. 이 기계장치가 우리를 실제 세계로부터 얼마나 집어삼켰는지를 깨닫기 위해서다"(WSJ, B4쪽).

올 겨울 기온이 계절에 맞지 않게 따뜻한 탓에, 앨라배마주 북동부의

에 초점을 맞추었다. 이러한 일상성은 장소가 똑같이 머무르는 것과 관계하기도 하고, 장소를 지지하거나 침해하는 방식으로 일어나는 변동과 관계하기도 한다.

클라우드마운트 스키 리조트는 재정적 파멸에 직면하고 있다. 리조트 운영자는 눈 제조기를 이용하여 통상 40일에서 50일은 스키를 탈 수 있게 하지만, 이번 겨울에는 겨우 6일만 가능했다. 미국의 디프사우스에는 스키 리조트가 드물며, 클라우드마운트는 "북동부나 서부의 더 큰 산으로 향하기 전에 기초를 배우고자 하는 남부의 스키 초심자들을 위한 관문"이다(WSJ, A7쪽).

거의 50년간 예배를 진행했던, 뉴저지주 패러무스의 한 쇼핑몰 내의 예배당이 폐쇄된다. 공식적으로 성 테레즈 예배실로 알려진, 마샬백화점의 이 작은 공간은 매일 오전 7시부터 오후 9시 30분까지 문을 열고, 매주의 미사에는 거의 1,000명의 신도가 참여했다. 이 예배당이 폐쇄되는 것은, 백화점 관리부가 이 공간을 다른 용도로 쓰려고 하기 때문이다(NYT, A23쪽).

뉴욕 시장 빌 더블라지오는 노숙자 보호소에 살고 있는 인구 60,000명을 5년에 걸쳐 2,500명으로 줄이겠다고 약속했다. 그의 목표는 노숙자들을 더 안정적인 거주 상황으로 옮겨 주는 것이다. 여기에서 그들은 공동체 서비스를 받을 수 있고, 영구적인 주택을 찾는 데에 성공하도록 도움을 받을 수 있을 것이다. 이 과제는 쉽지 않다. 감당할 만한 가격의 주택이 부족하고, 낮은 임금이 이 도시의 높은 집세에 발을 맞추지 못하기 때문이다(NYT, A23쪽).

캐나다 프레리에 있는 도시인 앨버타주 매디슨해트는 "주거 최우선" 전략을 통해 노숙을 끝내려는 전국적 노력의 최전선에 있다. 이 전략에서 노숙자로 식별된 사람은 누구나, "알코올중독이 아닐 것" 같은 어떠한 선행 조건 없이 집을 제공받는다. 근거는, 사람은 안정적인 집이 생긴 후에야 다른 삶의 문제들, 가령 정신질환이나 마약·알코올중독을 손댈 수 있다는 것이다. "집의 안정성을 통해 사람들은 점차 자기 문제에 대처할 수 있게 된다"(NYT, A4쪽).

남부 프랑스의 지방 소도시 알비(인구 49,000명)의 역사적 중심지가 "활력과 활기"를 잃고 있다. 텅 빈 가게 앞, 빈 거주지, 버려진 거리가 이를 나타낸다. 남아 있는 소매점은 대부분 관광상품점과 의류체인점이다. 알비의 쇠퇴하고 있는 도시 중심가는 다른 많은 프랑스 소도시를 상징한다. 이러한 소도시에서 "인간 규모의 건축, 풍화된 석재와 벽돌, 공적 삶의 상호작용은 프랑스 역사와 문화의 도가니 중 하나였다…" 오늘날 이들 중 많은 수는 위협받고 있으며, 알비의 경우, 도시의 주변부에 건설된 쇼핑몰과 대형 마트로 인해 대체로 침해되고 있다(NYT, A1쪽).

이 여덟 개의 이야기는 다양한 환경적·지리적 규모의 스펙트럼을 포괄하기는 하지만, 각각이 현상학적 의의를 지니고 있다. 이 이야기들은 이 장소와 연관된 사람들의 체험과 삶에 공헌을 하는 것으로서의 장소의 어떤 면모를 그리고 있기 때문이다. 앨라배마주의 스키 리조트의 미래는 위협받고, 뉴저지주 쇼핑몰의 예배 공간은 상실되고, 뉴욕시와 앨버타주 메디슨해트는 노숙 인구에게 안정된 집을 제공할 방도를 찾고 있다. 어떤 예에서는 관심이 장소 자체를 향하고 있고(알비의 쇠락), 어떤 예에서는 체험이 부각되고 있다(장소나 사건과 교류하기 위해 기계를 잠그는 휴대폰 사용자). 내가 이러한 이야기들을 이 책의 시작에서 소개하는 이유는, 장소의 현상학과 유관한 폭넓게 다양한 장소 유형 및 환경 상황을 독자가 가늠하도록 하기 위해서다. 이후 장에서는 추가적으로 신문 기사에 의거하여, 실제 장소 및 장소 체험을 통해, 장소를 현상학적으로 특징짓는 더 포괄적인 개념적 주제와 패턴을 예시할 것이다.

이 책의 개요

이 책에서 나의 주요 초점은 인간적 삶에서 장소가 가지는 의의, 그리고 장소가 어떻게 인간의 안녕을 강화하도록 상상되고 만들어질 수 있느냐는 것이다. 나의 개념적 관점과 연구 방법은 현상학에 근거한다. 2장에서 나는 현상학을 포괄적으로 소개하고, 장소의 이해와 유관한 현상학의 핵심 개념 몇 가지를 식별할 것이다. 3장에서는 어떻게 장소들이 전체론적으로 고찰될 수 있는지를 고찰하고, 전체 및 전체성을 이해하는 두 가지 대조적인 방식을 식별할 것이다. 한편으로 나는 분석적 관계성analytic relationality을 말할 텐데, 이는 장소를 포함한 어떤 전체가 부분들의 집합으로 그려지는 상황이다. 이러한 부분들 사이에서는 일련의 연결성을 찾을 수 있는데, 이들을 측정해 보면 더 강하거나 약한 연결 및 관계가 식별된다. 다른 한편, 나는 **동반상승적 관계성**synergistic relationality을 말할 텐데, 이는 장소를 포함한 모든 전체가 역동적이며 생성적인 장으로 그려지는 상황이다. 이 장은 물리적 · 체험적으로 볼 때 불가결하게 상호연결된 부분들을 지탱하며, 그에 의해 지탱된다.

이 책에서 나의 주된 목표는 동반상승적 관계성에 근거한 장소의 현상학을 전개하는 것이다. 이 가능성을 성취하기 위해, 나는 **전진적 점근**progressive approximation을 이용한다. 이는 영국 철학자 베넷J.G.Bennett이 전개한, 현상을 전체론적으로 검토하는 다가치적 수단이다. 전진적 점근은 수의 질적 의의에 의거하여, 하나임, 둘임, 셋임 등의 해석적 가능성에 의해 인도되는 상이한 시점視點으로부터 현상을 검토하는 방식을 제공한다. 예를 들어, 하나임은 총체로서의 현상을 찾아내는 데 이용될 수 있고, 마찬가지로 둘임은 중요한 대조와 상보성을 식별하는 데에 도움을 줌을 베넷은 보여 준다. 다음으로, 셋임은 현상에 불가결한 관계, 행위, 과정을 찾아내는 데에 도움을 준다. 4장에서 나는 베넷의 전진적 점근을 소개할 것이다. 그리고, 전진적 점근은 수의 해석적 의의에 의해 인도되는 다중적 관점으로부터 현상의 체험적 차원을 탐사하는 창조적 방식을 제공하기에, 암묵적으로 현상학적이라고 논할 것이다. 5장에서는 장소를 하나임의 측면에서 고찰하여, 장소 잡기의 구체적 본성이 장소 유형과 장소 체험의 폭넓은 다양성을 내포하기는 하지만, 인간 존재는 언제나 이미 장소 잡혀 있다고 주장할 것이다. 6장에서는 장소를 둘임의 측면에서 고찰하고, 운동/정지, 내부성/외부성, 상례성/이례성, 고향세계/이방 세계를 포함하는 몇 가지 실존적 이분법을 논의할 것이다.

7~14장에서는 장소를 셋임의 측면에서 고찰한다. 이 해설은 이 책에서 가장 방대한 부분이다. 베넷에 따르면, 셋임은 관계, 과정, 행위를 내포하기 때문이다. 베넷은 셋임을 그가 삼자triad라고 부르는 것과 연관시킨다. 그는 삼자를 이용하여 여섯 가지 상이한 과정을 식별한다. 나는 이에 의거하여, 어떻게 시간에 걸쳐 장소가 더 강해지거나, 약해지거나, 정지 상태에 머무를 수 있는지를 이해할 것이다. 7장과 8장에서 나는 베넷의 여섯 과정이 어떻게 장소, 장소 체험, 장소 의미에 관한 생성적 이해에 기여할 수 있는지를 고찰할 것이다. 나는 상호작용, 정체성, 해방, 실현, 증진, 창조라고 이름 붙인 여섯 가지 상이한 장소 과정을 식별할 것이다. 9~14장에서, 나는 이 과정 각각을 순서대로 검토하고, 장소를 있는 그대로 이해하는 데에, 그리고 설계·계획·정책·운동을 통해 장소를 더 낫게 만드는 데에 이 과정이 가지는 가치를 논의할 것이다. 15장에서는 어떻게 이 여섯 과정이 역동적으로 상호작용하여 한편으로는 탄탄한 장소를 지지하는지, 다른 한편으로는 장소를 동요시키는지를 검토할 것이다. 이 책의 마지막 장에서는 책 전체에서 제시한 장소현상학에 대한 잠재적 염려와 비판을 식별하고, 비판적 응답을 제공할 것이다. 나는 우리의 초근대적 시대에 장소가 어떤 미래를 가질지를 논의함으로써 끝맺을 것이다.

어쩌면 이 책의 가장 논쟁적인 면모는, 내가 베넷의 전진적 점근을 이용한다는 점일 것이다. 현상학적 노력의 핵심이 현상에 열려 있는 것이라면, 현상학을 검토하고 이해하는 데에 미리 정의된 구조—수의 질적 의의—를 이용하는 연구 방법을 어떻게 정당화할 수 있을 것인가? 이 염려에 응답하며 내가 지적하는 것은, 우선, 어떠한 것을 순수하게 그 자체로 보는 것은 불가능하다는 것이다. 언제나 우리는 우리의 개인적·문화적·지적·역사적 관점으로부터 사물을 이해한다. 우리는 우리 자신의 인식과 체험을 넘어설 수 없다. 이 이해들은 우리가 무엇을 보는지, 우리가 무엇을 보는지를 어떻게 해석하는지를 지시한다. 확실히, 현상학의 주요 목표가 "일차적 봄의 있는 그대로의 순수"이기는 하다(Spiegelberg, 1982, 680쪽). 여기에서 우리는 당연하게-여겨지는 이해, 관점, 선호를 "치워 둔다." 그러나 이러한 "치워 둠"이 어떻게 실제적으로 성취될 수 있냐는 것은 어려운 방법론적 물음이다. 현상을 신선하게 보는 데에 있는 이러한 난점이, 내가 베넷의 전진적 접근 방법을 이용하는 주된 이유다. 이 방법이 장소 같은 현상을 마주치는 데에 혁신적인 수단을 제공한다는 것, 그리고 아마도 다른 방법으로는 고려하거나 제시하지 못했을 방식으로 현상을 이해하는 혁신적인 수단을 제공한다는 것을 보여 주기를 희망한다.

　베넷 자신은 현상학자가 아니었지만, 나는 전진적 접근에 현상학적인 요소가 많다고 논한다. 나는 베넷의 방법이 현상학적으로 고무적이라고 생각한다. 그것은 보통은 보이지 않거나 무시되는, 상이하지만 상보적인 관점으로부터 현상을 검토하는 방도를 제공하기 때문이다. 현상에 관한, 다차원적이지만 통합되어 있는 그림이 생겨난다. 포괄적 전체성의 이러한 가능성은 장소 같은 복잡하고 늘-변동하는 현상에 특히 적절하며, 다른 방식으로는 쉽게 상상하기 어려울 역동적 상호연결을 우리가 깨달을 수 있는 여섯 장소 과정을 통해 아마도 가장 잘 증명될 것이다. 이러한 여섯 장소 과정은 어떻게 장소가 역동적으로 작동하는지에 관해—어떻게 장소가 시간에 따라 변동하는지, 어떻게 장소가 장소와 정확하게 교류하고 장소의 가능성을 존중하는 창조적 계획과 행위에 의해 강화될 수 있는지에 관해 사고하는 색다르지만 가치 있는 방식을 제공한다.

2

장소의 현상학을 위한 예비 논의: 원리, 개념, 방법

20세기 초 유럽 대륙에서 생겨난 현상학은 인간의 체험, 알아차림 awareness, 의미에 대한 기술과 해석, 특히 이들이 가진 알아차려지지 않는, 당연하게-여겨지는 차원을 강조하는 이해 방식이다. 독일 철학자 에드문트 후설Edmund Husserl(1859~1938)이 현상학의 창시자다. 그는 현상학을 "나타나는 것이라면 무엇이든, 그것의 나타남의 방식 속에서, 주관적·상호주관적 의식삶 속에서 다루는 기술적·비환원적 학문"이라고 그렸다(Moran, 2005, 2쪽). 시간이 지나면서 마르틴 하이데거Martin Heidegger(1889~1976)와 메를로퐁티Maurice Merleau-Ponty(1908~1961) 같은 여타 유럽 철학자들은 '의식'을 넘어서 인간 존재의 본성, 인간적 의미가 생겨나는 다양한 체험적 양상, 인간적 삶 속에서 신체적 현전과 행위의 중심적 역할 같은 관련된 철학적 주제로 현상학적 해설을 옮겼다.[6]

....

6 현상학에 대한 소개로는 다음이 있다. Burch, 1989, 1990, 1991; Cerbone, 2006; Finlay, 2011; Moran, 2000, 2001; Morley, 2010; Sokolowski, 2000; Spiegelberg, 1982; van Manen, 2014.

본 장에서는 현상학을 인식의 방식으로서 기술하고, 현상학의 주요 원리와 개념에 대해 논의할 것이다. 독자들이 이 입문적 배경을 통해, 내가 이후의 장에서 제시할 장소현상학을 대할 준비를 갖추기를 바란다. 예비적 규정으로서 나는 현상학을, 세계와 사물과 체험을 더 명확하고 완전하게 보기 위한, 규준을 따르는 노력이라고 정의한다. 이러한, 사람들이 체험하는 대로의 사물과 체험이 현상이다. 인격체가 보고, 듣고, 만지고, 냄새 맡고, 맛보고, 느끼고, 직관하고, 인식하고, 이해하고, 겪을 수 있는 대상, 사건, 상황, 체험이면 무엇이든 현상학적 탐구의 정당한 주제다. 우정, 질투, 고향, 여행, 봄, 배움, 눈멂, 변화, 공동체, 권력, 경제, 건축, 풍경, 식물 등에 관한 현상학도 있을 수 있다. 이 모든 것이 현상이다. 인간 존재는 이들을 어떤 방식으로 체험하거나, 마주치거나, 겪을 수 있기 때문이다.

기술이 종종 현상학적 연구의 유용한 출발점이기는 하지만, 현상학적 연구의 목표가 현상에 관한 남다른 기술인 것은 아니다. 오히려 목표는, 이 기술을 증거의 장으로 활용하여 그것으로부터 현상의 본질적이고 비우연적인 요소 및 성질을 특징짓는 기저의 공통성을 찾아내는 것이다. 현상학자가 현상의 구체적 사례에 주목하는 것은, 언젠가 이 사례가 더욱 일반적인―그 현상의 토대적 구조나 **구성**을 정확히 기술하는―성질과 특징을 가리키리라는 희망 때문이다. 내가 이 책에서 고찰하는 주축적 현상은 **장소**다. 이는 장소 체험, 장소 행위, 장소 의미, 장소 사건을 포괄한다.

현상학 기술하기

가장 단순하게 말하자면, 현상학은 인간적 체험에 초점을 맞춘다. 철학자 로버트 소콜롭스키는 현상학을 "인간의 체험에 대한 연구, 그리고 이 체험 속에서 그리고 이 체험을 통해 사물이 자신을 현전시키는 방식에 대한 연구"라고 정의한다(Sokolowski, 2000, 2쪽). 철학자 데이비드 서본은 "현상학은 우리가 '체험 자체'와 함께 머무르도록, 그 체험 기저에 있거나 인과적으로 그 체험에 책임이 있을 무엇이 아니라 체험의 성격과 구조에 주목하도록 우리를 초대한다"고 쓴다(Cerbone, 2006, 3쪽). 현상학을 더 완전히 기술하기 위해, 나는 대부분의 현상학적 연구의 근거가 되는 다섯 가지 원리를 논의하고, 내가 여기에서 제시하는 장소현상학에 각 원리가 가지는 의미가 무엇인지를 소개할 것이다.

1. 이해는 체험에 근거한다

내가 이미 강조했듯이, 현상학자는 구체적 인간적 체험 및 일상적 삶의 실감되는[7] 실재에 주목한다. 현상학자 막스 반 매넌은 "우리의 실감된 체험과 일상적 실존 속에서 우리가 사물 및 타자와 마주치고 함께

....

7 [옮긴이주] lived. 이 표현은 무엇에 지성적·추상적이 아니라 체험적·구체적인 방식으로 접근했음을, 그것을 거리를 두고 보지 않고 그것을 직접 "살았음live"을 가리킨다. 가령 우리는 세계에 과학자와 같은 방식으로 거리를 두고 관찰하며 지적으로 이해하는 방식으로 접근할 수도 있고, 그것을 직접 느끼고 체험하는 방식으로 접근할 수도 있다. lived가 가리키는 것은 후자다. "살아지는"이라는 표현이 한국어로 몹시 어색하기 때문에, 본 번역본에서는 의미의 약간의 변이를 감수하고서 "실감되는" 또는 "실감된"으로 옮긴다.

사는 대로의 의미의 본원성"을 식별하는 것이 목표(van Manen, 2014, 28쪽)라고 설명한다. 첫눈에 보기에, "실감되는 체험"이나 "실감되는 의미" 같은 구절에서 단어 "실감되는"을 사용하는 것은 동어반복적으로 보인다. 체험이 "실감되지(살아지지)" 않는다면 무엇일 수 있겠는가? 그러나 현상학자가 보기에, "실감되는"은 필수적인 수식어다. 그것은 "인간적 실존의 기원적인 또는 선반성적인 차원—우리가 사는 대로의 삶을 직접 탐사하겠다는 의도를 표명하기 때문이다"(van Manen, 2014, 28쪽). 반 매넌은 이렇게 쓴다(van Manen, 2014, 39쪽).

실감되는(살아지는) 체험은 체험을 지나며 능동적·수동적으로 사는 것이다. 실감되는(살아지는) 체험이란, 우리의 인간적 실존 속에서 우리가 지나며 살아가는 대로의 체험의 상례적이거나 이례적인, 일상적이거나 이국적인, 루틴을 따르거나 놀라운, 시시하거나 흥분되는 순간과 면모를 명명한다.

이러한 의미에서, 인간 존재와 인간 세계에 대한 현상학적 표현은 실감되는 체험과 의미로부터 생겨나고, 거기에 머무르고, 거기로 돌아가는 알아차림, 언어, 개념에 근거해야만 한다. 개념적 주장과 응용적 주장의 토대는, 인간적 삶이 펼쳐지는 세계 속에서 사실적으로 일어나는 대로의 인간적 행위, 상황, 사건, 이해다. 이들은 "우리 자신을 위한, 또한 우리가 체험하는 모든 사물을 위한 궁극적 배경"이다(Sokolowski, 2000, 44쪽). 한편으로, 이러한 펼쳐지는 세계는 한 인격체가 체험하거나 인식할 수 있는 범위를 헤아릴 수 없을 만큼 초과한다. 다른 한편, 각각의 인격체에게 펼쳐지는 이 세계는 언제나, 그가 그러하다고 독특하게 체험하고 이해하는 것에 지나지 않는다. 철학자 존 컴턴은 이렇게 설명한다(Compton, 1997, 208쪽).

세계는 고갈될 수 없고 우리를 초월한다. 우리는 불가피하게 세계 한 가운데에 있다. 세계는 우리에게 독립적으로 체험된다. 동시에, 세계는, 가장 총괄적인 의미에서, 우리가 그러하다고 체험하는(또는 지각하는) 대로의 것이다. 원초적으로 실감된 체험의 세계 "배후"나 "기저"의 세계는 없다.

컴턴이 시사하듯이, 우리가 세계를 체험하고 인식하는 방식과, 이 세계가 실제로 무엇인지 사이에는 언제나 실존적 격차가 있다. 우리가 세계를 체험하고 인식하는 방식과, 이 일상적 체험과 인식을 적합하게 해석적 · 이론적 정식으로 번역하는 방식 사이에는 언제나 개념적 격차가 있다. 현상학 연구의 목표는, 인간적 체험의 포괄적 본성에 주의를 기울이며, 인간적 체험을 가능한 한 정확하고 다가치적으로 그리는 반성적 이해를 촉진하는 것이다. 내가 여기에서 제시할 장소의 현상학에서 나는 J. G. 베넷의 전진적 점근의 방법에 의거하여, 다차원적인 장소 이해를 제공하고, 다른 방식으로는 숨어 있었을 체험과 의미의 면모에 눈을 돌리게 할 것이다.

2. 현상에 개방적으로 접근한다

현상학의 주제적 초점이 인간적 체험과 의미라면, 현상학의 방법론적 초점은 현상과의 공감적 접촉이다. 현상이 현상 자신인 방식으로, 가장 정확하고 포괄적으로 자신을 현전시킬 수 있는 지지적 공간을 현상에 주는 개방성이 목표다. 후설이 현상학을 규정한 방식 중 하나는 "사태 자체로 돌아가라"는 것이었다. 이를 통해 그가 의미한 것은, 인간적 · 문화적 · 이데올로기적 · 개념적 선입견을 치워 두고, 현상이 가장 실재적이고 완전한 방식으로 나타날 수 있는 지지적 장소를 현상에게 제공할 수 있게 하는 것이다(Moran, 2000, 9쪽). 현상학적 방법에 대한 가장 기민한 묘사 중 하나는 "자신을 드러내는 무언가가, 그것이 스스로로부터 자신을 드러내는 그대로, 스스로로부터 보이게끔 하〔라〕"는 하이데거의 수수께끼 같은 지시다(Heidegger, 1962, 58쪽). 현상이 이런 것이라고 우리가 전제하고, 상상하고, 주장하고, 명령하기보다, 현상이 현상 자기 자신일 수 있는 공간을 현상이 자유롭게 가지는 방식으로, 우리가 현상과 마주치는 것이 어떻게 가능한가?

　현상학자들이 현상에 대한 개방성을 촉진하려 애쓰는 중심 수단은 **현상학적 환원**phenomenological reduction이다. 이는, 현상에 대한 전진적으로 깊어지는 알아차림을 야기하여, 현상이 더 강하고 더 명확한 빛 속에서 보이게끔 하는 방도를 지칭한다. 반 매넌은 이러한 환원이, 현상과 마주치는 대조적이지만 상보적인 양상을 포괄한다고 주장한다(van Manen, 2014, 215쪽). 그것은, 한편으로는, 현상을 가로막는 모든 장애물을 보류하는 것("괄호치기" 또는 "판단중지epoché"라고 불린다), 다른 한편으로는, 주의 깊고, 집요하고, 깊어지는 접촉을 통해 현상에 더 가까이 다가가는 것(엄밀한 의미에서의 "환원"이라고 불린다)이다. 반 매넌은 이렇게 쓴다(van Manen, 2014, 220쪽). "판단중지는, 우리가 체험하는 대로의 세계에 우리 자신을 열고 우리 자신을 전제로부터 자유롭게 하기 위해 우리가 필요로 하는 방법을 기술한다. … 환원의 목표는, 우리가 개념화하는 대로가 아니라, 우리가 세계를 체험하는 대로, 또는 세계가 자신을 보여 주는 대로의 세계와의 직접적이고 일차적인 접촉을 재획득하는 것이다."

내가 여기에서 제시하는 장소현상학에서, 나는 현상에 대한 개방성을 두 가지 방식으로 유지하려 한다. 실제-세계 장소와 장소 체험에 관한 정확한 실감된 기술의 원천으로서, 나는 소설, 신문 기사, 장소 연구, 장소 만들기를 강조하는 설계 및 계획 노력 등 다양한 자료에 의거한다. 장소를 현상학적으로 개념화하기 위해, 나는 이전의 현상학적 작업, 특히 지리학자 에드워드 렐프의 지각적 연구(Relph, 1976, 2009)와 철학자 에드워드 케이시(Casey, 1997, 2009), 제프 말파스(Malpas, 1999, 2006)에 의거한다. 나는 또한 과정으로서의-장소를 포함한 다중적 관점에서 장소를 검토하기 위해 베넷의 전진적 점근의 방법에 의거한다. 베넷의 다차원적 방법은 본 장의 마지막 부분에서 더 상세히 설명할 것이다.

3. 사람은 세계에 몰입해 있다

현상학자는 인간적 체험, 알아차림, 행위가 언제나 지향적intentional이라고 한다. 즉, 창발적 의미의 세계를 필연적으로 향하고, 필연적으로 그 안에서 자기 의미를 찾는다고 한다. 인간 존재는 그저 알아차릴 뿐 아니라―물건, 생물, 관념, 느낌, 환경적 상황 등 무엇이든 간에―무언가를 알아차린다(Sokolowski, 2000, 8-11쪽). 지향성을 특징 짓는 요소는 "세계 통일체가, 식별 작용 속에서 인식에서 의해 정립되기 이전에, 이미 만들어진 것 또는 이미 거기 있는 것으로서 '실감〔된다는〕'" 점이라고 메를로퐁티는 설명한다(Merleau-Ponty, 1962, xvii쪽). 이러한 의미에서, 지향성은 "우리가 세계에 '부착되는' 방식"과 관련되며, 체험적으로 볼 때 우리는 세계와 절대 분리될 수 없다는 점, 또는 "세계에서 '걸어 나와서' 어딘가 분리된 시야에서 세계를 볼" 수 없다는 점을 뜻한다. "우리는 세계를-향하고$_{au\ monde}$[8] 있다. 이는 세계 '속에' 있음과 세계에 '관하여' 있음을 동시에 의미한다"(van Manen, 2014, 62쪽).

지향성의 개념은 현상학의 중심 주장으로 이끈다. 그것은, 인간 존재는 언제나 이미 자신의―대부분의 경우 어떤 것이나 누군가의 개입 없이 "그저 일어나는" ―세계에 불가피하게 몰입해 있고, 얽혀 있고, 엮여 있다는 것이다(Seamon, 2014a, 5쪽). 자아와 세계가 상호적으로 관련되고 서로 상호의존적인, 실감되는 방식을 우리는 어떻게 현상학적으로 기술할까? 인간 존재로서 우리는 우리가 그 안에 있는 세계 속에서 서로 엮여 있고, 서로 얽혀 있고, 휘말려 있고, 잠겨 있다. 우리가 이렇게 존재하는 복잡하고 다가치적인 방식을 우리는 어떻게 현상학적으로 찾아내고 이해할

....

8 [옮긴이주] "세계를―향한―존재étre―au―monde"는 메를로퐁티의 용어다. 이 용어는 우리가 언제나 이미 있는 세계 속에 있으면서 그 세계를 향하는 존재임을 표현한다.

까? 바로 이러한, 인격체와 세계 사이의 실감되는 내밀성으로 인해, 우리는 구체적 현상을 인격체나 세계 중 한쪽에만 할당할 수 없다. 체험되는 모든 것은 "주어지[지만]", 또한 "해석되[기도]" 하며, "세계에 관한" 것이지만 또한 "인격체에 관한" 것이기도 하다(Compton, 1997, 208쪽).

다양한 현상학자들이 이 "실감되는 몰입"을 다채롭게 해명했다. 후설은 지향성, 생활세계, 자연적 태도 같은 현상학적 개념을 강조했다. 하이데거는 세계-내-존재와 거주하기에 관해 말했다. 메를로퐁티는 지적이지만 선술어적인 주체로서의 실감되는 육체성과 신체를 강조했다. 지난 수년간의 현상학 연구에서 장소, 장소 체험, 실감되는 장소 잡기는 이러한 세계-내-인간의-몰입을 기술하고 해명하기 위한 중요한 개념적 수단 중 하나가 되었다. 이 책에서 나는, 사람과, 사람이 그 안에 있는 세계 사이의 이러한 실감되는 내밀성에 장소가 기여하고, 또 이를 장소가 반영하는 폭넓게 다양한 방식을 그려 낼 것이다.

4. 생활세계를 검토한다

인간의-세계-내-몰입이 펼쳐지는 일상적 구조가 생활세계lifeworld다. 그것은 보통은 의식되지 않고, 그러므로 현상으로서는 숨겨져 있는, 당연하게-여겨지는 것들의 세계, 개인이나 집단의 매일의 세계이다 (Dorfman, 2009. Moran, 2000, 181-186쪽. Seamon, 1979). 현상학의 목표 중 하나는, 공간적·환경적·장소적 차원을 언제나 포함하는, 생활세계의 다채로운 실감되는 구조와 역동을 들추어내고 기술하는 것이다. 생활세계에는 실감되는 전체성이 있다. 한편으로, 이는 일상적 삶이 보통은 알아차려지지 않은 채로 자동적으로 펼쳐지는 것을—일상적 삶이란 결부된 개인이나 집단에게 이런 식으로 일어난다—지칭한다는 점에서 그렇다. 다른 한편으로, 생활세계는 이 펼쳐짐이 일어나는 더 넓은 세계를 포괄한다. 이러한 의미에서, 체험하는 개인과 집단 각각에게 하나의 생활세계가 있지만, 또한 이러한 개인적·집단적 생활세계들을 감싸 안는 장소 또는 상황의 생활세계가 있다. 이러한 집합적 생활세계는 전적으로든 부분적으로든, 개인적·집단적 생활세계에 근거하며 그에 의해 지탱된다. 마찬가지로 개인적·집단적 생활세계들은 전적으로든 부분적으로든, 이들이 속하는 집합적 생활세계에 근거하며 그에 의해 지탱된다.

생활세계가 어떤 중요한 방식으로 변화하지 않는 한, 우리의 전형적인 인간적 삶에서 우리가 우리의 생활세계를 알아차리는 일은 거의 없다. 우리는 이를 삶이 그러하고 그래야 하는 유일한 방식으로 상정한다. 생활세계가 이처럼 전형적으로 의문 없이 받아들여짐을 후설은 자연적 태도natural attitude라고 불렀다. 이로 인해 우리는, 우리가 인식하고 체험하는 대로의 세계를 유일한 세계라고 습성적으로 가정한다(Moran, 2000, 144-146쪽). 우리는 "세계 및 세계가 주어지는 형식을 단순히 거기 있는 것으로, 우리의 '손바닥 위에' 있는 것으로 받아들인다"(Moran, 2005, 7쪽). 후설은 자연적 태도를 "소박한naive" 태도라고 특징짓는다. "우리가 살고 있는 세계가 정확히는 어떤 특정한 '태도'의 결과로서 우리에게 주어지는 것이라는 점을, 보통 우리는 알아차리지 못하기" 때문이다. "심지어, 자연적 태도를 자연적 태도로 인지하고 식별하기 위해서는, 어떤 의미에서 이미 자연적 태도 너머로 나아갔어야 한다고까지 말할 수 있다"(Moran, 2005, 55쪽).

이 책에서 나는 생활세계의 불가결한 구성 요소 중 하나가 장소라고 논할 것이다. 장소는 현상학적으로 강력한 개념이다. 장소의 본성 자체에 의해, 장소는 생활세계의 체험되는 전체성을 더 정확하게 표현하는 방식을 제공하기 때문이다. 현상학적 관점에서, 장소는 그와 연관된 사람들로부터 구별되는 물질적 환경이 아니다. 그것은 오히려, 장소를-체험하는-사람-또는-사람들이라는 보통은 의식되지 않는 불가분한 현상이다. 장소는 실감되는 구성에서 볼 때 전형적으로 복잡하다. 내가 제시하는 장소현상학에서 나의 주요 목표 중 하나는, 이러한 ㅡ장소와 장소 체험이 시간에 걸쳐 변동하는 생성적 과정도 포함하는ㅡ실감되는 복잡성을 질서 있는 방식으로 그리기 위해서 상호연결된 개념적 구조를 제공하는 것이다.

5. 본질과 기저의 패턴을 전체론적으로 식별한다

현상학적 연구의 일차적 목표는 인간적 삶, 체험, 의미를 더 정확하고 철저하게 이해하는 것이다. 현상학자는 구체적 체험이나 사물 기저로 돌입하여, 현상의 구체적 사례를 통상적으로는 인식되지 않는 더 포괄적인 구조와 패턴으로 통합시키는 공유 패턴과 일반적 공통성을 식별하기 위해 애쓴다(Dahlberg, 2006. Moran, 2000, 134-136쪽. van Manen, 2014, 89-91쪽). 때로 현상학적 작업에서, 이러한 비우연적 구조와 패턴은 본질essence이라고 지칭된다. 달리 말하자면, "사물 그 자체를, 동시에 이 사물의 존재 근거와 이 사물의 가지성可知性을 알려 주는 고정되어 있고, 보편적이고,

자기동일적이고, 단일한 성질"이다(Burch, 1991, 33쪽). 본질은 실감되는 체험을 자의적으로 명료화하고 범주화하는, 추상적이고 뇌를 통해 도출된 보편자 집합이 아니다. 오히려 본질은 "의미의 기억될만한 연속성으로서 시간 속에서 지속하는 것, 즉, 사물 그 자체의 현전이 우리 체험에서 주어지는 데에 기여하는 역사 또는 동기로서 시간 속에서 지속하는 것"이다(Burch, 1991, 35쪽). 본질의 체험적 현전과 실존적 의의를 상정하고서 현상학자가 전제하는 것은,

> 존재자 자체의 존재를 결정하는 데에, 그리고 존재하는 사물이 본질에 순응함으로서의 "진리" 개념을 결정하는 데에 본질이 가지는 우위다. 우리의 본질적 인식과 사물이 상응함으로서의 "진리" 개념은 저 진리 개념에 근거한다. … 모든 가능적 체험의 울타리 바깥에 있는 순수 이론적 본질적 통찰을 전제하는 교조적 형이상학에도 대조되고, 모든 본질적 탐구를 해소하는 현대의 회의주의(예를 들어, 해체)에도 대조되는 것으로서, 현상학은 본질을 그것이 전체로서의 실감되는 체험 속에서 처음으로 구성되는 대로 고찰해야 한다. 이는 철학에 의해 정립된 모든 반성적 이항대립, 일반적 개념, 정적 형태에 우선한다(Burch, 1991, 33쪽, 34-35쪽).

이러한 기저의 성질, 구성, 상호연결된 구조는 현상학적 이해의 핵심이다. 우리는 이러한 상호 관련된 부분과 성질이 어떻게 함께 속하는지 찾고, 어떻게 이들이 이들 자신으로서 함께 존재하는지를 이해하는 것을 목표한다. 우리는 현상을 그 전체성에서 보는 것을 목표한다.

이 전체성을 철학자 로버트 무게라워는 "심지어 떨어져 있을 때조차 이미 함께 속하는 것의 함께 모임"이라고 묘사한다(Mugerauer, 1988, 216쪽). 현상학적 검토는 장소에 특히 적절하다. 장소는 인간적 삶의 공간적 · 시간적 모임을—사물, 사람, 상황, 사건이 환경적 현전 속에서 모두 함께 있음을 제공한다. 통합된 환경적 전체와 전체성으로서의 장소의 실감되는 차원을 밝혀내는 것이 이 책의 주요 목표다.

실감되는 신체와 환경적 체화

현상학에 대한 개관을 제시했고, 다음으로 나는 내가 여기에서 제시하는 장소현상학에 중요한 몇 가지 실질적 현상학적 주제를 논의하겠다. 이 주제들은 실감되는 신체lived body에 대한 현상학적 관심과 가장 직접적으로 관련된다. 이 신체는, 통상 즉각적 패턴 · 의미 · 맥락적 현전을 가지고 응답하는 세계를 동시적으로 체험하고, 그 안에서 행위하고, 그것을 알아차리고 있는 신체다. 이와 가장 유관한 현상학자는 모리스 메를로퐁티다. 그는 실감되는 신체가 인간적 지각을 근거 놓는다고 주장한다. 그가 이해하는 인간적 지각은, 우리가 세계의 현전함을 붙잡기 전에 언제나 이미 현전하는 세계의 즉각적이고 당연하게-여겨지는 주어짐이다. 그러나 그는 또한, 실감되는 신체가 능동적이고 운동적인 차원을 포괄하고 있다는 점도 인식한다. 이 차원을 그는 신체-주체body-subject라고 부른다. 이것은 행위를 통해서 표현되는, 통상 이 행위가 펼쳐지는 물리적 환경과 타이밍을 맞추어 그리고 그에 얽힌 채로

표현되는 암묵적이고 비자기의식적인 육체적 알아차림이다. 메를로
퐁티는 이렇게 쓴다(Merleau-Ponty, 1962, 100쪽).

나의 신체는, 어떤 현행적이거나 가능적인 임무를 목적으로 한 향하
는 자세로서 나에게 나타난다. 실상, 나의 신체의 공간성은 외적 대상의
공간성처럼… 위치의 공간성이 아니고, 상황의 공간성이다. … 나의 신
체에 적용된 "여기"라는 단어는, 다른 위치와, 또는 외적 좌표와 관련하
여 결정된 위치를 지칭하는 것이 아니다. 그것은 첫 번째 좌표를 설치한
다는 것, 능동적 신체가 대상에 정박한다는 것, 자신 임무를 마주한 신
체가 처한 상황을 지칭한다. 신체적 공간은 외적 공간과 구별될 수 있
고, 이 공간의 부분들을 펼쳐 내기보다는 감싸는 것일 수 있다. 그것은
공연의 밝음을 위해 필요한 극장의 어두움이기 때문이다.[9]

이러한 의미에서, 신체-주체는 선반성적이지만 통합되어 있는 몸짓
과 행동의 동반상승synergy이다. 우리가 특정한 육체적 행위나 행위 집
합에 숙달했을 때, 신체-주체는 이러한 행위를 비자기의식적인 당연
하게-여겨짐의 장으로 포괄시킨 것이다(Merleau-Ponty, 1962, 138-139쪽). 타이
밍 맞는 행위의 흐름을 통해 야기된 육체적 감수성의 이러한 선반성적

....

9 실감되는 신체에 대한 메를로퐁티의 이해에 대한 논의에는 다음이 있다. Behnke, 1997. Casey,
   1997, 202-242쪽. Cerbone, 2006, 96-103쪽. Cerbone, 2008. Evans, 2008. Finlay, 2006.
   Gallagher, 1986. Heinämaa, 2012. Jacobson, 2010, 223-224쪽. Leder, 1990. Moran, 2000,
   412-430쪽. Morris, 2004, 2008. Pallasmaa, 2005, 2009. Seamon, 1979, 2013b, 2015a, 2018c.

양식은 세계 속에서 일어나는 지향적 신체적 펼쳐짐을 가리키는데, 이때 통상 세계가 신체적 펼쳐짐을 지탱한다. 비자기의식적이지만 육체적으로 지향적인 몸짓과 운동의 레퍼토리를 통해 균열 없이 상호연결된 것으로서 신체-주체는, 개인의 전형적 생활세계가 전제하며 이 생활세계를 지탱하는 행동, 행위, 활동을 자동으로 바친다(Seamon, 2018b).

장소를 현상학적으로 연구함으로써, 체험자가 그 안에 있는 물리적 환경 및 공간과 실감되는 신체 사이에 있는 관계를 우리는 검토할 수 있다. 여기에서 유의미한 것은 환경적 체화environmental embodiment다. 그것은 지척에 있는 세계와, 특히 세계의 환경적·장소적 차원과 신체가 선반성적 지각적 현전 속에서 마주치고 그와 함께 작동하는, 감각적·모빌리티적으로 실감되는 다채로운 방식이다(Finlay, 2006, 2011, 6장. Low, 2003b. Seamon, 2014b. Toombs, 1995, 2000). 장소현상학을 위해 특히 중요한 것은 신체-주체의 환경적 다재다능함이다, 이는 시공간 속에서 연장되면서, 더 넓은 실감되는 지리학에 기여하는, 더 복잡한 육체적 총체를 통해 표현된다(Allen, 2004; Casey, 2009; Toombs, 1995). 나의 작업에서 나는 이러한 신체적 총체 두 가지를 강조했다. 첫째는 신체 루틴routine이다. 이것은 특정 임무나 목표, 예를 들어 양말 꿰매기, 굽기 위해 칠면조 다듬기, 보도의 눈 치우기 같은 것을 지탱하는 통합된 몸짓, 행동, 행위의 집합이다. 둘째는 시공간 루틴이다. 이것은 상당한 시간적 지속성을 가지는, 다소간에 습성적인 신체 행위의 집합이다. 예를 들어, 잠자리에-드는 루틴, 일요일에 교회와-점심-식사에-가는 루틴, 매일 아침-저녁 개를-산책시키는 루틴이 그렇다(Seamon, 1979, 2013b; van Eck and Pijpers, 2017).

환경적 체화를 장소와 관련시키면서 현상학자가 인지하는 것은, 실감되는 신체가 통상 장소 및 장소 체험의 불가결한 구성 요소라는 것이다. "실감되는 신체는 장소에 속하고 장소의 구성을 도우〔며〕", 마찬가지로 동시적으로, "장소는 실감되는 신체에 속하고 그에 의존〔하기〕" 때문이다(Casey, 2009, 327쪽). 신체적 마주침과 행위를 통해 개인이나 집단은 장소의 구성에 기여하며, 마찬가지로 그와 동시에, 이러한 마주침과 행위는 개인이나 집단이 그 장소에 대해 가지는, 실감되는 결부 및 동일시의 감각에 기여한다. 한 마디로, 실감되는 신체와 장소는 "서로에게 생명을 준다"(Casey, 2009, 327쪽).

이처럼 실감되는 신체와 장소가 서로에게 생명을 주는 것interanimation은 중요하다. 신체-주체의 습성적·자기의식적 익숙함이란, 개인 및 집단과 장소의 사이에서 일어나는 당연하게-여겨지는 결부됨을 현실화하는 한 가지 방식이기 때문이다. 이러한 점에서, 지지적인 물리적 환경 속에 있다면 개인의 신체적 루틴들이 시간과 공간 속에서 합쳐질 수 있고, 그리하여 더 큰 규모의 환경적 총체environmental ensemble에 기여할 수 있는 가능성이 있다. 이러한 환경적 총체를 나는 도시학자 제인 제이컵스를 따라(Jacobs, 1961) 장소 발레place ballet라고 부른다. 이는 종종 상호인격적·공동체적 교환, 의미, 애착의 중요한 장소가 되는 구체적 환경에 뿌리내린 개인의 신체적 루틴들의 상호작용이다(Seamon, 1979). 장소의 예에는 근린주구의 유명한 카페, 활기찬 도시 공원, 도시 거리의 생동적인 구간, 번영하는 도시 구역이 있다. 장소 발레가 가리키는 것은, 물질적 공간에서 정규적으로 일어나는 매일의 습성적 루틴으로 인해 장소가 독특한 성격과 기운을 지닌 실감되는 장소로 변용될 수 있다는 점이다(Seamon and Nordin, 1980; van Eck and Pijpers, 2017). 이것은 이어지는 장소현상학 내내 등장할 주제다.

장소와 현상학적 방법

현상학적 연구를 하면서 우리는 해석적 정확성과 신뢰성에 관한 어려운 개념적 · 방법론적 물음과 마주하게 된다(Finlay, 2011; Madison, 1988; Seamon, 2017c; Seamon and Gill, 2016; van Manen, 2014; Wachterhauser, 1996). 현상학은 실제-세계 체험과 개념적 일반화 사이에 어떻게 설득력 있는 해석적 연결선을 수립할까? 이 책에서 해석적 오류를 감소시킬 방법론적 수단으로 내가 받아들인 것은, 연구되고 있는 현상—이 경우에는 장소, 장소 체험, 장소 의미, 장소 사건에 관한 다차원적 조명을 제공할 수 있는, 대조적이지만 관련된 텍스트들을 이용하는 것이다. "텍스트"라는 말로 내가 뜻하는 것은, 장소와 장소 체험에 관한 모든 종류의 조직화된 기술이다. 그것은 실제-세계 사건을 전하는 직접적 기술일 수도 있고, 문학적 · 학술적 보고를 전하는 간접적 기술일 수도 있다. 여기에서 나는 다음과 같은 텍스트 집단에 의거하여, 장소현상학을 더 잘 이해할 수 있게 해 주는 주제적 · 개념적 상호연결성을 그 사이에서 찾아보려 한다.

① 기존의 장소현상학. 장소에 대한 현상학적 문헌은 방대하지만, 나는 주로 세 주요 저작에 의지할 것이다. 그것은 에드워드 렐프의《장

소와 무장소성Place and Placelessness》(Relph, 1976), 에드워드 케이시의《장
소로 돌아가기Getting Back into Place》(Casey, 2009), 제프 말파스의《장소
와 체험Place and Experience》(Malpas, 1999)이다. 메를로퐁티가 장소의 현
상을 직접 탐사한 것은 아니지만, 메를로퐁티의《지각의 현상학
Phenomenology of Perception》에도 의지할 것이다(Merleau-Ponty, 1962). 이 저작
은 장소와 장소 체험에서 실감되는 신체가 행하는 역할을 이해하는
데에 도움을 주기 때문이다(Seamon, 2018c).

② 실제-세계 장소 체험에 관한 가치 있는 통찰을 제공하는 사회학자,
지리학자, 심리학자, 건축가, 계획자, 도시설계자, 그리고 여타 사람
들의 연구. 이 연구 대부분은 명시적으로 현상학적인 연구가 아니지
만, 나는 이어지는 장에서 이들에 의거할 것이다. 장소와 관련된 나
의 현상학적 주장에 대한 경험적 · 개념적 증거를 이들이 제공하기
때문이다.

③ 장소 체험 및 장소 의미와 관련된, 허구적 문학에서 발췌한 이야기.
이 책에서 나는 영국계 아프리카인 작가 도리스 레싱의《제인 소머
즈의 일기The Diaries of Jane Somers》(Lessing, 1984)에 의거할 것이다. 이 소
설은 모디 파울러라는 이름의 가난한 90세 노인에게 장소가 가지
는 중요성을 가슴이 찢어지도록 그려 내기 때문이다. 나는 또한 영
국 작가 페넬로피 라이블리의 세 소설에 의거할 것이다(Lively, 1998, 2007,
2011). 그녀의 작품이 빈번하게 고찰하는 주제는 인물들이 어떻게 장
소에 속하게 되느냐, 어떻게 이 장소에서의 예기치 못한 사건으로
인해, 그것이 없었더라면 펼쳐졌을 것과 다른 방식으로 인물들의 삶

이 펼쳐지느냐는 것이다.

④ 1장에서 요약했던 여덟 개의 장소 이야기에 예시된 것처럼, 장소 사건과 장소 체험을 다루는 최근의 신문 기사. 이 책을 쓰던 시기에 (2016년 10월부터 2017년 9월) 나는 매일 두 미국 유력지, 《뉴욕 타임스》와 《월 스트리트 저널》을 연구했다. 또한, 미주리주 캔자스시티에서 출간되는 지역신문 《캔자스시티 스타》도 정독했다. 나의 목표는, 유관한 기사는 무엇이든 오려 내고 철하고 색인을 만들어 장소에 관련된 더 일반적인 개념적 주제를 실증할 실제-세계 증거 집합으로 사용하는 것이었다. 이러한 신문 기사에 의거하여, 9~14장에서 논의하는 여섯 가지 "장소 과정place process"에 관한 경험적 증거 집합을 구체화한다.

⑤ 영국 철학자 J. G. 베넷이 전개한 전진적 점근 방법. 전진적 점근은 어떤 현상이든 상이한 시점視點에서 탐사할 수 있게 하는 개념적 수단을 제공한다. 이 책에서 내가 베넷의 접근법을 사용하는 것은, 장소와 장소 체험의 전체론적·이분법적·과정적 차원을 고찰하기 위해서다. 내가 전개하는 장소현상학의 주요 개념적 구조를 제공하는 것이 이 접근법이기 때문에 4장에서 전진적 점근을 더 상세하게 설명할 것이다. 그리고 이를 5~14장에서 나의 주요 해석 방법으로 사용할 것이다.

이렇게 폭넓게 다양한 텍스트를 이용하는 것은, 이 텍스트들이 현상으로서의 장소에 관한 상호적 조명, 증폭, 입증을 제공하리라고 상정하기 때문이다. 나는 이 방법을 삼각측량triangulation이라고 부른다. 여기에서 한 증거 원천은 다른 증거 원천을 보는 통찰을 제공하며, 그러므로 현상에 대한 우리의 이해는 심화되고 강화된다. 질적 연구에 관한 문헌에서 삼각측량에 관한 더욱 통상적인 정의는, 다양한 실감되는 관점을 식별하고 다양한 자료 원천으로부터 증거를 확증하는 수단으로서 연구자가 다중적 방법론, 자료 원천, 평가자, 개념적 접근법에 의거하는 연구 방법이다(Creswell, 2007, 208쪽. Yardley, 2008, 239-240쪽) 여기에서 내가 이용하는 삼각측량은 조금 다르다. 내가 해석적 확증을 위해 이용하는 다섯 가지 텍스트가 위치하는 기술적 "수준"이 상이하다는 점에서 그렇다. 달리 말하자면, 이 텍스트 중 일부는 더욱 철학적이고 개념적이며, 다른 텍스트는 더 체험적이고 실제-세계 또는 서사적 증거에 근거한다. 더 개념적인 텍스트가 실제-세계 예에 빛을 비추고, 마찬가지로 이들은 이어서 나의 더 포괄적인 개념적 주장에 경험적 지지를 제공한다고 상정한다. 한 마디로, 나는 체험과 사고의, 실제-세계 사건과 개념적 일반화의 더 적절한 통합을 목표한다.

이 책의 나머지 부분은 장소 현상을 검토한다. 이는 장소 체험, 장소 의미, 인간적 삶을 위한 실감되는 배경으로서의 장소를 포함한다. 나는 3장에서, 장소에 관한 포괄적인 이해는 **동반상승적 관계성**을 포괄한다고 주장하면서 이 현상학을 시작할 것이다. 동반상승적 관계성에서 장소는 분리된 외연적 부분의 집합이 아니라, 통합된 내연적 전체로 해석될 것이다.

3.
장소를 전체론적으로 이해하기: 분석적 관계성과 동반상승적 관계성

1970년대, 인문지리학자 이푸 투안(Tuan, 1974a, 1974b, 1977, 1980), 에드워드 렐프(Relph, 1976, 1981), 앤 버티머(Buttimer, 1972, 1976)가 장소의 일상적 실감되는 차원의 측면에서 이 주제를 탐사해야 할 필요를 처음으로 깨달은 이후, 장소에 관한 연구는 급증했다. 이 연구 중 많은 수는 특수 연구였고, 우리는 그러한 하위 주제를 "장소 애착", "장소 정체성", "장소 귀속", "장소 감각" 등으로 표현할 수 있다.[10] 장소 연구에 관한 한 논평에서 철학자 브루스 잰즈는 "장소가, 다른 방식으로는 이용할 수 없는 인간 체험의 요소들에 접근 가능하게 해 준다고 연구자들이 상정"하기 때문에 장소는 "예기치 못한 폭넓고 다양한 분과학문에서" 연구 주제가 되었다고 지적한다(Janz, 2005, 89쪽). 이처럼 관심이 가속되는 또 다른 이유는 장소가 "이론적 환원주의에 저항"하는 개념으로서 가치가 있으

....

10   장소 연구에 대한 논평에 관해서는 1장 주석 2를 보라.

며, "세계가 인과적 측면을 통해서만 이해될 수는 없〔다는〕" 이론적 · 실천적 가능성을 가리킨다는 것이다(Janz, 2005, 89쪽).

장소가 어째서 중요한 연구 초점이 되었는지를 더 상세히 검토하면서, 잰즈는 다섯 가지 이유를 식별한다. 이는 종래에는 상충되는 것으로, 또는 이론적 · 실천적으로 통합하기 힘든 것으로 보였던 인간적 체험과 의미의 면모들을 함께 모으는 이 개념의 힘과 관련된다. 잰즈의 다섯 가지 이유는 다음과 같다.

① 장소는 저항과 대립을 말한다.

예를 들어, 장소는 "도구주의적 이유에만 의존하는 것이 아니라, 인간의 선에 관한 도덕적 또는 전통적 고려에도 중요성을 부여"할 수 있는 공동체주의적 또는 비도구주의적 이론과 연관된 수 있다(Janz, 2005, 91쪽). 비슷한 방식으로, 장소는 냉소적 · 상대주의적 · 탈구조주의적 사고에 저항할 수 있고, "세계에 관한 근대주의적 설명이 가지고 있다고 상정된 권리를 폭로하는 데에는 유능했지만, 대안적으로 제공할 것은 별로 없던 비판적 전략에서 비롯된 좌절"에 반격할 수 있다(Janz, 2005, 91쪽). 마지막으로, 장소는 지역의 역사, 지리적 지역, 환경적 정체성이 인간의 안녕에 수행하는 중요한 역할을 인지하도록 촉진함으로써 세계화의 등질화적 영향력에 맞설 수 있다. 장소는 세계화의 핵심 전제인 "우리가 장소와 특수성 전부를 통틀어 초월하고 있다"는 전제를 의문시한다(Janz, 2005, 92쪽).

② 장소는 종래의 구별을 와해시킬 수 있다.

장소는 저 연구 대상의 "주관적" 이해(인류학자들이 "에믹emic" 또는 내
부자의 관점이라고 부른 것) 대 연구자의 "객관적" 이해("에틱etic" 또는
외부 관찰자의 관점) 사이의 차이 문제를 제기함으로써 "대화와 비판
의 장소"가 된다. 관련된 방식으로, 어떤 장소 연구는 관찰과 설명을
넘어서, 장소 및 그 장소와 연관된 사람을 옹호하는 데로 나아간다.
예를 들어, 자기 장소를 상실하거나 강제로 이주된 개인과 집단에
초점을 맞추는 연구자들이 그렇다. 이러한 연구자들은 뿌리 뽑힌,
또는 무장소적 개인과 집단을 위한 활동가가 될 수 있다(예컨대, Larsen
and Johnson, 2017; Mbembe, 2001).

③ 장소는 구체적인 것과 일반적인 것 양쪽을 모두 시야에 담는 방법
을 제공한다.

장소가 구별을 와해시킨다면, 그것은 또한 구체적인 것에 의거하여
일반화 및 더 넓은 개념적 원리를 이끌어 낸다. 장소는 "토대로부터
자라나는" 이론을 위한 경험적 출발점을 제공한다(Janz, 2005, 93쪽). 실
제-세계 장소, 장소 체험, 장소 의미에 관한 연구는 개념적 이해를
촉진한다(예컨대, Manzo, 2003; Manzo and Devine-Wright, 2014). 이러한 의미에서 장
소는, 토대적이거나 본질적인 구조는 모두 거부하는 "환원주의적 탈
근대주의에 저항하는 한 방법"이 되었다(Janz, 2005, 93쪽).

④ 장소는 세계를 재마법화하는 한 가지 방도를 제공한다.

장소가 인간 존재의 불가결한 일부라면, 그것은 인간의 삶에 다시 활력을 불어넣고, "상상을 폐쇄"하는 데에 기여하는 계획과 개발을 비판하는 한 수단을 제공한다. 이러한 계획과 개발은 "거기 거주하는 사람에게 도로 판촉할 수 있는 것에 일차적으로 바탕을 두고 인간의 삶을 정의하는" 데에 기여했고, 그 결과로 환경은 범속하고 무장소적인 것이 되었다(Janz, 2005, 94쪽). 잰즈는 장소를 연구하는 많은 연구자들이 "장소의 상실을 절실히 느끼고 있으며, 이 느낌에 형태를 주고 싶어 한다"고 쓴다(Janz, 2005, 93쪽).

⑤ 장소는 분과학문 의식의 새로운 양상을 촉진한다.

장소에 관심을 가지는 폭넓고 다양한 분과학문과 직업은, 이 개념을 통해 연구자들이 "새로운 방식으로 자신을 반성"할 수 있음을 시사한다. 이 개념은, 다른 방식으로는 상상되지 않은 새롭고 특이한 방향으로 분과학문적 연구를 이끄는, 흥미롭고 시험되지 않은 개념적·경험적 관점을 제공한다(Relph, 2009; Casey, 2009; Malpas, 1999). 잰즈의 제안은 "장소처럼 복잡한 개념과 씨름하는 것은, 〔분과학문의 표준적〕 방법을 곧잘 그 한계까지 압박하는 경향이 있으며, 분과학문을 자기 재료의 원천으로(이 학문의 의무), 또한 다른 분과학문과의 관계 속에서 이 학문이 차지하고 있는 장소로(이 학문의 빛) 이 학문을 되돌려 놓는 경향이 있다"(Janz, 2005, 93쪽).

장소 연구에 대한 개념적 접근

어째서 장소 연구가 학술적 중요성을 획득했는지를 말하는 한편, 잰즈는 장소가 개념적으로 이해된 네 가지 주요 방식을 식별한다(Janz, 2005, 90-91쪽). 첫째, "장소에 관한 직선적 · 인과적 관점"을 가정하는 경험 심리학적 관점. 둘째, "기호 생산의 '외적' 세계 속에서" 장소의 의미를 찾고자 하는 기호적 · 구조적 관점. 셋째, 장소가 "사회적 힘의 결과"라고 가정하는 사회구성주의적 · 마르크스주의적 관점. 넷째, 장소가 인간적 체험, 행위자성, 의미를 내포하는 대로 장소를 이해하는 현상학적 · 해석학적 관점(Janz, 2005, 90쪽). 이들 관점에 대해 잰즈는 각각의 일차적 가치를 강조한다. 그의 설명에 따르면, 현상학적 · 해석학적 연구의 이점은 다음과 같다.

그것은 장소를 이념화하지도, 물질화하지도 않는다. 장소는 단순히 추상 개념으로 존재하는 것도 아니고, 체험과 별개로 "밖에 있는" 재료도 아니다. 장소에 현상학적 · 해석학적으로 접근한다는 것은, 장소 체험이 세계에 관해서, 또한 그것을 체험하는 〔사람에〕 관해서 중요한 무엇을 가져온다는 점을 인지함을 뜻한다(Janz, 2005, 90쪽).

이 책에서 장소에 관한 나의 접근법은 현상학적이다. 부분적으로는, 잰즈가 말하듯이, 이 관점은 객관주의적이거나(즉, 장소를 체험자 외부의 객관적 환경으로 해석하거나) 주관주의적인(즉, 장소를 인지적이든 정서적이든 간에 체험자 내부의 주관적 표상으로 해석하는) 이해 너머로 나아갈 방법을 제공하기 때문이다. 오히려 나는 장소를 개념적·실용적으로 이해하여 인간 존재가, 자신이 현존하는 장소의 세계를 형태 잡기도 하고 그에 의해 형태 잡히기도 하는, 실감되는 교류 및 과정으로 보려고 한다. 이 목표를 위해 현상학은 유용하다. 인간적 삶에 정합성과 연속성을 주는, 당연하게-여겨지는 토대적 구조를 식별하는 것이 현상학의 관심사 중 하나이기 때문이다(Finlay, 2011; Moran, 2000; van Manen, 2014; Seamon, 2013b).[11]

내가 전개하는 장소현상학을 위한 개념적 출발점을 제공하기 위해, 나는 장소에 관한 두 가지 대조되는 이해를 식별할 것이다. 나를 이를 분석적 관계성과 동반상승적 관계성이라고 부른다.[12] 분석적 관계성에서

....

11 장소에 관한 현상학적 논의로는 다음을 보라. Cameron, 2005; Casey, 1997, 2001a, 2001b, 2009; Donohoe, 2014, 2017a, 2017b; Janz, 2005, 2017; Malpas, 1999, 2001, 2006, 2012a, 2012b, 2015; Moores, 2012; Mugerauer, 1994, 2008; Relph, 1976, 1981, 1985, 1993; Seamon, 2013b, 2013c, 2014b, 2014c, 2015b, 2017a, 2017b, 2018a, 2018b, 2018d; Stefanovic, 1998, 2000.

12 분석적 관계성과 동반상승적 관계성의 두 양상을 제시하면서, 나는 위긴스, 오스텐슨, 웬트(Wiggins, Ostenson, and Wendt, 2012)와 슬라이프(Slife, 2004)의 주장을 따른다. 슬라이프에 따라, 위긴스와 공저자는 "약한 관계성"과 "강한 관계성"이라는 용어를 사용한다. 나는 이를 "분석적 관계성"과 "동반상승적 관계성"으로 대체했다. "약한"과 "강한"은 성질과 효과의 차이를 암시하기 때문이다. 사실, 관계성에 관한 두 사고틀은 각각의 강점과 약점을 가지고 있다. 그렇기에 "분석적 관계성"을 덜 강력한 것으로 묘사하는 것은—내가 본 장을 진행하면서 보여 줄 것이듯, 실제로 많은 방식으로 그렇기는 하지만—부적절해 보인다. 정신과 의사 이언 맥길크라이스트(McGilchrist, 2009)는 분석적 관계성과 동반상승적 관계성을 위한, 서로 대조되는 심리학적 토대와 신경학적 토대는 인간의 좌뇌와 우뇌의 분업을 통해 이해될 수 있다고 논한다. 이것이 세계 속에서의 이해 및 존재의 두 가지 극적으로 대조되는 방식을 촉진하는 것으로 보인다는 것이다. 맥길크라이스트는 좌뇌를 논리, 음성언어, "추상되고, 맥락에서 분석되고, 탈신체화된 사고"(McGilchrist, 2009, 137쪽, 142쪽, 152-153쪽)의 분석적 기능과 연관시킨다. 그리고 우뇌는—예술과 현상학적 알아차림이 일으키는 이해를 포함한—직관적·정서적·전체론적 차원의

장소는 부분들의 집합으로 개념적으로 이해된다. 이 부분들 사이에서는 일련의 연결선이 자의적으로 식별되고, 이어서 측정되고 상호 관련지어져, 강하고 약한 연결과 관계를 보여 준다. 이러한 이해 양상은 현재의 장소 연구에 많은 영향을 주었으나, 대부분의 경우에는 암묵적이고 의문시되지 않은 방식으로 그랬다(Patterson and Williams, 2005). 대조적으로, 동반상승적 관계에 근거한 장소 이해는 현상학적 관점을 상정하며, 장소를 통합되고 생성적인 장으로 개념적으로 해석하고자 한다. 이 장은 물리적·체험적 전체 속에서 본질적으로 상호연결된 부분들을 형태 잡고, 그에 의해 형태 잡힌다. 부분들은, 그것이 전체의 구성을 지탱하며 그에 의해 지탱되는 한에서만 부분이다. 말파스가 설명하듯이(Malpas, 2006, 29쪽), 장소는 "요소들의 모임을 통해 구성되는데, 이 요소 자체도 상호적으로, 요소들이 또한 구성하는 장소 내에서 이들이 함께 모이는 방식을 통해서만 정의된다."

말파스의 표현이 수수께끼 같기는 하지만, 그의 규정은 장소에 관한 동반상승적 이해에 관한 통찰력 있는 표현이다. 그것은 장소와 그것의 부분이 이루는 불가분한 전체성에 주목하기 때문이다. 이러한 불가분한 상호연결성을 표현하는 것은 극히 어렵다. 부분을 알기 위해서는 전체로서의 장소를 이해해야 하지만, 장소의 전체를 알기 위해서는 이 부분들을 이해해야 하기 때문이다(Bortoft, 1996, 9-16쪽). 본 장에서 내가 논하려는 바는, 분석적 관계성에 근거 지어진 이해보다 더 정확하고, 포

동반상승적 기능과 연관시킨다.

괄적이고, 활용 가능한 장소 이해에 동반상승적 관계성의 관점이 기여한다는 것이다.[13]

분석적 관계성으로서의 장소

이해의 분석적 양상에서, 관계성은 부분 사이의 상응과 연결성의 집합으로 이해된다. 여기에서 부분들의 구체적 속성은 다른 부분들의 구체적 속성과 연결된다. 관계의 실재는, "서로 상호 관계하기만 할 뿐인" 자족적 구성 요소들의 개별적 자기동일성의 측면에서 묘사된다(Wiggins et al., 2012, 209쪽). 전체는, 종종 유선도와 피드백 루프의 매트릭스를 통해 연결된 상자나 영역의 집합으로서 도상적으로 그려지는, 상호 관련된 요소들의 복합체로 개념적으로 이해된다. 존재론적으로, 부분들 간의 관계는 독자적인 전체가 아니다. 그것은 상호연루된 부분들과 이들의 과정적 상호연결 집합으로서의 전체에 불과하다.

분석적 관계성의 탁월한 예는 생물학자 루드비히 폰 베르탈란피의 "일반체계이론General Systems Theory"이다. 그는 물리적 · 유기적 · 환경적 · 심리적 · 사회적 · 경제적 · 역사적 전체 중 어느 것이든 간에 조직화된 전체에 관한 수학적 과학을 상상했다(Bertalanffy, 1965: Hammond, 2003). 그는 이렇게 쓴다.

더 높은 수준의 행위 속성과 양상은 이들의 **고립적으로 고려된** 구성

13 이어지는 논의의 일부는 Seamon, 2015c에서 가져온 것이다.

부분의 행위 속성과 양상의 총합을 통해서는 해명될 수 없다. 그러나, 구성 부분의 **총체**를 알고 또 **구성 부분** 사이에 존재하는 관계들을 안다면, 더 높은 수준은 구성 부분들로부터 도출할 수 있다(Bertalanffy, 1965, 153쪽).

베르탈란피의 이론에서 전체는 "체계"라고 불린다. 가장 포괄적으로 볼 때 이 용어는, 관계들의 어떤 매트릭스를 통해 상호연결된 부분들의 통합된 구조를 가리킨다. 체계가 요소와 연결선의 응집적 집합으로서 해석된다는 의미에서 체계이론이 전체론적이기는 하지만, 전체성에 관한 이러한 이해는 환원적이다. 전체로서의 전체를 이해하고 기술하는 개념적·실천적 방법이 제공되지 않기 때문이다. 부분들의 상호작용이 정적이고 항상적인 것이 아니라, 변동하고 역동적인 것이라는 점을 체계이론이 인지하기는 하지만, 전체성에 대한 이러한 접근법은 파편적인 데에 머무른다. 전체는 부분들 및 관련될 수 있는 연결들의 외적이고 물질적으로 정의 가능한 조직으로 그려지기 때문이다. 기운, 성격, 현전, 기우적 펼쳐짐 같은 용어를 통해 전체에 관해 말한다는 것은 존재론적·인식론적으로 부적절해진다. 전체가 물화되었고, "부분으로부터 분리되어 부분을 지배"하기 때문이다(Bortoft, 2012, 15쪽). 철학자 헨리 보토프트(다음 장에서 그의 작업을 더 상세히 논의할 것이다)는, 분석적 관계성에 있는 가장 심각한 문제는, 그것이 사물을 서로로부터 고립시켜서 본다는 점이라고 논한다. 이러한 고립주의적 선별성은 맥락을 시야에서 놓치고, "사물들이 이미 서로 함께 속하는 방식"을 간과하기 때문이다(Bortoft, 1996, 290쪽). 분석적 정신은 이러한 내재적 관계성을 보

는 실습을 별로 하지 못했기 때문에,

그것은 이미 함께 속하는 것을 함께 모으려고 한다. 그렇기에 내재적 관계성은 보이지 않고, 대신에 분리를 극복하려는 목적으로 외적 연결이 도입된다. 그러나 이러한 연결은, 이들도 분리라는 수준에 머무른다는 형식을 지닌다(Bortoft, 1996, 290쪽).

심리학자 브래드퍼드 위긴스, 조셉 오스텐슨, 데니스 웬트는 관계성에 대한 분석적 이해가 오늘날의 많은 학술적 연구를 지배한다고 지적한다(Wiggins et al., 2012). 식별 가능한 부분과 연결은 정의 가능한 변수로 기능하며, 이들은 편리하게 측정되고 상호 관계되어, 본래는 훨씬 복잡한 현상을 이해하기 위한 단순 명쾌한 설명을 양적으로 제공하기 때문이다. "특정 현상 내에서 가장 중요한 변수를 더 넓은 맥락적 '잡음'으로부터 고립시킴으로써, 〔연구자들은〕 여태껏 복잡성에 의해 흐려졌던 이해와 해법을 끌어낼 수 있으리라고⋯ 희망하는 것이다"(Wiggins et al., 2012, 210-211쪽).

장소에 대한 분석적 연구와 관련된 한 가지 예는 장소 애착에 관한 연구다. 이것은 개인과 집단이 실제-세계 장소에 대해 느끼는 정서적 유대다(Manzo and Devine-Wright, 2014). 장소 애착에 관한 연구를 논평하면서 사회심리학자 마리아 레위카(Lewicka, 2011)가 내린 결론은, "장소 애착에서 개인적 차이가 행하는 역할"에 중심 초점이 맞추어져 있었다는 것이다. 여기에는 사회적-인구학적 예측 변수(예컨대, 나이, 사회적 지위,

집의 소유 여부, 거주 기간), 사회적 예측 변수(예컨대, 장소에서의 공동체적 유대와 안전감), 물리적 예측 변수(예컨대, 건물의 밀집도, 녹지의 유무, 지역의 공적 기관 이용, 자연 접근성)이 있다. 장소를 동반상승적으로 이해하기 위한 레위카의 가장 중요한 결론은, 현재의 장소-애착 연구는 "장소 애착이 전개되는 과정〔과〕 메커니즘을 대체로 무시"했다는 것이다(Lewicka, 2011, 222쪽). 장소 현상이 환경적 · 시간적으로 구성되는, 주고받는 과정과 관계의 상호작용하는 네트워크는 거의 관심을 받지 못했다. 오히려, 장소는 어느 정도의 측정 가능한 상호 관계 및 연관을 통해 관련지어질 수 있는 독립변수와 의존변수의 정적 매트릭스 내로 전치된다. 예를 들어, 연구의 가장 중요한 발견 중 하나는, 통상적으로 장소 애착의 정도가 장소에 거주한 기간과 연관된다는 것이다(Lewicka, 2011, 216쪽).

장소 애착에 대한 분석적 접근법의 가장 구체적인 예는, 심리학자 레일라 스캐널과 로버트 기퍼드의 "3부 모델tripartie model"이다. 이 모델은 물리적 요소, 개인적 · 집단적 의미, 정서적 · 인지적 · 행동적 면모라는 세 상호 관련된 장소 구성 부분을 포괄한다(Scannell and Gifford, 2010). 첫 구성 부분은 사람들이 끌리는 장소의 특정한 환경적 요소와 성질을 지칭한다. 두 번째 구성 부분은 장소 애착이 생겨나는 개인적 · 집합적 이해와 관련된다. 세 번째 구성 부분은 어떻게 느낌, 사고, 행위가 장소 애착 속에서 현시되는지를 지칭한다. 이러한 모델을 경험적으로 작동시키면서, 스캐널과 기퍼드는 "장소-애착 측정 도구"의 개발을 제안한다(Scannell and Gifford, 2010, 6쪽). 장소에 대한 애착을 지탱하며 그에 의해 지탱되는 대로의 장소와 장소 체험의 실감되는 본성이 있는데, 이들의 양적 모델은 이러한 본성을 우회한다는 점에서 분석적 접근법을 예시한다. 대신에, 장소 애착은 장소 및 장소 체험과 분리 가능한 현상으로 이해되고, 이어서 선험적으로 식별된 단편적인 인간적·환경적 요소를 통해 정의된 능동적·인과적 요인에 "의해 생산된" 수동적 결과물로 환원된다. 장소, 장소 체험, 장소 애착의 전체성은 대체로 시야를 벗어나며, 장소 애착은 독립변수와 의존변수의 측정 가능하고 미리-정의된 상호작동으로 변환된다.

장소 연구에 관한 한 논평에서 환경-행동 연구자 마이클 패터슨과 대니얼 윌리엄스(Patterson and Williams, 2005, 368-69쪽)는 스캐널과 기퍼드의 장소 애착 모델 같은 분석적 연구를, 양적으로 표상되는 정확히 정의된 개념을 상정하는 심리측정 패러다임psychometric paradigm과 연관시킨다. 이러한 접근법은 "과학에서 요구되는 정확하고, 엄격하고, 체계적인 분석을 가능케 하기 위해, 장소에 관한 경험적 연구에 양적 연산화를 주입시킬 필요"를 강조한다(Patterson and Williams, 2005, 368쪽). 그러나 패터슨과 윌리엄스는 다음과 같이 결론 내린다. "구조적·전체론적 이해는 심리측정적 인식론에서 이용되는 축약된 연산적 정의의 유형을 통해서는 성취될 수 없다"(Patterson and Williams, 2005, 369-370쪽). 인간의-장소-내-몰입의 실감되는 본성을 논의하면서, 위긴스와 공저자도 비슷한 요점을 내놓는다. "인간과 '환경'의 분리는 〔동반상승적-관계적〕 관점에서는 말이 되지 않는다. 인간으로 존재한다는 의미의 한 부분은, 언제나 이미 장소-내-인간으로 존재한다는 것이기 때문이다. … 〔동반상승적〕 관계성에서 보기에, 장소가 장소인 것은, 대체로, 인간적 삶을 포함해 거기에서 거주하는 삶과의 관계 속에서다"(Wiggins et al., 2012, 211쪽).

관련된 방식으로, 사회학자 토머스 기어린도 장소의 복잡하고 체험적인 풍부함을 강조한다(Gieryn, 2000, 466쪽). "장소는 충일성, 완결성을 가지고" 있어서, 장소의 부분들이 자의적으로 분해되거나 일부 부분이 누락되거나 무시된다면, "이 현상은 분석적 · 실체적으로 파괴"되고 만다고 설명한다. 장소의 부분들은 더 높은 지위나 더 낮은 지위에 놓일 수 없고, 의존변수로도 독립변수로도 주장될 수 없다. 오히려 장소의 부분들은 언제나 "묶여" 있어야 한다(Gieryn, 2000, 466쪽). 기어린이 설명하듯이, 모든 장소는 "물질적 형태 및 해석적 이해와 체험의 풀 수 없는 나선"이다(Gieryn, 2000, 466쪽).

동반상승적 관계성으로서의 장소

그러나 장소가 기어린이 말하는 "충일성"과 "풀 수 없는 나선"이라면, 그것은 어떻게 현상학적으로 동반상승적 관계성으로서 이해될 수 있는가? 이 물음을 제기한다는 것은, 장소에 관한 동반상승적 해석이 수반하는 바를 더 세심하게 검토한다는 것이다. 분석적 관점과 대조적으로, 관계에 대한 동반상승적 관점은 부분의 정체성과 행위를 더 큰 전체 속에서의 맥락적 상황을 통해 정의한다(Bortoft, 1996). 부분의 기능과 영향력은 자립적이고 자족적인 것이 아니라, "그것이 관계에 놓이게 되는 더 넓은 맥락과 상호적으로 함께 구성"된다(Wiggins et al., 2012, 159쪽). 각 부분이 모든 다른 부분의 구성에 들어선다는 점에서, 전체는 자기조직적이다. 예를 들어 장소 애착에 관한 스캐널과 기퍼드의 3부 모델에서처럼, 부분이 다른 부분에서 분리되어 있다든가 서로 외적이라고 우리는 말할 수 없다. 오히려, 전체가 부분에 의존하지만, 동등하게, 부분은 전체에 의존한다. 말파스가 설명하듯이(Malpas, 2012b, 239쪽), "관계는 자체로, 그것이 관계시키는 것에 의존한다. 그러나 관계된 것 또한 이 관계에 의존한다."

양자물리학자 데이비드 봄은 이러한 상황을 접힌 질서implicate order 라고 부른다. 이 말을 통해 그가 뜻하는 바는 "모든 것이 모든 것에 감싸인다"는 것이다(Bohm, 1980, 177쪽). 그는 이러한 이해를 그가 펼쳐진 질서 explicate order라고 명명하는 상황과 대조시킨다. 후자는 서로 외적인 것으로 이해된 상호연결된 부분들의 결합체다. 접힌 질서와 펼쳐진 질서 사이의 봄의 구별은 분석적 관계성과 동반상승적 관계성 사이의 구별과 평행한다. 그는 이렇게 쓴다.

펼쳐진 질서를 특징짓는 것은, 도출된 것이란, 서로의 외부에 있는 반복적이며 상대적으로 안정된 요소의 집합이라는 것이다. 이러한 요소의 집합이 … 이어서 설명을 제공하는 권역에 적합한 대처법은, 기계론적 질서가〔즉, 분석적 관계성이〕 낳는 대처법이다. 그러나 만연한 기계론적 접근법에서, 분리되고 독립적으로 존재하는 것으로 가정된 이 요소들은, 기본 실재를 구성하는 것으로 여겨진다. 그러면 과학의 임무는, 이러한 부분으로부터 출발하여, 추상을 통해 모든 전체를 도출하고, 이들 모두를 부분의 상호작용의 결과로 설명하는 것이다. 대조적으로, 접힌 질서의 측면에서 작업하는 사람은, 나뉘지 않은 전체성…으로 시작

한다. 이 안에서 모든 부분은 … 하나의 통일체 속에서 합쳐지고 통일된
다(Bohm, 1980, 178-179쪽, 11쪽).

장소를 동반상승적 관계성으로 이해할 때, 우리는 각 개인과 집단
이, 무엇보다도 인간적 · 환경적 관계의 연쇄라고 말할 수 있다. 이 관
계는 개인이나 집단이 위치하는 장소와의 관계 속에서 개인이나 집단
이 마주치는 실감되는 체험, 상황, 의미를 포함한다. 말파스는 이렇게
쓴다(Malpas, 2009, 22쪽). "장소는 본질적으로 관계적 구조이며, 장소와 우리
의 연결은, 우리가 언제나 이미 이 구조 속에 삽입되어 있는 식이다."
또는 심리학자 브렌트 슬라이프는 더 포괄적으로 다음과 같이 강조한
다(Slife, 2004, 159쪽).

이러한 의미에서 모든 것은 … 공유되는 존재와 상호적 구성을 가지
고 있다. 이들은 관계 속에서 시발하며, 영원히 관계 속에 머무른다. 이
들의 성질, 속성, 정체성 자체가 … 이들이 어떻게 서로 관계되어 있는
지에 의존해야 한다.

슬라이프는 계속해서, 분석적 관계성과 동반상승적 관계성 사이의
존재론적 차이를 대조한다(Slife, 2004, 159쪽). 전자에게, 관계성은 이차적으
로만 관계적이다. 그것은 "모든 것의 공유되는 존재"를 무시하기 때문
이다. 관계성을 밀폐된 부분으로 환원하면서, 연구자는 이 부분들을
그것이 가진 실감된, 실제-세계 맥락으로부터 자의적으로 추상한다.

"모든 것은, 그것의 토대적 실재성에 속에서—그것의 실천적 · 구체적 실재에서—그것의 맥락과 존재론적으로 관계되어 있으며, 맥락이 변화함에 따라 질적으로 변화할 수 있다. … 이러한 의미에서 모든 것은 자신의 맥락에서 독립적이지 않고, 맥락에 구체적으로 의존한다"(Slife, 2004, 159쪽).

장소 연구와 관련하여, 패터슨과 윌리엄스는 장소에 대한 동반상승적 접근법은 "장소가 정확히 정의하기에 알맞은 개념이라는 사고나, 양적 연산화를 통해, 또는 좁게 정의된 구축물을 통해 개념적 명확성이 성취될 수 있다는 사고 자체를 거부"해야 한다고 논한다(Patterson and Williams, 2005, 369쪽). 오히려, 장소가 가진 불가분의 실감되는 맥락은 "구조적으로(요소 간의 상호 관계로서), 전체론적으로 이해되어야 한다…"(Patterson and Williams, 2005, 369쪽). 슬라이프와 비슷한 주장을 하면서, 패터슨과 윌리엄스는 심리측정적 관점의 중대한 존재론적 · 인식론적 약점은 다음과 같은 경향이라고 강조한다. 그 경향은,

현상을, 상호작용하는 요소나 변수의 집합으로 환원될 수 있는 것으로 보는 "분자적molecular" 접근법을 채택〔하는 경향이다.〕 그것은, 현상을 더욱 전체론적으로, 전체가 부분의 총합 이상의 것이 되는 교류적 차원으로 사고하는 총체적molar 접근법을 채택하지 않는다(Patterson and Williams, 2005, 370쪽).

장소 애착에 관한 연구를 논평하면서, 레위카는 이와 관련된 주장을

한다(Lewicka, 2011, 224쪽). 그녀는, "장소 애착의 상관자와 예측변수에 대한" 많은 연구가 있음에도 불구하고, "사람들이 장소에 애착을 가지게 되는 과정에 대해 우리는 거의 모른다"는 점을 지적한다. 장소-내-사람의 실감되는 관계성을 탐사할 수 있는 방법을 제안하면서, 그녀는 장소 행동유도성,[14] 환경적 체화, 장소 습성, 건축적·환경적 패턴 언어, 환경적 전체성 상상하기로서의 장소 만들기 같은 연구 주제를 언급한다(Lewicka, 2011, 224-226쪽).

그러나 어려운 개념적·실천적 문제는, 어떻게 장소가 동반상승적 관계성을 통해 이해될 수 있느냐는 것이다. 전체성에 대한 이러한 접근법이 장소에 관한 더 포괄적이고 과정적인 해석을 제공한다면, 이러한 인식은 어떻게 탐색되고 식별되어야 하는가? 존재론적·인식론적으로, 장소는 어떻게 동반상승적으로 이해될 수 있는가? 이것들이 내가 이 책의 나머지 장에서 논할 중심 물음이다. 다음 장에서 나는 영국 철학자 헨리 보토프트가 기술한 전체성으로의 동반상승적 접근법을 논의할 것이다. 그러고 나서 J. G. 베넷이 '체계론'이라고 부르는 연구 접근법을 통해 전개한 전진적 접근법을 소개할 것이다. 베넷의 작업은, 현상을 대조적이지만-상보적인 과정에서 검토하는 혁신적 방법을

....

14 [옮긴이주] affordance. 심리학자 깁슨James J. Gibson이 생태론적 심리학을 전개하면서 고안한 개념으로, 환경이나 대상이 가지고 있는, 유기체의 행동 방식을 특정한 방향으로 유도하는 속성을 말한다. 가령, 나무 그루터기를 대할 때, 순수한 가능성으로 보자면 우리는 그 위에 앉을 수도, 엎드릴 수도, 누울 수도 있다. 그러나 나무 그루터기 자체의 형태가 엎드리거나 눕기에 불리하기에, 우리는 그 위에 앉도록 유도된다. 행동유도성은 유기체가 자의적인 방식으로 환경이나 대상과 관계할 수 있다는 식의 주체중심적 사고에 반대되는 개념이다.

제공하며, 동반상승적 관계성으로서의 장소를 연구하는 데에 특히 적절하다.[15]

---

15 여기에서는 논의되지 않았지만, 장소의 "함께임"에 대한 세 번째 개념적 접근법은 **배치물 assemblage 이론**이다. 이는 본래, 탈구조주의 철학자 질 들뢰즈 및 펠릭스 가타리와 연관된다(Deleuze and Guattari, 1987). 배치물로서 장소는, 변동되는 관계 및 공간적 · 환경적 복합체 속에서 일시적으로 응집된 인간적 · 비인간적 · 물질적 요소의 상호연결된 매트릭스들로 이해된다. 예를 들어, 지리학자 폴 로빈스와 브라이언 마크스는 장소 배치물을 "시간과 공간에 걸쳐 등장하는 반쯤—안정적인 사회적—자연적 구성과 지리"를 포괄하는 역동적 환경적 구조로 정의한다(Robbins and Marks, 2010, 181쪽). 동반상승적 관계성의 관점에서 볼 때 배치물 이론의 일차적 약점은, 그것이 장소의 "함께 **속함**"을, 대체로 연구자의 뇌를 통한 구조에 의해 수립된 자의적 함께임으로 환원한다는 것이다. 장소는 인과관계와 우연적 관계의 무작위적 거미줄 속에서 모두 일시적으로 상호연결된 사람 · 사물 · 환경 원소의 제한 없고, 다질적인 집합으로 이해된다. 이러한 의미에서 장소는 자체로—존재하는—것이 아니라, 일시적인 시공간적 "함께함 togethering"이다. 이는 조만간에 환경적 · 장소적으로 다른 무엇이 될 것이다. 더욱이, 각 장소 다중체의 요소, 과정, 역동은 연구자에 의해 자의적으로 정의된다. 그래서 장소의 포괄적 관계성은 단편적인 부분과 연결선으로 환원되는데, 이는 분석적 관계성의 환원주의적 접근법과 비슷하다. 장소에 관한 배치물 해석에 대해서는 Dovey, 2010와 McFarlane, 2011을 보라. 배치물 이론에 관한 유익한 비판적 주해로는 Storper and Scott, 2016, 1125–1128쪽을 보라.

4

전체성 풀어내기: 속함, 전진적 점근, 체계론

3장에서 나는 동반상승적 관계성으로 해석될 수 있을 장소 이해를 옹호했다. 나는 장소를, 사람과 세계 사이의 실감되는 친밀성을 모으는, 또한 그에 의해 모이는, 그리고 시공간적으로 함께 붙잡힌, 서로 얽힌 관계들의 상호연결된 장으로서 그려 냈다. 어려운 물음은 체험, 행위, 삶의 인간적·환경적·공간적 장을 펼치는 대로의(포괄적으로 볼 때) 장소와 (구체적으로는 볼 때) 실제 장소들을 기술과 해석을 통해서 어떻게 보고 이해할 수 있느냐는 것이다.

이 물음에 답하기 위해 나는, 전체의 전체성과의 접촉을 유지하는 방법을 탐사했던 두 사유자에 의거한다. 이들은 영국의 철학자이자 과학 교육자 헨리 보토프트Henri Bortoft(1938~2012)와 영국의 철학자이자 수학자 J. G.베넷J. G. Bennett(1897~1974)이다. 보토프트는, 전체의 부분들이 자기 모습으로 존재하는 것은 함께 속하는 방식으로 인해서라는 점을 인지함으로써 전체성의 현상학을 제공한다. 직업적 커리어 초기에 보토프트는 베넷과 작업했다. 베넷은 자신이 전진적 점근progressive approximation이라고 부른 연구 접근법을 전개했다. 보고 이해하는 방법인 이 접근법은 수의 질적 의의에 근거한다. 여기에서 각 정수는—1, 2, 3, 4 등—은 현상의 다양한 면모를 이해하는 독특한 경로를 제공한다. 본 장에서 나는 전체성에 대한 보토프트와 베넷의 이해를 소개할 것이다. 그리고 현상으로서 환경적·실존적으로 놀랄 만큼 복잡한 것인 장소에 관한 현상학을 하는 데에 베넷의 전진적 점근 방법이 어떻게 특히 유관한지를 설명할 것이다.[16]

전체성에 대한 보토프트의 이해

동반상승적 관계성을 전체성의 현상학과 관계시키기 위해, 나는 보토프트의 통찰력 있는 해석학적-현상학적 작업(Bortoft, 1971, 1985, 1996, 2012: Seamon, 2013a; Stefanovic, 1991, 2000)으로 시작하려 한다. 그가 전체성을 논의하기 위해 분석적 관계성과 동반상승적 관계성이라는 언어를 사용한 적은 없지만 평행하는 논변은 펼친 바 있다. 그는 (분석적 관계성의 경우에서처럼) 전체를 부분의 집합으로 쪼개고, 그 후 뇌를 통한 노력으로 단편적으로 재조립하는 순차적·분석적 접근법을 통해서는 전체가 설명될 수 없다고 주장했다. 대신에 지각·느낌·사고를 통일시키는 세심하고 직관적인 마주침의 양상을 통해서 전체의 부분으로 더 돌입해야

---

16 보토프트와 베넷의 관계에 대해서는Bortoft, 2012, 178쪽, 205-206쪽과 Seamon, 2013a을 보라.

만 전체를 이해할 수 있다고 주장했다. 달리 말하자면, 어떻게 전체가 부분들 전부에 걸쳐 현전하여, 부분들 중 어떤 것을 봐도 거기에서 전체가—때로는 더, 때로는 덜 명확히—발견되는지를 보는 방도가 있다. 우리가 부분을 더 잘 이해할 방도를 발견한다면, 이 부분들이 속하는 전체도 더 잘 이해하게 된다. 이어서, 이러한 전체에 관한 전진적 명확성은 부분들에 빛을 더하여 부분은 더욱 이해 가능해지고, 전체에 대해 더 많이 말하게 된다. 목표는 상호적 통찰 과정—부분과 전체 사이에서 공명하는 선순환이다.[17]

그러나 크게 어려운 것은, 자체로 존재하는 대로의 부분으로 돌입하고 이런 부분과 마주쳐서 전체가 점점 더 상세하게 예조되고 보이게 하는 방도를 찾는 것이다. 어떻게 하면 우리는 부분과 가장 유리한 방식으로 마주쳐서 전체를 더 잘 보고 이해하도록 할 수 있을까? 어떻게 우리는 부정확한 방식으로, 또는 부분에 충실하지 않은 위조 전체를 구축하는 방식으로 부분을 기술하는 것을 피할 수 있을까? 이러한 의미에서, 올바른 부분들은 그것이 더 큰 전체를 드러내고 있을 때에 올

----

17 보토프트는 선순환이라는 발상을 해석과 이해에 대한 연구인 해석학의 철학적 전통에서 가져온다. 부분과 전체 사이의 상호적 해석적 관계는 "해석학적 순환"으로 알려져 있다. 이를 해석학자 리처드 파머는 이렇게 기술한다(Palmer, 1969, 118쪽). "전체는 부분으로부터 정의를 받는다. 상호적으로, 부분은 전체와 관련되어서만 이해될 수 있다." 보토프트는 텍스트에 대한 독해 및 이해와 관련하여 해석학적 순환을 논의한다(Bortoft, 1971, 49쪽). "의미 있게 읽기 위해서는, 말해질 것이 무엇인지 미리 이해할 필요가 있다. 그리고 이 이해는 읽기로부터만 올 수 있다. … 더 세부적으로, 우리는 문장을 표현하기 위해 단어를 파악해야 하지만, 단어를 말하는 방식은 문장에서 온다. 이런 식으로 표현하면, 우리가 의미 있게 말하고, 읽고, 쓸 수 있다는 것이 역설적으로 보인다. 일반적으로 표현하자면, 해석적 순환의 역설은, 우리가 전체를 이해하기 위해서는 부분을 이해해야 하지만, 부분을 이해하기 위해서는 전체를 이해해야 한다는 것이다."

바른 관계 속에 있다고 할 때, 모든 이해하기 또는 행하기라는 행위는 이러한 올바른 관계 속의 올바른 부분을 들추어내고 있다. 보토프트는 이렇게 설명한다(Bortoft, 1971, 54쪽).

부분이라는 것이, 전체가 그 속에서 현전하는 무대가 되어야 한다면, 부분은 아무것일 수 없다. 부분은 부품과 조각일 수 없다. 부분은 전체를 짊어질bear 수 있는 것이어야만 부분이기 때문이다. 여기에는 유용한 양가성이 있다. "거쳐 간다", "옮긴다"는 뜻에서의 "짊어진다"가 있다. 그리고 "경험한다undergo"는 뜻으로 이해된 "겪는다suffer"는 뜻에서의 "짊어진다"가 있다. 자체로 부분은 아무것도 아니고, 부분조차 아니다. 그러나 전체는 부분 없이 전체일 수 없다. 전체를 짊어지는 것이 됨을 통해, 부분 자체가 의의를 가지게 된다.

부분이 전체를 "짊어지〔면서〕" 전체의 부분이 존재하게 된다면, 전체가 부분과 관계하는 방식은, 전체가 부분들의 단순한 총합을 통해 드러나는 무언가가 아닌 방식이다. 오히려, 전체는 그 부분들 속에서 현전하게 되며, 부분은 전체의 현전함을 위한 장소다. 달리 말하자면, 부분은 전체로의 길을 보여 준다. 부분을 통해서가 아니라면, 어디에서도 전체와 마주칠 수 없다. 보토프트는 이렇게 쓴다(Bortoft, 1971, 56쪽).

우리는 우리가 사물을 인식하는 방식으로 전체를 인식할 수 없다. 우리는 전체를 하나의 사물로 인지하지 못하기 때문이다. 우리가 우리 주변을 인지하는 것과 같은 방식으로 전체가 인지될 수 있었더라면, 전체는 이러한 사물 중의 하나로서 이러한 사물에 포함되었을 것이다. 그래서 우리는 가리키면서 이렇게 말할 수 있었을 것이다. "여기에 이게 있어", "저기에 저게 있어", "그리고 저기엔 전체가 있어." 우리가 이럴 수 있었더라면, 우리는 전체의 부분을 인식하는 것과 같은 방식으로 전체를 인식할 수 있었을 것이다. 전체 자체가 단순히 부분들에 포함되었을 것이며, 그래서 각 부분이 다른 부분 외부에 있는 것과 같은 방식으로 전체도 부분의 외부에 있었을 것이다. … 그러나 전체는 부분들 속에서 현전하게 된다. 그래서 우리는 부분과 마주치는 방식과 같은 방식으로 전체와 마주칠 수 없다. 그렇기에 우리가 사물을 인식하고, 사물을 인식하는 우리를 인지하는 방식으로 전체를 인식할 수는 없다. 그래서 우리는 전체가 하나의 사물인 양 전체를 사고해서는 안 된다. … 그렇게 함으로써 우리는 실제적으로 전체를 부정하기 때문이다. 이는, 사물에 대한 우리의 알아차림과 관련되었을 때 외재적인 것인 사물들 내에서만 현전을 표현할 수 있는 것을〔즉, 전체를〕 외재화하는 행세를 하는 것이다.

함께 속함

부분과 전체 사이의 역동적 상호성에 더욱 민감해지도록 우리 스스로를 교육함으로써, 우리는 어떻게 부분이 전체에 "속하는지"를 인식하는 법을 배우게 된다고 보토프트는 논한다. 부분/전체 관계를 현상학적으로 근거 놓기 위해, 보토프트는(Bortoft, 1996, 59–60쪽) "함께 속함" 대 "함께 속함"에 관한 현상학적 철학자 마르틴 하이데거의 논의에 의거한다 (Heidegger, 1969, 29쪽). 한편으로, 부분과 전체 사이의 관계는 "함께 속함"의 측면에서 이해될 수 있다. 이 상황은, 사물이, 자의적이거나, 우발적이거나, 실천적으로 필요한 "함께"의 질서 속에서 자리를 가짐으로써 더 큰 구조에 속하는 상황이다(예컨대, 전화번호부 속의 이름, 도서관의 책, 엔진의 부분). 그 결과로, 모든 부분은 다소간에 충족적이다(Bortoft, 1996, 59쪽). 분석적 관계성에 대한 이전의 논의에서 설명했듯이, 이러한 함께임의 양상은 통상 종래의 경험적 연구에서 가정되었던 것이다. 여기에서 연구는 전체의 부분들을 자의적으로 결정한 후, 이에 따라서 이들의 일관성과 연결을 정의하고 측정한다.

다른 한편, 우리는 부분과 전체의 관계를 "함께 속함"으로 상상할 수 있다. 이는, "함께"가 "속함"에 의해 수립되는 상황이다(Bortoft, 1996, 60쪽). 이 경우 부분들이 함께인 것은 무엇보다도 이들이 속하기 때문이고, 그렇기에 각 부분은 본질적이고 불가결하며, 속함에 기여하고 속함에 의해 지탱된다. "함께 속함"과 "함께 속함"의 차이를 파악하는 것은 어렵다. 접근 가능한 하나의 예가 노래다. "함께 속함"의 관점에서, 노래는 악보 표기법을 통해 재현되는 음들의 집합이다. "함께 속함"의 관점에서, 노래는 그것의 전체성 속에서의 노래에 의해 환기된 "속함"에 근거한 성격, 분위기, 의미를 전해 주는 독특하고 통합된 소리 체험이다. 노래의 음, 리듬, 화성 등은 기술적·음향적으로 노래의 구성을 이루지만, 체험으로서 그리고 "사물 그 자체"로서 노래는 그것의 음악적 구성 부분과 전적으로 다르다. 노래는 "조직이다—그것은 또 다른 음이 아니다"(Bortoft, 1996, 353쪽, 주석13). "함께 속함"의 근거가 되며, 동반상승적 관계성이 이해하고 식별하려는 목표가 되는 전체성의 방식을 특징짓는 것이 이러한 불가결적 조직화의 방식이다.[18]

"함께 속함"의 양상이 어떻게 인지되고 이해되어야 하느냐는 당혹스러운 물음이 아직 남아 있다. 이 물음을 풀 유망한 가능성 중 하나가 J. G. 베넷의 전진적 접근이다. 나머지 장에서는 장소를 "함께 속함"으로서, 그러므로 동반상승적 관계성으로서 이해하는 한 가지 방법으로서 전진적 접근에 의거할 것이다. 이제부터 베넷의 작업을, 전진적 접근부터 살펴보자.

베넷의 전진적 접근

직업적 커리어 내내 J. G. 베넷은 과학적 이론 및 연구를 세계의 종교 및 영적 전통 연구와 통합시킬 개념적 수단을 탐색한다. 그는 특히 수의 질적 · 상징적 의의에 끌렸다. 이는 동서양의 많은 종교 전통에서 인지 가능한 주제다(Bennett, 1956, 17-48쪽. Bennett, 1974, 335-339쪽). 철학자이지

----

18 《동일성과 차이》의 번역자 서문에서 철학자 조앤 스탬바는 하이데거가 동일성을 통해서 의미한 것이 무엇인지 설명한다. 그것은 "모든 존재자 자체에는 자기동일성이, 자체 내에서의 통일성이 속한다"는 것이다(Stambaugh, 1969, 11쪽). 그녀는 계속해서 이렇게 말한다. "[하이데거가] 자기동일성을 관계로서 이해하는 데에서 새로운 점은, 관계되는 것이 존재하는 방식, 그리고 이러한 관계의 어떠함the how을 우선 결정하는 것이 관계라는 점이다"(Stambaugh, 1969, 12쪽). "함께 **속함**"을 특징짓는 것은 이러한 관계에—근거한—자기동일성, 3장에서 동반상승적 관계성이라고 기술한 것이다.

수학자로서, 베넷은 근대 서구 과학에서의 수에 대한 물질주의적·양적 접근법을 세계의 영적 전통이 가진 직관적·질적 접근법과 화해시키는 데에 관심을 가졌다. 그의 영향력 있는 걸작《극적 우주》는 1956년에서 1966년 사이에 네 권으로 출간되었다. 이 저작은 "불가능성과 구별되는 가능성을 가능케 하는 규칙을 정식화하려는" 시도였다(Bennett, 1956, 229쪽). "극적 우주"라는 표현을 통해 베넷은 "의식 및 자유의 가능성과 결합된, 상대성과 불확실성의 모든 곳에서의 현전을 통해 모든 존재가 획득하는 성격"으로 주의를 모으려 하였다(Bennett, 1956, 20쪽). 그는 "현상의 당혹스러운 다양성과 복잡성 배후에는, 이 모든 것을 함께 붙잡는 조직화된 구조가 있다"고 상정했다(Bennett, 1966a, 6쪽).

이 "조직화된 구조"를 탐색하면서, 베넷은 전진적 점근progressive approximation 방법을 계발했다. 여기에서 우리는 "같은 체험 재료를 검토하러 자꾸자꾸" 돌아와, "의미의 새로운 깊이를 탐색하고 이러한 의미를 이해로 변용"시킨다(Bennett, 1956, 117쪽). 전진적 점근의 목표는 "모호한 윤곽에서 시작하고 이어서 세부를 채움으로써 개념을 구축하는 것"이다(Bennett, 1956, 518쪽). 연구자는 진행 과정에서 같은 현상을 검토하지만, 상이한 시점을 통해서, 대조적이지만 상보적인 방식으로 저 현상과 마주친다. 시점이란 보는 방식인데, 이는 비유적으로 말하자면, 다른 각도에서 보면 다른 미적 체험과 이해를 제공하는 조각상 체험과 비교될 수 있다. 이 방법은 "사실의 집적에 대립하는 의미에서의 심화로" 이루어진다(Bennett, 1956, 518쪽). 진행 과정에서 우리가 시도하는 것은 세계상을 점차적으로 구축해 가는 것이다. 처음에는 윤곽선만 구축하고, 다음에는 우리가 가능하다고 보는 곳에서 세부를 채운다. 〔우리는〕 어쩌면 정확하고 설득력 있을지는 몰라도 필연적으로 추상적이고 불완전한 개념이 아니라, 필연적으로 모호하고 결함 있는 총체적 개념에서 시작한다. 우리는 모든 체험의 총체적 주어짐에서 시작해야 할 것이고, 우리의 지각과 사고력의 한계를 잊지 않고서, 총체를 하나로서 보려고 애쓸 것이다(Bennett, 1956, 30쪽).

전진적 접근 방법을 명확히 하기 위해 베넷은 현상에, 특히 조직화된 복잡성을 내포하는 현상에 접근하는 두 가지 대조적인 방식을 기술한다. 조직화된 복잡성을 내포하는 현상이란, 공간적 · 환경적 · 시간적으로 결합된 많은 상이한 요소, 행위, 상황, 성질을 포괄하는, 장소 같은 현상이다(Bennett, 1966a, 5-7쪽). 그는, 한편으로 연구자는 이 현상을 부분에 따라 검토하여 개념적 · 실천적 가능성과 결과를 끌어낼 수 있다고 지적한다. 다른 한편으로, 연구자는 전체로서의 전체를 고찰하고, 기저의 어떤 연결성 또는 통합된 구조를 탐색할 수 있다. 이러한 두 대조적인 살펴보기looking와 바라보기seeing의 방식이 분석적 관계성과 동반상승적 관계성 사이의 차이와 합치함을 우리는 눈치챌 수 있다. 베넷은 이렇게 설명한다(Bennett, 1966a, 118쪽).

복잡한 또는 다가치적 상황에 대처하는 두 가지 방식이 있다. 하나는 단순화하는 것이다. 상황을 조각낸 후, 우리가 작동 가설을 정식화하고 행위 방침을 제안하는 것을 가능케 하는 검토 테크닉을 적용하는 것이다. 이것은 자연과학의 잘 알려진 절차다. 이는 우리의 실천적 인식을 확장하는 데에 엄청나게 성공적임을 증명했으나, 어떻게 하면 모든 조각들이 다시 합쳐져서 살아 있는 전체를 형성하는지를 보여 주는 데에는 현저히 실패했다. 두 번째 방식은 전체에서 시작하는 것이다. 복잡성을 상황 속에서의 환원 불가능한 요소로 받아들이고, 그 다음에, 전체로서 검토될 수 있는 조직화된 구조를 탐색하는 것이다. 우리는, 구조를 어떤 절대적인 의미에서 인식할 수 있으리라는 희망을 가질 수 없다는 것을 인정하고서, 두 번째 절차를 따르려 노력할 것이다. … 〔인간 존재가〕 무엇인지에 관한 절대적 인식은 〔인간이 존재하는〕 이유에 관한 절대적 인식을 함축한다. 이에 반해, 우리는 어떤 부분적 관념에서는 추측할 수밖에 없다.

베넷의 체계론

전체성에 대한 보토프트의 접근법에서도 그렇듯이, 전진적 점근에서도 어려운 물음은, 어떻게 그것이 실천적으로 성취될 수 있느냐, 그리하여 어떻게 우리가 현상이 실제로 무엇인지에 충실히 머무르면서 통합되고 포괄적인 방식으로 현상을 점점 더 철저하게 보게 될 수 있느냐는 것이다. 절차적으로, 어떻게 연구자는 현상의 포괄적 면모로부터 더 구체적인 면모로 옮겨 가고, 현상의 일반적 특성으로부터 더 세부적인 특성, 상호 관계, 과정적 면모로 옮겨 가는가? 이러한 물음에 대한 베넷의 대답이, 그가 체계론이라고 부르는 살펴보기 방법이다. 체계론은 정수의 해석적 의의에 의거하여 현상에 대한 익숙함과 이해가 심화되도록 촉진한다. 예를 들어, 베넷은 하나임을 현상의 통일성 및 전체성과, 둘임은 차이 및 상보성과, 셋임은 관계 및 과정과, 넷임은 질서 잡힌 활동과 연관시키고, 그렇게 계속 나아간다. 체계론의 중심 가정은 "세계가 존재하는 방식, 우리가 세계를 이해하는 방식에 근본적인 무언가가 수 자체에 내재한다"는 것이다. "우리가 수의 본성으로 더 깊이 돌입할 수 있다면, 우리는 실재를 더 명확히 볼 수 있게 될 것이다"(Blake, 2003, 8쪽).[19]

베넷에게, 발견을 위한 해석적 안내자로 정수를 이용하는 것은 현상을 바라보고, 살펴보고, 인식하기 위한 알아차림의 영역이 넓어지도록 촉진하는 한 수단이다—한 마디로, 그의 전진적 접근법이다. 연구자는 진행 과정에서 같은 현상을 검토하지만, 각각의 수가 상이하면서 더욱 정교해진 시점을 제공함에 따라 현상과 상이하게 마주치게 된다. 그 결과로 연구자는 현상을 다양한 상이한 관점에서 이해하게 된다. 각 과정은 새롭지만 상호 관련된 면모에 빛을 비춘다. 달리 말하자면, 현

....

19 베넷은 체계론을 "단순화된 총합성으로서의 구조[즉 현상]에 대한 연구"라고 정의하고, 다음과 같이 설명한다. "분석론자들은 구조를 가장 단순한 요소로 분해하여, 이 요소들 사이의 연결을 탐색한다. 체계론자는 연결을 일차적인 것으로, 요소를 이차적인 것으로 간주한다. 이는 분석적 사고 훈련을 받은 사람에게는 아주 어려운 심적 활동이다"(Bennett, 1966a, 9–10쪽). 체계론에 관한 가장 철저한 논의로는 Bennett, 1956, 17–48쪽, Bennett, 1961, 3–10쪽, Bennett, 1963, Bennett, 1966a, 3–75쪽, Bennett, 1993이 있다. 체계론은 베넷의 4권으로 된 걸작 《극적 우주》(Bennett, 1956, 1961, 1966a, 1966b)의 개념적·방법론적 토대이다.

상을 하나임(전체성), 둘임(상보성), 셋임(관계성), 넷임(조직화된 활동) 등의 관점에서 고찰할 때 우리는 현상에 관해 무엇을 배우게 될까?

연구의 형식화된 방법으로서 체계론을 전개하면서, 베넷은 특정 수가 대표하는 기저의 패턴을 가리키기 위해 체계system라는 단어를 사용한다. 해당 수를 뜻하는 그리스어에 접미사 ad를 붙여서, 그는 각 체계에 이름을 주었다. 그래서 단자monad는 하나임, 양자dyad는 둘임, 삼자triad는 셋임, 사자tetrad는 넷임, 오자pentad는 다섯임과 관련되고, 그렇게 계속 진행된다. 베넷은 이들 체계 각각이 현상에 대한 상이하지만 동등하게 정확한 관점을 제공해 준다고 논했다. 각 체계는 "더 단순한 항으로 환원될 수 없는 특징적 성질을 가진 체험 양상"을 지칭한다 (Bennett, 1961, 3쪽). 예를 들어 인간 체험과 관련하여 삼자는 양자를 통해서는 볼 수 없는 무언가를 가리킨다. 양자는 단자를 통해서는 이용할 수 없는 인간적 삶의 면모를 들추어낸다. 수가 해석적으로 안내해 주는 바를 통해 현상을 탐사함으로써, 연구자는 현상에 관한 더 포괄적이고 통합된 이해를 획득하며, 현상을 음미하고 현상으로 작업하는 데에 더욱 능숙해진다. 체계론은 전체성이 상대적이라고 상정하고, 단자·양자·삼자 등을 통해 상이하지만 상보적인 방식으로 들추어내진다고 상정한다. 각 체계는 현상을 탐사하는, 대조적이지만 동등하게 신뢰할 만한 방식을 제공하며, 다른 방식으로는 눈치채지 못하거나 기대하지 못한 성질과 요소를 찾아내는 데에 도움을 줄 수 있다.

베넷의 체계론에서 "체계"는 "부분 및 부분들의 관계의 통합된 집합"이라는 표준적 체계이론의 정의와 다르게 정의된다. 오히려 체계론에서 체계는 정수의 질적 의의를 통해 조직화된 기저의 구조로 이해된다. 베넷은 체계를 "독립적이지만 상호적으로 유관한 항들의 집합"이라고 형식적으로 정의한다. 여기에서 항term은, "보편성, 상보성, 역동성, 활동, 잠재성 등의 구체적 성격을 표현하는, 체계의 원소들"을 지칭한다(Bennett, 1993, 13쪽). 체계 내의 항의 수가 체계의 순서order를 식별한다. 그래서 단자는 첫 번째 순서이며, 총체성totality이라고 불리는 하나의 항만을 가진다. 둘째, 셋째, 넷째, 다섯째, 여섯째 순서의 체계는 양자, 삼자, 사자, 오자, 육자다. 이들 각각의 항은 본성nature, 추동력impulse, 원천source, 한계limit, 법칙law이다. 〈표 4.1〉은 이들 여섯 체계와 이들의 체계적 항과 속성의 목록이다.

표 4.1 베넷 체계론 틀의 첫 여섯 체계

체계	항	체계의 속성
1-단자	총체성	전체성
2-양자	본성	차이
3-삼자	추동력	관계성
4-사자	원천	조직화된 활동
5-오자	한계	잠재력
6-육자	법칙	응집으로서의 사건

체계이론에서처럼, 체계론에서 체계는 조직화된 전체를 포괄하는 원소 집합을 내포한다. 그러나 체계론의 정의에 따르면, 이러한 원소들은 인간적 체험의 불가결한 일부기는 하지만 직접 주어지는 현상 아래에 있으며, 하나임, 둘임, 셋임 등의 해석적 가능성에 근거한다(Bennett, 1966a, 7-12쪽). 예를 들어, 단자는 현상의 특정한 내용과 정체성을 찾기 위

해 하나임의 질을 사용하는 체계다. 마찬가지로, 양자와 삼자 체계도 비슷한 방식으로 둘임과 셋임의 질을 사용하여, 현상을 드러내는 이항 대립과 관계를 찾아낸다. 체계론의 관점에서, 모든 현상은 단자의 하나임으로부터 십이자의 열둘임에 이르는 상이한 체계들을 통해 검토될 수 있다(Bennett, 1966, 37쪽).[20]

체계의 수 계열이 단순히 새로운 항을 추가함으로써 도출되는 것이 아니라는 점을 이해하는 것은 중요하다. 양자가 나타내는 상보성은 두 전체를 더함으로써만 생겨나는 것이 아니고, 이항대립을 형성함으로써 생겨난다. 삼자가 나타내는 관계성은 대립항의 화해를 통해서만 생겨나는 것이 아니고, 삼자의 세 항의 응집 속에서 촉진되는 과정적 행위를 통해 생겨난다. 수 계열 내의 각 체계는 현상의 전진적 복잡성을 가리킨다. 이는 전체성에서 시작하여, 차이, 관계, 활동, 잠재성 등을 향해 움직인다. 요약하자면, 체계들은 "우리 체험의 어떤 속성을 인식하기 위한, 그리고 이들을 분리해서도 연구하고 상호 관련 속에서도 연구하기 위한 하나의 수단으로서만 기능"한다(Bennett, 1956, 35쪽).

현상학적 이해와 관련하여, 각 체계는 연구되는 현상과 관계된 인간적 체험의 특정 차원과 관련된다고 말할 수 있다. 달리 말하자면, 전체성, 차이, 관계성 등의 실감되는 성질과 관련된다(〈표 4.1〉, 셋째 열). 베넷은 이렇게 설명한다. "'체계'라는 말로 우리는, 더 단순한 항으로 환

....

20 베넷은 열둘임과 십이자 너머의 체계를 **사회**로 식별한다. 이를 그는 "한정되지 않은 수의 구성 원을 가진 다항적 체계"라고 정의한다(Bennett, 1961, 38쪽).

원될 수 없는 특징적 성질을 가지고 있는 체험 양상을 지시한다. 그 래서 이중성은 단일성으로 환원될 수 없는 차이 성질을 가리키고 있다"(Bennett, 1966a, 3쪽). 체계는 "체계의 … 항들 사이의 어떤 내적 연결성 또는 상호관련성"을 포괄하고 있다고 한다(Bennett, 1961, 3쪽). 우리가 각 체계를 이용하여 현상을 검토함에 따라, 우리의 시점은 옮겨 가고, 현상에 관한 상이하지만 동등하게 대변적인 이해를 획득하게 된다. 체계론은 이러한 다양한 이해가 현상에 관한 더 철저하고 다차원적인 설명으로 응집된다고 상정한다.

현상학적 관점에서 볼 때, 우리는 베넷이 전체성에 관한 다가치적 현상학을 이룩했다고 논할 수 있다. 이 현상학에서 각각의 정수—1, 2, 3, 4에서 12까지—는 연구되는 사물과 관련된 함께임과 속함의 상이한 양상을 가리킨다. 베넷은 체계론을 현상학과 연관시킨 적이 없지만, 우리는 이 방법이 수의 해석적 가능성에 의거함으로써 현상을 찾아내고 알아보는 운용 가능한 한 방식을 제공한다고 논할 수 있다. 체계론을 논의하는 내내, 베넷은 직접적이고 일차적인 체험의 중심적 중요성을 강조한다. 예를 들어 다음과 같은 구절이 있다.

"철학자에게 진짜 문제는 체험 너머를 보는 것이 아니라, 체험을 이해하는 것이다"(Bennett, 1956, 34쪽).

"체험의 명확화의 과정"(Bennett, 1956, 230쪽).

"이러한 접근법은 수의 질적 의의로부터 도출 가능한 대로의 모든 체험의 질적 요소의 중요성을 강조한다"(Bennett, 1963, 107쪽).

"체험 외부로 나간다는 것은 없다"(Bennett, 1993, 11쪽).

"우리 앞에 있는 물음은, 어떻게 우리가 우리의 체험을 이용하여 체험이 우리의 차원을 증대시키도록 하느냐는 것이다"(Bennett, 1993, 11쪽).

베넷이 전개한 연구 방법에 붙여진 "체계론"이라는 명칭이 불운하다고 논할 학자도 있을 것이다. 이 용어는 3장에서 논의된 분석적 관계성과 베르탈란피의 체계이론을 암시하기 때문이다.[21] 더욱이, 종래의 과학 집단과 학술 집단에서 "체계론"이 더 일반적으로 지칭하는 것은, 생물의 진화사를 이해하려는 목표로 생물을 분류하는 생물학의 하위 분야임을 우리는 안다(Schuh and Brower, 2009). 베넷과 동료들이 이 용어를 1960년대에 고안했을 때, 이들이 명명과 용어에 있는 이러한 문제를 알아차렸을지는 모르겠다. 나는 베넷의 연구 방식에 좀 더 적절한 이름을 붙일 수 있으리라는 것에 동의한다. 그러나 "체계론"이 그의 연구 집단이 사용했던 명칭이며, 나는 이 책에서 이 용어에 의거한다. 베넷은 1940년대 후반에 체계론적 연구를 시작하여 1974년에 죽을 때까지 체계론의 진행에 중심적 역할을 했다. 1946년에는 런던에 역사·철학·과학 비교 연구원이라는 연구 집단을 설립하여 체계론적 탐구를 진행하고, 1963년에는 학술지《체계론Systematics》을 창간했다. 이 학술지는 1974년까지 출간되었고, 명시적으로든 암묵적으로든 체계론적 원리와 방법에 의거한 폭넓고 다양한 논문을 제공했다. 나는 장소

---

21 일반적 체계이론과 체계론의 비교는, Bennett, 1963, 1970을 보라.

에 대한 이해에 기여할 수 있는 것으로서 단자 · 양자 · 삼자 체계를 제시하면서, 베넷의《극적 우주》네 권에 있는 논의(Bennett, 1956, 1961, 1966a, 1966b)와 사후 출간된《기초 체계론》에 의거한다. 후자는 그가 1963년 런던에서 했던 체계론에 관한 일련의 입문적 강연을 모은 책으로, 1990년대 초에 내가 출간 목적으로 편집했다(Bennett, 1993).[22]

이어지는 장에서 나는 단자, 양자, 삼자의 측면에서 장소를 체계론적으로 탐사할 것이다. 그전에 본 장의 나머지 부분에서 단자와 양자를 더 상세히 재고할 것이다. 5장과 6장에서는 각각이 어떻게 장소를 더 잘 이해하기 위해 사용될 수 있는지를 고찰할 것이다. 여러 가지 면에서 베넷의 삼자는 가장 복잡한 체계다. 그것은 관계 및 시간이 걸친 변화에, 달리 말하면 생성적 과정generative process에 빛을 비추기 때문이다. 이것은 복잡하기 때문에 7장에서 삼자를 독자적으로 제시할 것이며, 이후 8~14장에서 삼자가 장소 이해에 갖는 가치를 논의할 것이다.

단자單子

단항 체계로서 단자는 보편성, 총체성, 단일성 속의 다양성과 관련된

----

22 수의 질적 의의를 정당화하면서 베넷은 이렇게 쓴다(Bennett, 1956, 28쪽). "수는 자체적 권리에서 의미를 가진다. 수 2는 이중성의 기호에 불과한 것이 아니다. '둘임'은 대립항의 분리에 의존하고, 그것을 정의한다. 수 3은 관계됨이라는 관념 자체와 떼어 놓을 수 없게 연결되어 있다. 분류 개념으로서 3은 체험으로부터 추상한 것이다─관계로서의 3은 체험 자체에 불가결한 일부다. 이는 우리로 하여금 **수의 구체적 의의**라고 부를 수 있는 속성을 탐색하도록 이끈다."

다(Bennett, 1966b, 15쪽).[23] 그것은 "구별 없는 반복적 원소들의 총체"이며 (Bennett, 1966b, 20쪽), 어떤 현상이 다른 것이 아니라 이것이게끔 하는 독특한 성질을 연구자가 찾아내는 데에 도움을 준다. 단자는 현상의 전체성에 초점을 맞추기에 현상의 다채롭고, 폭넓으며, 미분화未分化된 내용을 그려 내는 수단을 제공한다. 그와 동시에 각 현상은 독특하다. 단자는 이러한 독특성을 토대 놓는 중심 요소를 우리가 알아차리는 데에 도움을 준다. "모든 단자는 그 자체로 우주이고, 단자를 인지 가능한 존재자로 만드는 중심 성질에 의해 함께 모인 다양한 내용을 가지고 있다"(Bennett, 1993, 20쪽).

어떤 현상의 단자적 성질을 찾아볼 때, 연구자는 현상이 무엇인지에 관한 미리 설정된 그림은 모두 치우는 것을 목표로 한다. 이러한 그림은 거의 언제나 어떤 핵심 원소나 요소를 포괄하는데, 우리의 첫 번째 과제는 현상에 개방되어, 현상의 구성적 원소가 자신을 자신으로서 들추어 내도록 하는 것이다. 베넷은 다음과 같이 설명한다(Bennett, 1966a, 14쪽).

단자는 분화되지 않은 다양성이다. 크든 작든 간에 새로운 상황에 우리가 관심을 돌릴 때면 우리는 늘 이러한 사태연관을 만난다. 〔모든 현상의〕 단자적 성격은 현상의 모든 부분에 현전한다. 이러한 모든 부분은, 그것이 바로 그것이라는 점을 제외하고는 우리가 전혀 모르는 무엇의 미분화된 총체성 속에서의 즉각성 내에서 나타난다. 그러나 이러한

....

23 단자에 대한 소개에는 Bennett, 1966a, 14-18쪽, Bennett, 1993, 18-26쪽, 99-101쪽이 있다.

벌거벗은 인식과 나란히 있으면서 우리를 인도하는 것은, 그것이 하나의 구조라는 믿음, 〔그리고〕 그것의 내용을 더 자세히 검토함으로써 그것을 이해하려는 희망이다. 조직화된 구조를 발견할 기대와 혼잡한 즉각성이 조합된다. 이러한 조합이 단자에게 전진적 성격을 준다. 그것은 바로 그것이다. 그러나 그것은, 자신이 보이는 것 이상의 존재라는 약속을 지킨다.

베넷이 시사하듯이, 목표는 구별 없는 현상과 마주치는 것이다. 현상이 무엇이냐는 측면과 관련하여 부분들이 의미하는 바가 다소간에 있지만, 연구자는 이러한 의미를 상정하지 않고 이루어진 현상의 기술을 모으려 노력한다. 우리는 현상을 우리 앞에 놓고, "기술이 모습을 보이도록" 함으로써 현상의 내용을 찾아낸다(Bennett, 1993, 22쪽). 실천적으로, 이러한 노력은 현상을 특징짓는 단어와 구절의 목록을 만드는 것을 포함할 수 있다. 그러나 적어도 처음에는, 우리는 이러한 성질을 정돈하거나 이들의 상대적 의의를 가정하거나 이들 사이의 연결선을 만들지 않는다. 진행의 원리는 "특정 원소가 유관한가 아닌가"이다. "무엇이 유관한지 알려면, 무엇이 구조에 속하는지에 관한 감각을 가져야 한다…"(Bennett, 1993, 22쪽). "속함"이라는 단어는 결정적이며, 현상의 "함께 속함"의 발견에 대한 보토프트의 강조와 공명한다.

단자로 고찰된 현상의 예에는 어떤 것이 있는가? 간단한 예시로, 베넷은 "학교" 단자를 논의한다. 학교를 특징짓는 기술어는 "학생", "교사", "부모", "가르치기", "배우기", "학교 건물", "교실", "공동체", "교과서", "읽기", "쓰기", "수학", "칠판", "컴퓨터", "커리큘럼", "연습", "시험" 등이다. 이러한 기술어는 폭넓게 다양한 원소를 포괄하며, 본성상 다채롭다. 어떤 것은 물질적 대상을("학교 건물", "컴퓨터"), 어떤 것은 사람을("학생", "교사"), 어떤 것은 활동과 상황을("배우기", "가르치기"), 어떤 것은 목표와 방법을("커리큘럼", "시험")을 내포한다. 학교 단자의 이러한 다양성은 "같은 종류의 사물 사이의 차이만이 아니며, 다른 종류의 사물 사이의 차이이기도 하다. … 이러한 모든 사물의 총체가 단자의 내용이다"(Bennett, 1993, 23쪽).

이 단자는 학교라는 현상을 포괄적으로 기술한다. 우리는 특정한 학교의 단자들은 어떤 공통적 원소를 포괄하지만, 또한 변이 사항도 포괄한다는 것을 깨닫는다. 예를 들어, 몬테소리 학교의 단자는 발도르프 학교의 단자와 다르게 식별될 것이고, 이는 또한 카톨릭 학교나 직업 공부를 강조하는 학교와 다를 것이다. 비슷하게, "고등학교"의 단자는 "중학교"나 "초등학교"의 단자와 다를 것이다. 이러한 "학교"의 예가 시사하는 것은, 단자들이 물질적이든 개념적이든 간에 날카롭고 침투 불가능한 경계에 의해 정의되지 않고, 이들의 총체적 성격에 의해 통일된다는 것이다(Bennett, 1966a, 15쪽).

어떤 현상이든, 그것이 "인간적 체험의 측면에서 볼 때, 우리가 그것과 접촉할 수 있을 만큼 충분히 완전"하기만 하다면(Bennett, 1993, 19쪽) 단자로 고찰될 수 있다. 이 책에서 나는 포괄적인 의미에서 장소 현상을 강조한다. 그렇기에 내가 다음 장에서 그려 낼 장소 단자는, 대체로 장소를 인간적 체험과 삶의 불가결한 구성 요소로 식별하는 실감되는 성질에 초점을 맞춘다. 동시에, 장소의 유형이나(예를 들어, 방, 건물, 근린주구, 지역, 마을, 도시, 지대) 구체적 장소(예컨대, 프랑스, 뉴잉글랜드, 캘리포니아, 모스크바, 도쿄, 소호, 그리니치 마을, 햄스테드 히스, 노트르담 성당, 소피아 성당 등)는 엄청나게 다양하다. 이 책에서 나는 장소에 관해 내가 그려 내는 포괄적 해설이 특정한 장소 유형 및 특정한 장소에 관해 사고하는 데에, 이 장소가 어떤 기능적 구성과 지리적 규모 또는 사회적·문화적 구조와 면모를 갖든지 간에, 가치를 지닌다고 논할 것이다.

양자兩子

단자가 다양성을 통해 드러나는 통일체로서의 현상과 관련된다면, 양자는 우리의 주의를 이항대립 및 대조를 통해 기술된 현상으로 옮긴다. 베넷은 양자를 "각 항은 다른 항으로부터 구별되지만 다른 항을 필요로 하며, 심지어 전제하기까지 하는 이항 체계"로 정의한다(Bennett, 1993, 26쪽).[24] 베넷은 양자의 두 항을 본성nature이라고 명명하며, 양자의 속성을 상보성complementarity(양극성polarity이 아니라)으로 식별한다. 대조되는 원소나 성질은 언제나 분리할 수 없이 함께 있는데, 다른 항 없이는 한 항을 제시할 수 없기 때문이다. "어떤 것의 두 본성은 그것의 두 부분이 아니다. 오히려, 이 본성들은 만연해pervasive 있다. 사물의 모든

....

24 양자에 관한 소개에는 Bennett, 1966a, 18-23쪽, Bennett, 1993, 27-35쪽, 101쪽이 있다.

일부에, 심지어 그것과 대립되는 것으로 보이는 부분에도 내밀하게 침투해 있다는 의미에서 그렇다"(Bennett, 1993, 28쪽).

이러한 만연함을 명확히 하고자, 베넷은 "모든 막대기는 두 끝을 가진다"는 단순한 속담에 의거하여(Bennett, 1966a, 19쪽), 양자의 두 본성의 상관성과 상호성을 가리킨다. 전체 막대기를 두 부분으로 나누는 것은 막대기로서의-막대기를 파괴하고, 그리하여 막대기의 전체성을 취소하는 것이다. 막대기는 더 이상 하나가 아니라 둘이기 때문이다. 양자의 두 본성을 보충자가 아니라 상충하는 대립자로 생각하는 것이 습성적으로 쉽다는 점은 양자의 당혹스러운 면모다. 베넷은 이렇게 강조한다. "모순과 상보성 사이의 연결을 드러낼 수 있는 방식으로 … 두 항을 기술하는 방식을 찾아야 한다"(Bennett, 1966a, 19쪽). 예를 들어, 양자로서 "학교"를 사고할 때, 한편으로 우리는 학교가 학습 기준을 유지해야 하고 이러한 기준을 숙달하는 아이를 감독해야 한다는 것을 깨닫는다. 다른 한편으로, 학교는 더 큰 세계에 대한 책임이 있음을 깨닫는다. 그러니까, 부모에게, 학교가 속하는 공동체에, 교수법, 학습 테크놀로지, 정부의 요구 사항, 지식의 진보에서 일어나는 변화에 책임이 있는 것이다. 이러한 외적 책임은 학교의 교수법적 의무와 다르거나, 심지어 상충할 수도 있다. 그러나 학교가 학교로서 성공적이려면, 의무의 두 집합 모두에 적합하게 대처해야 한다.

베넷이 논의하는 한 양자는 "나무"다(Bennett, 1966a, 21-22쪽). 나무는 세계 속에 존재하는데, 그 세계와의 관계에서 나무가 무엇인지와 자체로서의 나무는 다르다. 그것이 무엇인지의 측면에서, 나무는 종, 속, 크기,

조건, 연령, 색, 계절에 따른 패턴 등에 의해 기술될 수 있다. 그것이 무엇을 하는지의 측면에서, 나무는 사물과 생물 세계의 일부다. 사물로서, 그것은 과일, 견과, 목재의 원천일 수 있고, 그래서 인간적 세계에서 역할을 수행한다. 생물로서, 그것은 광합성이란 생물적 과정의 일부이며, 더 큰 숲 생태의 일부일 수 있다. 양자로서의 나무를 해석하는 또 다른 방법은, 나무의 가지와 뿌리의 수직성을 통해서다. 한편으로, 나무는 땅속으로 끌려 내려가지만, 위로는 하늘로 뻗는다. 우리는 생명의 나무와 강력한 성스러운 상징성을 생각한다. 여기에서 나무는 이러한 물질적 세계에 정박하고 있지만, 어떤 형언할 수 없는 천상을 향해 천국처럼 분투한다.

나무의 예는 모든 현상이 하나 이상의 양자를 내포하고 있음을 시사한다. 그래서 선택의 문제가 생긴다. 이 현상을 이해하는 데에 가장 유용한 양자는 어떤 것인가? 이 문제에 답할 때 베넷은 정확한 지침을 제시하지 않는다. 다만, 가장 유용한 양자는 힘과 적합성 모두를 포괄한다고 주장한다. 힘은, 식별된 양자가 현상의 심화된 이해에 기여한다는 의미다. 적합성이란, 현상이 나타내는 폭넓은 체험에 양자가 충분히 적용될 수 있다는 의미다. 그러나 베넷은, 나무와 학교 예에서 그렇듯이, 양자로서의 현상을 한편으로는 그것이 무엇인지로서, 다른 한편으로는 그것이 무엇을 하는지로서 상상하는 것이 종종 유용할 수 있다고 강조한다. 그는 이렇게 설명한다.

모든 구조는 이중적 본성을 가진다. 한 본성을 그것이 무엇인지를, 다른 본성은 그것이 무엇을 하는지를 만든다. 그것이 무엇이냐는 것은 내용이고, 그것 자체의 사정이다. 그러나 그것이 무엇을 하느냐는 것은 그것 주위의 모든 것과 관련된다. … 그것은 외적 연결성에서 무한하다. 그리고 내적 다양성에서도 무한하다. 두 무한성은 같은 것이 아니다. 이들은 심지어 서로 모순된다. 내적 의의는 세계의 나머지와의 분리에서 오고, 외적 의의는 세계와의 접촉에서 온다(Bennett, 1966a, 19쪽).

이러한 내적 본성과 외적 본성을 더욱 정확히 예시하는 과정에서, 베넷은 "집"의 두 본성을 풀어낸다(Bennett, 1966b, 19쪽, Bennett, 1993, 27 - 29쪽). "집"은 본 책에 중심적인 주제이다. "집"은 장소의 한 방식이기 때문이다. 한편으로, 집은 거기에 사는 거주자들에게 편안함, 안전, 상호지지를 제공하기 위해 내적으로 향한다. 다른 한편으로, 집은 외부 세계와의 연결과 교환을 필연적으로 요구하기 때문에 외적으로 향한다. 예를 들어, 식량과 여타 필수품을 보급하고, 손님에게 환영과 환대의 장소를 제공해야 하고, 더욱 평범한 체험과 삶의 패턴을 보충하기 위해 집 너머의 장소와 활동에 의거해야 한다. 집의 이러한 두 본성이 "외와 내"로 기술되든, "공과 사"로 기술되든 간에, 둘 다 모든 집에 불가결한 면모이며, 한쪽은 다른 쪽과 연결되며 다른 쪽을 채색한다. 예를 들어, 소파는 어떤 사람이 애호하는 휴식 장소일 수 있지만, 또한 손님맞이를 위한 일차적 가내 현장일 수도 있다. 닫힌 정문은 보호와 편안함의 감각을 보장하며, 마찬가지로 열린 정문은 손님이 환영받을 수 있게 한다.

양자의 두 본성에 관한 핵심 요점은, 이들이 상호관통하며 분리될수 없다는 것이다. 양쪽 다 현상에 불가결하기 때문이다. 이러한 의미에서 화해는 양자를 통해서는 불가능하다. 오히려, 우리는 "양자의 상보성을 받아들이고, 두 항 중 한쪽의 억압이나 말소를 통한 양자의 제거를 탐색하기를 그만두〔어야〕" 한다(Bennett, 1966b, 23쪽). 양자의 불가피한 차이를 어떻게 다루어야 하는지를 물어볼 때, 우리는 삼자를 보아야한다. 여기에서 우리는 "모순을 해결해야 할 필요로부터, 해결을 가능케 하는 조건으로" 이행한다(Bennett, 1966b, 23쪽). 삼자는 복잡하기 때문에, 나는 7장을 삼자, 8~14장을 장소의 삼자에 쏟을 것이다. 그러나 우선은 장소를 단자와 양자의 측면에서 논의할 것이다. 이것이 다음 두 장의 초점이다.

5
장소의 단자

본 장에서는 장소를 단자^{單子}monad로서 고찰할 것이다. 이는 무엇보다도, 식별적 구별 없이 현상을 전체로서 받아들이는 것이다. 체계론적 접근법은 우리가 시작할 때 우선 하나의 단일체로서의 현상을 찾아낼 것을 요구한다. 단자로서의 장소가 가리키는 것이 인간 체험과 인간 삶의 비우연적 면모로서 장소 잡기의 중심적 역할이라면, 양자로서의 장소와 삼자로서의 장소는 실감되는 장소 잡기의 실감되는 차원을 정제하는 작업, 그리고 장소가 시간에 걸쳐 변화함에 따라서 장소를 이해하는 작업을 시작할 수 있게 해 준다.

장소의 단자는 이론적으로도, 실천적으로도 중요하다. 이론적으로, 장소의 단자는 인간과 세계가 언제나 불가결하게 함께임을 우리가 깨닫는 데에 도움을 주기 때문에 환경적·건축적·장소적 관심사를 다루는 모든 분과학문과 전문직에 결정적이다. 당연하게-여겨지는 일상적 삶의 환경적 직조를 포괄하고 형태 잡는 다면적 현상으로서 장소는 세계-내-인간-존재의 본질적이고 불가피한 구성 요소다. 실천적으로, 사람과 장소의 이러한 실감되는 함께임이 중요한 것은, 그것이 인간 존재에 불가결한 환경적 성질과 장소 성질을 보여 주기 때문이다. 단자는 효과적인 정책, 계획, 설계, 운동을 상상할 필요가 있음을 가리킨다. 탄탄한 장소 만들기를 통해 이러한 작업들은 장소에 근거하는 이 실감되는 함께임을 지지하기 때문이다. 이상적으로 보자면, 실천적인 목표는 "함께 속함"이라기보다는 장소에 "함께 속함"이다.

장소의 단자의 면모들

장소의 단자를 어떻게 찾아내고 기술해야 하는가? 4장에서 "학교"의 사례를 통해 예시했듯이, 한 가장 방법은 기술적 단어와 구절의 목록을 만드는 것이다. 이때 목표는 이 현상의 반복적 특성을 식별하는 것, 그리하여 끝내는 이러한 특성 중 어떤 것이 다소간에 중심적인지를 확립하는 것이다. 이러한 목록을 만들기 위해 나는 장소 연구에 관심이 있거나 장소 연구와 관련된 35명과 연락을 취했다. 내가 이메일을 통해 요청한 것은, "장소"에 대해 숙고를 하고,

숙고하는 와중에 마음에 떠오른 단어와 짧은 구절을 목록으로 만드는 것입니다. 떠오르는 것이라면 무엇이든 좋습니다. 옳은 기술도 틀린 기술도 없습니다. 제가 원하는 것은 특정 장소(가령, 좋아하는 장소)가 아닙니다. 제가 찾고자 하는 것은, 장소의 "중핵" 또는 "심장부"라고 부

를 수 있을 것입니다. 이러한 목록 작성은 저 목적을 위한 하나의 수단입니다. 당신의 목록이 많은 기술어를 담고 있어도 좋고, 적은 기술어를 담고 있어도 좋습니다(December 29, 2016).

27명이 나의 요청에 답했다. 응답 중 일부는 내가 요청한 단어와 구절 목록이 아니라 장소에 대한 서술적 명제를 제공했다. 독자들이 이 응답들에 대한 감을 잡을 수 있도록 〈표 5.1〉에 8개의 목록을 기재해 두었다.[25] 이 목록들을 정독해 볼 때 눈에 띄는 것은, 각 항목은 독특한 가운데에서도 더 포괄적인 주제가 등장하기 시작한다는 것이다. 예를 들어, 존재와 감정의 상태("체화됨", "속함", "애착"), 공간적 성질과 관계적 성질("근거 놓임", "사이", "구속된 열림"), 생생한 상황성과 정체성("고향", "묶임", "식별가능한 '어딘가'") 등이다.

다음으로 〈표 5.2〉에 예시했듯이, 나는 특정 단어와 구절을 5가지 더 포괄적인 주제 범주와 연결시킴으로써 27가지 장소 기술 목록을 통합하였다. 이 주제 범주는 내가 자의적으로 식별한 것으로서, 집 같은 면모, 정체성 면모, 분위기 면모, 과정적 면모, 위치적 · 공간적 · 관계적 면모다. 이 표에서 마지막 범주가 가장 많은 항목을 가지고 있음이 눈에 띨 것이다. 내가 이 기술어들을 한 부류로 묶은 것은, 환경적 · 공간적 함께임과 속함이 27개의 응답 중 많은 수에서 특히 두드러진 성질로 드러나기 때문이다. 이 다섯 가지 요약적 주제가 다른 방식으로 정

....

25 나는 장소 기술을 제공해 준 27명에게 감사한다. '감사의 말'에 이들이 누구인지 밝혀 두었다.

돈되고 식별될 수도 있음은 명백하다. 다른 연구자들은 다른 포괄적 범주 집합을 만들어 낼 수 있다. 모호성, 중첩성, 다가치성은 장소 체험과 의미에 불가결한 면모이기 때문이다. 통합된 목록이 갖는 더 중요한 가치는, 이것이 하나의 "열림의 장"을 제공한다는 것이다. 이 장에서 이 현상의 전체성이 등장할 공간을 가지며, 이 장으로부터 연구자들은 이 현상에 대한 잠정적 주장들을 찾아낼 수 있다. 이러한 주장들에는 다음과 같은 것들이 있을 수 있다.

- 모든 장소는 그 총체적 성격에 의해 통일된 실감되는 전체다.
- 이러한 전체성은 획일적이지 않다. 그것은 특정 장소와 장소 체험의 실재를 나타내는 다양성 속의 통일성으로 특징지어진다.
- 장소는 정도, 물질적 내용, 활동을 통해 정확히 정의되지 않는다. 또는, 정확한 체험, 행위, 상황, 사건을 통해―이들이 거주와, 직업과, 아니면 여타 인간 삶의 방식과 연결되어 있든 간에―정확히 정의되지 않는다.
- 장소와 장소 체험의 구체적 면모와 요소는 이들의 구성을 흐트러뜨리지 않고서도 변이될 수 있다. 이때 장소와 체험된 장소 잡기의 총체적 성격은 다소간에 계속해서 현전한다.
- 한편으로, 어떤 장소든 더 작은 규모의 장소 집합을 담고 있을 수 있다. 다른 한편으로, 이 장소는 더 큰 규모의 장소 집합에 속할 수 있다. 대부분의 장소는 자신이 포함하고 있는 더 작은 규모의 장소(예컨대, 집 안의 거실), 그리고 자신이 포함된 더 큰 규모의 장소(예컨대,

어떤 근린주구의 집)와 자신 간의 일종의 실감되는 관계를 포괄한다.

■ 물질적으로 볼 때, 장소는 움직임의 경로를 통해(예컨대, 복도, 인도, 거리, 도로 등) 연결된 배경의 결합물(예컨대, 거주하기, 일하기, 휴식하기 등)을 포함할 수 있다. 이러한 구조는 합쳐져서 하나의 일상적 영역을 배치한다. 이 영역은 다소간에 당연하게 여겨지며, 길거나 짧은 시기 동안 "항구적"이다.

■ 전형적으로, 구체적 장소 유형(예컨대, 가정 또는 일터)과 실감되는 장소 잡기의 구체적 양상(예컨대, "가정에-있음" 또는 "일터에-있음"의 양상) 사이에는 실감되는 적절함과 적합함이 있다. 상이한 장소 양상은 실감되는 장소 잡기의 상이한 양상을 전체하며, 그 역도 마찬가지다. (예컨대, 전형적으로 우리는 잠을 유도하는 배경에서 잠을 자고 공부를 유도하는 배경에서 공부한다.)

표 5.1 하나의 단어나 짧은 구절을 통해 "장소"를 기술한 목록 8개

---

1. 존재론적, 체화됨, 관계, 사이, 장소 잡기, 속함

2. 속함, 존재, 표현, 고향, 안전, 붙잡음, 어머니, 관계, 토대, 근거, 자양분, 새로이 함

3. 고향, 친숙함, 의미 있는 공간, 구획 있음, 규모, 편안함, 공간과 의식 사이의 연결, 공간 내의 현존, 주변에 대한 알아차림

4. 풍부함, 통합됨, 전체, 살아 있음, 긍정적, 심부, 중심, 도착, 발견, 이해, 정착함, 바람직함, 가치, 아름다움

....

26 [옮긴이주] genius loci. 라틴어로 genius는 "수호신", loci는 "장소의"를 뜻한다. 그래서 본래 게니우스 로키는 어떤 장소를 지키는 영적 존재를 뜻하는 말이었다. 후에 의미가 변화하면서, 현재 이 말은 어떤 장소가 가진 특유의 분위기를 뜻하는 말이 되었다.

5. 근거, 근거 놓임, 고향, 귀환, 발, 좋은 위치, 방향 정립, 발견함, 알고 있음, 어딘가, 무지개, 기억, 묶임, 상실됨, 방랑함, 신들, 게니우스 로키,[26] 영혼, 아름다움, 윤곽, 냄새

6. 구속된 열림, 모아짐, 통일적/다중적, 복수적/단일성, 저기/여기, 일어남/사건/순간, 땅/하늘, "손댈 수 있는 저 진리"(카뮈), 가까움/멂, 난로/문턱, 지평, 끝/시작, 상실과 멜랑콜리

7. 고향, 편안함, "장소에 있음", 저기보다는 여기, 발견됨, 정체성, 지리학, 사람, 특정 현장, 내가 누구인지 알고 있음, 당신이 누구인지 알고 있음, 식별 가능한 "어딘가", 우리의 세계를 중심에 둠, 언제나 이미 있음, 내 삶에 토대를 놓고 내 삶을 조직함, 일부, 속함, 위치, 알려진 지리학, 삶을 위해 필요한 식별자

8. 휴식, 매력적임, 정박함, 우리를 변용시킴, 마주침의 장소 – 대화, 우리를 변화시키고 자신의 흔적을 남기는 교환, 우리의 육화에 대한 증거 그리고 시공간 내의 특정 순간이라는 상황에 처한 신체/영혼으로서의 삶, 지역적 성격과 인성을 가짐, 물질적 면모와 정신적 면모를 가짐, 우리를 관계로 초대하지만 발견할 더 많은 것을 언제나 남겨 둠

표 5.2 장소 단자의 몇 가지 주제적 면모들

주제적 면모	기술어(단일 단어와 구절)
집 같은 면모	집, 애착, 편안함, 붙잡음, 어머니, 자양분, 심부, 난로/문턱, 친밀성, 돌봄의 장, 정착함, 거주하기, 돌봄과 보호자, 돌보아짐, 휴식, 체화, 습성과 루틴, 여러 존재의 공동–거주
정체성 면모	장소 잡기, 정체성, 내가 누구인지 알고 있음, 당신이 누구인지 알고 있음, 불가분함, 세계에 임함, 존재, 인격–전체적 응답을 요청함, 친숙성, 의미 있는 공간, 주변에 대한 알아차림, 발견, 이해, 행위자성을 표현할 공간, 나를 기분 좋게 함, 나 자신의 정체성의 일부가 됨, 특수성, 독특성, 어떤 방식으로 이름 붙여짐, 인간 없이는 생각할 수 없음, 타자와의 친밀한 연결, "손댈 수 있는 저 진리"(카뮈)
분위기적 면모	여러 목소리, 여러 현존, 여러 몸짓, 침투할 수 있는 신비, 인간 이상, 분위기, 기운, 성격, 영혼, 풍부함, 살아 있음, 긍정적, 가치, 아름다움, 차 있는 공간, 장소의 특정한 감각, 둘러싸는 감각 중추, 정서적 온도, 특정한 느낌 – 안전, 고요함, 위협적임, 혼란스러움, 매력적임 등등

과정적 면모	펼쳐지는 과정, 언제나 현존함, 역동적, 늘—변화함, 힘을 가지고 타닥거림(느껴지지만 보이지 않음), 시간적, 축적됨, 지속/강도/소멸, 능동적이고 가득 차 있음, 전유이지만 또한 통제임, 힘으로 가득 참, 고정성/흐름, 정적/액체, 움직임/정지, 종종 예상치 못함, 개인적 기대에 의해 채색됨, 촉진하는 마주침/대화/교환, 활동의 영역, 마주침, 참여, 교감, 역동적 독립적 힘, 연결과 얽힘, 이전에 일어났던 일의 결합
위치적/공간적/관계적 면모	속함, 중심, 장소에 있음, 저기가 아니라 여기, 발견됨, 관계됨, 관계, 정박함, 사이, 도착, 생생한 지리학, 존재론적 – 존재는 장소—내—존재다, 구체적 현장, 식별 가능한 아무 곳, 토대, 근거, 여기/저기, 가까움/멂, 지평, 토대 놓음, 방향 정립, 찾아내기, 어딘가, 묶임, 머무름과 떠남, 우리의 세계를 중심에 둠, 내부성, 내 삶을 조직함, 알려진 지리학, 구속된 열림/개방, 모아진 열림/개방, 끝/시작, 상이한 시간 규모와 상이한 물리적 규모가 서로의 안에 들어 있음, 즉각성, 경계 지어짐, 안에/밖에/떨어져서 "있어야" 할 장소, 행위를 함축함(거기에 간다, 떠난다, 들어간다, 지나간다), 공적 · 시간적 상호연결성, 담고 있음, 침투 가능하고 유연한 경계, 경계와 한계, 통일성/다중성, 복수/단일성, 땅/하늘, 지평, 구체적 시야/소리/체험/기억의 배치, 열림 그리고 세계를 이해하려 내다볼 수 있는 거점

장소 단자와 실감되는 장소 잡기

단자를 탐사할 때, 연구자가 목표하는 바는 이 현상의 체험적 중핵을 가리키는 중심적 특성집합을 알아내는 것이다. 여기에서 내가 주장하는 바는, 장소가 사람을 그 사람이 존재하는 세계와 언제나 이미 결합시키는 방식이 그 핵심이라는 점이다. 우리는 "존재함이란 장소에 존재함이다"라는 에드워드 케이시의 선언으로 돌아간다(Casey, 2009, 16쪽).

또는, 그가 더 자세히 설명하듯이, "장소는 자신이 아닌 다른 어떤 것에 의해서도 둘러싸이지 못한다는 속성을 가지기 때문에, 장소는 모든 존재하는 것이 한계이면서 동시에 조건이다…"(Casey, 2009, 15-16쪽).

인간의 삶에서 장소가 가지는 핵심적 중요성을 깨닫기 위해서 중요한 것은, 케이시가 지적하는 장소의 불변하는 현존에 대해 숙고하는 것이다. 첫째, 그는 장소가 어떤 것에 의해서도 "둘러싸이지 못[한다]"고 주장한다. 어떠한 것도, 생물도, 사건도, 체험도, 어떤 방식으로 장소 잡히지 않고서는—"극미한 현장이든 간에, 거대한 우주든 간에"(Casey, 2009, 15쪽)—존재할 수 없기 때문이다. 이러한 의미에서 장소는 모든 존재자의 한계다. 장소 잡힌 사물이나 상황 너머에 있는 것은, 다른 사물이나 상황을 위한 다른 장소뿐이기 때문이다(예를 들어, 근린주구에 자리를 튼 집에 자리를 튼 방에 자리를 튼 의자에 사람이 자리를 트고 있고, 이렇게 계속될 수 있듯이). 둘째, 케이시가 주장하는 것은, 다른 어떤 것에 의해서도 둘러싸일 수 없다는 성격과 결합하여 장소는 사물, 생물, 상황, 사건의 "존재"의 조건을 제공한다는 점이다. "장소는 실존의 개념 자체에 속한다. 존재한다는 것은 장소에 구속된다는 것, 장소에 의해 제한된다는 것이다. … 장소-존재는 존재자 고유의-존재에 속한다"(Casey, 2009, 15-16쪽).

케이시가 시사하는 바는, 구체적 장소와 구체적 장소 체험의 모든 방식은 장소 및 실감되는 장소 잡기의 일차적 존재론적 구조를 전제한다는 것이다. 이는 인간의 체험, 그리고 이 체험이 일어나는 물질적 세계를 포괄하는 불가피한 실존적 상황이다. 철학자 제프 말파스가 다음과 같이 쓴 것은 이 점을 지적한 것이다(Malpas, 2001, 231쪽).

살아 있고, 생각하고, 체험하는 존재로서 우리가 무엇인지는 우리가 살고 있는 장소와 불가분하다—우리의 삶은 장소에 의해, 그리고 이 장소와 얽힌 사물과 다른 사람에 의해 포화되어 있다. 우리는 이 장소를 지나 움직이고, 우리의 행위는 이 장소에 위치하고, 우리는 이 장소와 관련하여 우리의 방향을 정립하고 우리를 위치시킨다.

인간 존재가 언제나 장소-내-인간-존재라는 이 주장은 환경적 이해와 장소 이해에서 일어난 근본적 발전을 특징짓는다. 그것은 "사물의—대상의, 자기의, 타자의—나타남의 가능성 자체가, 모든 것을 포괄하는 장소라는 범위 내에서만 가능하다"는 것을 전제하기 때문이다 (Malpas, 1999, 15쪽). 세계가 장소를 통해서만 자신을 드러낸다면, 이러한 실감되는 사실이 의미하는 바는, 인간과 장소의 연결이 우연적인 것, 우발적인 것, 또는 더 일차적인 사회적·정치적 구축에 의해 결정되는 것이 아니라는 점이다(Malpas, 1999, 29-33쪽). 오히려, 인간임은 언제나 이미 장소 잡혀 있음이다. "우리 자신의 인간 존재가 실재적이 되는 것은 우리가 장소와 교류함을 통해서다. 그러나 장소가 의미를 가지고 고유의 중요성을 가지게 되는 것 또한 우리의 교류함을 통해서다"(Malpas, 20009, 23쪽). 이러한 실감되는 장소 잡기는, 인간의 삶의 성질이 이 삶이 펼쳐지는 장소의 성질과 내밀하게 연관되어 있다는 점, 그리고 그 역도 마찬가지라는 점을 뜻한다. 말파스는 이렇게 설명한다.

삶은 실로 그것이 실감되는 장소 속에서, 이 장소와의 관계를 통해서 구성된다. 그렇기 때문에, 저 삶의 풍부함, 저 삶 고유의 통일적 성격과 자기-정체성 감각의 발달은, 장소와의 실감되는 관계가 저 삶 속에서 부각되고 표현되는 방식과 직접 이어져 있다. 그렇다면, 장소를 무시하는 방식으로 사는 것은 저 삶 자신을 무시하는 방식으로 사는 것이다—그것은 빈곤한, 어쩌면 심지어 파편적인 실존 양식을 일으키기 쉬운 방식으로 사는 것이리라. 우리 자신의 삶을 돌보고 그에 주목하는 것은, 우리가 장소를 돌보고 그에 주목할 것을 요구한다(Malpas, 2001, 232쪽).

1장에서 나는 장소를 잠정적으로, "인간의 체험, 행위, 의미를 공간적 · 시간적으로 모으는 환경적 위치"라고 정의했다. 실감되는 장소 잡기를 장소의 단자의 중심적 차원으로 제시함으로써, 나는 내 본래의 정의가 부분적이었고, 어떤 의미에서는 오류였음을 강조한다. 이 정의가 강조하는 것은 장소 및 실감되는 장소 잡기의 물질적 · 공간적 · 환경적 면모인 반면, 케이시와 말파스가 강조하는 바는, 모든 구체적 장소 또는 장소 체험은 인간 존재가 언제나 장소-내-인간-존재라는 근본적 현사실성에 의해 전제된다는 점, 필연적으로 이러한 현사실성으로부터 생겨난다는 점이기 때문이다. 실감되는 장소 잡기에 대한 이러한 실존적 현상학을 포괄하기 위해, 말파스는 장소가 "체험의 구조와 가능성 자체에 불가결하다"고 강조한다(Malpas, 1999, 32쪽, 36쪽). 그는 계속해서, 이러한 장소 이해 방식에서 장소는 주관적이지도 객관적이지도 않다고 설명한다.

이는 행위하고 체험하는 피조물과 독립적인 무엇을 파악하는 주체의 문제가 아니다—저러한 지역이나 장소는 단순히 어떤 관찰 주체의 시선을 위해 대기하고 있는 것이 아니다. 오히려, … 문제되는 저 구조는 체험하는 피조물 자체를 포괄하며, 그렇기에 주체의 구조는 장소의 구조 속에서, 장소의 구조를 통해 주어진다. 또한 객체성의 개념에 대해서도 비슷하게 이야기할 수 있다—적어도, 객체성이라는 개념이 단순히 물리적 실존에 현전하는 것이 아니라 주체에 현전하는 것을 가리키는 것으로 이해되는 한 그렇다. 이러한 면에서, 객체 개념은 자체로, 오직 장소 내에서만, 그렇기에 주체와의 관계 안에서만 수립되는 것이다. 단, 이때 우리는 그러므로 주체와 객체 **양방**이 같은 구조 내에 "장소 잡혀" 있는 것이지, 둘 중 한쪽이 이 구조의 근거 토대라는 것이 아님을 상기해야 한다(Malpas, 1999, 36-37쪽).

말파스가 시사하듯이, 종래의 학술적 해석은 장소를 존재론적으로 객관주의적이거나 주관주의적인 방식으로 그린다. 한편으로 장소는 인간의 삶이 펼쳐지는 공간적 · 환경적 "용기容器"로서 "객관적"으로 그려진다. 다른 한편으로, 장소는 개인적이거나 집단적인 감정, 애착, 인지적 표상 등을 통해 "주관적으로" 그려진다. 장소에 대한 현상학적 이해는, 특정 장소와 장소 체험의 객관적 면모와 주관적 면모가 전제하는 것, 그리고 이것들을 가능케 하는 불가피한 실존적 사실이 있다고 주장한다. 그것은 인간 삶의 실존적 토대의 하나가 되는, 언제나-이미 실감되는 장소 잡기라는 사실이다. "우리가 누구인지는 우리가 어디에 있는지를 아주 많이 반영한다"고 케이시는 쓴다(Casey, 2001b, 226쪽). 혹은 말파스가 설명하듯이(Malpas, 1999, 8쪽), "장소 또는 위치에 묶인 것은 인간적 정체성만이 아니다. 세계와 교류할 수 있는, … 세계에 대해 생각할 수 있는, 세계 속에 있을 수 있는 종류의 피조물로서 존재할 가능성 자체가 거기 묶여 있다."

실감되는 장소 잡기의 양상들

우리가 언제나 장소 잡혀 있기는 하지만, 이 장소 잡기의 특정 방식은 넓은 범위의 구체적 장소와 장소체험을 포괄한다. 때로, 우리는 일시적으로 장소 잡힌다—나는 매일 집에서 일터로 걸어갈 때 그 거리에 얽혀든다. 또는, 학회에 참여하려고 사흘간 낯선 도시에 머무른다. 경우에 따라, 이러한 일시적 장소 잡기는 지탱하는 방식이나 치명적인 방식으로 중대해질 수도 있다—예를 들어, 나는 시애틀 학회 호텔의 바에서 내 미래 삶의 반려자를 운명적으로 만난다. 또는, 내 동료가 런던 거리를 건너다가 "잘못된 방향"을 보는 바람에 차에 치인다.

일시적 장소 잡기를 넘어, 우리는 개인적 삶의 사건 및 상황과 연관된 더 장기적인 장소와의 결부 속에 있다. 시카고에서 열린 3주간의 세미나에 참여할 때 나는 시카고에 살았다. 스페인에서 한 달을 보내면서는 학회에 참석했고, 지금은 이 행사 주최자의 손님이다. 내 삶의 대부분에서 나는 다소간에 항구적으로, 좋든 싫든 고향이라는 세계에 자리 잡혀 있다. 이러한 장소의 장기적 항구성은 우리 평생에 걸쳐 똑같을 수도 있고, 가족이나 직업, 삶의 다른 요구에 따라서 주기적으로 장소를 바꿀 수도 있다. 구체적 거주의 시간선이 어떻게 되든 간에, 이 장소는 나의 실감되는 장소 잡기가 일어나는 당연하게-여겨지는 현장이된다. 이 지평 내에는 나의 생활세계를 이루는 크고 작은 장소들, 예컨대 가사, 일터, 쇼핑가, 휴식 장소, 예배 등등의 직조가 있다. 나는 이러한 장소들을 받아들이거나, 견디거나, 싫어하거나, 즐긴다. 이들은 내삶의 경로가 나에게 준 세계를 이루기 때문이다. 혹자는 부, 재능, 인간관계 때문에 이 고향세계를 선택하게 되고, 혹자는 선택하지 못한다. 한편으로, 그는 이 고향세계를 전혀 의문시하지 않을 수 있다. 다른 한편으로, 이 고향세계를 능동적으로 싫어하고 탈출을 시도할 수 있다.

장소와 실감되는 장소 잡기의 혼합

장소 단자를 통해 사고하면서, 우리는 장소 체험 방식은 체험하는 자의 실감되는 장소 잡기와, 이 실감되는 장소 잡기가 펼쳐지는 구체적 장소 사이의 실감되는 혼합을 전제한다는 점을 깨닫게 된다. 현상학적 심리학자 번드 재거(Jager, 1985, 219쪽)는 이러한 불가결한 상호연결성을 도발적으로 그려 낸 바 있다. 그가 쓴 바에 따르면, 모든 실감되는 장소 잡기는

> 즉시 성취될 수 없다. 우리가 새로운 장소에서 즉시 집처럼 안락해지는at home 일은 드물다. … "거주한다to inhabit"는 것은 일종의 가짐habere

를 가리킨다. 이 가짐이 우리가 문화적 대상에 근본적으로 접근하는 것을 허락하고, 이러한 대상을 우리 신체의 연장延長으로 다루는 것을 가능케 한다. 거주에 이런 방식으로 접근함은, 살과 물질, 신체와 단순한 사물 사이의 근본적 구별을 더 이상 할 수 없음을 뜻한다. 신체적 실존이 사물로 넘쳐흐르고, 사물을 전유하고, 사물에 삶의 숨결을 불어넣고, 사물을 일상적 기획과 염려의 장으로 끌어들인다. 완전히 거주된 세계는 또한 동시에, 완전히 신체화된 세계다.

메를로퐁티의 실감되는 신체화를 원용하며, 재거는 장소 잡기, 거주, 집처럼-안락함을 촉진하는 데에서 실감되는 신체가 행하는 불가결한 역할을 명쾌하게 현상학적으로 해명한다. 무엇보다도, 장소 잡기는 자신이 속하는 일상적 환경을 지지하면서 그에 의해 지지되는 습성적이고 당연하게-여겨지는 상례성을 포괄한다. 일상적 사물, 행위, 사건, 장소는 우리 신체적 현존의 실감되는 연장을 지지하고, 그에 의존한다. 그리고 그것은 우리가 할 필요가 있는 일을 대체로 자동적이며 계획할-필요-없는 방식으로 할 수 있게 해 준다. 우리가 누구인지, 우리가 무엇을 하는지는 인간적 세계의 물질적·공간적·구축된 차원들에 토대를 놓으며, 그에 의해 토대 놓인다. 재거가 설명하듯이, 장소는 "세계로의 접근로를 준다"(Jager, 1983, 169쪽).
재거는 이러한 장소-내-실감되는-습성이 환경적·건축적으로 불가결하게 근거 놓인 인간 존재의 특정 양상과 관계되어 있다고 설명하는데, 이때 그는 장소 단자의 또 다른 핵심적 면모를 지적하는 것이다.

그는 이렇게 쓴다.

집, 공장, 병원, 연구소, 도시는 더 이상은 일차적으로 완료된 물질적 사물로서, 사람 및 사람의 활동을 담는 용기로서 나타나지 않는다. 오히려, 이러한 건물 자체가 세계에 대한 어떤 체화된 파악으로서, … 신체와 세계를 차지하는 특정 방식으로서, 세계 지평의 어떤 면모를 들추어 내는 특정한 방향 설정으로서 나타난다. 그러면 첫 번째 건축은 특정한 신체적 자세를 차지하는 방식으로 나타난다. 건축은 우선, 서거나, 앉거나, 눕거나, 걷는 어떤 방식이다. …

건물에 들어간다는 것, 어떤 안무에 지배된다는 것은 동시에, 어떤 들추어냄의 주체가 됨을 뜻한다. 어떤 신체적 태도처럼, 건물은 임무, 전망, 감수성으로 이루어진 어떤 특정한 세계를 열어 준다. … 신체와의 이러한 내밀한 동맹 속에서, 건물 자체가 세계를 향한 특정한 접근로가 된다. 나는 더 이상은 사물 같은 건축물 속에 담겨 있는 것이 아니다. 더 이상은 다른 사물에 둘러싸인 한 사물로서의 건물 속에 있는 것이 아니다. 오히려, 나는 이 건물을 내 신체의 장으로 끌어들였다. 나는 건물을 전유했다. 나는 어떤 시야를 조사하기 위해, 또는 특정 임무를 맞이하기 위해, 바람 부는 날에 걸친 코트마냥 건물을 내 주위에 걸친 것이다 (Jager, 1983, 154-156쪽).

통찰력 있는 해석을 통해 재거는, 어떻게 실감되는 신체가 손을 뻗어 건축적 부분과 장소 부분을 포함하는 주변 세계를 수용하고 전유하는지에 관해 날카로운 설명을 제공한다. 실감되는 신체를 통해, 자아는 자신이 있는 세계와 혼합된다. 메를로퐁티의 후기 저작 중 하나인 《보이는 것과 보이지 않는 것》(Merleau-Ponty, 1968)에 근거하여 재거는 환경이 어떻게 더 이상은 그저 분리되어 있고 가시적일 뿐인 무엇에 지나지 않는지, 오히려 "우리가 볼 수 있게 하는 시각과 빛의 원천"인지를 설명한다(Jager, 1985, 218쪽). 장소에 거주함으로써, 우리는 자동적으로 특정한 방식으로 현존하고, 교류한다. 이는 다른 방식이 될 수 없다. "집이나 도시에 들어와서 마침내 거주하게 된다는 것은, 어떤 입장을 받아들이게 되는 것, 환경 세계에 행위하고 환경 세계를 체험하는 어떤 양식에 굴복하게 되는 것을 뜻한다"(Jager, 1985, 218-219쪽).

이러한 의미에서, 실감되는 신체가 세계를 둘러싸는 것도 아니고, 세계가 실감되는 신체를 둘러싸는 것도 아니다. 오히려, 실감되는 "공동-둘러쌈"과 공동-구성이 있는 것이다. 이것은 장소 단자의 중핵을 특징짓는 환경적·장소적 전체성과 유체성을 지지하기도 하고 방해하기도 한다. 재거의 독특한 해석적 언어는 사람과 세계에 대한 종래의 철학적·실천적 이분법을 피해 간다. 사람과 세계는 분석적·도구적으로는 둘이지만, 실존적·체험적으로는 하나로 이해된다. 한편으로 우리는 실감되는 신체의 감각적·지각적·운동적 차원이 어떻게 장소 만들기, 거주, 인간적 안녕에 기여하는지를 이해해야 좋을 것이라고 재거는 지적한다. 다른 한편으로, 건축적·환경적·공간적·장소적 요소와 성질의 상보적 역할에 주의를 기울여야 한다고 그는 시사한다.

단자로서 장소의 몇 가지 핵심적 특성을 식별했고, 나는 다음으로 장소의 양자적 차원 몇 가지를 고찰할 것이다. 실감되는 장소 잡기로서의 장소와 환경적 배경으로서의 장소 사이의 이러한 역동적 통일성과 교감이 바로 장소 단자의 심장부를 특징짓는 것이면서, 장소 양자로 관심을 옮겨 주는 것이다. 장소 양자는 다음 장에서 운동/정지, 내부/외부, 상례성/이-례성, 내향/외향, 고향세계/이방세계 사이의 실감된 이항대립을 통해 검토될 것이다.

6
장소의 양자

5장에서 나는 장소 단자를 고찰하고 몇 가지 핵심 요소를 찾아냈다. 이 때 나는 그 핵심적 특성은 세계-내-사람의 불가피한 공간적 · 환경적 혼합에 근거 놓인 실감되는 장소 잡기임을 강조하였다. 말파스가 요약하듯이, "인간 존재는 장소 잡힌 존재다." 이 주장은 환경적 사고에 결정적이다. "우리 자신이 장소에 삽입되어 있다는 점, 그리고 장소가 우리에게 삽입되어 있다는 점이 바로 환경적 돌봄과 심려, 또한 건축적 설계와 실천을 뒷받침해야 할 것, 그리고 인도해야 할 것이기 때문이다"(Malpas, 2014, 9쪽).

장소의 양자両子dyad를 검토함을 통해, 나는 장소 및 실감되는 장소 잡기의 실감된 전체성이 어떻게 적절한 이항대립과 상보성의 집합을 통해 더욱 해명될 수 있을지를 고찰할 것이다. 이 양자들이 유용한 것은, 장소 체험은 종종 실감되는 대립―그것이 행위, 체험, 마주침의 양상 중 어느 것과 관계하든 간에―의 어떤 면모와 결부되기 때문이다. 여기에서 나는 폭넓은 실감되는 상보성을 가리키는 다섯 가지 장소 양자를 논할 것이다. 이들 양자는 장소 및 실감되는 장소 잡기의 몇 가지 본질적 면모를 예시한다. 물론, 추가적인 현상학적 연구를 통해 찾아내고 기술할 수 있는 이항대립이 더 있음에는 의심의 여지가 없다(예컨대, Wood, 2014). 이 다섯 가지 장소 양자는 다음과 같다.

1. 운동과 정지
2. 안과 밖
3. 상례와 이례
4. 내향과 외향
5. 고향세계와 이방세계

1. 운동과 정지

우리 인간 구성의 신체적 차원이 어떻게 인간적 체험의 본성에 기여하는지를 고찰한다면, 우리는 물리적 신체로서 우리의 실존이 한편으로는 운동, 다른 한편으로는 정지라는 전형적 상황을 내포함을 즉각 인지할 수 있다(Bollnow, 2011, Seamon, 1979, Seamon, 2014c). 운동과 정지 사이의 이러한 실감된 관계는 공간적 규모의 넓은 스펙트럼에서 생겨난다(Casey, 2009, 47-70쪽). 이 관계는 식탁에 앉아 저녁을 먹을 때의 손과 팔의 행위로부터, 자기 회사 상품을 판매하는 소매업자로서 계절마다 순회를 하느라 집을 떠났다가 돌아오는 출장 판매원에까지 이른다. 이들의 가장 기본적인 신체적 수준에서, 운동과 정지는 메를로퐁티의 지각과 신체-주체에 체험적으로 토대 놓여 있다. 매일의 운동 패턴과 정지의 장소는, 대부분의 경우는 우리가 알아차리지 못하고 있는 습관적 시간-공간 격자에 속한다(Seamon, 1979). 신체-주체의 비자기의식적 설비로 인해 삶은 그저 일어나며, 우리는 다소간에 일정한 행위, 체험, 사건의 일과를 따른다.

모든 운동 상황은 결국은 끝이 나고, 이어서 어떤 정지 상황을 유발한다. 나는 식사를 끝나고 다른 곳으로 이동한다. 출장 판매원은 호텔 방을 감과 옴의 일시적 장소로 이용하지만, 결국은 집으로 돌아오고, 이후 다시 판매 출장 한 바퀴를 시작한다. 이러한 의미에서 장소 체험은 인격 또는 집단의 생활세계의 다채로운 환경적 규모 내에서 일어나는 운동과 정지 사이의 일련의 전이로 해석될 수 있다. 실감되는 장소 잡기의 면에서 보자면, 이러한 장소, 경로, 여행 중 어떤 것은 강한 정서적 애착을 포함할 수 있지만, 어떤 것은 당연하게 여겨지고, 일상적 삶을 이루는 시시하지만 필수적인 부분으로 여겨질 수 있다. 현상학자 오토 볼노프는 운동과 정지의 양자를 "저기, 그리고 다시 돌아옴'이라는 하나의 기본적 역동"으로 기술한다(Bollnow, 2011, 80쪽). "〔인간 존재는〕 공간 속에서 자의적으로 운동하지 않는다. 오히려 〔그들의〕 모든 운동은 감과 돌아옴이라는 대립에 궁극적으로 근거한다." 그는 이렇게 쓴다.

떠남이란 공간 속의 어떤 자의적 운동이 아니다. 인간 존재는 세계 속에서 어떤 임무를 수행하기 위해, 어떤 목표를 손에 넣기 위해, 한 마디로 어떤 과제를 성취하기 위해 떠난다. 그러나 이를 충족하고 나면,

… 그는 거주지로, 정지점으로 돌아온다. 그래서 그것은 동시에 교대다. 이 교대는 떠남과 돌아옴의 이러한 진자운동을 통해 자신을 표현하는〔인간 존재〕에 깊은 의의를 가진다. 저 진자운동에서 모든 위상은 동시에 자신의 특유하고, 오인할 수 없는, 정서적 색채를 가진다(Bollnow, 2011, 57쪽).

현상학적으로 볼 때, 운동과 정지는 또한 기호적·초인격적 의의를 종종 포괄하는 더 넓은 실존적 성질과 연관될 수 있다(Harries, 1997; Lane, 2000). 운동은 지평, 도달 범위, 낯섦과 관계되며, 마찬가지로 정지는 고향, 가까움, 당연하게-여겨짐과 관계된다. 체험적 그리고 기호적으로, 운동은 탐색, 실행, 탐사와 전형적으로 연관되는 반면, 정지는 종종 안전, 재생산, 수동성과 관계된다. 운동을 통해 인간 존재는 거리距離, 환경, 체험에 대한 자기의 알아차림을 확장하는 반면, 정지를 통해서 인간 존재는 집처럼-안락함, 편안함, 거주를 불러온다.

앞서 장소와 실감되는 장소 잡기의 단자와 관계해서 논했던 번드 재거는 운동/정지의 양자도 날카롭게 환기시킨 바 있다. 그는 저 역동을 거주와 여정 사이의 실감되는 상황성으로 그려 낸다(Jager, 1975, 1983, 2010). 부분적으로는 하이데거에 의거하여(1971b), 그는 거주를 장소 내에서 개인, 공동체, 자연이 생동적으로 합쳐짐이라고 기술한다. 그는 거주라는 것이, "연약한 대상과 피조물이 항상적이고 부드러운 반복적 접촉을 통해 보살펴지고 돌보아지는" 장소를 제공하는 "둥근 세계"라고 말한다(Jager, 1975, 133쪽). 대조적으로, 여정의 세계는 여행, 구경, 탐사를 불러울 뿐 아니라, 지적 · 미적 · 초인격적 노력도 불러들인다. 여정은 인격체를 거주의 안전한 왕국으로부터 멀어지도록 하고, 그를 새로운 장소나 생각이나 체험을 대면하는 어떤 양상을 향해 움직이게 한다. "미래가 곧바로 앞에서 모습을 드러내며, 가능한 대면을 일으킨다"(Jager, 1975, 251쪽). 생활세계는 거주나 여정의 실감되는 과잉을 내포할 수 있기에, 집처럼-안락함은 편협성과 인종적 혐오를 촉진할 수 있고, 모빌리티의 과잉은 피상성과 공허한 평범성으로 이끌 수 있다는 점도 재거는 강조한다. 궁극적으로, 여정과 거주의 양자는 서로를 지탱하며, 각자는 상대방을 어떤 실감되는 정도로 요구한다. 재거는 이렇게 쓴다(Jager, 1975, 249쪽).

여정하기는 거주하기로부터 자라나고, 거주하기는 여정하기에 정초된다. 도로와 난로, 여정과 거주는 서로를 상호적으로 함축한다. 어느쪽도 상대방 없이 자신의 구조적 온전함을 유지할 수 없다. 거주의 장으로부터 잘려 나간 여정은 목표 없는 방랑이 되며, 단순한 기분 전환으로, 심지어 카오스로 퇴보한다. … 여정은 새로운 세계의 형상이 등장하기 위한 저 배경으로서 기원의 장소를 요구한다. … 기원 없음, 고향 없음은 맹목이다. 다른 한편, 거주의 장은 경로가 가능케 하는 갱신 없이 자신의 생명성과 생존성을 유지할 수 없다. 내다봄 없는 공동체는 위축되고, 퇴락적 · 근친상간적이 된다. 근친상간은 일차적으로, 경로의 이러한 거부다. 그렇기에 그것은 미래의 거부이고, 전적으로 과거 속에서 살기 위한 자살 시도다. 거주하기의 장은, 그것이 빈사 상태가 아닌 한,

여정하기와 상호침투되어 있다.

장소 및 실감되는 장소 잡기의 양자적 차원을 이해하는 데에 거주와 여정에 대한 재거의 논의는 중요하다. 그것은 장소의 연속성이란 거주로서의 장소에 근거 놓인 환경적·시간적 일정함에 정초되어 있음을 시사하기 때문이다. 한편으로, 실감되는 장소 잡기 및 장소는 인간적 삶에 중요한, 안정화시키는 성질이다. 이는 삶이 일정하게, 신뢰할 수 있게 펼쳐지는 데에 기여한다. 이를 재거는 "둥근 세계"라고 특징지었다. 다른 한편, 여정이 제공하는 새로운 장소 및 통찰을 통해, 새로운 장소에 대한 우리의 환경적 애착, 그 장소와의 유대가 확장된다. 여정의 실감되는 본성을 검토함으로써, 재거는 어떻게 장소로부터 멀어지는 운동이 장소로 되돌아오는 운동과 체험적으로 상이한지를 보여 준다. 그는 이렇게 시사한다.

〔우리는〕모험적 여정 속에서 발견되는 "외부" 세계와 귀향의 여정 속에서 재발견되는 "내부" 세계를 은유적으로 연결시킨다. 우리 세계의 일관성은 궁극적으로, 두 아주 상이하지만 상보적인 여정 사이에서 일어나는, 서로를 해명하는 상호교환에 의존한다. 하나는 밖을 향하는 모험적 여정으로, 이는 거리距離에 빛을 비춘다. … 하나는 충직한 귀향의 여정으로, 이는 친밀하고 우호적인 거주의 보물을 들추어낸다. (Jager, 2001b, 111쪽)

운동과 정지는 양자적 상호연결성을 통해, 각각이 상대편의 면모를 포괄한다. 운동과 여정을 통해 사람은 자기 장소나 상황의 비자기의식적 당연하게-여겨짐을 떠나 자기 지평을 확장한다. 정지와 거주를 통해 사람은 익숙한 장소로 돌아와, 밖을 향한 미래의 모험을 다시 준비하기 위해 마음을 가라앉힌다. 운동과 정지 양쪽에서 각자는 자신으로 존재하기 위해 대립항을 필요로 한다. 부분적으로 이러한 대립 간의 연속적인 실감된 교환으로 인해, 인간 존재는 자신의 상례적 삶과 이-례적 삶에서 안정됨과 특이함 양쪽을 모두 획득한다(Seamon, 1979, 134쪽).

2. 내부성과 외부성

대체로 지리학자 에드워드 렐프의《장소와 무장소성》(Relph, 1976)로 인해서, 안과 밖의 양자는 장소 및 장소 체험에 관한 현상학적 연구의 중심 초점이 되었다(Seamon, 2008). 렐프는 장소를 인간적 질서와 자연적 질서의 융합으로, 개인이나 집단의 실감된 체험의 중요한 공간적 중심으로 정의한다(Relph, 1976, 141쪽). 렐프의 주장에 따르면, 장소 체험의 실존적 핵심은 내부성insideness이다. 그것은 개인이나 집단이 장소에 속하고 장소와 동일시되는 정도다. 어떤 개인이 장소 내부에 있다고 느낄 때, 그는 편안하고, 안전하고, 걱정 없고, 제 장소에 있다고in place 느낀다. 개인이 장소 내부 더 깊이 들어와 있다고 느낄수록, 이 장소에 대한 애착 및 동질감은 더욱 강해진다고 렐프는 말한다.

이와 대립되는 장소와의 실감되는 관계를 렐프는 외부성outsideness이라고 명명한다. 그것은 장소와의 차이, 장소로부터의 분리, 심지어 소외의 감각을 느끼는 것이다. 내부성과 외부성 사이의 실존적 긴장은 인간 체험의 근본적 이항대립이라고 렐프는 주장한다. 내부성과 외부성의 상이한 정도를 통해, 장소는 상이한 개인과 집단을 위한 상이한 의미와 정체성을 취득한다. 렐프가 보기에, 실존적 내부성이 장소 개념의 기반이다. 이러한 체험 양상에서 장소는 직접적이거나 자기의식적인 주목 없이 체험되지만, 그럼에도 불구하고—장소가 어떤 방식으로 변화하지 않은 한—암묵적이고 눈에 띄지 않는 의미들을 담고 있기 때문이다(Relph, 1976, 55쪽). 대조적으로, 실존적 외부성은 낯섦, 불편함, 비현실성의 감각과 결부된다. 어떤 장소에 처음 온 사람은 이를 느낄 수 있다. 또는, 출생 장소에서 떠나 있었다가 돌아온 사람도 그렇게 느낄 수 있다. 그는 자기를 이방인처럼 느끼는데, 저 장소의 모습이 더 이상은 그가 이전에 알았을 때의 모습이 아니기 때문이다.

렐프는 실존적 내부성과 실존적 외부성의 체험을 이용하여 하나의 양자 연속체의 양 끝단을 특징짓는다. 그는 이 연속체를 따라서 그 외 다섯 가지 장소 체험 양상을 식별한다(Relph, 1976, 49-55쪽). 실존적 내부성·외부성과 마찬가지로, 이 양상들은 장소와 관계된 우리의 역할이나 사회적 상황과 관련된 것이 아니다. 이 양상들은 오히려, 우리가 구체적 장소를 통해 마주치는 체험의 종류와 강도를 식별한다.

객관적 외부성objective outsideness 이 상황은 장소로부터 분리되었다는, 의도된 냉정한 태도와 결부된다. 장소는 체험자와 떨어져 있는 사물인 양 검토되고 조작된다. (예컨대, 설계자, 계획자, 정책 입안자들이 종종 채택하는 장소에 대한 전형적 접근법)

부수적 외부성incidental outsideness 이 상황에서 장소는 활동을 위한 바탕이나 배경에 지나지 않는다. (예컨대, 우리가 매일 일터로 운전해 가는 고속도로를 따라 있는 환경과 장소)

행동적 내부성behavioral insideness 이 상황은 장소의 외양에 대한 의도된 주목과 결부된다. (예컨대, 막 이동해 들어온 낯선 장소에서 길을 찾기 위해 이정표나 표지판 같은 환경 신호를 이용하는 것)

공감적 내부성empathetic insideness 이 상황에서 개인은 외부인으로서, 장소에 열리고 장소를 더 깊게 이해하려고 노력한다. (예컨대, 참여관찰 및 공동체 관여를 통해 어떤 도시 근린주구와 내밀하게 친숙해지려는 연구자의 노고)

대리적 내부성vicarious insideness 이는 깊게 느껴지는 이차적 관여의 상황이다. 여기에서 우리는 회화, 소설, 음악, 이성 또는 여타 창조적 미디어를 통해서 장소로 이동된다. (예컨대, 빅토리아 시대 런던에 대한 디킨스의 생생한 묘사, 아미엥 성당이나 지베르니 정원을 그린 모네의 인상파 회화)

이러한 장소 체험의 양상은 양자적으로 중요하다. 이들은 실존적 대립이 어떻게 실감되는 의미의 통합적 연속체를 위한 기초가 되는지를 예시하기 때문이다. 이러한 양상들은, 의도 및 교류의 유형과 강도의 측면에서 실제-세계 장소 체험을 식별할 수 있는 간단한 언어를 제공한다. 외부성과 내부성의 다양한 정도에 의해, 상이한 장소는 상이한 개인과 집단을 위한 상이한 정체성을 취득하며, 인간의 체험은 느낌, 의미, 기운, 행위의 상이한 성질을 취득한다.

이러한 장소 체험의 양상은 어떻게 양자가 단자적 이해를 확장하는 지를 예시한다. 실감되는 장소 잡기가 장소 현상을 이해하는 데에 갖는 중요성을 가리키는 것이 단자라면, 렐프의 장소 양상은 실감되는 장소 잡기가 특정 장소와의 관계 속에서 체험되는 일군의 방식을 보여준다. 외부성의 다양한 양상은 장소로부터의 다양한 분리 상황도 내포하지만, 이러한 상황 또한 실감되는 장소 잡기에 관해 말하는 것이다. 다만 이 장소 잡기가 제한적이거나, 부분적이거나, 불편하거나, 혼란스럽거나, 위협적인 실감되는 방식으로 이루어지는 것일 따름이다. 렐프의 장소 양상은 또한, 어떻게 동일한 물리적 장소가 동일한 개인이나 집단에게 상이한 시간에 상이한 장소 체험을 제공하는지를 기술할 수 있는 언어를 준다—예를 들어, 배우자가 죽었기에 더 이상 집처럼 느껴지지 않는 집이 그렇다. 비슷한 방식으로, 이러한 장소 양상은, 어떻게 동일한 물리적 장소가 이 장소에 관련된 상이한 개인과 집단에게 폭넓은 대조적인 체험들을 줄 수 있는지를 이해하는 데에도 도움을 준다—예컨대, 한 학교에서 유년기와 청소년기를 모두 보낸 학생과 새로 전학 온 학생이 이 학교에 대해 가지는 체험의 차이가 그렇다(Seamon, 2008).

렐프의 장소 체험의 양상은 실감되는 장소 잡기를 이해하는 데에 중요하다. 이 양상이 제공하는 기술적 언어를 통해, 우리는 생활세계와 자연적 태도의 당연하게-여겨짐으로부터 현상학적으로 벗어날 수 있기 때문이다. 장소의 부정적이고 트라우마적인 이미지에 초점을 맞추는 여성주의적 · 문화연구적 작업이 한 예가 될 것이다(예컨대, Manzo and Devine-Wright, 2014, 178-179쪽, Rose, 1993, 53-55쪽). 가정폭력으로 인해 어떻게 가족 구성원들이 집에서 희생자가 되었다는 느낌, 안전하지 못하다는 느낌을 가지게 되는지를 강조함으로써, 이 연구자들은 때로 집과 장소라는 개념 전체를 의문시한다. 이들은, 집과 장소의 개념은 향수 어린, 본질주의적 개념이라서 탈근대 사회에서는 격렬한 사회적 · 정치적 변용이—어쩌면 심지어 대체가—필요한 것일 수 있다고 시사한다. 렐프의 내부성과 외부성의 양상은 이 상황에 관한 다른 이해 방식에 기여한다 (Manzo, 2003, 52쪽). 문제는 집과 장소가 아니고, 개념적 혼용이다. 이에 관해 렐프의 언어는 간단한 정정 사항을 제공한다. 희생자의 체험은 집처럼-편안함의 결여로 해석되어서는 안 되고, 하나의 실존적 외부성 양상으로 해석되어야 한다. 실존적 외부성 양상은 우리의 가장 내밀한 장소—집—와의 관계 하에서 특히 우리를 침해하고, 어쩌면 목숨을 위협할 수도 있다.

렐프의 실존적 외부성 개념은 집의 체험과 폭력의 체험을 분별할 기술적 수단을 제공한다. 가정폭력이란—여성과 관련된 것이든 남성과 관련된 것이든—통상적으로는 가장 강한 실존적 내부성을 키우는 장소가 역설적으로 압도적 실존적 외부성의 장소가 된 상황이라고, 우리는 더 정확히 말할 수 있다. 실감되는 결과는 극심히 파괴적일 수밖에 없다. 단기적 현상학적 물음은, 어떻게 희생자들이 실존적 내부성을 다시 얻도록 도울 수 있느냐는 것이다. 장기적 물음은, 우리 사회에 있는 어떤 성질과 힘이, 집과 집처럼-편안함의 실존적 내부성이 괴로움과 절망으로 퇴락하는 상황으로 이끄느냐는 것이다. 내부성과 외부성의 양자는 직접적 대답을 제공하지는 않는다. 그러나 이들은 장소 체험의 다양한 색조를 나타내는 데에 가치가 있기 때문에 물음을 명확히 할 유용한 언어를 준다.

3. 상례와 이-례

내부성과 외부성의 다양한 강도 외에도, 양자로서의 실감되는 장소 잡기는 교류의 연속체를 포함하고 있다. 이 연속체는 일상적이고 평이한 것에서 놀랍고 희한한 것에 이른다. 장소 체험은 대개, 다소간에 상례적ordinary이어다. 이때 실감되는 신체와 장소는 일상적 삶의 당연하게-여겨지는 일부로서 최소한의 주목만을 요구하는 반복적 행위와 사건을 통해 상호작용한다(Moran, 2011, 2014). 렐프는 단조로움drudgery으로서의 장소가 가지는 밋밋한 면모를 기술한다(Relph, 1976, 41-42쪽).

장소의 순전한 단조로움이 있다. 이것은, 이미 수립된 장면과 기호와 루틴에 구속되어 있기에, 이 장소에 만고불변하게 묶여 있다는 감각이다. 일상적 삶의 근거로서 장소는 지루한 과제, 창피, 기본적 필요에 대한 집착, 고됨, 시시함, 탐욕을 … 품고 있다.

장소의 이러한 지루함은 **습성의 상황**situation of habituality, 일상적 삶의 전형적 상례성이라고 불릴 수 있다. 대체로 이는, 사람들 대부분이 필요한 경우가 아니면 바꾸려고 하지 않는, 의문시되지 않는 반복 및 루틴과 결부된다(Seamon, 1979, 139쪽). 습성의 상황에 대조되는 것이 개방의 **상황**situation of opennness이다. 여기에서 일상적 장소의 상례성은 어떤 방식으로 이-례적extra-ordinary이 된다. 내가 이 단어에 붙임표를 삽입한 것은, "상례와 다름"에 강조점을 두기 때문이다. 그것은 흔한 체험이나 교류와 미소하게 다를 수도, 극적으로 다를 수도 있다. 개방의 상황에서 우리는 갑자기 더 기민하고 민감한 방식으로 장소에 조현된다. 당연하게 여겨지던 것이 갑자기 신성하거나, 놀랍거나, 감동적으로 보이게 되는 마주침의 더 강렬한 양상을 우리는 체험한다. 미국 남부의 작가 T. R. 페어슨의 1985년 소설,《작은 장소의 짧은 역사》에 기술된 체험이 한 예가 될 것이다. 이 체험은 우리에게 통찰을 준다. 이 소설의 주인공은 십대 소년이다. 어머니가 집의 현관불을 켜자, 갑자기 그는 청소년기를 떠나 성인이 된다는 달콤쌉싸름한 순간을 체험한다.

현관불이 켜지던 바로 그때 나는 집에 등을 돌리고 있었다. 이른 저녁이었기 때문에, 전구 하나가 켜진다고 광경이 크게 바뀌었을 거라고 생각하지는 않는다. 아마도, 전구가 회색에서 노란색이 될 때 내가 우연히도 전구 자체를 보고 있지 않았더라면, 전구가 켜졌다는 것을 깨닫지도 못했을 것이다. 아빠도 전구를 보지 않았다. 아니면, 어쨌든, 보았다는 티가 나지는 않았고, 보았다고 해도 그게 아빠에게 뭔가 의미가 있었을지는 모르겠다. 그러나 나는 전구를 보았고, 엄마가 불을 켤 때 전구를 보았고, 전구가 나에게 뭔가 부르짖었다.

나는 나에게 어떤 사실을 말했다. 실제로 말을 한 것은 아니지만, 즉시 그 사실을 알았던 것이다. 저것이 아빠로부터 나를 갈라놓는 것, 나로부터 아빠로 갈라놓는 것, 우리 둘을 다른 모두로부터 갈라놓는 그런 것이라는 사실을 말이다. 이는 단순히, 현관불이 켜지는 것을 나는 보았고 아빠는 보지 않았고 다른 누구도 어쨌든 신경 쓰지 않았으리라는 것이 아니다. 오히려, 엄마가 전구 하나에 불을 켜면서, 그와 함께 내 안의 무언가를 켤 수 있었다는 것이다. 슬픔과 비탄의 무언가, 황혼의 우울로 들어찬 무언가. 내가 이 무언가를 아는 대로 아빠가 알 수 있을지, 내가 이 무언가를 느끼는 대로 아빠가 느낄 수 있을지 나는 확신할 수 없었다.

그리고 나는 나에게, 어쩌면 내가 돌아보았을 때 나를 돌아보게 한 것은 순수한 우연이고 어쩌면 조그마한 음산한 행운에 지나지 않을 것이라고 이야기했다. 그리고 나는 나에게, 이런 일은 이런 방식으로 다시는 일어나지 않을 것이라고 말했지만, 그것은 말할 필요조차 없었고, 그저 바로 알았고 곧바로 결론 내렸다(Pearson, 1985, 84쪽).

상례적이고 본래적인 사건이 갑자기 감정적으로 다가오는 예기치 못한 지복의 순간을 포착함으로써, 피어슨은 기우奇遇, 슬픔, 황혼의 우울을 포함하는 장소와의 마주침을 그려 낸다. 피어슨의 묘사는 현상학적으로 중요하다. 이 묘사는 갑작스러운 통찰의 순간에 삽입되어 있는 인상을 특징짓기 때문이다. 그것은 운에 따르고, 부분적으로만 의식적이고, 흔히, 같은 상황에 현전하는 다른 사람은 알아차리지 못한다. 피어슨의 서술은, 우리가 우리의 세계와 장소를 더 강렬하게 이해하는, 모호하게 깨달을 수 있지만 정서적으로는 충만한 순간을 상기시킨다. 부분적으로는 이러한 우발적 순간으로 인해—(적어도 이러한 일이 일어나는 순간에는) 이를 우리가 명시적으로 깨닫지 못할 수도 있지만—우리는 삶에 대한 우리의 이해를 심화시키는 더 날카로운 방식으로 세계와 교류하게 된다. 피어슨은 이 사건을 "순수한 우연"이라고 묘사하고, "이런 일은 이런 방식으로 다시는 일어나지 않을 것"임을 깨닫는다.

재거(Jager, 1983, 1985, 2013)는 상례적 체험과 이-례적 체험 사이의 양자 관계를 노동workday 세계와 축제festive 세계 사이의 대조로 시각화한다. 그의 기술에 따르면, 이는 인간 존재의 삶으로의 "접근로를 함께 열어 주는, 상보적 · 역동적으로 상호작용하는 관계 유형들"이다(Jager, 2013, 261쪽). 노동 세계는 우리가 "잘해 나가는" 장소와 상황을 포함한다. 여기에는 직장, 가사 의무, 아이 키우기, 그 밖에 일상적 삶을 지탱하는 여타 모든 실천적 행위와 의무가 있다. 이와 대조되는 것은 축제적인 사건과 체험의 덜 빈번한 이-례적 순간이다. 여기에는 축제 휴일과 특별 행사, 또는 춤추기, 그림 그리기, 시 쓰기, 음악 연주하기, 예배하기 같은 창조적 · 영적 노력에 참여하기가 있다.

노동 세계와 축제 세계의 양자적 구성을 지적하면서, 재거는 각각이 "내재적 한계를 가지기 때문에, 축제적 태도는 언제나 노동적 태도 후에 오며 그 역도 마찬가지"라고 강조한다. "어느 쪽의 태도도 고립적으로 이해될 수 없다"(Jager, 2013, 263쪽). 그는 두 세계가 모두 인간 존재의 불가결한 부분이며, 어떤 방식으로, 모든 시간과 장소에 현전한다고 논한다. "노동하고 주어진 자연적 실재를 변용시켜 인간에게 필요한 자원을 산출하게 한다는 것이 무슨 뜻인지에 대한 이해는 모든 문화가 보유하고 있는 것이다. 또한, 다양한 정도로, 모든 문화는 축제적 계시에 관한 이해와 실천도 보유하고 있다. 축제적 계시에서 모든 문화는, 천국과 지상, 자기와 타자가 강제되지 않고서 자신을 드러내는 것을 목격할 수 있다"(Jager, 2013, 263쪽).

재거가 보기에, 노동 세계와 축제 세계 사이의 가교를 특징짓는 것은 문턱threshold이다. 그는 이를 인간 문명의 특별한 요소라고 이해한다. 문턱은 인간의 공통성과 인간의 차이를 분리하면서 또한 결합시키기 때문이다. 그는 이렇게 쓴다. "문턱은 인간적 세계의 궁극적 기반을 이룬다. 이는 가장 원시적인 동굴이나 움집으로부터 가장 웅장한 성이나 도시에 이르는 모든 건축 기획에 반영되어 있다. 이 모든 것을 우리는 문턱이라는 주제의 변주에 불과하다고까지 생각할 수 있다. 문턱의 본질적 기능은, 분리된 별개의 세계를 모으는 것이다"(Jager, 2013, 263쪽). 한편으로 문턱은 "거주 영역을 경비"하여, 노동 세계의 당연하게-여겨지는 정상성의 유지를 돕는다. 다른 한편, 문턱은 축제 세계와 관계한다. 문턱을 통해서 우리는 "자기, 세계, 타자의 현전에 더욱 완전하게 들어서기" 때문이다(Jager, 2009, 8쪽).

이러한 의미에서 문턱은 인간 존재를 결합시키면서 나누고, 마찬가지로 차이의 세계를 결합시키면서 나눔으로써, 짝을 지으면서 짝을 분리시킨다(Jager, 2009, 10쪽). 문턱은 독자적이기도 하면서, 사물 · 장소 · 상황을 보호하기도 하지만, 또한 "아름다움과 질서를 통해 주인과 손님을 고양시켜, 이들이 서로에게 심정과 마음을 열게 하는 만남의 장소다"(Jager, 2010, 242-243쪽). 문턱에 대한 재거의 설명은 양자적으로 중요하다. 노동 세계와 축제 세계의 상보성을 모으기 때문이다. 장소 및 실감되는 장소 잡기의 측면에서 볼 때, 노동 세계와 축제 세계의 양자는 중요하다. 대체로 이들 세계는 구체적 장소―이 가정, 이 일터, 이 극장, 이 박물관, 이 무도회장, 이 연주회장, 이 예배소―와 관련하여 펼쳐지기 때문이다. 집이 한 예가 되겠다. 집은 친숙함, 연속성, 그 밖에 일상의 안정성과 상례성에 근거를 놓는 여타 실감되는 성질을 제공하는 방식으로 노동 세계를 떠받친다. 다른 한편, 집은 이-례를 유발하는 축하, 창조적 노력, 변용적 갱신의 장소가 될 수 있다. 외부로부터 온 손님을 환영할 때, 집은 차이에 다리를 놓고, 더 일상적인 노동적 성질을 축제적 마주침으로 변용시킨다. 적어도 일시적으로는, 상례와 이-례가 장소를 통해 함께하게 된다.

4. 장소의 내향적 면모와 외향적 면모

문턱이 어떻게 안에 있는 세계와 너머에 있는 세계를 결합시키는지를 기술하면서, 재거는 또 다른 장소 양자를 지적한다. 한편으로, 모든 장소는 하나의 독자적 세계다. 이 세계의 실감되는 본성은 대체로 이 장소의 관심사다. 다른 한편, 거의 모든 장소는 그 장소 너머의 더 큰 세계와 어떤 관계에 있다. 저 장소는 다양한 종류의 자양분—물질적이든, 경제적이든, 심리적이든, 사회적이든, 영적이든—을 위해 이 세계에 의존한다. 앞에서 언급했던 예에서, 집은 더 넓은 공적 세계로부터 거의 절연된 개인적·가족적 사생활의 왕국이며, 전형적으로 볼 때, 더 넓은 세계의 어떤 면모가 이 집에 들어오는지를 통제할 수 있다. 동시에, 기본적 필요와 더 넓은 사회적·공동체적 관계의 측면에서 볼 때 집은 더 넓은 공적 세계와의 관계를 필요로 한다. 재거는 더 포괄적으로 인간의 거주지를 언급하면서, 장소의 내향적 면모와 외향적 면모를 내부 및 외부, 공통성 및 차이, 떠남 및 돌아옴과 연관시킨다. 그는 이렇게 쓴다.

인간의 거주지라는 장소는 야만적 힘에 의한 질서만을 가진 자연적 세계로부터의 피난처를 제공한다. 이 장소는 자기 제약, 그리고 이웃의 영역에 대한 존중에 의해 인도되는 완전히 인간적인 삶의 전망을 열어 준다. 인간의 거주지는 한 자아를 남과 분리해 주며, 동시에 안과 밖, 외부와 내부 사이에 구별선을 긋는다. 그러나 그것은 또한 주인과 손님의 형태를 취하는, 자기와 남의 새로운 관계를 창조한다. 동시에, 그것은 옴과 감, 여정하기와 집으로 돌아오기의 새로운 변증법을 창조함으로써 … 외부를 내부와 결속시킨다(Jager, 2001b, 133-134쪽).

실감되는 장소 잡기의 내향적 차원과 외향적 차원에는 실감되는 복잡성이 있다. 한편으로, 장소의 내향적 면모는 그것이 세계의 나머지 부분으로부터 분리되어 있다는 점과 관련된다. 마찬가지로, 다른 한 편, 장소의 외향적, 외적으로-관계하는 면모는 그것이 속하는 더 큰 세계와 관련된다. 장소의 이러한 두 가지 의의는 종종 상이하며, 심지어 서로 모순될 수도 있다. 그러나 양쪽 다 장소 체험의 비우연적 면모다. 내향/외향 양자를 생각하는 한 가지 방법은, 한 면모나 다른 면모를 과장하는 상황을 발견하는 것이다. 예를 들어, 거의 방문자를 감동시키려는 목적으로만 배치된 집이나, 세계에 등을 돌린, 대접이 나쁜 집이 있다. 장소의 내향적 차원과 외향적 차원 사이에 실감되는 긴장이 있다는 것도 우리는 눈치챌 수 있다. 예를 들어, 내향적 면모에서는 편안하고 안전하지만, 불쾌함, 기피, 공포를 불러일으키는 퇴락하는 근린주구와의 외향적 관계에서는 불안정하고 걱정스러운 집이 있다.

장소의 내향적 면모와 외향적 면모 사이의 불균형의 가장 당혹스러운 오늘날의 예 중 하나는, 전 세계의 도시에서 오늘날 발흥하고 있는 배타적 환경 모자이크다. 이 모자이크는 빗장 공동체, 번화한 상업적 발전, 사적인 거리와 광장을 통해—이 모든 것은 통상적으로 감시 테크놀로지에 의해 감시된다—식별되며, 이 장소의 "내부자"들에게 "집처럼 편안한" 그리고 방해받지 않는 느낌을 줌으로써 이윤을 창출하기 위해 고안되었다(Minton, 2009; Zukin, 2010). 종종 빈곤하고 황폐화된 구역과 인접하여 건설되는 이러한 "방어적 개발"은 "외부자"를 막거나 제지하기 위해 교묘하게 구축되어 있다. 이러한 장소는 사전 선별된 입주자와 사용자를 지지하는 환경으로 작동할 수 있다. 그러나 영국 저널리스트 안나 민턴이 설명하듯이, 이들은 "도시를 훨씬 더 공포스러운 장소로 …" 만든다(Minton, 2009, 179쪽). 그녀는 이렇게 쓴다.

오늘날 시민사회의 균열 중 다수는, 우리가 살고 있는 장소로부터 최대의 이윤을 뽑아내기 위한 편협한 접근법의 결과로 생겨났다. … 주택과 사적 장소를 도시에 무분별하게 늘리는 정책은 도시의 삭막한 분할을 반영하는 물리적 환경을 창조한다. 이는 사람들 간의 신뢰를 침해하는 동질적 소규모 거주지를 창조하고, 공포를 고조시킨다. … 그 귀결은 이방인에 대한—이방인이 시민성의 정수임에도 불구하고—점점 커지는 불신이다. 그리고 더 큰 집단적 신뢰를 향상시키는 "자연적 감시"의 침해다. … 더 인간적인 규모에서의 조그마한 개입을 통해, 더 공적인 정신을 가진 더욱 다양한 문화를 불러올 가능성이 높아진다. 이러한 문화는 지역 사람들과 조화되고, 결과적으로 더욱 성공적인 장소를 창조할 것이다(Minton, 2009, 178, 198쪽).

내가 이러한 방어적 개발을 강조하는 것은, 이것들이 어떤 문제적 양자를 가리키기 때문이다. 이 문제적 양자에서는 장소의 내향적 면모가 너무나 강조되어, 모든 외향적 상호연결성이 억제되거나 전적으로 차단된다. 동시에, 이러한 개발의 "외부자"는 자신의 덜 혜택 받은 장소의 "내부자"이며, 이러한 요새와도 같은 소규모 거주지를 불공정, 불친절, 불평등의 상징으로 본다. 장소의 외향적 면모와 내향적 면모를 통합시킴으로써 사회적·문화적·경험적 차이를 환경적·공간적으로 모으기는커녕, 이러한 개발은 도시의 실감되는 전체성에 균열을 내고, 도시적 불만족, 아노미, 분쟁을 강화한다. 민턴이 시사하듯이, 통상적으로 이러한 방어적 개발은 그 환경적 규모와 범위에서 웅장하거나, 심지어 위협적이다. 차이 나는 개인과 집단들을 협력적으로 끌어모으기 위해 민턴이 내놓는 제안은, 훨씬 더 적절한 개발 모델은 소규모의 지역 기반 장소 만들기라는 것이다. 이는 내가 13장과 14장에서 제시할 주제다.

오늘날의 내향적/외향적 양자의 또 다른 당혹스러운 면모는 디지털 테크놀로지와 사이버 공간의 체험적 영향력과 관계한다. 여기에서는 저러한 장소들이 물리적 장소를 넘어선 세계에 금세 접근할 수 있게 된다. 적어도 대리적, 가상적으로는 그렇다. 물리적 공간의 내향적 차원이 가상 장소의 외향적 견인력에 의해 대체로 대체된다면, 실감되는 장소 잡기는 어떻게 될까? 가상 장소가 실제 세계에 있는 그것의 대응 장소만큼이나 "실제"로 체험된다면, 이러한 개발은 우리가 현재 아는 많은 "실제" 장소의 최종적 종말을 의미하는가? 한편으로, 가상성을 이용할 수 없던 때에는 불가능했던 방식으로 가상성이 실제 생활세계를 향상시키고 증폭시킨다는 낙관주의적 주장이 있다(Greenfield, 2017, 63-84 쪽, Kelly, 2016, 216-229쪽). 다른 한편, 가상현실은 실제적인 것처럼 보이지만 현실적 생활세계에서는 결코 완전히 일어날 수 없는 체험을 너무 선뜻 날조해 낸다는 덜 낙관적인 논증이 있다. 철학자 앨버트 보그만이 지적하듯이, "실제" 현실은 언제나 가상현실과 실존적으로 다를 수밖에 없는데, 이는 "실제" 현실은 "방해하고 한정"하기 때문이다(Borgmann, 1992, 92쪽). 가상현실이 피상적으로는 실제적으로 보이긴 하지만, 그것은 실제 생활세계의 실감되는 혼잡스러움으로부터 손쉽게 탈출하고, 그것을 손쉽게 대체할 수 있다. 이는 어떠한 대가도, 책임도, 의지적 노력도 필요로 하지 않는 더욱 편리하거나, 생생하거나, 환상적인 상황을 통해서 이루어진다.

한편으로, 가상현실은 세계의 수많은 문제를 고치기 위한 반가운 수단이 될 수 있다는 이례적인 약속을 지킨다. 예를 들어, 간단히 가상 장치를 타고서 가상적 일터, 잡화점, 좋아하는 휴양 장소로 "갈" 수 있다면, 누가 자동차를 필요로 하겠는가? 주택, 예배 장소, 휴가 목적지 같은 이 모든 "장소"와 "체험"이 가상적으로 재생산될 수 있다면, 누가 그런 실제 장소를 필요로 하겠는가? 다른 한편, 가상현실은 시간 낭비, 성적 자극, 중독, 그리고 대부분의 실제적 사물로부터의 후퇴를 포함하는 잠재적 위험 요소와 위협 요소를 내포할 수 있다. 가상현실이 요구, 분투, 의무, 귀결 같은 단점 없이 편안함, 즐거움, 향상된 생생함을 제공할 수 있다면, 어째서 방해하고 한정하는 실제 세계가 불가피하게 요구하는 노력을 굳이 하겠는가?

장소의 내향적/외향적 양자의 측면에서 중심 물음은, 디지털·테크놀로지적 발달이 개인의 현실 장소 너머에 있는 가상 장소로의 배타적인 관심을 유발할 것인가, 그리하여 이 현실 장소가 하찮게 여겨지거나 심지어 일회용품처럼 될 것인가 하는 물음이다. 우리는 물리적이며 실감되는 신체로 남아 있을 것이기 때문에, 우리는 실제 장소, 실제 장소 체험, 실제 실감되는 장소 잡기가 계속해서 인간 존재에 불가결한 부분으로 남아 있으리라고 기대할 수 있다. 그러나 종내는 테크놀로지로 인해, 인간 존재가 어떤 방식으로 자신의 물질적 신체 및 물리적 환경으로부터 독립적으로 "실존"할 수 있는 실현 가능한 수단이 주어진다면, 인간의 생활세계의 양상에 어떤 변동이 일어날지는 거의 상상도 불가능하다. 실감되는 장소 잡기와 물리적 장소가 테크놀로지적 · 실존적으로 전적으로 우회된다면, 인간 존재는 어떻게 될 것인가? 예를 들어, 테크놀로지 작가 애덤 그린필드는 가상현실과 증강현실이 어떻게 개인-대-개인 장소 상호작용과 공동적 감수성에 파괴적인 침식을 촉발할 수 있는지를 그려 낸다(Greenfield. 2017, 83쪽).

> 다른 건 몰라도, 현실은 우리 모두가 공유하는 유일한 플랫폼이다. … 이 공유된 공간을 조각나고 서로 비일관적인 백만 개의 〔가상현실과 증강현실〕로 대체한다는 것은, 우리가 어쨌든 같은 세계를 점유하고 있다는 가식 전체를 파기하는 일이다. … 물리적 환경이 공통적 좌표틀로 기능하기를 멈춘 도시는, 아무리 과소평가한다 해도, 민주주의, 연대 또는 단순한 동료감이 자라나기에는 끔찍하게도 적대적이다.

5. 고향세계와 이방세계

내가 논하는 마지막 장소 양자는 후설이 처음으로 식별하였다. 그는 생활세계를 더 잘 특징짓고자, 그가 고향세계homeworld와 이방세계alienworld라고 부르는 것 사이의 실감되는 상호성을 말하였다(Husserl, 1970; Steinbock, 1995; Seamon, 2013c). 후설의 정의에 따르면, 고향세계는 체험, 이해,

상황의 암묵적이며 당연하게-여겨지는 영역이다. 이 영역은 우리 각각이 태어났고, 아이로 그리고 어른으로 성숙해 가는 세계를 나타낸다. 언제나, 고향세계는 이방세계와의 어떤 양상의 실감된 상호성 안에 있다. 이방세계는 차이와 타자성의 세계지만, 고향세계가 언제나-이미 주어져 있기 때문에 알아차려진다(Steinbock, 1995, 178-185쪽).

철학자 재닛 도노회의 설명에 따르면, 이방세계는 "사물이 존재하는 방식 그대로 단순히 있는 것으로 내가 당연하게 여겼던, 내 고향세계의 사물들을 나에게 드러낸다"(Donohoe, 2017a, 430쪽). 그녀는 고향세계를 "우리가 다른 세계를 판단하는 규범, 다른 세계의 미리 주어짐이 주어지는 규범을 구성하는, 세계의 사물의 미리 주어짐 속에서 현시되는 의미 통일체"라고 묘사한다(Donohoe, 2011, 30쪽). 여기에서 규범과 규범성은 옳고 그름, 좋음과 나쁨의 자의적인 윤리적 또는 이데올로기적 체계를 가리키는 것이 아니다. 오히려 그것은, "우리의 체화된 세계 구성의 측면에서 다른 장소가 비교되는 토대적 기준"을 가리킨다(Donohoe, 2011, 25쪽). 고향세계와의 관계에서 이방세계는, 개인이 자기 고향세계 속에서 당연하게 여기는 것과는 다른 규범을 선사한다(Donohoe, 2014, 17-20쪽). 고향세계는 우리가 우리로 이해하는 정체성을 제공하는 데에 중심적 역할을 한다.

고향세계는 특권적이다. 고향세계를 통해 우리의 체험이 우리 자신의 체험으로, 우리 세계가 우리 체험 자체를 구조 짓는 방식으로 응고되기 때문이다. 이러한 구성적 특권은 … 우리가 그것을 좋아하든 좋아하지 않든, 그것이 우리를 행복하게 하든 비참하게 하든 상관없이 있다. 요는, 고향세계를 인도하는 규범이란, 우리가 얻어 들인 대로의 우리의 규범, 우리의 삶의 방식이라는 것이다(Donohoe, 2011, 232쪽).

고향세계와 이방세계의 결정적 면모는, 이들이 공동-구성되었고 공동-관계된다는 것이다. 이는 우리가 언제나 "우리의 실감되는-신체의 구조 속에, 우리의 전형적 행동양식 속에, 우리의 실천 속에 우리의 〔고향세계〕의 구조를 지닌 채로 있다"는 의미에서 그렇다(Donohoe, 2011, 164쪽, Donohoe, 2014, 12-15쪽). 저 암묵적 전형성 및 규범성과 상이한 세계에 있게 될 때, 우리는 고향세계의 현전을 인지한다. 후설은 고향세계와 이방세계 사이의 두 종류의 실감되는 교환을 통해 우리가 인격으로서 성장할 잠재성을 가진다고 논한다. 그는 이 교환을 전유appropriation와 월경 transgression이라고 부른다. 전유에서, 우리는 "고향에 대한 전유적 체험을 통해 이방을 공동-구성"하는 상황에 결부된다(Steinbock, 1995, 179쪽). 다른 한편, 월경은 "이방에 대한 월경적 체험을 통한 고향의 공동-구성"의 상황과 결부된다(Steinbock, 1995, 179쪽). 전유에서, 우리는 고향세계의 성질과 상이한 이방세계의 성질을 인지함으로써, 고향세계의 성질을 깨닫는다. 상호적인 방식으로, 월경적 체험에서 우리는 이방세계와 마주치고, 이 마주침을 통하여, 이방세계의 잠재적으로 이용 가능한 또는 도움이 되는 성질을 인지하고, 어쩌면 우리의 고향세계 속으로 받아들인다(Seamon, 2013c). 철학자 앤서니 스타인복은 전유와 월경을 "고향세계의 규범의 갱신, 이 규범의 내적 의미의 재활성화와 갱신"을 수반할 수 있는 "비판적 행동"의 양상이라고 묘사한다(Steinbock, 1994, 214쪽). "〔이러한 과정은〕 지배적 정상성에 대항하고, 고향세계를 더 완전히 실현하려는 시도를 통해 옛 규범을 새로운 윤리적 정상성으로 대체하는 것까지 요구할 수 있다."

고향세계와 이방세계 양쪽 모두에게, 생활세계는 이들의 미리-주어진, 당연하게-여겨지는 출발점—이들의 "토대이자 지평"이다. 도노회는 이렇게 설명한다(Donohoe, 2017a, 431쪽).

고향세계와 이방세계 모두, 더욱 기반적인 생활세계 때문에 가능해진다. 내가 이방세계의 특징을 이방적인 것으로 인지하기 위해, 그것은 이해되는 파라미터 안에 들어와야 한다. 그렇지 않다면, 나는 이것을 아예 체험하지도 못할 것이다. 이방세계와 고향세계 아래에서 생활세계는 각각을 가능케 하는 토대이자 지평으로서 있다. 생활세계적 아프리오리는 우리를 화성인에 대립하여 지구인으로 만드는 것이다. 그것은 우리가 누구인지와 너무나 깊게 엮여 있기 때문에, 우리가 지구를 탈출한다 해도 … 우리는 우리의 구성 방식에서, 우리의 장소를 이해하는, 또는 우주 속에 존재하는 우리 고유의 방식에서 여전히 지구인일 것이다(Steinbock, 1995, 232쪽).

고향세계와 이방세계의 양자가 장소의 모든 방식을 기술하는 데에 개념적으로 알맞다고 내가 주장하는 것은 아니다. 그러나 내가 강조하는 것은, 그것이 어떤 장소 상황에 관한 유용한 언어를 줄 수 있다는 점이다. 이는, 개인이나 집단의 장소 체험 및 실감되는 장소 잡기가, 이 장소와 연관된, 또는 다루어야 할 여타 장소와 연관된 다른 개인 및 집단과 상이한 상황이다(Seamon, 2013c). 특히 지리적 모빌리티와 상호적·문화적 다양성을 가진 오늘날의 세계에서, 고향세계와 이방세계의 양자는 장소 복잡성을 통하여 사고하기에 유용한 하나의 수단을 제공한다. 예를 들어, 사회적으로-상이한 구역들이 서로를 지각하고 상호작용하는 방식, 또는 고향세계가 공포, 고통, 잔인성의 왕국이 되는 가정폭력이나 아동 학대의 상황이 그렇다. 고향세계의 결정적인 실감되는 면모는, 장소 및 실감되는 장소 잡기가 고향세계의 구성에 불가결하다는 것이다. 우리와 장소의 동일시, 우리의 장소에 대한 애착은(또한 불호나 불편은) "단순히 이 특정 장소를 향한 우리의 행동만이 아니라, 단순히 우리의 행동"을 내포한다(Donohoe, 2011, 31쪽).

고향세계의 규범적 의의는 중요하다. 그것은, 실감되는 장소 잡기가 통상 당연하게 여겨진다는 것, 그리고 결부된 개인에게는 으레 보이지 않는다는 것을 뜻하기 때문이다. 이러한 상황은, 이 개인들이 자신이 살고 있는 장소의 의미를 쉽게 표현하지 못하거나, 심지어 이런 의미의 현전을 인지하지조차 못한다는 실감되는 사실을 가리킨다. 내가 논했던 여타 장소 양자와 마찬가지로, 고향세계와 이방세계는 실감되는 장소 잡기 및 장소 체험의 복잡성과 다가치성을 예시한다. 이러한 양자 이해로 인해 연구자는 장소 이항대립의 장을 발견할 수 있다. 그러나 이러한 이항대립들은 대체로 해소되지 않고 남아 있다. 베넷에 따르면 이러한 해소는 우리가 양자에서 삼자로 이동할 때에만 가능하다.

삼자는 관계, 과정, 화해를 말한다. 다음 두 장에서 나는, 삼자를 폭넓게 소개하고, 장소와 실감되는 장소 잡기를 이해하는 데에 삼자가 가지는 상당한 가치를 시사할 것이다.

7
삼자 이해하기: 관계, 해소, 과정

베넷의 전진적 접근이라는 방법을 사용하여. 나는 5장과 6장에서 장소 및 실감되는 장소 잡기에 대한 더 풍부한 이해를 전개하려 하였다. 베 넷이 강조하듯이, 전진적 접근은 "이미 거기 있는 의의가 더욱 깊어짐 에 대한 감각"을 내포한다(Bennett, 1966a, 78쪽). 이 목표를 위해 나는 5장에 서 단자로서의 장소의 구성을 고찰함으로써 장소에 대한 나의 체계적 연구를 시작했다. 나의 결론은, 장소가 환경적·인간적 복잡성의 현상 이기는 하지만, 그 핵심은 실감되는 장소 잡기라는 것이었다. 그것은 인 간 존재란 자기가 있는 세계의 어떤 환경적·공간적 부분에 언제나 이 미 빠져 있고, 얽혀 있고, 결합되어 있다는 실존적 사실이다. 언제나, 필연적으로, 그리고 종종 선택의 여지가 거의 또는 전혀 없이, 인간 존 재는 장소에 접합되어 있다. 단자로서의 장소의 실감되는 중핵을 특징 짓는 것이 바로 이러한 사람-장소 "접합"이다.

장소를 더 살펴보기 위해, 6장에서 나는 양자로서의 장소를 탐구하는 데로 진행하여, 몇 가지 실감되는 이항대립을 식별했다. 대다수의 장소는 일련의 갈등 속의 상보적 구조를 전제하며 불러일으킨다고 나는 말했다. 장소 및 실감되는 장소 잡기와 관계된 예로서 나는 운동/정지, 내부/외부, 내향/외향, 상례/이-례, 고향세계/이방세계의 양자를 검토했다. 한 가지 의미에서 이들은 서로 모순되지만, 이러한 이항대립의 두 본성은 언제나 공존한다고 나는 논했다. 한쪽이 다른 쪽 없이 있을 수는 없다. 그러나 이러한 이항대립은 해소될 수 없는 구조를 가지기 때문에, 양자는 장소의 대립적 성질을 화해시키는 수단은 제공하지 않는다. 해법의 가능성을 찾아내기 위해 우리는 초점을 셋임과 삼자=子triad로 옮겨야 한다. 이를 통해, 관계와 과정의 이해에 힘입어 양자의 갈등이 화해될 수 있을 것이다.

삼자, 셋임, 관계

어떤 현상에서든, 삼자는 역동적 면모를 이해하는 것을 돕는다. 여기에서 나는 삼자에 근거하여 장소의 생성적 면모를 고찰하려 한다. 달리 말하자면, 장소가 자기 모습대로 머무르는, 또는 더 좋아지거나 더 나빠지는 다양한 관계와 과정은 무엇인가? 장소의 양자는 이들의 다양한 실감되는 갈등이 어떻게 해소되어야 하는지는 거의 알려 주지 않는다. 예를 들어, 외부자가 내부자가 되는 과정, 또는 반대의 과정은 무엇인가? 운동과 정지 사이의 적절한 균형을 우리가 체험적으로 수립할 수 있을 것인가? 고향세계와 이방세계 사이의 개인이나 집단의 실감되는 체험이 시간에 걸쳐 변할 수 있는가?

이러한 물음에 대한 대답을 찾기 위해, 베넷은 우리가 삼자를, 그리고 셋임의 질적 의의를 고찰해야 한다고 논한다. 셋임이 중요한 것은, 양자의 둘임을 해소하기 위해 제3의 요소가 필수적이기 때문이다. "우리는 상보성의 해소를 위한 제3항을 찾아야 한다"(Bennett, 1993, 102쪽). 베넷이 보기에, 우리가 상황을 이해하고 그것을 어떤 방식으로 더 낫게 만들려는 목표를 가진다면, 삼자에 대한 이해는 결정적이다. "삼자에 대한 이해가 없다면, 세계에 실제적 변화를 가져오는 것은 어렵다"(Bennett, 1993, 36쪽). 이 주장이 시사하는 바는, 실제-세계 장소를 우리가 약화시키지 않고 강화시키려고 행하는 설계, 정책, 계획, 운동을 상상하고자 한다면, 장소에 대한 삼자적 인식이 필수적이라는 것이다.

역동적 행위와 상호교환에 초점을 맞추어, 삼자는 단자의 밀폐된 전체성과 양자의 해소 불가능한 이중성으로부터 초점을 옮긴다. 장소와 관련하여, 삼자는 장소의 과정적 차원을 찾아낼 개념적 수단을 제공한다. 이 차원에는 장소가 있는 그대로 있는 것을 가능케 하는 역동도 있고, 장소의 변화를—건설적이든 파괴적이든—가능케 하는 역동도 있다. 장소 및 장소의 사람이 한편으로는 생존하고 번영하게 되는, 한편으로는 퇴락하고 허우적거리게 되는 다채로운 과정, 사건, 관계에 대한 더 완전한 감각을 우리는 획득할 수 있다. 8장에서 나는 여섯 가지 장소 과정을 식별하고, 체계론을 통해 이들을 정당화할 것이다. 그러나 우선은 삼자가 설명되어야 한다. 베넷의 용어로 말하자면, 체계론의 체계로서 삼자란 무엇인가? 셋임이 과정, 행위, 관계와 유관하다고 베넷이 강조하는 이유는 무엇인가? 삼자가 셋임에 관한 것이라면, 어떻게 장소 과정은 셋이 아니라 여섯 가지가 있을 수 있는가? 이것들이 본 장에서 논할 핵심 물음이다.

삼자의 세 가지 추동력

베넷의 용어로, 한 체계는 "체계의 항들 간의 어떤 내적 연결성 또는 상호적 유관성"을 포괄한다(Bennett, 1956, 3쪽). 이에 따라, 그는 삼자triad를 독립적이지만 상호 관련된 세 항으로 된 체계라고 정의한다. 각 항을 가리키기 위해 그는 추동력impulse이라는 단어를 사용한다. 이 용어는 삼자의 다른 두 추동력과 관계하여 특정한 행위, 과정, 사건으로 이끄는 일종의 힘이나 동기의 감각을 암시한다(Bennett, 1993, 37-39쪽). 이 세 추동력 각각의 특성을 식별하기 위해 베넷이 사용하는 용어도 있다. 작용하거나 시동시키는 추동력은 확언적affirming, 작용 받거나 저항하는 추동력은 수용적receptive, 확언적 추동력과 수용적 추동력이 하나의 행위, 과정, 역동적 관계로 합쳐지게 하는 추동력은 화해적reconciling이라고 한다. 베넷은 이 세 추동력을 지시하는 말을 단순화하여 확언적 추동력을 제1, 수용적 추동력을 제2, 화해적 추동력을 제3이라고, 가장 간결하게는 *1, 2, 3*이라고 부른다(표 7.1).

표 7.1 삼자의 세 항, 또는 *추동력*

1 – 제1 또는 확언적 추동력 (능동적, 시동적, 요구적, 강요적)
2 – 제2 또는 수용적 추동력 (수동적, 수용적, 저항적, 부정적)
3 – 제3 또는 화해적 추동력 (통합적, 조화적, 중개적, 상쇄적)

이 세 추동력 각각은 폭넓은 일군의 능동적 · 수동적 · 화해적 표현과 결부될 수 있다. 확언적 추동력은 확고하거나, 요구하거나, 회유적이거나, 집요할 수 있으며, 수용적 추동력은 반응적이거나, 필요로 하거나, 저항적이거나, 타성적일 수 있다. 또한, 화해적 추동력은 통합적이거나, 조화적이거나, 중개적이거나, 상쇄적일 수 있다. 각 추동력의 상대적 위력은 강하거나 약할 수 있고, 세 추동력의 지속적이거나 일시적인 해소에 기여할 수 있다. 베넷은 이렇게 설명한다(Bennett, 1956, 39쪽).

삼자의 세 항 각각은 관계의 성격에 고유의 특정한 기여를 한다. 항 중 하나는 언제나 확언 성격, 또는 능동성을 가진다. 두 번째 항은 부인의 성격을 가진다. 세 번째 항은 능동적으로도 수동적으로도 보이지 않고, 다른 두 항의 화해로 보일 것이다. 모든 상황에서 우리가 이러한 성격들을 인지하는 것은 어려울 수 있다. 이들이 많은 상이한 형태로 현시될 수 있기 때문이다. 확언은 언제나 실정적이고 능동적이지만, 여기에는 다양한 색조가 있을 수 있다. 부인은 격렬한 대립으로부터 타성과 수동성까지 이를 수 있다. 그리고 이러한 범위 내에 수용성, 반응, 협력 같은 다른 성격도 있을 수 있다. 세 번째 성격은 능동적 힘과 수동적 힘의 만남에 지나지 않을 수 있다. 또는, 세 번째 성격은, 그것이 없었더라면 전혀 생겨나지 않았을 어떤 상황을 존재하게끔 하는 자유의 행위로 나타날 수 있다.

이러한 삼자 역동을 정적인 것이 아니라 역동적인 것으로 만드는 핵심 성질은 베넷의 다음 주장과 관련된다. 그것은, 모든 행위, 과정, 사건은 이 세 추동력 간의 결합의 어떤 양상을 통해 일어나며, 이 결합이 통일의 순간에 행위나 사건을 지탱한다는 주장이다. 〈도해 7.1〉에 그려져 있듯이, 베넷은 이러한 합쳐지는 과정을 "혼합blending"이라고 기술한다. 이는 섞이는 순간에 세 추동력이 자신이 아닌 다른 것이 된다는 점을 시사한다. 이들은 동반상승적으로 결합하여, 자체로, 독자적으로 보았을 때 세 추동력의 모습과 상이한 어떤 행위 또는 사건을 후원한다. 이러한 의미에서 삼자는 우리가 "주어진 복잡한 구조에 현전하는 종류의 역동"을 이해하는 데에 도움을 준다(Bennett, 1966a, 29쪽).

도해 7.1 세 추동력의 삼자적 혼합

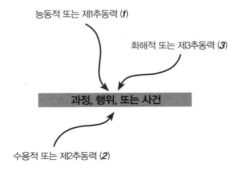

능동적 또는 제1추동력 (*1*)

화해적 또는 제3추동력 (*3*)

과정, 행위, 또는 사건

수용적 또는 제2추동력 (*2*)

양자는 양쪽에 공통적인 상보적 성질에 의해 연결된 두 본성을 내포한다. 반면에 삼자는 성격과 기원에서 차이 나면서, 적절한(또는 부적절한) 행위를 촉진하기 위해 혼합될 수 있는 세 가지 독립적이고 자율적인 추동력을 내포한다. 양자와 삼자 사이의 차이의 한 예는, 거리에서 걸인을 마주친 두 "선한 사마리아인"의 대조적 응답에 대한 베넷의 기술에서 제시된다. 첫 번째 사람은 걸인이 배가 고프다는 것을 보고, 관대함으로부터 행위하여(이는 무관심에 대한 양자적 대립항이다) 그에게 돈을 주지만, 이를 가지고 걸인은 술에 취해 범죄를 저지른다. 두 번째 사람은 걸인이 술고래인 것은 인지하지만, 또한 그가 정말로 배가 고프다는 것도 본다. 이러한 인지를 통해, 그는 거지와의 관계를 수립하여, 그에게 식사를 대접하지만 돈은 주지 않는다. 베넷은 이렇게 쓴다 (Bennett, 1966a, 93쪽).

첫 번째 상황은 양자적이다. 선과 악은 상보적이다. 걸인은 불가피하게 자신의 숙명을 향하고 관대한 사람은 그의 파멸의 눈먼 도구이다. 두 번째 상황은 삼자적이다. 관대함 대신 연민이 자리를 차지하고, 어떤 관계가 수립된다. 이 관계의 역동은 걸인을 자기 운명으로부터 구출할 수 있다.[27]

....

27 양자적 이해와 삼자적 이해 사이의 차이를 그려 볼 수 있는 또 다른 유용한 원천은 1993년의 영화 〈사랑의 블랙홀Groundhog Day〉이다. 여기에서 빌 머레이가 분한 필 코너스는 자기중심적이고 밉살맞은 피츠버그의 TV 기상예보자다. 그는 펜실베이니아주 펑스토니에서 열린 연례 성촉절 축제에 참여했다가, 갑자기 이 마을에서 그 혼자만이 시간 루프에 빠졌다는 것을 깨닫

삼자의 세 가지 위치와 그 결과로 나오는 여섯 가지 삼자

다음으로 우리는 세 추동력의 혼합이 어떻게 행위, 과정, 사건의 다양한 양상과 관련될 수 있는지를 고찰해야 한다. 위에서 베넷은 이를 "현전하는 종류의 역동"이라고 기술한다(Bennett, 1966a, 29쪽). 베넷은 〈도해 7.2〉에서 그려지는 방식으로, 세 위치의 직선적 배치의 측면에서 삼자를 형상화한다. 삼자에 대한 그의 개념에 따르면, 세 가지 추동력이 있고, 또한 세 추동력 각각이 차지할 수 있는 세 가지 위치가 있다. 추동력과 위치의 이러한 삼중적 결합으로 인하여, 세 추동력 각각이 차지하는 일련의 위치에 따라 다양한 관계, 과정, 행위가 할당된다. 여기에서 생성적으로 나오는 결과는, 세 추동력이 다음과 같은 여섯 가지 상이한 방식으로 합쳐질 수 있다는 것이다. *1 - 2 - 3, 1 - 3 - 2,*

....

는다. 그는 같은 날을 살고 또 살지만, 엄청나게 다양한 방식으로 산다. 처음에는 고삐 풀린 쾌락주의로 살다가, 이어서는 일련의 자살 시도를 한다. 그러나 이런 방식으로 같은 날에 대처하고 또 대처하는 것은 위안을 주지 않는다. 마침내 코너스가 깨닫는 것은, 그가 할 수 있는 가장 유용한 것은 그 자신을 잊어버리고, 이날의 반복되는 사건을 이용하여 펑스토니 동향인들의 삶을 더 낫게 하는 것이라는 점이다. 이 마을 사람들이 일차원적이고 틀에 박힌 인간이라서 그가 관심을 줄 가치가 없다고 평가절하하지 않고, 코너스는 이들을 친밀하게 알게 되고, 어떻게 그가 그들의 삶을 낫게 할 수 있을지 시행착오를 통해 발견한다. 어떤 각도로 해석한다면, 이 영화는 한 개인이 세계와 더 교류하게 되면서 이 세계를 삼자적으로 이해하게 되고, 그리하여 삶을—변화시키는 관계와 사건을—여기에는 사고를 저지하고 목숨을 구하는 것도 포함된다— 촉진하는 실존적 수단을 발견하게 되는 과정에 대한 훌륭한 재현이다. 예전에는 세계를 개인적 충족을 위한 자기만족의 현장으로 양자적으로 보았던 코너스는, 더 깊은 교류 방식이 있다는 것을 깨닫게 된다. 이 방식을 통해 그는 남이 어떤 사람인지를 **참으로 보고 이해하며**, 또한 올바른 순간에 올바른 일을 하며, 이를 통해 남을 돕는다. 세계와의 삼자적 관계를 특징짓는 것이 이러한 더 깊은 교류다.

2-1-3, 2-3-1, 3-1-2, 3-2-1. 어째서 여섯 가지 삼자 각각이 행위 및 사건의 상이한 방식과 관계하는지, 그 본질적 이유를 세 추동력의 접속 순서가 나타낸다. 〈표 7.2〉에 이 여섯 삼자를 베넷이 각각에 붙여 준 이름과 함께 요약해 두었다.

도해 7.2 삼자의 세 가지 위치

세 가지 추동력과 이들의 여섯 가지 가능한 접속 사이에 불가결한 관계가 있다고 주장함으로써, 베넷은 과정에 관한, 커다란 개념적·실천적 힘이 있는 이해를 수립한다. 그는 이렇게 도출된 여섯 삼자가 모든 가능한 행위, 관계, 상황을 포괄한다고 역설한다. 이들은 세계에 관한 것일 수도, 인간에 관한 것일 수도, 세계와 인간의 실감된 관계에 관한 것일 수도 있다. 이 주장이 함축하는 바는, 이들 여섯 삼자 각각이 세계 내의 과정, 행위, 역동의 독특한 양상을 그려 준다는 것이다. 다음으로, 나는 〈표 7.2〉에 배치된 제시 순서에 따라 여섯 삼자 각각을 훨씬 자세하게 논할 것이다.

표 7.2 베넷의 여섯 가지 삼자

1–3–2	상호작용
2–3–1	정체성
1–2–3	확장
2–1–3	집중
3–1–2	질서
3–2–1	자유

1. 상호작용의 삼자 (1-3-2)

나는 상호작용의 삼자로 시작할 것이다. 이것이 일상적 생활세계에서
일어나는 행위, 상황, 사건의 많은 부분을 기술하기 때문이다. 이 삼자
의 1-3-2 접속은 확언적 추동력(*1*)과 수용적 추동력(*2*)이 화해적 추동
력(*3*)에 의해 과정적으로 합쳐지는 것으로 기술될 수 있다. 확언적 추
동력과 수용적 추동력은 혼합되어 화해적 추동력을 생성한다. 화해적
추동력은 저들의 합력이다(Bennett, 1961, 116쪽). 베넷이 이 삼자를 상호작용
interaction이라고 명명하는 이유는, 그것이 "세계에서 일어나는 서로 맞
물리는 사건의 끝없는 난류亂流"와 관계되기 때문이다(Bennett, 1993, 49쪽).
이러한 서로 맞물리는 사건에는 자연 세계 속의 행위(예컨대, 강둑을 침
식시키는 강물이나 둥지 짓는 새), 인간 존재와 자연 세계 사이의 행위(카
약을 타고 강에서 노를 젓는 사람이나 나무를 쓰러뜨리는 나무꾼), 인간 존
재 사이의 행위(환자의 상처에 붕대를 감는 간호사, 사방치기를 하는 아이
들)가 있다. 상호작용은 상례적이고 전적으로 당연하게 여겨질 수도
있고(커피 잔으로 손을 뻗는다), 기량이 필요하고 복잡할 수도 있다(선반

에서 엔진 베어링을 만드는 숙련된 기계공의 솜씨 좋은 팔과 손 움직임). 상호작용 삼자의 간단한 예는, 아이가 신발 끈을 매는 것이다. 이 상황은 아이가(확언적 추동력, 또는 *1*), 신발 끈을 도구로 이용하여(수용적 추동력, 또는 *2*), 매기라는 행위를 생산하는(화해적 추동력, 또는 *3*) 것이다.

이 삼자에서 화해적 추동력은 확언적 추동력과 수용적 추동력을 함께 모으며, "모든 것이 모든 다른 것과 이어져 있는 외적 연결선"을 포괄한다(Bennett, 1961, 116쪽). 상호작용 삼자는 일상적 삶의 자동적 펼쳐짐에서 중심적 역할을 하며, 어째서 전형적 생활세계 체험의 대부분이 의식적 의도·숙고·계획을 필요로 하지 않고 그냥 일어나는지 설명하는 데에 도움을 준다. 상호작용 삼자는 일상적 삶을 예측 가능하고, 안정적이고, 인지 가능하고, 다소간에 수월하게 만드는 데에 일차적이다. 통상적으로, 상호작용은 일상적 삶의 상례적 필요와 의무에 기여하며, 창조적으로 독창적인 것이나 극적으로 다른 것은 생산하지 않는다.[28] 사물, 에너지, 정보는 변화되고 변용된다기보다, 어떤 방식으로 돌고 돈다. 예를 들어, 움직이는 당구공이(*1*) 정지한 당구공을(*2*) 치고, 이 공이 따라서 움직인다(*3*). 공 사이에 에너지의 교환이 있었지만, 두 공 모두 자기 자신으로 남아 있다. 이들은 계속해서 자신이다. 가령, 종

----

28 상호작용 삼자는 더 적은 질서로부터 더 많은 질서가 만들어진다는 의미에서도 건설적일 수 있다. 일률적 가옥 건설 과정이 하나의 예가 되겠다. 여기에서는 잘 훈련받은 건축팀이(*1*), 표준화된 설계와 건축재를 이용하여(*2*), 대량생산적 방식으로 표준화된 가옥을 조립한다(*3*). 그러나 가옥이 창조적으로 설계되었고 정교한 수작업을 수반한다면, 상호작용의 삼자는 다른 과정—창조의 삼자(*1-2-3*)—에 의해 보충된다. 여기에서는 건축가와 수작업자가 설계 및 재료와 능동적으로 교류하여, 미적 현전을 지닌 독특한 가옥을 생성한다.(각주 31을 보라)

이가 불에 탄다든가, 어려운 수학 문제의 해법을 갑자기 깨닫게 된 수학과 학생 같은 방식으로 변용되지 않는다.

상호작용 삼자는 생활세계의 상례성이 상례적이고 대체로 무사 평온하게 머무르도록 하는 데에 일차적 역할을 한다. 베넷이 제공하는 한 가지 예는, 추운 겨울밤에 연구 작업을 하는 것이다. 그는 난롯불이 거의 꺼져 간다는 것을 깨닫지 못하다가, 춥다고 느끼기 시작한다. 그는 일어나, 부지깽이로 불을 되살린다. 불이 다시 타오르자, 그는 의자로 돌아가 작업을 계속한다. 그는 이러한 일련의 단순한 행위가 어떻게 상호연결된 일련의 상호작용 삼자를 포함하는지를 설명한다.

〔이 체험은〕 일련의 삼자로 분해될 수 있다. 이는 추위의 감각에 대한 나의 반응에서 시작한다. 여기에서 물리적 감각은 기온 저하를 나의 일어나기 및 부지깽이 쥐기와 잇는다. 환경은 능동적이고 내 신체는 수동적이다. 감각이 화해적 추동력이다. 내가 일어나서 난롯불을 뒤적일 때, 내 신체가 능동적이고, 불은 수동적이며 부지깽이가 화해적 추동력을 전송한다. 내가 다시 따뜻하게 느끼기 시작할 때, 불은 능동적이고, 내 신체는 수동적이며, 불의 복사열과 방의 따뜻한 공기가 화해적 추동력을 전송한다. 한 삼자에서 다음 삼자로 이어짐에 따라 다양한 대상—공기, 신체, 부지깽이, 불—의 역할은 변화한다(Bennett, 1961, 118쪽).

이러한 평이한 사건에서 그려진 삼자의 집합은 대개 간과되며, "추워져서 난롯불을 되살린다"라는 단순한 체험으로 당연하게 여겨진다.

그러나 이 상례성 기저에는 "일어나기", "난롯불 뒤적이기", "작업으로 돌아가기"를 포함하는 서로 맞물리는 일련의 신체 행위가 있다. 첫 번째 삼자에서, 추운 방이 한기를 촉발하고, 이것이 마침내 베넷이 일어나 부지깽이를 쥘 동기를 준다. 두 번째 삼자에서는 부지깽이가 불을 되살리는 수단을 제공하고, 이것이 완료되면 이는 베넷이 작업으로 돌아갈 수 있게 해 준다. 이러한 행위와 교환은 평범하지만, 이들은 수많은 요소와 관계를 포괄한다. 삼자적 사고는 이들을 찾아내는 데에 도움을 준다. 일상적 삶의 대부분은 상호작용 삼자의 결합물이다. 일부는 반복적이고 생활세계 사건에 불가결하며, 일부는 덜 평범하고 의식적 의도와 결단을 요구한다.

포괄적으로 말해서, 상호작용 삼자가 지칭하는 것은, 화해적 추동력을 통해 확언적 추동력과 수용적 추동력 사이의 주고-받는 관계가 생겨나기 때문에 어떤 일상적 행위나 상황이 일어나는 상황이다. 상호작용 삼자를 내포하는 예시적 상황에는 다음이 있다.

- 풍력 터빈의 회전: 바람(1)이 터빈의 날개를 밀어서(2) 날이 회전한다 (3). 회전은 바람과 날개의 교류에서 결과하는 화해적 추동력이다.
- 사고: 겨울날 나는 집에서 걸어 나오다(1), 인도를 덮은 빙판을 보지 못하고(2), 넘어진다(3).
- 짜증나는 인간 상호적 마주침: 지역 카페에서 커피를 계산할 때(1), 수납원이 "인생 가장 멋진 날이 되세요!"라고 말한다(2). 나는 짜증이 나서(3), "인생에 진짜 멋진 날이란 거의 없어요"라고 응한다.

- 하나의 삼자를 내포하는, 복잡한 길 건너기: 나는 능동적으로 교통 상황을 보고(*1*), 길에 차가 없어서(*2*), 길을 건넌다(*3*).
- 두 삼자를 내포하는, 복잡한 길 건너기: 나는 능동적으로 교통 상황을 보고(*1*), 차가 다가와서(*2*), 기다린다(*3*). 기다리는 동안 나는 교통 상황을 더 확인하고(*1*), 길에 차가 없어서(*2*), 길을 건넌다(*3*). 첫 번째 삼자에서 혹자는 다가오는 차를 확언적 추동력이라고 생각할 수도 있겠다. 그러나 "길 건너기"라는 내 행위와 관련하여 그것은 부인하는denying 추동력이다. 그것은 내 첫 번째 행위로 "기다림"을 요구하며, 이에 두 번째 행위인 "건너기"가 뒤따른다.

이러한 예에서 삼자의 추동력을 나타내는 존재자에는 자연의 사물과 작용(터빈 날개를 미는 바람)도, 사람과 사물(인도에서 넘어짐)도, 사람과 사람(나의 카페 체험)도 있음에 주목하라. 또한, 이 모든 예에서, 올바른 삼자적 풀이는 *1-3-2*임에도 불구하고, 세 추동력에 대한 나의 언어적 풀이는 *1, 2, 3*이라는 제시 순서에 따라 배치되어 있음을 주목하라(예컨대, 바람이 날개를 밀고, 날개가 회전한다). 이 두 기술이 갈라지는 것은, 영어는 상호작용 과정의 역동적 면모를 표현하기에 적당한 방도를 제공하지 않기 때문이다. 예를 들어, "바람이(*1*)-회전시킨다(*3*)-터빈 날개를(*2*)The wind turns the turbine blades"이라고 쓸 수도 있겠지만, 이렇게 문장을 만들면 오해가 생길 수 있다. 이 문장의 구문적 구조는 회전 행위가 인과의 결과라고—달리 말하자면, 바람이 날개를 밀고, 날개가 돌아간다고 추론하게끔 한다는 점에서 그렇다. 삼자적 관점에서 회전은 상호작용 과정에 불가결하다. 이것이 제3의, 화해적 요소를 식별하며, 여기에서 능동적 바람과 수동적 날개는 상호작용 삼자의 특정한 혼합 방식을 통해 관계적 작용으로 불러들여진다.

장소 및 실감되는 장소 잡기의 측면에서 우리는 상호작용 삼자가 장소의 일상적 행위, 상황, 사건을—일정하고 당연하게—여겨지는 것이든, 평범하지 않고 의도적으로 숙고된 것이든—뒷받침함을 발견한다. 영향력의 환경적 규모나 범위가 어떻든 간에, 상호작용 삼자는 장소의 삶을 토대 놓으며, 이 삶의 구체적 현전, 기운, 체험적 역동을 촉진한다.

2. 정체성의 삼자 (2-3-1)

정체성 삼자의 *2-3-1* 접속은 수동적 상황이(*2*), 화해적 추동력에 의한 반복적 행위에 참여하여(*3*), 더욱 능력 있고 전체적인 것이 된다고(*1*) 기술될 수 있다. 이러한 삼자는, 우리가 누구인지 그리고 무엇인지의 —개인이나 집단으로서의 우리의 정체성identity의—일부가 되는 행위, 기량, 루틴, 상황을 어떻게 반복이 촉진하는지를 시사한다. 아이가 신발 끈을 매는 예로 돌아가 보면, 우리는 그가 언제나 이러한 단순한 행위를 할 수 있었던 것이 아니고, 연습을 통해 배운 것임을 깨닫는다. 여기에서 수용적 추동력은 신발 끈을 매지 못한다는 아이의 무능력(*2*)이고, 이 것이 반복적 노력을 통해(*3*) 변용되어 끈매기에 숙달하게 되며, 이것이 이 아이가 누구인지—이 아이의 정체성(*1*)—에 불가결한 일부가 된다.

상호작용 삼자에서처럼, 정체성 삼자에서도 확언적 추동력과 수용적 추동력은 서로에게 직접 작용하지 않는다. 오히려, 화해적 추동력의 모으는 성질을 경유하여, 확언적 추동력은 수용적 추동력이 자기 자신이 될 수 있게 한다(Bennett, 1961, 114쪽). 이러한 의미에서 이 삼자의 화해적 추동력은 "모든 것이 그것 자신일 수 있게 하는 내적 끈"이다(Bennett, 1993, 49쪽). 결과적으로, 사물, 인격체, 상황은 독특하게 자기 자신일 수 있게 된다. 영국 시인 제라드 맨리 홉킨스는 이러한 존재 방식을 예리하게 묘사한 바 있다. 그는 "모든 필멸자는 한 가지 같은 것을 행한다/ … 나 자신이라고 그것은 말하고 쓴다/내가 행하는 것이 나다. 이 때문에 내가 왔다고 소리 지른다"라고 썼다(Hopkins, 1953, 51쪽).[29]

베넷이 논하는 바에 따르면(Bennett, 1961, 114쪽), 정체성 삼자는 또한 사물, 인격체, 상황이 세계 내에서 장소를 가진다는 점도 포괄한다. 그는 정체성이 "'자기 장소에 존재함'"을 포함한다고 설명한다. "한 사물은 '그래서' 한 맥락에 있게 되고, 이 맥락으로부터 그것은 자신을 내세울 힘을 끌어낸다. 맥락이 제거되면 그것은 그저 수동성이―누그러지지 않는 부정의 조건이 되고 만다"(Bennett, 1961, 114쪽). 예를 들어, 탁자가 탁자인 것은 특정한 문화와 생활 방식의 맥락 속에서만 그렇다. 이 맥락으

---

29 베넷의 동일성 삼자와 홉킨스의 시 〈물총새가 불을 끌 때〉(Hopkins, 1953, 51쪽)에서 발췌한 이 문장 사이의 연관을 나에게 짚어 준 스티븐 우드에게 감사한다. 이 문장은 이 시인이 "내면적 본질inscape"이라고 부르는 것에 가지는 이 시인의 관심을 가리킨다. 이는 사물 또는 생물을 그것으로 만들어 주는 본질적 중핵이다―베넷의 언어로는, 그것의 **정체성**이다. 비평가 W. H. 가드너가 설명하듯이, 홉킨스가 "주로 관심을 가진 것은, 한 사물을 특징적이고 개별적으로 만드는, 그 사물의 모든 면모다. … 언제나 그는, 어떤 대상이나 대상 집단에 섬세하고 놀라운 독특성을 주는 법칙 또는 원리를 찾고 있었다."(Gardner, 1953, xx쪽)

로부터 절단되면, 탁자는 그저 나무조각이 되고 만다. "내적으로, 탁자는 그것의 '탁자임'에 힘입어 유지된다. 이는 단순한 나무조각을, 탁자의 물질적·인간적 환경 속에서 탁자에 작용하는 복잡한 힘과 화해시킨다"(Bennett, 1961, 114쪽).

대부분의 인간 존재에게 정체성 삼자는 출생할 때 많은 부분 형태 잡힌다. 아이는 불가피하게도 어떤 시간, 장소, 가족의—6장에서 기술된 고향세계의—일부가 되며, 이 점은 아이의 통제력 밖에 있기 때문이다. 고향세계의 불변적이고 당연하게-여겨지는 현전을 통해(3), 아이는(2) 그의 정체성을 나타내는 존재 방식을 인격적·사회적·문화적으로 흡수한다(1). 소설가 페넬로피 라이블리가 설명하듯이, 아이는 자기 여건에 의문을 제기하지 않는다. "이 장소에서, 이 시간에, 이 사람들과 함께, 나는 나다—어떻게 다를 수 있겠는가?"(Lively, 2013, 57쪽)

개인이 자기 정체성을 확장하고 강화하는 가장 흔한 생성적 과정은 배움, 연습, 노력을 통해서다. 작가 맬컴 글래드웰(Gladwell, 2008)은 세계적 수준의 음악가, 작곡가, 작가, 운동선수 등이 자기 기량을 숙달하는 과정을 검토했다. 고정관념적 이해에 따르면, 이 모든 사람들은 생래적 능력 덕분에 재능을 가졌다. 물론, 인격체는 자신이 발달시키는 재능을 향한 성향을 가져야 하기는 한다. 그러나 연구는, 강렬하고 지속적인 연습이 결정적임을 시사한다. 이것은 "1만 시간의 법칙"이라고 불리는데, 이는 평균적으로 "어떤 것이든 간에, 세계 수준의 전문가가 되는 데에 연관된 수준의 숙달을 성취하기 위해서는 1만 시간의 연습이 필요"하기 때문이다(Gladwell, 2008, 4쪽).

1만 시간의 법칙은 정체성 삼자와 유관하다. 그것은 어떻게 재능이 있지만 숙련도는 미약한 개인이(**2**) 방대하고 헌신적인 연습을 통해(**3**) 훨씬 더, 때로는 극도로 숙련될 수 있는지를(**1**) 묘사하기 때문이다. 명백하게도, 이러한 수준의 비범한 능력은 일반적이 아니라 예외적이다. 그러나, 훈련받지 못한 개인이나 집단이(**2**) 연습을 통해(**3**) 어떤 기량, 능력, 루틴을 숙달하고, 그러므로 자기가 누구이고 자기가 무엇을 할 수 있는지에 대한(**1**) 감각을 변동시키고 강화하는 상황이라면 어디에서나 이와 같은 삼자적 관계를 발견할 수 있다. 다음과 같은 예가 있다.

- 사무보조원이(**2**) 새로운 소프트웨어를 배우는 데에 헌신하여(**3**) 자기 직업적 임무와 책임에 더욱 숙련된다(**1**).
- 목수 견습생이(**2**) 지도 목수가 지시한 건축 기획에 많이 참여함으로써(**3**) 자신도 유능한 목수가 된다(**1**).
- 십대 운동선수가(**2**) 비범한 농구 선수가 된다(**1**). 부분적으로 자유 시간을 모두 지역 농구장에서 보내고 가능한 한 모든 경기에 참여했기 때문이다(**3**).
- 정규적으로 연주하기에 충분한 실력의 록밴드 일원들이(**2**), 규칙적으로 공연해야 한다는 압박을 받아(**1**) 비범한 음악가가 된다(**3**).[30]

....

30 예를 들어, 글래드웰은 비틀즈를 부각시킨다. 그들은 그저 그런 리버풀 록밴드로서 1960년에 독일 함부르크의 클럽에서 연주 초청을 받았다. 여기에서 그들은 일주일에 일곱 번, 종종 휴식 없이 밤늦게까지 연주했다. 밴드의 일원인 존 레논은 이렇게 설명했다. "우리는 더 나아졌고 더 자신감을 가지게 되었다. 매일 밤늦게까지 연주하는 체험을 했으니 그렇게 될 수밖에 없었

장소와 관련하여, 정체성 삼자가 중심적임을 우리는 보게 될 것이다. 실감되는 장소 잡기는 개인과 집단이 자기라는 감각을 획득하게 되는 생활세계적 수단을 제공하기 때문이다. 우리가 누구인지는 부분적으로 우리가 어디에 있는지다. 그리고 자기와 연관된 이러한 "어디에"는 장소 및 장소 의미에 관해 정체성 삼자가 갖는 중요성을 가리킨다.

3. 확장의 삼자 (1-2-3)

상호작용과 정체성의 삼자는 생활세계의 전형적 안정성과 연속성 기저에 있는 행위, 과정, 상황을 내포한다. 상호작용 삼자는 긴 시간에 걸쳐 일상적 삶이 대체로 불변적으로 머무르는 이유와 관계되고, 정체성 삼자는 존재자가 자신으로 머무르며 세계 내에서 자기 장소를 유지하고, 때로는 자기의 전체 실존 내내 똑같이 머무르는 이유와 관계된다. 대조적으로, 이어서 제시될 두 삼자 확장expansion과 집중concentration은 일종의 변용이나 진보가 일어나는 과정 및 행위와 연관된다. 관계 속의 어떤 것은 질서, 적절성, 명확성을 획득한다. 예를 들어, 물질적 환

다. … 리버풀에서 우리는 1시간 공연밖에 하지 않았고, 모든 공연에서 늘 똑같이 우리의 가장 좋은 곡만을 연주했다. 함부르크에서는 8시간을 연주해야 했고, 우리는 연주하는 새로운 방법을 정말로 찾아야만 했다."(Gladwell, 2008, 49쪽) 달리 말하자면, 라이브 청중 앞에서의 연속 공연 요구로, 불가피한 반복과 연습을 통해, 특출한 록밴드로서 이 그룹의 정체성이 실현된 것이다. 물론 비틀즈가 비범한 창조적 능력을 가졌음을 명백하다. 그러나 글래드웰의 요점은, 이 그룹이 이미 특출난 음악 연주자가 되지 않았더라면, 창조성을 개발할 이후의 기회는 생겨나지 않았을 수도 있다는 것이다. 나에게 글래드웰의 저작을 소개해 준, 그리고 정체성 삼자와의 연관을 지적해 준 제니 퀼리엔에게 감사한다. Quillien, 2012, 132-133쪽을 보라.

경이 풍부함과 생명력을 획득한다. 또는, 겉보기에 단절되어 있는 일
군의 사고가 일관된 이론으로 통합된다. 확장 삼자는 (상호작용 삼자에
서와 같은 사물과 에너지의 상례적 돌고 돎이 아니라) 일종의 실질적 변화
를 내포하기 때문에 그것은 창조, 생성, 변용, 퇴행과 관련된다. 능동적
행위자(1)가 응답적 기반에 작용하여(2), 일종의 발달이나 향상이 결과
한다(3). 예를 들어, 건축가가(1), 밋밋한 주택 입구를 연구하다가(2),
이 입구를 더욱 매력적이고 안락하게 만들 방법을 떠올린다(3).

베넷의 설명에 따르면, 확장 삼자를 이루는 것은, "확언적 추동력의
활동 수단을 구성하는 부인적 추동력denying impulse이 있으며, 확언적 추
동력이 이 부인적 추동력과의 협력을 필요로 하는 모든 자기완결적 과
정"이다(Bennett, 1961, 109쪽). 그 결과는 더욱 효율적이거나, 운용 가능하
거나, 미적으로 감동적인 산물이다. 이것은 창조자의 비전과(1) 산물
이 창조되는 원재료(2) 사이에서 생겨난다. 이러한 의미에서, 확장 삼
자는 잠재력이 실재가 되는 많은 과정과 관련된다. 그래서 베넷은 "확
장"이라고 칭했다. 이 삼자의 운동은 "가능성의 최대한의 실현의 방향"
에 있기 때문이다. "잠재성의 통일체는 실현의 과정 속에서 해체된다"
(Bennett, 1961, 137, 138쪽).[31]

예를 들어 건축에서 더욱 안락한 주택 입구가 무엇일 수 있을지 상
상하고, 도안과 도면을 통해 이 비전의 가능성을 최대화하기 위해서는

....

31 각주 28에서 설명했듯이, 상호작용 삼자도 더 큰 질서를 만드는 것을 내포하지만, 이 질서는 미
리 규정되어 있고 파생적인 것이지, 창조적 행위를 통해, 그러므로 새롭고 단독적일 수 있는 행
위를 통해 실현되는 것이 아니다.

전문성과 비전을 가져야 한다. 여기에는 건축가의 창조적 능력(*1*)과 밋밋한 입구(*2*) 사이에 밀접하게 대응된 관계가 있어서, 확언적 추동력과 수용적 추동력 사이의 이러한 내밀성으로부터 효과적이고 적절한 응답, 즉 근사한 새로운 입구 통로가(*3*) 생겨날 수 있다. 이러한 창조적 결과는 설계자와 설계 문제가 내밀하게 들어맞을 것을 요구한다. 특색 없는 입구에서 기억에 남을 입구로의 변용을 성취하는 과정에서, 건축가는 세계의 실재를 창조적인 방식으로 상승시키는 과정에 참여했다. 넓은 범위의 입구 가능성 중에서 하나가 매혹적으로 실현되었다.

확장 삼자는 개인이나 집단이 창조적으로 세계 질서를 증대시키는 과정을 내포한다. 다음이 예가 되겠다.

- 수석 요리사가(*1*) 계절에 맞는 재료라는 제한된 팔레트에만 접근할 수 있게 되어(*2*) 비범한 식사를 생산한다(*3*).
- 사무보조원이(*1*) 현재의 문서 분류 체계로 인해 사무원들이 필요한 항목을 찾는 데에 시간을 낭비한다는 사실을 깨닫고(*2*) 더욱 효율적인 분류 체계를 개발한다(*3*).
- 도시설계자가(*1*) 시내 구역이 잘 작동하지 않으며 그 부분적인 이유가 블록의 크기가 너무 커서라는 것을 깨닫고(*2*), 새로 설계된 거리망을 생산하여(*3*) 보행자의 이동을 증대시키고 더욱 활기찬 거리의 삶을 촉진한다.
- 고교 교사가(*1*) 불우한 가정 출신의 문제 학생이 비범한 지성을 가지고 있음을 인지하고(*2*), 이 학생이 지적 능력을 개발하도록 돕는

데에 자신을 바친다(*3*).

장소 및 실감되는 장소 잡기와 관련하여, 우리는 확장 삼자가 중심적이라는 것을 발견할 것이다. 이는, 장소가 더 생명력 있고 전체적이 될 수 있는 방도를 장소에 헌신하는 창조적 개인이 상상할 수 있는 가장 중요한 수단이기 때문이다.

4. 집중의 삼자 (2-1-3)

집중concentration의 삼자는(*2-1-3*) 통일화, 순수화, 진화와 연관된다. 이 삼자에서는 수용적 추동력이(*2*) 확언적 추동력(*1*)을 향한 행위를 개시하고, 성공한다면, 그 결과는 새로운 잠재력(*3*)이다. 하나의 예는, 내가 수용적 추동력으로서 나 자신을(*2*) 도전 앞에(*1*) 놓고, 이 도전을 내가 성공적으로 완수할 수도, 그러지 못할 수도 있는(*3*) 상황이다. 예를 들어, 나는 목공에 대해 전혀 모르지만 배우고 싶다(*2*). 나는 내가 이 도전에 성공할지 확신을 못한다. 그러나 시도한다(*1*). 그리고 긍정적 결과를 가질 수도 있다(*3*). 확장 삼자처럼 집중 삼자는 변용적 과정을 내포하나, 이 변용은 확장 삼자의 능동적 행위자를 통해 개시되어 외적 세계 내에서 일어나는 강화 및 변용이 아니라(예컨대, 새로운 입구를 설계하는 건축가), 수용적 행위자 내의 강화 및 변용(예컨대, 목공을 숙달하고 싶은 나의 바람과 노력)과 관련된다.

집중 삼자는 현상학적 방법의 토대적 과정으로 식별될 수 있다. 현상학의 주된 목표는 현상학자 내의 알아차림의 수용적 양상을 활성화하고(2) 여기에서 현상이(1) 자신의 가능성과 면모를 밝히는(3) 것이기 때문이다. 현상학에 대한 하이데거의 정의—"자신을 드러내는 무언가가, 그것이 스스로로부터 자신을 드러내는 그대로, 스스로로부터 보이게끔 하기"(Heidegger, 1962, 58쪽)—는 현상학자가 작업하는 집중 삼자에 대한 비범한 기술이다. 여기에서 현상학자는 일종의 소박한 개방성을 위해 노력하고, 이를 통해 "사물"이 보일 준비를 갖추게 된다. 우리가 어떤 다른 방식으로 볼 수 있기를 희망하면서, 세계가 존재하게끔 하려고 우리가 노력하는 모든 상황에서, 우리는 집중 삼자와 결부된다. 물론 성공적 실현은 또한 헌신, 부지런함, 보고자 하는 강한 소망을 요구한다. 여섯 삼자를 숙달하는 것도 비슷한 방식의 접근법을 요구한다. 우리는 여섯 삼자가 존재하게 하고, 곰곰이 생각하고, 가능성을 살펴보고, 계속해서 노력한다. 이윽고, 우리는 삼자를 일상적 삶의 직조 내에서 보기 시작한다. 다음 예가 집중 삼자를 예시한다.

■ 그다지 솜씨가 좋지 않은 기타리스트가(2) 지역 록밴드 일원에게 같이 연주할 수 있을지 묻는다(1). 공연을 해 감에 따라 그의 실력이 향상된다(3).

■ 나는 피아노를 치고 싶어서(2) 뛰어난 피아노 선생님과의 레슨에 헌신한다(1). 시간에 지나 나는 능숙한 피아니스트가 된다(3).

■ 나는 집중 삼자가 이해되지 않지만, 이해하고 싶다. 나는 *2–1–3* 표기법을 곰곰이 생각한다. 내가 전에는 숙달하거나 이해하지 못했던 무엇을 갑자기 숙달하거나 이해하게 되었던 과거의 순간들을 나는

되돌아본다. 이 모든 노력에서 나는 나를 이 상황에(2) 개방하려 하고, 그것으로 하여금(1) 나에게 침투하여 그것이 무엇인지를 나에게 보여 주도록(3) 한다.[32]

장소 및 장소 만들기와 관련하여 볼 때, 물리적 환경의—다른 방식이 아니라 이런 방식인—성질이 장소 체험에 결정적 역할을 할 수 있는지, 그리하여 장소의 삶 또는 삶 없음에 기여할 수 있는지를 이해하는 열쇠가 되는 것이 집중의 삼자임을 우리는 보게 될 것이다.[33]

....

32 정체성 삼자와 집중 삼자 사이의 실감되는 차이는, 후자에서 인격체는 의식적으로 향상을 바라야 하고, 이 향상이 일어나는 과정에서 인내하려는 지속적 의지를 찾아야 한다는 것이다. 예를 들어 견습 목수는 스승의 지시를 따라야 하며, 가능한 한 많은 기량과 솜씨를 가지고 이 지시를 실행하는 것을 목표로 해야 한다. 물론, 실제적 행위—기둥 치수 재는 법을 배우기, 대패질하기—는 많은 실천적 행위를 반복하는 것을 필요로 한다. 이 모든 것은 상호작용 삼자와 정체성 삼자로서 펼쳐진다. 그러나 궁극적으로 중요한 것은, 장인 목수가 되려는 결심, 그리고 스승이 제공하는 인도와 임무를 신뢰하려는 결심이다. 자기 스승을 신뢰하고 그의 인도를 따르려는 의지가 집중 삼자의 특징을 나타낸다. 견습생과 스승 사이의 관계의 이러한 내밀성은, 집중 삼자 내에서의 제2추동력과 제1추동력 사이의 적절하고 현행적인 "들어맞음"의 결정적 중요성을 가리킨다.

33 인간의 집중 삼자를 구체화한 뛰어난 예로, 미국의 작가 브렛 하트의 1868년의 단편소설 〈포효 캠프의 행운〉을 들 수 있다. 여기에서, 캘리포니아주의 골드러시 중에 외진 광산 캠프의 광부들이 어머니 없는 아기를 키우게 된다(Harte, 1961). 아기가 무력하고 양육을 필요로 한다는 그 순전한 힘으로 인해(2), 상스럽고 냉담한 캠프 사람들이 함께 아이를 돌본다(1). 그 결과로, 사람들 각각이 개인적으로, 또한 정착지가 전체로서, 더욱 친절해지고, 세련되어지고, 교양 있게 된다(3). 하트는 이렇게 쓴다(Harte, 1961, 17쪽). "그리하여, 포효 캠프에서 부흥 작업이 시작되었다. 정착지 전체에서 어떤 변화가, 거의 깨닫지 못할 방식으로, 일어났다." 슬프게도, 이 캠프가 공동체적 무질서에서 질서로 옮겨 가는 일은 지속되지 못한다. 격렬한 홍수로 아이가 익사하고 포효 캠프는 파괴된다. 자연의 비인격적 힘으로 인해 희망적인 인간의 가능성이 소멸된다(파괴적 상호작용 삼자). 하트의 이야기는 집중 삼자의 충격적인 사례다. 일시적으로라도 질서가 무질서를 대체했고, "모든 사람은 자신을 위한다"는 상황이 상호 존중과 보조의 가치를 발견하는 개인들의 공동체로 변용되었다는 점에서 그렇다. 이 이야기는 또한 집중 삼자의

5. 질서의 삼자 (3-1-2)

마지막 두 삼자는 질서order(**3-1-2**) 및 자유freedom(**3-2-1**)와 관련된다.
베넷은, 한편으로는, 왜 세계가 지금까지처럼만 있을 수 있는지, 다른
한편으로는, 왜 세계가 달라질 수 있는지를 설명하는 데에 이 삼자들
이 도움을 준다고 논한다. 질서의 삼자(**3-1-2**)는 화해(**3**)가 확언(**1**)을
통하여 작용하여 수용성에서의 질서를(**2**) 내세우는 것으로 해석될 수
있다. 베넷은 이 삼자를 "가능성의 관리인"이라고 부른다(Bennett, 1961, 148
쪽). 이 삼자로 인해 "사물은 자신이 있는 자기 장소에서 유지되고, 세계
는 자기 자신의 법칙에 복종한다"(Bennett, 1993, 59쪽). 그래서 그는 이 삼자를
항구성 및 결정론과—세계가 제멋대로이고 자의적일 수 없다는 사실과
연관시킨다. 질서의 삼자는 "왜 모든 것은 그것인 모습 그대로 있어야
하는가?"라는 물음과 관련된다(Bennett, 1993, 50쪽). 그렇기에, 물은 결코 언덕
을 거슬러 오를 수 없고, 해는 서쪽에서 뜰 수 없고, 하나의 물체는 같은
순간에 다른 물체와 같은 공간을 차지할 수 없다. 세계에 관한 꾸준하
고, 지속적이고, 불변적인 어떤 점이 있다. 세계가 불가피한 추구와 항
구성을 꽤 많이 포함하고 있다는 것이 질서 삼자의 핵심적 성질이다.

질서 삼자는 무엇보다도, 영구성과 패턴을 유지하는 자연적 세계 및
우주의 면모를 지칭한다. 예를 들어, 태양 · 행성 · 태양계는 꾸준히 작

연약하고 형성적인 작용이 파괴적 상호작용 삼자를 통해 쉽게 붕괴되고 혼란으로 되돌아갈 수
있음을 예시한다.

동하며, 여기에서 우리 지구인에게 밤에 이어 낮이 오는 것, 계절에 이어 계절이 오는 것, 달의 위상의 반복 등이 보장된다. 인간의 삶에 질서를 주는 사회적·문화적·역사적으로 생겨난 수많은 구조도 마찬가지로 중요하다. 예를 들어, 일 년의 열두 달, 한 주의 일곱 날, 하루의 스물네 시간, 한 시간의 육십 분 등이 그렇다. 질서 삼자는 법과 법적 체계에서, 화폐 단위에서, 우리가 도로의 왼쪽에서 운전해야 하는지 오른쪽에서 운전해야 하는지에 관한 자의적 규칙 등의 문화적 전통에서 일차적 역할을 한다. 다른 예에는 다음과 같은 것이 있다.

- 조세 체계: 특정한 관할권을 경제적으로 유지하기 위한 실천적 수단으로(*3*), 공무원은 시민들의 재정 상황을 고려하여(*1*) 모든 시민이 참여해야 하는 조세의 조직화된 방법을 수립한다(*2*).
- 글쓰기 체계: 쓰인 표현에 공통성과 영구성을 제공하기 위해(*3*), 시간을 들여 문법학자는 말해진 언어의 즉흥성을 변용시켜(*1*) 표현의 명확성과 의미의 정확성을 지지하는 질서 잡힌 글쓰기 형식으로(*2*) 만들었다.
- 음악 표기법: 음악가들은 순식간에 사라지는 음악 작품에 시간적 영구성을 주고자 했기 때문에(*3*), 소리로서의 음악을 변모시켜(*1*) 음악 표기 체계로(*2*) 만드는 방법을 개발했다. 이 체계는 박자, 음의 길이, 선율, 화성 같은 음향적 요소를 높은음자리표와 낮은음자리표로 된 오선을 통해 시각적으로 재현한다.

장소 및 실감되는 장소 잡기와 관련하여, 우리는 질서의 삼자가 결정적임을 보게 될 것이다. 질서 삼자의 중요한 환경적 현시 중 하나가, 그것이 장소의 구조와 "존재 방식"에 기여하는 방식이기 때문이다.

6. 자유의 삼자 (3-2-1)

질서의 삼자가 세계의 연속성과 항상성을 지지한다면, 자유의 삼자(*3-2-1*)는 세계가 달라질 수 있다는 사실을, 즉, 세계에도, 인간 존재에도 무언가 자유로운 것이 있다는 사실을 가능케 한다. 이 자유는, "가능성이 일어나는" 개방터, "없었더라면 이 가능성이 일어날 수 없었을" 개방터가 있는 특별한 순간을 내포한다(Bennett, 1993, 50쪽). 이 삼자에서는 화해(*3*)가 수용성의 개방터를 통해 작동하여(*2*) 새로운 가능성을 밝힌다(*1*). 이전의 시간에는 이용 불가능했던 것—설계의 영감이나 어떤 발상의 명확화—이 갑자기 손에 잡힌다.

 자유의 삼자는 인간적 체험과 마주침의 폭넓은 스펙트럼을 포괄한다. 이는 환경 속에 일어나는 어떤 것을 단순히 눈치채는 것부터, 우리가 어떤 발상, 사건, 상황을 이전 시간에는 감지하지 못했던 방식으로 이해하게 되는 고양된 인지의 순간까지 이른다(Seamon, 1979). 한편으로, 이 삼자는 일상적 우발성 및 놀라움과 관련된다. 다른 한편으로, 이 삼자는 통찰, 인정, 또는 계시의 예기치 못한 순간을 포괄한다. 자유의 삼자의 예에는 다음이 있다.

■ 갑자기 산비탈의 정원의 아름다움을 눈치챈다(*3*). 이 정원은 수없이

산책했고 당연하게 여겼던 것이나(2) 이 순간에(1) 그렇지 않게 된다.

■ 갑자기 깨닫기를(3), 내가 안다고 생각했던 사람이(2) 완전히 다른 사람이다(1).

■ 즉흥적 이해의 순간에(3), 일군의 체험적 기술이(2) 어떻게 더욱 일반적인 현상학적 주제와 구조의 측면에서 조직화되고 이해될 수 있는지(1) 통찰하게 된다.

자유 삼자와 연관된 한 가지 중요한 인간적 체험은 기우奇遇serendipity다. 이 운 좋은 우발성의 순간을 시인 오그덴 내시는 "그저, 우연히도 행복감을 주고 예기치 못한 발견을 일으키는 재주"라고 경묘하게 정의했다. 이 문장은 그의 시 〈구름 너머의 볕을 찾지 말라. 그저 기다리라〉에서 온 것이다(Merton and Barber, 2004, 95쪽). 사회학자 로버트 머턴과 엘리노어 바버는 "기우"에 관한 흥미로운 역사를 통해, 이 단어가 어떻게 영국 문필가 호레이스 월폴에 의해 1754년에 처음 고안되었고 200년이 걸려 본질적 생활세계적 체험을 기술하는 일상적 용어가 되었는지를 설명한다.[34] 기우를 자유 삼자를 통해 고찰함으로써, 우리는 어떤 예기치 못한 인지의 번뜩임이(3) 지척에 있는 상례적 세계와 관계하여(2), 인지

....

34 월폴은 "상습적 단어 창안자"였고, 우리가 탐색하고 있지 않은 어떤 것을 찾거나 발견하게 되는 운 좋은 상황을 뜻하기 위해 기우라는 말을 독자적으로 만들어 냈다(Merton and Barber, 2004, 1–14쪽). 그는 이 단어를 동화 〈세렌딥의 세 왕자〉에서 끌어왔다. 이 이야기는 이 왕자들이 여행하면서 마주치리라고 기대하지 못했던 중요한 것들을 발견하는 과정을 서술한다. "세렌딥Serendip"은, 월폴의 시대에는 실론으로 알려져 있던 스리랑카의 초기 이름이라고 한다(Merton and Barber, 2004, xiv쪽, 110–120쪽).

의 번뜩임 이전에는 기대되거나 상상되지 못했던 놀라운 연결이나 결과에 대한 우리의 깨달음을 유발한다고(1) 말할 수 있다.

우리는 기우와 우발성이 실감되는 장소 잡기에 불가결한 면모임을 보게 될 것이다. 이는 종종 장소의 반복적 상례성과의 예기치 못한 결별을 유발한다.

삼자에 관한 몇 가지 요점

여섯 삼자를 이해하는 데에 몇 가지 경고를 언급할 필요가 있다. 첫째, 여섯 삼자는 혼자 생각한다고 쉽사리 이해되는 것이 아니다. 오히려, 그것은 우리 자신의 체험 속에서 탐색되고 해독될 필요가 있다. 예를 들어, 통찰의 순간이란 무엇인가(자유의 삼자)? 또는, 내가 잘하는 것은 무엇이든 간에, 그것을 잘하기 위해서 내가 거친 과정을 어떻게 기술할 것인가(집중과 정체성의 삼자)? 둘째, 특정 행위나 과정의 세 추동력은 세 항을 통해 표현되지만, 이 추동력이 이 항 자체인 것은 아니라는 점을 이해해야 한다. 예를 들어 아이가 신발 끈을 매는 경우를 보자면, 신발 끈이 제2추동력으로 작동하는 것은 오직, 능동적 추동력으로서 아이가 끈이 잘 매인 신발을 필요로 하기 때문에, 그리고 신발 끈이 이 필요를 촉진하는 수동적 수단이 되기 때문이다. 셋째, 세 가지 추동력은 맥락에 따라 상대적이다. 그렇기에, 한 상황에서 제2추동력인 항이 다른 상황에서는 능동적 또는 화해적 추동력으로 작동할 수 있다. (우리는 이를 여섯 가지 장소 삼자에서 볼 것이다.) 넷째, 세 추동력의 혼합이 구체적 행위에서 일어날 때, 이들은 자신의 분리된 정체성을 잃고 새로운 것이 생겨난다. 베넷은 이렇게 쓴다. "세 [추동력]이 만나서 사건을 구성할 때, 이들은 분별되는 자율적 요소이기는 하지만, 사건 자체 내에서 이들은 하나로 용접되어 자기 분리된 정체성을 버린다. 그것은 어떤 다른 것의 창발이며, 새로운 사건을 구성하는 것은 그저 세 [추동력]의 합계에 불과한 것이 아니다"(Bennett, 1950, 9쪽).

삼자에 대한 논의 내내 베넷은 이 체계가 계산 불가능하게 복잡하다는 것을 강조한다. 인간 체험은 간단없이 역동적이기 때문이다. 그는 이렇게 쓴다.

[삼자의] 관계성은 모든 가능 세계에 걸쳐 확장되는 연결의 연쇄를 수립한다. 이 많은 연결이 가능한 것은, 삼자 X의 항 A가 다른 삼자 Y의 항도 될 수 있고, 그리하여 X와 Y를 이을 수 있기 때문이다. X는 또한 상위체계 Z의 항일 수 있다. 그렇기에 삼자적 관계성은 동등관계, 하위관계, 상위관계를 이룰 수 있다. 예를 들어, 우리는 A를 체계 X에서는 남편이자 아버지로 가지지만, 이전 세대의 체계 Y에서는 아들로 가진다. 체계 Y에서 A는 X 내의 아이라는 체계 C의 역할을 충족한다. 가족 (ABC) = X는 조부모 D, 부모 E, 자식 F라는 세 세대로 이루어진 체계 Z 내의 한 항이다. 이런 방식으로, 자식 C가 A와 B 사이의 연결선으로서의 역할을 충족하듯이, X는 D와 F 사이의 연결선으로서 같은 역할을 충족한다. 명백하게도, 삼자의 네트워크는 공간, 시간, 수의 모든 방향으로 확장될 수 있다. 또한 관계의 집합은 아무리 복잡하든 간에 삼자의 연쇄로 환원될

수 있다는 점도 보여 줄 수 있다. 이에 따라, 관계성은 삼자의 체계적 속성이며, 역으로, 관계성의 모든 경우는 세 번째 순서의 체계로서—즉, 삼자로서 표현될 수 있다(Bennett, 1993, 102-03쪽).

베넷이 여기에서 예시하듯이, 세계와 인간적 삶의 생성적 관계성은 복잡하며, 삼자는 이 복잡성을 정리하고 이를 더 이해 가능하게 만들 개념적 · 실용적 수단을 제공한다. 장소 및 실감되는 장소 잡기의 경우, 이러한 역동적 복잡성은 시간적으로도, 공간적으로도 현전한다. 장소는 시간에 따라 변화하며, 더-작은 장소는 종종 더-큰 장소의 일부이고 이 장소는 다시 더 큰 환경의 일부이기 때문이다.

이어지는 장들에서, 나는 어떻게 장소 및 실감되는 장소 잡기가 삼자적으로 이해될 수 있는지를 물으면서 시작할 것이다. 8장에서 나는 우선 장소의 세 추동력을 식별하고 정당화할 것이다. 둘째로, 장소의 여섯 가지 삼자를 찾아내는 데에 이 세 가지 추동력이 의미하는 바가 무엇인지를 고찰할 것이다. 저 여섯 가지 삼자를 나는 장소 상호작용, 장소 정체성, 장소 해방, 장소 실현, 장소 증진, 장소 창조라고 식별한다. 9~14장에서 나는 여섯 장소 삼자 각각을 순서에 따라 논의할 것이다. 그리고 15장에서는 이들 간의 역동적 관계—여기에서 장소는 퇴보하거나 번영한다—를 고찰할 것이다.

8
세 가지 장소 추동력과 여섯 가지 장소 삼자 ──

이 장과 다음 여섯 장에서 나는 삼자를 통해 이해될 수 있는 대로의 장소를 고찰할 것이다. 7장에서 나는 베넷의 여섯 삼자를 포괄적으로 제시했다. 이제 나는 과정으로서의-장소를 특징짓는 세 추동력을 찾아내고, 이 세 추동력이 어떻게 결합되어 여섯 가지 장소 삼자를 그려 내는지를 물어야 한다. 나는 어떻게 베넷의 상호작용, 정체성, 확장, 집중, 질서, 자유가, 포괄적으로는 장소의 실감되는 역동을, 구체적으로는 실제-세계 장소들을 명확히 하는 여섯 가지 생성적 양상으로 번역될 수 있는지를 묻는다. 이 물음에 답하면서 나는 세 가지 단계로 전진한다.

■ 장소와 과정으로서의-장소를 특징짓는 확언적 · 수용적 · 화해적 추동력을 식별하고 정당화한다.
■ 결과하는 여섯 가지 삼자를 그려 내고 이름 붙인다.

■ 이들 여섯 가지 장소 삼자 각각과 관련된, 행위·사건·체험의 독특한 방식을 검토한다.

본 장에서 나는 장소의 세 추동력을 논하고, 결과하는 여섯 가지 장소 과정을 개관할 것이다. 이를 나는 상호작용, 정체성, 해방, 증진, 창조, 실현이라고 부른다. 9~14장에서는 이 장소 과정 각각을 개별적으로 논할 것이다. 그러려면 우선 장소 삼자의 세 추동력을 식별하고 정당화해야 하며, 다음으로 이들이 어떻게 결합되어 여섯 가지 장소 과정을 추동하는지를 보여 주어야 한다.

세 장소 추동력 식별하고 정당화하기

장소 및 실감되는 장소 잡기가 어떻게 삼자로서 생각되어야 하는가? 이 물음에 답하기 위해 첫 번째로 필요한 것은, 추동력으로 이해될 수 있는 세 항을 식별하는 것이다. 달리 말하자면, 상대적으로 독립적이면서, 장소 사건, 의미, 체험에 기여하는 데에 중심적 역할을 하는 요소들을 명시하는 것이다. 시작점에서 내가 강조하고 싶은 것은, 이 항들을 논할 때에는 장소 현상을 직접적으로 논해야지, 공동체·문화·정치·권력·경제, 그리고—분석적 연구와 탈구조주의 연구 양쪽 모두에서 장소의 의존적 요소를 형태 잡는 독립적 요소로 가정되는—그 밖의 비슷한 성질 등의 다른 현상을 통해 장소를 정의해서는 안 된다는 것이다.

예를 들어 분석적 연구에서 장소는 통상적으로 연령, 사회적 지위, 집 소유 여부, 또는 장소 결부의 지속 시간 같은 독립 변수에 의해 형태 잡히는 의존 변수로 해석된다(Lewicka, 2011; Patterson and Williams, 2005). 명백하게도, 대부분의 장소가 사회적 · 문화적 · 정치적 · 경험적, 그리고 여타 비슷한 차원들을 포함하기는 한다. 그러나 나의 초점은, 장소를 장소 그 자체로 이해하는 것이다. 장소는 이 장소의 사회적 · 문화적, 또한 인간이 토대 놓은 여타 면모에 능동적으로 기여하는 독립적이고 비우연적인 현상으로 그려질 수 있다는 것이 나의 제안이다. 저 면모들은 장소로서의 장소와의 관계 속에서, 장소에 얽혀 있으며, 부분적으로는 장소 때문에 자기 자신이 된 것이다. 장소의 물리적 면모와 심리적인 면모, 공간적 면모와 사회적 면모, 환경적 면모와 문화적 면모, 살아 있지 않은 면모와 살아 있는 면모 양쪽을 포괄하는 세 추동력을 우리는 어떻게 찾아낼 것인가? 인간 존재가 언제나 장소-속에-몰입한-인간-존재라는 실존적 상황을 통하여 사람과 세계를 포괄하는 세 추동력을, 우리는 어떻게 식별할 것인가?

나는 2000년대 초부터 이 물음을 숙고해 왔고, 2007년 이스탄불에서 열린 컨퍼런스에 참석했을 때 잠정적 해법에 도달했다. 내가 방문해 본 모든 도시 중에, 이스탄불은 장소의 독특하고 강력한 정신의 측면에서 가장 특기할 만한 도시였다. 지리적 지역성, 다양한 지형과 풍경, 충만한 거리의 삶, 이례적으로 다양한 장소 활동, 폭넓게 다양한 인간 유형, 도시의 많은 것에 스며 있는 "오래됨"의 감각—이 모든 요소와 성질이 독특하고 풍부한 환경적 성격과 기운을 지탱한다. 우리는 이 장소의 현전을 본능적으로, 정서적으로, 인지적으로, 영적으로 "느낀다." 이스탄불은 이 도시의 부분들을 광대하게 넘어서는 장소라는 점, 이스탄불이 3장에서 제시했던 말파스의 주장의 비범한 사례라는 점에는 의심의 여지가 없다. 말파스의 주장은, 장소는 "요소들의 모임을 통해 구성되는데, 이 요소 자체도 상호적으로, 요소들이 또한 구성하는 장소 내에서 이들이 함께 모이는 방식을 통해서만 정의된다"는 것이다 (Malpas, 2006, 29쪽). 또는 보토프트의 용어로 말하자면, 이스탄불은 환경적 "함께 속함"의 강력한 사례로 이해될 수 있다. 여기에서는 물리적 · 공간적 · 인간적 부분들이 뒤섞여서 장소의 강력한 감각을 야기하며, 이 감각에 의해 야기된다(Bortoft, 1996).

이스탄불과 마주치기 전 몇 달 동안 나는 삼자에 관한 베넷의 관점으로부터 장소의 의미를 숙고했다. 어느 날 아침 이스탄불 호텔에서 식사를 한 후, 나는 앉아서 이 문제에 대해 성찰했다. 그때 갑자기, 장소의 삼자가 세 추동력을 통해 고찰될 수 있다는 것을 깨달았다. 그것은 첫째, 장소의 환경적 · 지리적 토대, 둘째, 장소의 사람, 셋째, 장소의 상대적 "함께임"이다. 이는 형언할 수 있기도 하고 없기도 하고, 보이기도 하고 보이지 않기도 하고, 기술 가능하기도 하고 불가능하기도 하고, 객관적으로 현전하기도 하고 주관적으로 체험되기도 하는 환경적 속함의 성질 속에서 표현된다. 이 책에서 나는 이 세 장소 추동력을 환경적 총체environmental ensemble, 장소-내-사람people-in-place, 공유 현전 common presence이라고 명명한다. 이들의 혼합은 〈도해 8.1〉에 그려진 세 화살표로 도식화될 수 있다.

도해 8.1 세 장소 추동력의 삼자적 혼합

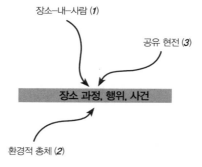

장소-내-사람 (*1*)

공유 현전 (*3*)

장소 과정, 행위, 사건

환경적 총체 (*2*)

이러한 삼자의 추동력으로서 장소가 지닌 세 면모에 관해 작업하면서, 나는 장소가 무엇이냐는 측면에서 각각이 무언가 다른 것에 기여한다는 점을 깨달았다. 그것은 왜 장소가 매력적으로 보이거나 흉하게 보이는지, 왜 장소가 강하거나 약한 기운을 가지는지, 장소는 어떻게 생동적이거나 칙칙한 환경으로 펼쳐지는지, 장소는 어떻게 정체성과 애착의 감각을 획득하거나 상실하는지이다. 여기에서 나는 이 세 추동력에 대한 나의 명명을 정당화하고, 예비적 기술을 제공하겠다. 환경적 총체와 장소-내-사람은 다소간에 자명하다. 그러나 세 번째 추동력 공유 현전은 정당화하고 정의하기 더 어렵다. 세 추동력을 논한 후에, 나는 이들의 여섯 가지 접속이 여섯 가지 상이한 장소 삼자로서 뜻하는 것이 무엇인지를, 장소 체험·의미·사건의 불가결한 면모들을 정확히 밝히면서 기술할 것이다. 이어지는 장에서는 이 여섯 장소 삼자 각각을 훨씬 자세하게 풀어내고, 서로 대조되는 이들의 현상성이 무엇을 수반하는지 물을 것이다.

수용적 추동력으로서 환경적 총체(EE)

환경적 총체(*EE*라고 줄여 쓴다)는 장소 삼자의 수용적 추동력이며 장소의
물질적·환경적 성질을 가리킨다. 이는 지형, 지질, 날씨, 식물상, 동
물상, 자연적 풍경을 포함하며, 또한 건축 및 건축의 공간적 구조 등 인
간이-만든 요소도 포함한다. 예를 들어, 가구, 건물, 풍경 조성, 산책
로 설계, 토지 이용의 배치 등이 있다. 환경적 총체는 폭넓게 다양한 방
식으로 정의될 수 있다(예컨대, Norberg-Schulz, 1980; Tilley, 1994, 2010; Tilley and Cameron-
Daum, 2017).

　한 가지 예는, 프랑스 역사가 에릭 다르델이 지리성geographicality이라
고 부르는 것에 대한 그의 기술이다. 그것은 인간 존재를 지상에 구속
하고, "인간 존재의 실존과 운명의 길"에 기여하는 다양한 실감된 관계
다(Dardel, 1952; Relph, 1985, 21쪽). 다르델은 지리성의 다섯 차원을 식별한다.
이는 물질 공간으로부터 시작한다. 그는 이를 계곡, 언덕, 산 같은 물리
적 요소와 관련시킨다. 이러한 지리적 요소는 "주위 표면이 가지는 특
성을 띠고 있다. 그것은 언덕을 오르는 데에, 또는 도시를 지나 운전
하는 데에 필요한 시간과 노력의 측면에서 우리가 운동한 거리에 따
라 우리에게 직접적으로 현시된다"(Relph, 1985, 25쪽). 둘째, 대지 공간telluric
space은 우리의 지리적 상황의 토대적이고 확고부동한 면모를 지칭한
다. 그것은 돌과 지질적 형성물의 "깊이, 견고함, 지속성"이다. 이는 인

간의 세계가 의존하고 펼쳐질 수 있는, 안전하며 당연하게-여겨지는 지반을 토대 놓는다. 셋째, 물의 공간hydrological space은 물의 영역과 관계한다. 그것은 "형태가 없고 운동으로 가득 차" 있으며, 지구의 대양과 바다를 포함한다. 이는 "모험에 대한 감각을 지닌 머나먼 지평"을 제공한다(Relph, 1985, 25쪽). 넷째, 대기 공간atmospheric space은 공기의 영역을 가리킨다. 예를 들어, "구름, 안개, 햇빛, 비와 함께 변화하는 하늘"이다(Relph, 1985, 25쪽). 다섯째, 인간이-만든 공간이 있다. 이는 건물, 광장, 거리, 그리고 "형태와 표면을 통해 인간적 목적을 직접 전송하는" 여타 건축물을 포함한다(Relph, 1985, 26쪽). 인간이-만든 공간은 "지상에 기입된 인간의 의도"를 나타낸다(Relph, 1985, 26쪽).

구체적 장소의 환경적 총체는 모두 독특하지만, 장소를 위한 추동력에 불가결하다. 그것은 장소 사건, 교류, 체험, 의미의 물질적 토대를 제공하기 때문이다. 그렇기 때문에, 환경적 총체는 장소 삼자의 수용적 추동력이다. 그것은 대부분 물질적이고 타성적이며 대개 당연하게-여겨지고, 인간이 사용할 수 있느냐는 물음을 던질 필요도 없이 상정되기 때문이다. 그러나 이것이 가진 수동적 본성에도 불구하고, 장소 과정에서 환경적 총체가 능동적 역할을 하는 상황이 있다. 때로는 극적으로 그렇다(가령, 자연재해). 이러한 의미에서, 환경적 총체는 저 방식이 아니라 이 방식으로 발생하는 인간의 행위와 상황을 위한 무대를 제공한다. 예를 들어, 건물이 한번 건축되면 인간 존재는 이에 따라 자기 운동을 적응시켜야 한다. 건물이 차지하는 터, 건물의 배치, 형태, 경로가 허락하는 방식으로 건물을 지나가거나 건물 주위로 지나가야 한다. 더욱 극적이고 충격적인 사례는 오늘날의 기후변화다. 이것은 조만간 장소, 인간의 삶, 환경적 사고와 장소 사고에 극적인 변동을 요구할 것이다(Abramson, 2016; Relph, 2008, 2009, 2015).

역설적으로, 환경적 총체를 극복하고, 재편하고, 통제하는 데에서 인간 존재가 역사적으로 이루어 온 성공이, 우리가 대치적 환경 상황으로 이행해 가면서 이제 의문시되고 있다. 이러한 상황은 어떤 방식으로 환경적 결정론—물리적 환경이 인간의 행위를 통제하고 형태 짓는다는 개념적 관점(Richards, 2012; Sprout and Sprout, 1965)—을 상기시킨다. 우리가 손상된 장소를 보수하고, 탄탄한 환경을 유지하고, 우리의 고향으로서의 자연 세계와 지구의 임박한 붕괴를 뒤집고자 한다면, 우리는 실감되는 장소 잡기에서 환경적 총체가 능동적 역할을 행할 수 있는 힘을 이해하고 받아들여야 한다(Hay, 2002; Abramson, 2016). 환경적 총체의 능동적 의의는 내가 증진이라고 식별하는 장소 삼자에서 특히 강조된다는 점을 우리는 보게 될 것이다. 여기에서 물리적 환경 요소와 성질은 장소와 장소 형성을 증진시키거나 약화시킨다. 나는 장소 증진을 13장에서 논할 것이다.[35]

....

35 환경적 총체의 가장 중요한 구성 요소 중 하나는 테크놀로지다. 테크놀로지는 오늘날, 생활세계와 장소의 실감된 본성에서 어느 때보다도 강하게 결정자로서의 역할을 하고 있다. 나의 주요 관심사가 큰—규모의 물리적 환경이기 때문에 이 책에서는 테크놀로지에 최소한의 관심만을 주었다. 그러나 디지털 소통, 무인 교통수단, 가상현실과 증강현실, 또한 많은 다른 테크놀로지가 지평에 도래함에 따라, 물리적 장소와의 인간적 관계가 현재 상상 불가능한 방식으로 변동되리라는 점은 명확하다. 핵심 물음은, 물리적 장소가 인간적 삶에 불가결한 것으로 머물 것이냐, 계속해서—생활세계를 자동적으로 구조지음으로써—공간적 질서와 환경적 정체성을 제공할 것이냐는 것이다. 이러한 새로운 테크놀로지로 인해 인간적 존재가 다양한 방식

확언적 추동력으로서 장소-내-사람(PP)

장소-내-사람(PP)은 환경적 총체 속에서 펼쳐지는 인간적 세계와 관련되며, 장소 삼자 내에서 확언적 추동력이다. 통상적으로, 인간은 능동적으로 자기 세계를 조종하고 조성하기 때문이다. 이 추동력은 장소 내 사람의 생활세계, 고향세계, 장소를 지칭한다. 이는 사람의 행위, 루틴, 이해, 상황을—그것이 무의식적이든 의식적이든, 습성적이든 상례를-벗어난-것이든 간에—포함한다. 장소와 관련하여 인간 존재를 개념화할 때, 나는 사회구성주의적 해석으로부터 거리를 둔다. 이 해석은 의미가 인간의 담론을 통해 생성되고, 그러므로 실재의 이러한 재현은 부분적 · 자의적 · 상대적이라고 가정한다(Seamon and Gill, 2016, 118쪽). 대조적으로, 인간 존재가 자신, 타자, 자기 세계를 어떻게 아느냐는 점에서 장소 체험이 불가결한 역할을 한다는 의미에서, 인간의 의미의 많은 부분이 장소에 근거한다는 것이 나의 현상학적 주장이다. 많은 정도로든 적은 정도로든, 인간 존재는 언제나 그들의 장소다. 이 상황을 말파스는 "인격체의 장소에-묶인 정체성"이라고 부른다(Malpas, 1999, 14쪽).

....

으로 물리적 세계를 우회할 수 있기는 하지만, 실제-세계 장소에의 실감되는 정박을 우리가 어느 정도는 유지해야 함을 발견할 수 있을 것이다. 우리가 물질적 환경 속에 있는 신체적 존재이자 거주자로 머무를 것이라는 간단한 이유 때문이다. 끝내 테크놀로지로 인해 인간 존재가 물질적 신체를 전적으로 버리는 것이 가능해진다면 물리적 장소는 불필요해질 수도 있겠지만, 가상 장소, 가상 세계, 가상현실은 여전히 필요하리라고 우리는 예상할 수 있다. 우리가 우리를 인간 존재로서 이해하는 방식의 아주 많은 부분이 공간적 · 환경적 · 지리적 감수성과 의미에 근거하기 때문이다(Greenfield, 2017; Horan, 2000; Kelly, 2016; Miller, 2016; Meyrowitz, 2015; Relph, 2007; Seamon, 2014b, 2018a를 보라).

사람이 어떻게 장소 잡혀 있는지는, 그들이 사회적·문화적·경험적 존재로서 누구로 존재하고 어떻게 존재하는지에 두드러진 역할을 행한다. 그러므로, 내가 장소-내-사람이라고 말할 때에, 나는 모든 구체적 장소는 넓은 범위의 사회적·문화적·정치적·경제적 공통성과 차이를 포괄할 수 있음을 인지한다. 이렇게 말해 두었지만, 나의 첫 번째 관심사는, 다른 무슨 이유보다도 인간 존재가 언제나 자기 장소에 관한 존재라는 이유로 인해 생겨나는 상황의 인간적 면모다. 이 장소잡기가 일시적이거나, 환영받지 못하거나, 무시된다 해도 그렇다. 명백하게도, 우리는 장소-내-사람을 차이—젠더적·성별적·사회적·문화적·정치적·종교적 차이 등—의 측면에서도 고찰할 수 있다. 그러나 여섯 가지 장소 삼자에서 초점은, 무엇보다도 먼저 특정 장소 내에 장소 잡힘이라는 실감되는 상황을 공유하는 인간 존재로서의 사람이다. 이 장소가 흠모되든, 인내되든, 미움 받든, 경멸되든, 단순히 당연하게 받아들여지고 결코 의문시되지 않든 간에 그렇다.

　한 마디로, 장소에 대한 삼자적 이해는 인간 존재로서 우리가 언제나 장소-내-인간-존재라고 상정한다. 이는 단순히, 우리가 어디에 있든, 누구이든, 어떻게 존재하든, 우리가 우리의 장소 잡힌 상황을 소중히 여기든 혐오하든 간에, 우리는 언제나 장소 잡혀 있기 때문이다. 명백하게도, 장소 내의 모든 사람이 스스로 그 장소의 일부라고 느끼는 것은 아니다. 그러나 여기에서 내가 가정하는 것은, 장소 소외의 상황을 더 잘 고찰하는 것도 일단 여섯 장소 삼자가 이해된 후에 가능하다는 것이다. 한 마디로, 우리가 우선 여섯 가지 장소 과정을 통해 "장소-

내-존재"를 고찰한다면, "장소-외-존재"에 대한 더욱 철저한 이해를 얻을 수 있으리라고 나는 가정한다.

화해적 추동력으로서 공유 현전(CP)

장소 삼자의 요소 중 가장 파악하기 어려운 것은 화해적 추동력이다. 이를 나는 공유 현전(CP)이라고 식별한다. 그것은 물리적 성질과 체험적 성질 양쪽에 의해 추진되는 장소의 물질적이고 실감되는 "함께임"으로 정의된다. 장소의 공유 현전은 장소의 "삶"의 정도, 그리고 환경적 성격 또는 현전을 지칭한다. 그것은 예를 들어, 런던의 "런던성", 이스탄불의 "이스탄불성"이다. 이러한 의미에서 장소의 공유 현전은 "환경적 분위기", "장소 기운", "장소의 감각", "장소의 정신", 그리고 이 말의 라틴어 번역인 게니우스 로키genius loci 같은 관련 현상을 포괄한다. 사회구성주의적 관점에서 장소의 공유 현전은 장소 의미, 행위, 감수성의 구체적 집합을 정의하고 승인하는 개인적·집단적 담론의 결과다. 대조적으로, 나는 공유 현전이 인간 주관성과 떨어져서 일어나는, 그리고 적어도 부분적으로는 인지적·정서적 지칭 또는 재현과 독립적으로 일어나는 실제 현상이라고 주장한다. 이 주장은 논쟁적이며, 나는 이를 다음과 같이 정당화한다.

나는 공유 현전이라는 발상을 베넷으로부터 끌어왔다. 그는 공유 현전을 "제한된 공간적 지역 내에 있는 존재자들의 함께임"이라고 정의한다(Bennett, 1961, 48쪽). 그는 공간적 함께임이 "그 지역의 모든 존재자가 공유하는 인지 가능한 성질로서 등장하는" "공유 현전"을 유도한다고 논한다(Bennett, 1961, 47쪽). 한 관점에서 공유 현전은 보토프트의 "함께 속함"과 관련될 수 있다. 여기에서 장소의 공간적·체험적 응집력의 정도는 부분적으로, 환경적 요소와 인간적 요소가 "함께 속하여" 탄탄한 전체를 유지하는 정도의 결과다. 대조적으로, 장소가 없는 듯이 보이는 환경, 또는 장소의 감각이 거의 없는 환경은 약한 공유 현전, 파편화된 "함께 속함"을 포함한다. 장소는 공간적 규모에서 다양하고, 더 큰 장소는 전형적으로 더 작은 장소를 담고 있기 때문에 생겨나는 공유 현전의 핵심 요소가 있다. 그것은, 어느 구체적 장소에 학문적이거나 실천적인 관심이 주어졌는지에 따라 공유 현전의 귀결이 미치는 장이 변동된다는 점이다. 전체로서의 도시의 공유 현전은 이 도시의 독특한 근린주구의 공유 현전과 다르며, 이는 다시 이 근린주구의 집, 가게, 학교, 여타 건물의 공유 현전과 다르다. 베넷은 이렇게 쓴다(Bennett, 1966b, 6쪽).

한 규모에서는 "멀리" 있는 저 (공간)이 다른 규모에서는 "여기" 있다. 나의 집은 내 개인적 삶을 위해 지금 여기 있고, 다른 집은 "멀리" 있다. 그러나 공동체의 구성원으로서 나의 삶에서, 마을의 모든 집과 모든 주민은 지금 여기 있다.

중요한 것은, 공유 현전이 "과학, 예술, 종교의 장 사이에 있는 일종의 주인 없는 땅"을 차지하는 현상의 한 예라는 베넷의 주장이다(Bennett, 1961, 44쪽). 그가 제시하는 한 가지 예는, 비례의 법칙으로서 "황금비"를 받아들이는 설계자나 미술가다. 황금비가 직관적으로 상기시키는 비례적 올바름의 특별한 감각은 경험적으로 증명되거나 객관적으로 입증될 수 없다. 그럼에도 불구하고, 황금비를 통해 설계된 구조나 공간에 우아함, 아름다움, "올바름"의 감각을 주는 특별한 기하학적 성질이 있다(Doczi, 2005; Lawlor, 1982). 베넷은 이러한 상황을 이상감각적paraesthetic이라고 부른다. 이 말을 통해 그가 뜻하는 것은, "감각 체험과 동맹을 맺고 있지만 감각만을 통해서는 기술될 수 없는 현상"이다(Bennett, 1961, 44쪽).

장소의 공유 현전은 그러한 이상감각적 현상의 하나다. 그것은 쉽사리 직접 파악될 수 없고, 느껴지고 부정확하게 말해질 수만 있기 때문이다. 최근에 현상학 문헌에서 공유 현전의 이러한 형언할 수 없는 면모가 분위기atmosphere 개념을 통해 논의되어 왔다. 이는 어떤 장소를 특이하거나 독특하게 만드는 어떤 보이지 않는 성격 또는 기운을 불러일으키는, 장소의 실감되는 성질로 정의된다(Borch, 2014; Böme et al., 2014; Griffero, 2014, 2017; Pallasmaa, 2015). 예를 들어, 현상학적 철학자 게르노트 뵈메는 분위기를 "기분을 가진 공간, 또는 정서적으로 느껴진 공간"과 관련시키고, 이 체험을 어떤 장소에 "특징적인 것으로 간주되는 전체적 인상"으로 기술한다(Böme, 2014, 96쪽, 56쪽). 비슷하게, 건축 이론가 유하니 팔라스마는 분위기를 "어떤 공간, 배경, 사회적 상황을 감싸 안는 지각적·감각적·정서적 인상"이라고 정의한다(Pallasmaa, 2014, 20쪽). 그는 "압도적인 분위기는 마치 우리가 구체적인 물질로 둘러싸이고 감싸인 양, 촉각적인, 거의 물질적인 현전을 가진다"고 논한다(Pallasmaa, 2015, 34쪽). 심심한 건물이든 기념비적 건물이든 모든 건물은 어느 정도의 기분과 기운을 투사한다면서, 팔라스마는 심지어 가시적인 건물 형태와 대조적으로 일상적 사용자에게 가장 중요한 건축적 체험의 면모는 분위기라고까지 주장한다. "기분의 이러한 무의식적 방향 설정과 부각은 종종 공간이나 건물의 가장 중요한 효과다. 나는 건축가가 아닌 사람들은 일차적으로 장소나 건물의 분위기를 감각하는 반면, 가시적 형태에 대한 관심은 뚜렷한 지적·이론적 입장을 함축한다고 믿는다"(Pallasmaa, 2015, 133쪽).

분위기에 대한 뵈메와 팔라스마의 해설은 분위기의 복잡하고 체험적인 본성을 가리킨다. 분위기는 비가시적이고, 확산되어 있고, 결코 완전히 파악되거나 기술될 수 없다. 이들은 시각만을 통해 알아차려지거나 식별되지 않는다. 이들은 소리, 촉각성, 정서적 진동, 사물과 공간의 능동적 현전을 포함하는 폭넓은 체험적 양상을 포괄한다. 팔라스마가 설명하듯이, 분위기에 대한 알아차림은 "우리의 전체 실존적인 체화된 감각"과 결부된다. "그것은 정확하고, 초점이 맞추어져 있고, 의식적인 관찰을 통해서가 아니라, 확산되고 주변적인 방식으로 지각된다"(Pallasmaa, 2015, 133쪽). 여러 방식으로, 장소 현전과 장소 분위기는 "장소의 정신" 또는 게니우스 로키, 즉 장소의 독특한 기운 및 성격과 관련된다. 예를 들어 로마의 "로마성", 뉴잉글랜드의 "뉴잉글랜드성"이다 (Norberg-Schulz, 1980; Relph, 2009). 분위기에 대한 논의에서처럼, 게니우스 로키에 대한 해설의 대부분은 완전히 파악하거나 기술하기 어려운, 형언할 수 없는 환경적 현전에 초점을 맞춘다. 예를 들어, 영국 소설가 로렌스 더렐은 게니우스 로키를 "장소 내의 비가시적 상수"라고 정의하며 (Durrell, 1969, 157쪽), 문화지리학자 피어스 루이스는 "어떤 장소에 있는 손에 잡히지 않는 무엇—어떤 장소를 특별한 것으로, 지킬 가치 있는 것으로 만드는 일종의 성질"이라고 말한다(Lewis, 1979, 27쪽). 미국의 작가 헨리 밀러는 왜 그가 파리에서 거주하는지를 물어본 동료 미국인에게 어떻게 대답했는지를 설명하면서, 장소가 가진 만져지지 않는 특성을 언급한다. "그에게 말로 대답하는 것은 쓸모가 없었다. 나는 대신에 거리를 거닐어 보자고 제안했다"(Sciolino, 2016, 47쪽에서 재인용).

장소의 공유 현전에 관한 한 가지 핵심 관건은, 추동력으로서 그것이 어떻게 환경적 총체 및 장소-내-사람과 다르냐는 것이다. 나는 "제한된 공간적 지역 내에 있는 존재자들의 함께임"에 대한 베넷의 강조를 반복한다(Bennett, 1961, 37쪽). 핵심어는 함께임이다. 여기에서 장소의 환경적 요소와 인간적 요소는, 장소의 삶과 전체성을 지지하는(또는 침해하는) 속함의(또는 속하지 않음의) 양상 속에서 함께 있다(또는 함께 있지 않다). 소설가 도리스 레싱은 이렇게 쓴다. "전체. 어떤 종류의 공동체, 연관, 연결 속에서든 사람들은 전체를 이룬다"(Lessing, 1969, 221쪽). 환경적 총체와 장소-내-인간-존재의 구체적 결합의 공간적 "함께임"을 형태 잡고 그에 의해 형태 잡히는 전체성의 정도가 바로 장소의 공유 현전을 정의하는 것이다. 환경적 총체는 장소를 이루는 지리적 요소들의 집합이며, 마찬가지로 장소-내-사람은 이 장소 속에서 사는, 또는 다른 방식으로 이 장소와 연관된 개인과 집단이다. 공유 현전이란, 장소의 공간적 함께임이, 장소의 환경적 구성 요소와 인간적 구성 요소 양쪽과 연관되어, 실제-세계 장소가 무엇인지에—특히, 장소의 체험, 사건, 의미, 현전 양상과 관련하여—기여하는 방식을 지칭한다. 궁극적으로, 세 장소 추동력은 다양한 강도로 연합한다. 여기에서 각 추동력은 강하거나 약한 방식으로 참여한다. 이러한 생성적 강함 또는 약함의 범위는 여섯 가지 장소 삼자를 통해 더욱 철저하게 이해된다. 나는 이어서 이를 소개하겠다.[36]

여섯 가지 장소 삼자

요약해 보자. 나는 장소의 확언적 추동력은 장소-내-사람(*PP*)으로, 수용적 추동력은 환경적 총체(*EE*)로, 화해적 추동력은 공유 현전(*CP*)으로 식별했다. 이 세 추동력은 여섯 가지 상이한 결합으로 연합될 수 있다. 각각은 장소에 생동감을 주거나 불안정을 줄 수 있는 행위, 상황, 사건의 상이한 집합과 관련된다. 나는 이들 여섯 가지 장소 삼자를 다음과 같이 식별하고 이름 붙인다.[37]

....

36 세 장소 추동력에 대한 연작 논문의 첫 번째 논문에서(Seamon, 2012b), 나는 화해적 추동력을 게니우스 로키로 식별했다. 첫 시도 이후로 세 추동력을 더욱 철저하고 숙고함으로써, 나는 베넷의 "공유 현전"이 제3추동력을 그려 내는 데에 더욱 정확한 수단을 제공한다는 것을 깨닫는다. 공유 현전은 장소의 함께임의 정도와도 관계하고, 또한 장소가 속함에 근거하는(또는 근거하지 않는) 정도와도 관계하기 때문이다. 명백하게도, "함께 **속함**"을 표현하는 장소는, 어떤 물리적 함께임을 현시하기는 하지만 실감되는 속함은 거의, 또는 전혀 없는 파편화된 장소보다 더욱 포괄적이고 강력한 환경적 현전을 현시한다.

37 내가 7장에서 여섯 삼자를 폭넓게 제시했던 순서로부터 내가 이 장소 삼자의 순서를 부분적으로 바꾼 것에 유의하라. 이렇게 바꾼 이유는, 장소 증진(베넷의 용어에서는 "집중")과 장소 창조("확장")의 삼자는 장소 및 장소 만들기의 강화와 관련되고, 그러므로 마지막에 논하는 것이 낫기 때문이다. 이것들은, 장소가 어떻게 더 나아질 수 있는지(장소의 **생성**becoming)보다는 있는 바대로의 장소를 기술하는(장소의 **존재**) 네 삼자(상호작용, 정체성, 해방, 실현)를 이해한 다음에 논하는 것이 나을 것이다. 장소의 "존재"와 "생성"에 대한 더 자세한 논의는 15장을 보라.

장소 상호작용 (*1-3-2* 또는 *PP-CP-EE*)

장소 정체성 (*2-3-1* 또는 *EE-CP-PP*)

장소 해방 (*3-2-1* 또는 *CP-EE-PP*)

장소 실현 (*3-1-2* 또는 *CP-PP-EE*)

장소 증진 (*2-1-3* 또는 *EE-PP-CP*)

장소 창조 (*1-2-3* 또는 *PP-EE-CP*)

장소 및 실감되는 장소 잡기를 이해하는 데에 이 여섯 가지 삼자가 의미하는 것은 무엇인가? 이 물음은 이어지는 여섯 장에서 광범위하게 탐사될 것이다. 독자가 방향을 잡는 데에 도움을 주기 위해, 나는 각 삼자가 체험적·환경적으로 무엇을 내포하는지에 관한 개관을 제공함으로써 본 장을 끝맺으려 한다. 여섯 삼자를 검토하면서, 우리는 공유 현전의 위치에 따라—달리 말하자면, 화해적 추동력 또는 제3추동력의 위치에 따라 이들을 둘씩 묶어서 정리할 수 있음을 본다. 장소 상호작용과 장소 정체성이라는 첫 두 삼자에서 화해적 추동력으로서 공유 현전은 장소-내-사람과 환경적 총체라는 확언적 추동력과 수용적 추동력 사이에 있다. 이러한 의미에서, 공유 현전은 다른 두 추동력 사이의 교환을 중재한다. 장소 상호작용이라는 첫 삼자는 장소에서 일상적으로 일어나는 일을 식별한다. 이를 "일과"라고 부를 수 있을 것이다. 다음

이 장은 여섯 가지 장소 과정 사이의 역동적 상호 연결을 검토한다. 미술가이자 사진작가인 수 마이클은 사우스오스트레일리아의 장소와 장소 체험을 그리는 회화와 사진을 통해 여섯 가지 장소 과정을 예시하고 검증하려는 도발적 노력을 제공한다(Michael 2018).

으로, 장소 정체성의 삼자는 한 장소에서 사는 사람이 어떻게 자기 세계로서의 이 장소를 차지하는지와 관련된다. 즉, 이들이 어떻게 무의식적·의식적으로 이 장소를 자신의 개인적·공동체적 정체성의 일부로 받아들이고 인지하는지와 관련된다. 두 삼자 모두에서 공유 현전은, 환경적 총체와 장소-내-사람에 외적 환경적 표현(장소 상호작용)과 내적 인간적 의미(장소 정체성)가 주어지는 잠재적 끈으로 기능한다.

다음 두 장소 삼자, 장소 해방과 장소 실현은 실감되는 장소 잡기의 더 포괄적인 성질과 결부된다. 이 두 삼자는 공유 현전을 통해 촉진된 장소 자체의 실존적 온전성을 말한다는 점에서 그렇다. 두 삼자 모두에서, 화해적 추동력은 이제 과정의 시동자다. 장소 해방의 삼자는, 장소 내의 예기치 못한 사건을 통해 일어나는 기우와 놀라움을 통해 장소-내-사람이 더욱 깊이 자기 속으로 "해방"되는 상황과 경우를 포괄한다. "삶은 좋은 것"인 이유는 부분적으로 장소 때문이다. 장소 실현에서는 장소의 환경적 잠재력이 공유 현전에 잠재된 모으는 힘을 통해 전진적으로 실현된다. 장소는 손에 잡히는 질서와 잡히지 않는 질서를 내포한다. 탄탄한 형태를 취할 때 이들은 독특한 환경적 기운과 성격을 포함한다. 장소의 공유 현전은 이들 두 삼자에서 첫 번째 위치를 차지하지만, 대조적인 방식으로 작동한다. 한편으로는, 자발성과 자유의 환경적 영역을 제공하며, 여기에서는 이-례적인 것이 장소의 일상적 상례성에 예기치 못하게 스며든다(장소 해방). 다른 한편, 질서 잡는 과정을 추진하며, 여기에서 장소는 자체로 더욱 물질적·체험적이 된다(장소 실현).

마지막 두 삼자, **장소 증진**과 **장소 창조**에서 공유 현전이라는 제3추동 력은 결과다. 장소 증진은 장소-내-사람을 강화하고, 그리하여 장소 기 운과 성격을 강화하는 적절한 계획과 조성이 가진 힘을 가리킨다. 장 소 창조는 창조적으로 장소를 향상시키는 개인의 헌신적 개입과 관련 된다. 환경적 총체 내의 잘-세공된 향상을 생성하는(장소 증진) 사려 깊은 이해와 행위(장소 창조)를 통해 장소의 생동성과 분위기가 증진된 다. 혁신적 사고와 생산은 장소의 공유 현전을 증대시킨다.

이제 여섯 가지 장소 과정을 대략 기술했고, 이어서 각각을 상세히 고찰할 것이다. 달리 말하자면, 이들 여섯 장소 과정 각각이 수반하는 현상은 무엇일까? 9~14장에서는 각 장소 과정을 순서에 따라 논할 것 이다. 시작은 장소 상호작용과 정체성이다. 이 두 과정이 장소를 근거 놓는 데에서, 그리고 환경을 장소로, 그리고 실감되는 장소 잡기로 변 용시키는 성질을 자극하는 데에서 중심적 역할을 하기 때문이다.

9
장소 상호작용의 삼자 (1-3-2 또는 PP-CP-EE)

9~14장에서는 여섯 가지 장소 삼자에 대한 더욱 상세한 기술을 제공할 것이다. 생성적인 방식으로, 이 삼자들은 상호적으로 함께 작용한다. 이 작용은 장소를 지지하는 식이기도 하고 침해하는 식이기도 하다. 그러나 여섯 삼자가 동조적이 되거나 충돌하는 과정적 연결과 분리를 고찰하기 전에, 각각에 관한 입문적 현상학을 제공할 것이다. 여섯 삼자 각각이 현상학적으로 고찰된 후에 이들 간의 잠재적 연결과 관계를 예시할 것이다. 이러한 방식으로 우리는 장소 및 실감되는 장소 잡기가 증진되거나, 잦아들거나, 해체되는 방식을 더 잘 찾을 수 있다.

　장소 상호작용의 삼자는 장소 및 실감되는 장소 잡기에 핵심적이다. 장소 정체성과 함께 장소 상호작용은 모든 장소의 실존적 토대, 즉 이 장소와 연관된 생활세계적 행위, 사건, 상황을 특징짓기 때문이다. 나는 우선 대략적으로 장소 상호작용 삼자를 제시할 것이다. 이어서, 구체적 장소 상호작용을 예시하는 신문 기사나 여타 기술적 전거에 근거하여 몇 가지 실제 세계 사례를 제공할 것이다. 본 장의 마지막 부분에서는 장소 상호작용의 더 복잡한 면모 몇 가지를 고찰할 것이다. 여기에는, 어떻게 개별적 상호작용 삼자가 결합하여 긴 시간에 걸친 대규모의 장소 과정을 일으키느냐는 복잡한 문제도 포함된다. 어떻게 소규모 상호작용의 거미줄이 대규모 장소를 촉진하는지를 예시할 기술적 증거의 원천으로, 나는 도시학자 제인 제이컵스(jacobs, 1961)에, 특히 도시적 장소 발레에 대한 그녀의 이해에 의거할 것이다.

장소 상호작용의 삼자

포괄적으로 말해서, 장소 상호작용은 장소에서 일어나는 통상적인 일들을 가리킨다.[38] 삼자로서 장소 상호작용은 *1-3-2*(*PP-CP-EE*)로 그려질 수 있다. 여기에서는 화해적 추동력으로서의 공동현전이 장소-내-사람의 확언적 추동력과 환경적 총체의 수용적 추동력 사이의 어떤 상호작용 또는 교환을 촉진한다.[39] 이러한 의미에서 장소 상호작용을 장소 내의 행위와 관련된 동명사를 이용하여 시각화하는 것이 도움이 될

....

38 내가 "포괄적으로"라는 말을 사용하는 이유는, 6장에서 논의된 상례성-이례성 장소 양자에서 추론할 수 있듯이, 이러한 상호작용이 비통상적이고, 예상치 못하고, 상례에서-벗어난 것일 수도 있기 때문이다. 그러나 장소 상호작용의 대부분은 당연하게-여겨지고, 습관적이고, 다소간에 정규적인 것이다.

39 본서의 이후 내용 내내 나는 (*PP, EE, CP*보다) *1, 2, 3*이란 명칭을 이용해서 구체적 삼자를 지칭할 것이다. 제1추동력이 확언적, 제2추동력이 수용적, 제3추동력이 화해적이라는 것을 상기하는 데에 숫자가 도움을 주기 때문이다.

것이다. "걷기", "앉기", "만나기", "즐기기", "대화하기" 등이 그렇다. 장소에 상호작용이 중요한 것은, 상호작용이라는 중대한 엔진을 통하여 장소 이용자가 자기 일상적 삶을 영위하고 이 장소가 행위 및 환경적 현전의 감각을 획득하기 때문이다. 2장에서 소개했던 장소 발레 현상은 장소 상호작용의 한 양상으로, 여기에서는 개별 행위와 상호인격적 교환이 그 장소에 기반을 둔 신체적 공동-현전, 공동-알아차림, 공동-마주침을 통해 공간적으로 결합한다. 장소 발레는 장소 행동과 장소 행위를 통해 객관적으로 보이게 되며, 장소 기운과 장소 성격을 통해 주관적으로 알려지는 공간적 · 환경적 함께임으로 모인 행위와 사건의 네트워크를 포괄한다. 그런 의미에서, 장소 발레는 지리적 공유 현전의 한 예를 예시한다.

행위와 상황이 이용자의 공동-현전을 방해하고 괴로움, 파편화, 부적절함, 쇠퇴를 생성할 때에 장소 상호작용은 장소를 침해한다. 통상적 상호작용이 어떤 방식으로 드물어지거나, 불쾌해지거나, 파괴적이 된다. 예를 들어, 복잡하던 인도와 거리에 이용자가 없어진다. 장소 내의 정규적 상호인격적 교환이 드물어지고 덜 우호적이 된다. 장소와 연관된 사람들 간의 비공식적 신뢰가 감소되거나 상실된다. 일상적 장소 상호작용의 편리함이 비효율성, 짜증, 걱정, 공포, 갈등의 상황으로 악화된다. 동명사적으로 볼 때, 이러한 상황에서 부정적 장소 상호작용은 "잘 지내는 데에 어려움이 있음", "나쁜 서비스를 받음", "위협받음" 등으로 기술된다. 14장에서 논하겠지만, 창조적 장소 만들기의 주요 목표는, 장소 상호작용의 악순환이 선순환이 되는 실천적 방도를 생각해 내는 것이다.

장소 상호작용의 실제 세계 사례를 소개하기 위한 출발점으로 나는 여섯 개의 신문 기사를 요약하려 한다. 이 기사는 장소 및 실감되는 장소 잡기와 연관된 상호작용적 상황과 사건의 거대한 스펙트럼의 작은 일부를 그리고 있다. 내가 이 항목들을 선택한 이유는, 환경적 총체, 장소-내-사람, 공유 현전의 구체적 면모가 특정한 장소 상호작용에서 역할을 행하는 손에 잡히는 방식을 이들이 예시하기 때문이다. 나는 이 여섯 신문 기사를 요약하고, 이어서 이들을 이용하여 장소 상호작용의 몇 가지 핵심 차원을 예시할 것이다. 이 이야기들이 대략적으로, 덜 복잡한 상황과 사건에서 더 복잡한 상황과 사건 순으로 배열되어 있음에 주의하라. 장소 체험 방식의 범위는 버스에서의 일시적 장소 잡기로부터, 기후변화와 해수면 상승으로 인해 급속히 변화하는 장소에서 장기간 거주하는 데에까지 이른다.

- 나이든 버스 승객이 자리에서 일어나, 앞으로 와서, 지팡이를 이용하여, 여성 버스 기사를 공격하는 남성 탑승자를 쫓아낸다(KCS, 2016년 1월 30일, 4A쪽).
- 뉴욕시 소호 근린주구의 40년 된 식료품점이 임대료 상승으로 인해 문을 닫는다. 이로 인해 저임금 장기 거주민에게는 "식품 사막"이 남게 되었다. 소호가 "가정적 소규모 거주지에서 화려한 주소"로 변하는 동안, 저들의 경제적 여유는 별로 나아지지 않았다(NYT, 2017년 12월 31일, A14쪽, A15쪽).
- 우버나 라이프트 같은 디지털 승차 호출 서비스가 도시에 편재하게 되면서, 차를 기다리는 사람들은 때로 개인 차량을 승차 호출 서비스로 착

각한다. 영문 모르는 운전자는 놀라고, 차를 타려던 사람은 혼란에 빠진다. 최근에 이 서비스는 고객이 자기 차량을 확인할 수 있도록, 불이 켜지는 창문 플래카드를 제공하기 시작했다(WSJ, 2017년 2월 20일, A1쪽).

■ 스페인 마드리드에서 한 성직자가 네 군데에 "로빈 후드" 식당을 창립하여, 혁신적 사업가로서의 능력을 보여 주었다. 이 식당은 아침 식사와 점심 식사 판매에서 얻는 이윤을 이용하여 노숙자에게 저녁을 공짜로 제공한다(NYT, 2016년 12월 20일, A8쪽).

■ 오리건 주 포틀랜드에서 눈이 2인치 쌓였다. 교통은 혼잡해지고, 차량이 방치되고, 30분 통근시간이 수 시간이 됨으로써 이 도시는 심각한 지장을 입었다. 몹시 심한 겨울이 온 탓으로 도시는 길에 소금을 뿌리기 시작했다. 이 대처는 상당한 대중적 항의를 낳았다. 많은 포틀랜드 주민들은 자기 도시를 환경적 지속가능성의 모델로 보고 있기 때문이다(WSJ, 2017년 1월 24일, A1쪽).

■ 플로리다 주 포트로더데일의 라스 올라스 근린주구에서 높은 파도가 거리와 거주지를 덮쳤다. 해수면 상승 때문이었다. 주택 소유주들은 조위潮位를 연구하여, 고지대에 주차하기, 쓰레기통을 도로 경계석에서 먼 곳에 두기, 바퀴와 엔진에 물이 튀는 것을 줄이기 위해—이 부위는 짠물로 인한 부식으로 손상될 수 있다—천천히 운전하기 등으로 대비를 하고 있다. 장기적 해법은 도로를 높이는 것이다. 이는 마일 당 300만 달러가 드는 비싼 노력이다(NYT, 2016년 11월 18일, A14쪽).

내가 이들 뉴스 이야기로 시작하는 것은, 각각이 독특함에도 불구하고, 인간 존재가 장소와 상호작용하는 상이한 방식들을 가리키기 때문이다. 첫째, 이 이야기들은 상업 지구로부터 근린주구, 도시, 모빌리티 양상에 이르는, 장소 유형과 환경적 규모의 폭넓은 스펙트럼을 포괄한다. 둘째, 이 이야기들은 다양한 체험적 복잡성을 가진 장소 상호작용들을 기술한다. 예를 들어, 소호 슈퍼마켓의 폐업 확정은 포트로더데일의 파도의 상승이라는 진행 중인 상황과 대비된다. 셋째, 이야기 중 일부는 장소에서의 사람-사람 상호작용을 내포하고, 일부는 사람-환경 상호작용을 내포한다. 예를 들어, 폭행범을 때리는 버스 승객은 눈과 씨름하는 포틀랜드 거주민과 대조된다. 넷째, 이 이야기들은 다양한 길이를 가진 장소 상호작용을 가리킨다. 차량을 호출한 고객이 자기 차량을 일시적으로 착각하는 것은 정규적으로 노숙자에게 저녁을 제공하는 네 군데의 로마 레스토랑과 대조된다. 다섯째, 이 이야기들은 환경적 총체, 장소-내-사람, 공유 현전이라는 세 가지 포괄적 장소 추동력을 통해서는 쉽사리 상상되지 않는, 구체적 실제-세계 상호작용을 내포한다. 이들 세 추동력을 장소 상호작용의 구체적 예에서 쉽사리 찾아낼 수 없다면, 해석적 문제가 있는 것 아닌가?

나는 이 문제를 잠시 후에 다룰 것이다. 이들 여섯 이야기가 시사하는 더 포괄적인 요점은, 장소 상호작용의 현상성이란 복잡한 사태이며, 내가 여기에서 할 수 있는 것은, 이들을 그려보기를 시작하는 것뿐이라는 것이다. 이어지는 글에서 나는 네 가지 중심 주장을 논의할 것이다.

- 장소 상호작용의 삼자는 다양한 체험적 가능성을 포괄한다. 여기에서 나는 삼중적 유형론을 기술한다. 통상적 상호작용 대 비통상적 상호작용; 비자기의식적 상호작용 대 자기의식적 상호작용, 사람-환경 상호작용 대 사람-사람 상호작용.
- 구체적 장소 상호작용은 이 구체적 행위 또는 상황에서 작동하는 삼자적 추동력의 구체적 집합을 통하여 그려져야 한다. 환경적 총체, 장소-내-사람, 공유 현전의 세 추동력은 장소의 작동을 대략적으로 묘사하지만, 구체적 장소 사태와 사건은 더 초점이 맞추어진 삼자와 추동력을 내포한다.
- 개별적 상호작용 삼자는, 더 단순한 장소 행위와 사건이 더 복잡한 장소 행위와 사건으로 응집되는 긴 삼자 연쇄의 일부일 수 있다.
- 많은 장소는 소규모와 대규모의 상호작용 삼자의 정교한 연결을 포괄한다. 여기에서 "소규모와 대규모"는 공간적 범위와 시간적 지속 양쪽 모두를 가리킨다.

장소 상호작용의 유형

구체적 장소 상호작용이 어떻게 삼자적으로 해석될 수 있느냐는 물음을 고찰하기 전에, 나는 이들의 유형학적 범위를 논의할 것이다. 장소 상호작용은 인간적 면모와 환경적 면모 모두를 망라하는 행위, 상황, 기회의 폭넓은 스펙트럼을 내포한다. 가장 포괄적으로 말해, 이들 상호작용은 관련된 세 가지 이항대립을 통해 개념화될 수 있다. 첫째, 통상

적 상호작용 대 비통상적 상호작용, 둘째, 무의식적 상호작용 대 의식
적 상호작용, 셋째, 사람-환경 대 사람-사람 상호작용이다. 첫 번째 이
항대립은 상호작용의 양상이 평범하고 정규적이며 예상되는 것인지,
특이하고 드물며 예상치 못한 것인지와 관련된다. 정규적이고 당연하
게-여겨지는 상호작용은 장소의 실감되는 토대다. 그러나 덜 정규적
이거나 일회적인 사건이 장소의 매력을 증진시킬 수도 있고(예를 들어,
도시가 세계박람회를 개최하는 경우), 장소를 불안정하게 하거나 심지어
파괴할 수도 있다(예를 들어, 자연재해나 내전으로 인한 도시의 황폐화).

위의 신문 이야기에서 로빈 후드 레스토랑이 노숙자들에게 매일 저
녁을 대접하는 것은 정규적 장소 상호작용의 한 예가 된다. 대조적으
로, 두 기사는 일회적 또는 특이한 사건을 묘사한다. 버스 기사를 구하
는 노인이나, 진기한 폭설과 씨름하는 포틀랜드 주민이 그렇다. 그리
고 또한, 두 이야기는 장소와의 당연하게-여겨지는 상호작용이 어떻
게 외적 사건에 의해 변화되는지를 예증한다―슈퍼마켓의 폐업으로
인해 소호의 저소득 주민은 갑자기 구매할 만한 식료품점을 잃게 되었
고, 포트로더데일의 주민들은 큰 파도로 인해, 환경적으로 · 장소적으
로 대처하는 새로운 방식을 배우고 있다.

두 번째 상호작용 이항대립은 주목의 면에서 장소 이용자가 장소와
교류하는 방식과 관련된다. 교류 양식이 대체로 무의식적이며, 2장에
서 기술했던 실감되는 신체 및 신체-주체의 선반성적 알아차림과 관
련되는가? 아니면, 교류의 양식이 이 상호작용을 향한 의식적 알아차
림의 양상을 내포하는가? 현상학 문헌에서, 인간 존재가 주목의 면에

서 세계와 교류하는 양상의 범위를 그리려는 노력은 적었다. 그러나 《생활세계의 지리학》에서 나는 사람들이 주변과 주목적으로 접촉하거나 하지 않는 다변적 방식을 검토하였다(Seamon, 1979, 97-128쪽). 나는 지척에 있는 세계에 대한 의식적 관심의 어떤 양식을 내포하는 알아차림의 몇 가지 양상을 기술했다. 예를 들어, 주시하기는 일정 시간 동안 세계의 어떤 면모를 주목적으로 바라보는 인격체의 체험과 관련된다. 고양된 마주침에서 우리는 세계와 더 깊고 더 강렬한 방식으로 교류한다. 이는 전형적으로, 강력한 정서적 태도를 포괄한다. 대조적으로, 기초적 접촉도 있다. 나는 이것은 메를로퐁티의 신체-주체의 선반성적 지각 능력 및 "신체가 세계를 만나고 습관의 일반화된 태도가 지척에 있는 특수한 환경과 만나는 접근 양상"과 관련시켰다(Seamon, 1979, 117쪽). 한 마디로, 장소 상호작용은 인간 존재가 세계를 주목하고, 그러면서 알아차림을 통해 세계와 상호작용하며, 이 알아차림이 이어서 행위를 추동할 수 있는, 폭넓게 다양한 방식을 포괄한다(예컨대, 나는 카페 줄에서 내 앞의 여성이 지갑을 계산대에 놓는 것을 눈치채고, 나는 목소리를 높여 그녀에게 말해 준다).

세 번째 이항대립은 장소의-사람이 서로와 상호작용하는지, 환경적 총체의 어떤 요소와 상호작용하는지와 관련된다. 문을 열기, 카페의 꽃 장식을 음미하기, 낯선 거리에서 점포 찾기는 거리의 악사의 공연을 즐기기, 친구와 카페에서 시간 보내기, 보도에서 방금 부딪친 사람에게 사과하기와 체험적으로 상이한 장소 상호작용이다. 사람-사람 상호작용과 사람-환경 상호작용 모두, 폭넓게 다양한 실감되는 가능성을 내포한다. 예를 들어, 사람-사람 상호작용은 공동-현전(개인들이 물리적으로 함께 장소에 현전함), 공동-알아차림(개인들이 물리적으로 장소에 함께 현전하고 서로를 알아차림), 공동-마주침(개인들이 물리적으로 장소에 함께 현전하고 어떤 방식으로, 예를 들어 손 흔들기, 대화하기, 공동 활동에 참여하기의 방식으로 상호작용함)을 포괄할 수 있다. 장소를 과정적으로 이해한다면, 사람-사람 상호작용과 사람-환경 상호작용 모두가 장소 행위, 체험, 의미에 중심적이다. 그러므로 나는 사회학과 도시계획에서 전개된 유형론에 의거하여, 각각을 순서대로 논의할 것이다.

사람-사람 상호작용의 유형론

나는 장소 상호작용에 대한 총괄적 현상학은 들어 본 바가 없다. 상호 개인적 상호작용과 집단-마주침 상호작용의 유형론을 만들어 낸 연구자들은 있다(Fisher, 1982; Gehl, 1987; Goffman, 1963, 1983; Lofland, 1985, 1998). 가장 철저한 예는 보스턴 지역의 세 근린주구에 관한, 도시계획자 비카스 메타의 관찰적 연구다(Mehta, 2013). 이를 통해 그는 "거리에서의 상호적 행동의 유형론"을 그려 낸다(Mehta, 2013, 98쪽). 출발점으로서 메타는 장소에서의 사람-사람 상호작용의 기회를 지지하는 폭넓게 다양한 행위, 상황, 사건을 식별한다. 그는 어떻게 서기, 앉기, 눕기, 걷기, 뛰기 같은 기초적인 신체적 "자세"가 먹기, 읽기, 담배 피기 등의 의도적으로 더욱 초점이 맞추어진 사건을—이러한 장소 체험의 스펙트럼은 한편으로는 "혼자 남겨짐"과, 다른 한편으로는 "타자와 밀접하게 함께 있음"과 결부된다(Mehta, 2013, 98쪽)—위한 배경을 설정하는지에 주의한다. 그 결과는 "수동적 접촉, 우연적 접촉, 지인과 친구로부터 가까운 친구"에 이르는 상호인격적 상호작용의 연속체다(Mehta, 2013, 98쪽).

　보스턴 지역의 세 근린주구에서 인도를 이용하는 사람들을 행동적으로 관찰한 것에 대체로 근거하여, 메타는 장소 상호작용의 세 가지 포괄적 양상을 식별한다. 첫 번째 양상을 그는 **수동적 사교성**이라고 부른다. 그것은 사람들이 타자의 현전을 즐기기는 하지만 직접적 접촉을 찾지는 않는 상황과 결부되기 때문이다. 예를 들어, 읽기, 랩톱 사용하기, 혼자 식사하기, 사람-구경하기가 그렇다. 장소 상호작용에 관한 메타의 두 번째 양상은 **일시적 사교성**이다. 이는 예기치 못한 상호인격적 마주침으로, 때로 이는 짧은 대화로 이끈다. 이는 통상적으로 이미 어느 정도 친숙성을 수립한 여타 장소 이용자와의 사이에 이루어진다. 일시적 사교성과 또 유관한 것은 **삼각관계**다(Whyte, 1980, 94-101쪽). 여기에서는, 장소의 어떤 사물 또는 사건이 낯선 이로 하여금 서로에게 말을 걸게 한다. 예를 들어, 거리의 특이한 조각상에 대해 평하기, 또는 순회하는 거리의 악사의 재능에 대해 논의하기가 있다. 메타의 세 번째 장소 상호작용의 양상은 **지속적 사교성**이다. 여기에서 장소 상호작용은—이웃이든, 친척이든, 친구든 간에 그 장소에 공동-현전하는—친숙한 타자와 연결되려는 의도적 노력을 포괄한다.

　내가 메타의 사람-장소 상호작용의 유형론을 논의하는 것은, 그것이 세 실제-세계 장소에서 온 경험적 증거에 근거를 두고 있기 때문이고, 사람-사람 상호작용의 현상학이 포함할 수 있는 종류의 장소 체험과 상황을 위한 하나의 모델을 제공하기 때문이다. 또 다른 중요한 안내자는 사회학자 린 로플랜드(Lofland, 1998)가 전개한 공공-장소 처신의 유형론이다. "공공 영역에서의 사회적 삶"에 대한 그녀의 저작이 현상학적으로 눈여겨볼 만한 것은, 공공장소에서 공동-현전하고 규범적으로 행동하는 낯선 이들에 관한 생활세계적 이해를 그녀가 식별하기 때문이다(Lofland, 1998, xviii쪽). 예를 들어 협력적 모틸리티는[40] 사람들이 사고事故 없이 공간을 횡단하는, 당연하게-여겨지는 움직임과 관련된다. 예를 들어, 복잡한 교차로를 충돌 없이 건너가는 보행자가 그렇다(Lofland, 1998, 29쪽). 시민적 무관심은 최소한의 공동-알아차림만이 있는 공동-현전 상황과 결부된다. 그것은 "혼합 없는 공동-현전, 몰두 없는 알아차림, 대화 없는 정중함"이다(Lofland, 1998, 30쪽). 로플랜드는 시민적 무관심을 어떤 "의례적 시선"과 연관시킨다. 이 시선에서 한 개인은 시각적으로는 다른 개인을 공개적으로 인정하지만, 사회적 예의로 인해 관심을 철회하여, 그 다른 개인이 궁금증이나 특별한 관심의 초점이 아니라는 것을 명확히 한다. 로플랜드는 또한 제한적 조력도 식별한다. 여기에서 한 장소에 공동-현전하는 개인들은, 요청될 경우("몇 시 인지 알려 주시겠어요?") 제한적으로만 도움을 준다. 또한 다양성을 향한 정중함도 식별한다. 여기에서 공공장소에 있는 차이 나는 사람들은 통상적으로 정중하며, 공평함을 유지한다. 심지어 "장소에 맞지 않는" 것으로 보이는

---

40 [옮긴이주] motility. 모틸리티는 본래 생물학의 용어였다가 사회학에 흡수된 개념으로서, 능동적으로 움직일 수 있는 능력을 뜻한다.

공동-현전적 개인에게도 그렇게 대한다(예를 들어, 비싼 카페를 피난처로 쓰는 노숙자).

사람-장소 상호작용에 대한 로플랜드의 유형론

사람-사람 상호작용의 유형론을 제공하는 데에 더하여, 로플랜드의 저작은 사람-장소 상호작용의 유형론을 그려 낸다는 점에서도 중요하다. 그녀는 사람-장소 상호작용이 사람-사람 상호작용과 밀접하게 연결되어 있지만, 그 방식은 철저하게 이해되지 않았다고 말한다. 그녀는 이렇게 쓴다.

> 인간이 자신과 장소 사이에서 주조하는 연결이, 인간이 그 장소에 있는 자신과 다른 인간 사이에서 주조하는 연결과 어떤 방식으로 이어져 있다는 점에는 의문의 여지가 없다. … 그러나 나는 "어떤 방식으로 이어져 있다"는 표현에 있는 한정구 '어떤 방식으로'를 강조하고 싶다. 우리는 이러한 이어짐이 어떻게 되는지, 어느 정도인지, 심지어 필연적인지도 참으로 알지 못한다. 그렇기에, 이러한 인식이 없는 상황에서, 인격체-대-장소의 연결을 인간-대-인간 결부의 부산물로 단순히 흡수시키지 않고 독자적으로 이해하려는 노력은 의미가 있다.(Lofland, 1998, 65쪽).

"인격체-대-장소 연결에 대한 예비적 정식화"를 제공하면서, 로플랜드는 장소의 세 유형과 관련된 인간의 상호작용을 논의한다. 이 유형들은 다양한 방식으로 장소 상호작용을 전제하고 뒷받침하지만, 또한 장소 정체성에도 역할을 행한다. 실감되는 장소 잡기의 이러한 양상들은 인지적 동일시와 정서적 애착을 내포하기 때문이다. 이 세 장소 유형은 다음과 같다.

- 친숙해진 현장. 이는 개인이나 집단이 정규적으로 이용하며 "친숙한 관계를 구축"한 길이나 공간 같은 것이다(Lofland, 1998, 66쪽).
- 단골 장소와 집 영토. 이들은, 개인이나 집단이 애착과 정체성 감각, 심지어 "소유권"을 느끼는, 실감된 공간 및 장소 영역과 관련된다.
- 기념된 현장. 이는 "성스러움"이란 성질을 지니며 종종 "'공동성'의 감각과 갈등의 표현을 받는 피뢰침"이 되는, 중요한 사건과 연관된 장소와 관련된다(Lofland, 1998, 66쪽). 예를 들어, 뉴욕의 스톤월 국립 기념지는 게이 · 레즈비언 미국인의 시민적 권리를 위한 근대적 투쟁을 촉발시킨 사건을 표시한다.

여섯 장소 삼자의 측면에서 볼 때, 이 장소 유형들은 장소 상호작용의 삼자에 근거하고 있지만, 또한 장소 정체성의 삼자도 내포한다. 여기에서는 장소와의 연관, 친숙성, 애착이 개인이나 집단의 자기 감각에 기여한다. 장소의 이러한 차원에 대해서는 장소 정체성에 관한 다음 장에서 더 말할 것이다.

상호작용 삼자 해독하기

본 장을 시작할 때 나는 환경적 총체, 장소-내-사람, 공유 현전이라는 많은 것을 아우르는 세 가지 장소 추동력을 통하여 장소 삼자를 포괄적으로 기술하였다. 그러나 구체적 장소 상호작용은 구체적 행위나 사건에서 작동하는 추동력의 **구체적 집합**을 통해 더 정확히 상상될 수 있다.[41] 예를 들어, 인도에서 내가 다른 보행자와 부딪히는 것은 내가 신경 쓰지 못한 신체적 자아(*1*)가 다른 신체적 자아를 알아차리지 못하고(*2*) 저 다른 신체적 자아와 부딪히는(*3*) 상호작용 삼자로서 그려질 수 있다. 이 행위를 기술하는 동명사는 "부딪치기"이다. 비슷하게, 버스 기사 폭행자에 대한 노인의 공격은 다른 인간 존재에 대한 노인의 심려(*1*)가 버스 기사에 대한 폭행자의 공격을 통해 촉발되어(*2*) 노인이 폭행자를 때리도록 하였다고(*3*) 삼자적으로 그려질 수 있다. 이 행위에 대한 동명사적-기술은 "개입하기와 보호하기"이다.

장소 상호작용의 삼자를 그리면서, 혹자는 행위를, 제1추동력과 제2추동력 사이의 마주침의 결과로 제3추동력이 나오는 상황으로 상상할 수 있다. 그러나 더 정확하게 그려보려면, 이러한 인과적 해석에 괄호를 치고, 행위(가령, "개입하기와 보호하기")를 "사건-행하기" 또는 "세-추동력의-혼합을-통해-일어나는-대로의-행위"로 상상해야 한다.

....

41 이어지는 장에서 보여 줄 것이지만, 이 요점은 정체성, 해방, 실현, 창조, 증진의 여타 다섯 장소 삼자에도 적용된다.

행위는 "자체로는-무시간적"이지만 시간 속에서 일어난다고 말할 수 있다. 이러한 표현은 이상하게 들릴 수 있다. 그러나 이것은 보토프트의 "함께 속함"의 한 사례로서, 여기에서는 행위에서 결합되며 과정적으로 불가분한 세 추동력이, 시간 바깥에 있기는 하지만 시간 속에서 펼쳐지는 어떤 사건을 지탱한다.[42]

구체적 장소 상호작용을 생성하는 구체적 추동력을 해독하는 것은, 행위가 세 독립적 추동력으로서가 아니라 단일한 역동적 과정으로 그려지는, 동반상승적 상상방식을 요구한다. 구체적 상호작용을 추동하는 세 추동력을 정확히 밝히지 않고서, 구체적 상호작용을 하나의 상호작용으로서(가령, "충돌하기", "개입하기와 보호하기", "거리에서 이야기하기", "창문 닦기", "약국으로 운전하기"로서) 그려볼 수 있다. 통상적으로 연구와 실천의 측면에서 가장 유용한 것은, 특정한 장소를 특징짓는 상호작용의 주요한 유형을 인지하고 목록화하는 것이다. 어떤 상황에서, 구체적 상호작용에 방아쇠를 당기는 구체적 추동력을 찾아내는 것이 다른 방식으로는 주어질 수 없는 통찰을 줄 수 있기는 하다. 그렇지만, 특정한 상호작용과 그것의 범위를—각각이 추동력의 어떤 삼자 집합을 내포한다는 것을 염두에 두고—식별하고 기술하는 것이 유용한 노력인 경우가 더 흔하다. 동시에 내가 강조하는 것은, 환경적 총체, 장

---

42 나는 스티븐 우드에게 감사한다. 그는 본 장의 초고를 읽고, 장소 삼자가 어떻게 단순한 인과 모델 이상인지를 더 충분히 밝힐 것을 제안했다. 나는 "무시간적"이면서 시간 속에 있는 행위라는 그의 표현에 의거한다. "새로운 고향 만들기" 체험을 검토하는 데에 우드가 여섯 장소 삼자를 이용하는 것을 보라(Wood, 2016a, 2016b).

소-내-사람, 공유 현전이라는 세 포괄적 장소 추동력이 장소로서의 장소 배후에 있는 기둥이라는 점, 그렇지만 이들이 가장 유용한 것은 장소가 전체적 장소인 바대로 장소에 대해 사고할 때라는 점이다. 그것은 달리 말하자면, 구체적 장소의 독특함에 기여하는 일반적 특성과 성질을 낱낱이 사고하고 식별하는 것이다.

예를 들어, 스웨덴 바르베르크의 야외 요일장을 보자(Seamon and Nordin, 1980). 가장 포괄적으로 보자면, 이 장소는 팔기, 사기, 친구 만나기, 수다 떨기, "시간 때우기", "즐거운 시간 보내기" 같은 정규적 상호작용을 통해 그려질 수 있다. 또한 덜 정규적인 참여자가—순회하는 "보도" 연주자나 한 해에 몇 번만 이 시장에서 판매를 하는 지역상인—방아쇠를 당긴 덜 정규적인, 또는 예상치 못한 상호작용도 있다. 정규적이든 비정규적이든, 이들 상호작용이 구체적 상호작용 삼자를 통해 기술될 수는 있겠지만, 장소로서의 이 시장은 특정한 환경적 총체(거의 400년간 시장터로 기능해 온, 마을 중심의 개방된 조약돌 깔린 길), 특정한 장소-내-사람(판매자, 구매자, 방문자, 이들 중 일부는 정규적이고, 일부는 일회적이거나 간헐적이다), 특정한 공유 현전(가판대, 길, 앉을 곳, 이용자들의 집중적 공간적 함께임. 이들은 장소로서의 바르베르크 장소의 독특성에 집합적으로 기여한다.)을 통해 포괄적으로 상상될 수 있다. 이들 세 추동력은 상호작용 삼자를 통해 결합되어, 바르베르크 시장의 전형적 사건과 행위를 활성화한다. 마찬가지로 이들은 다른 결합을 통해, 시장에서 작동 중인 다른 다섯 장소 삼자를 표현한다.

한 장소가 어떻게 더 생동적이고 전체적이 될 수 있는지와 관련된 일반적 출발점은 이 장소의 상호작용에 대한 포괄적 그림이다. 즉, 어떻게 이들이 여타 다섯 장소 과정과 관계하느냐, 어떻게 이들의 삼자적 역동이 설계, 계획, 정책, 운동을 통해 강화되느냐는 것이다. 이 문제는 증진과 창조의 장소 과정을 다루는 13장과 14장에서 더욱 충분히 논의될 것이다.

연쇄로서의 상호작용 삼자

대부분의 경우, 특정한 장소 사건은 하나의 삼자만이 아니라 삼자의 연쇄를 포괄한다. 여기에서 한 특정 상황은 일련의 전진적 행위를 통해 펼쳐진다(이는 7장에서, 베넷이 추워져서 일어나 불을 휘젓는 행위에 대한 삼자적 해석에서 예시한 바 있다). 예를 들어, 내가 부딪힌 다른 보도 이용자를 내가 신경 쓰지 못했던 것은, 선행하는 삼자의 결과다. 나는 친구에게 문자를 쓰고 싶었고(**1**), 이 기회는 내 휴대전화가 제공했으며(**2**), 이로 인해 나는 보도의 타자의 움직임에 관심을 주기보다는 문자 쓰기에 관심을 주게 되었다(**3**). 버스 기사 폭행자에 대한 노인의 공격에 관해서라면, 이 사건의 진행의 기반이 되는 훨씬 긴 상호작용 연쇄를 그려볼 수 있다. 여기에는 이 공격 이전의 것과 이후의 것 모두 있다.

- 노인의 이 시간에 이 버스 타기.
- 이 버스 기사의 이 시간에 이 길을 운전한다는 임무 지기.
- 폭행자가 공격하기 위해 이 버스와 이 버스 기사 선택하기.

■ 이 버스 기사의, 버스를 멈추고 폭행자의 공격으로부터 대피할 수 있음.

■ 경찰의 도착하기, 폭행자 체포하기, 버스 기사를 병원으로 데려 가기.

■ 개입하기 후에 노인의 가던 길 계속 가기.

■ 캔자스시티 운송 당국의, 노인의 용감한 개입에 감사하기 위해 노인과의 접촉을 시도하기(*KCS*, January 30, 2016, 4A쪽).

구체적 장소 상호작용에 결부된 구체적 추동력을 식별하고 사고해 내는 데에 있는 복잡성을 예시하기 위해, 나는 릭이라는 이름의 뉴욕 시민이 웨스트 빌리지 아파트 바깥에 갇혔던 특이한 사건을 요약하겠다(Alexander, 1997, 115쪽). 그가 로비에서 두 시간 기다린 후에, 그의 위층에 사는 이웃 메리 앤이 귀가한다. 그녀는 릭의 아파트 열쇠는 가지고 있지 않지만, 그녀의 옆집 이웃 캐럴의 아파트 열쇠는 가지고 있다. 메리 앤이 알기로, 캐럴은 리디아의 아파트 열쇠를 가지고 있다. 릭은 리디아에게 자기 아파트 열쇠를 주었기 때문에, 매리 앤은 자기 열쇠로 캐럴의 아파트에 들어가서, "리디아"라고 적혀있는 열쇠 묶음을 찾아낸다. 이어서 메리 앤은 릭과 함께 리디아의 아파트로 가고, 거기에서 릭은 자기 아파트 열쇠를 찾는다. 잠시 후, 그는 집에 돌아온다.

장소 사건으로서 우리는 릭의 체험을 "'바깥에 갇힘'을 통해 예시된, 이웃에 대한 신뢰의 가치"라고 기술할 수 있을 것이다. 명백하게도, 이 사건은 상호연결된 일련의 상호작용을 포괄한다. 이들 각각은 특정한 상호작용 삼자를 통해 사고될 수 있다. 예를 들어, 릭은 자기 아파트에 들어갈 필요가 있고(*1*), 열쇠가 없어서 이 필요가 방해받고(*2*), 그는 로비에서 기다리도록 강제된다(*3*). 이어서, 릭은(*1*) 메리 앤이 돌아오자 그녀를 부르고(*2*) 그들은 릭을 아파트로 들여보내 줄 방법을 생각해 낸다(*3*). 이 계획은 추가적 상호작용의 전진을 생성하고, 마침내 릭에게 여벌 열쇠 묶음을 제공한다. 하나의 아파트에서 일어나는 제한된 사건이지만, 이 체험은 상호작용의 연쇄로서의 비교적 복잡하다. 이 연쇄는 "이웃에 대한 신뢰와 도움"이라는 더욱 총괄적인 장소 현상으로 응집된다. 이러한 의미에서, 장소의 해독하기-어려운 역동을 그 역동이 시간에 걸쳐 펼쳐짐에 따라 그려보는 데에 삼자적 이해는 도움을 줄 수 있다. 이러한 가능성은 15장에서 탐사될 것이다. 저 장은 여섯 장소 과정 사이의 시간적 관계를 고찰한다.

연계로서의 상호작용 삼자

장소 상호작용이 연쇄chain를 내포한다면, 장소 상호작용은 또한 연계 nexus도 내포한다. 이것은 소규모 삼자가 대규모 삼자에 자리를 트고, 대규모 삼자가 장소의 특정성 및 환경적 총체, 장소-내-사람, 공유 현전의 구체적 공동상승효과에 기여하는 것이다. 장소 상호작용의 자리 트기 성질을 밝히기 위해, 나는 저명한 도시학자 제인 제이컵스의 《미국 대도시의 죽음과 삶》(Jacobs, 1961)에 주목하겠다. 이 저서는, 탄탄한 도시장소의 일차적 엔진이 다양성이라고 논한다. 그것은 공간적, 사회적, 경험적으로 상호 지지하는 이용, 활동, 환경 요소의 섬세하고 면밀한 혼합물이다. 제이컵스는 도시 다양성이 어떤 역동적 장소 구조를 지탱하며 또한 그에 의해 지탱된다고 주장한다. 저 추구를 그녀는 거리 발레라고 부른다. 이는 자신의 상례적 필요, 의무, 활동을 실행하는 많은 사람들의 정규적, 일상적 옴과 감에 의해 지지되는 장소 다양성과 보도에서의 삶의 충일성이다(Seamon, 2012a, 142쪽). 개인의 독립적 행위와 상황으로부터, 독특한 기운과 리듬을 가진 도시 장소의 더욱 총괄적이며 동반상승적 구조가 생겨난다. 안무의 이미지를 이용하여, 제이컵스는 매 평일 허드슨 가(街)의 그녀가 살고 있는 구간이 어떻게 "복잡하게 얽힌 길거리 발레" 장면이 되는지를 묘사한다(Jacobs, 1961, 50~51쪽). 오전 8시를 얼마 지나지 않아, 그녀는 쓰레기통을 내놓는다. 이는 "물론 하잘 것없는 일이지만, 나는 나의 배역, 내가 내는 작은 땡그랑 소리를 즐긴다." 이때 수업을 들으러 가는 중학생들이 옆으로 지나간다. 그녀가 보도의 자기 담당 구간에 빗자루질을 할 때, 그녀는 "아침의 다른 의례"를 눈치챈다.

> 핼퍼트 씨는 창고 문에 세탁소 손수레를 묶어 두었던 줄을 푼다. 조코나치아의 조카는 식료품 가게에서 빈 상자를 내놓고 쌓는다. 이발사는 접이 의자를 가지고 나온다. … 이제 초등학생들이 세인트루크가를 향해 서쪽으로 찔끔찔끔 나아가고, P. S. 41에서 온 아이들은 동쪽을 향한다(Jacobs, 1961, 51쪽).

도시 장소 발레에 관한 제이컵스의 매력적인 그림에서, 우리는 허드슨 가 거주자, 방문자, 행인 간의 부분적으로는 예측 가능하고 부분적으로는 예측 불가능한 교환을 인지한다. 제이컵스의 거리 발레를 삼자적으로 이해한다면, 우리는 참여자 각각이 장소로서의 허드슨 가와 어떤 방식으로 상호작용함을 눈치챌 수 있다. 이어서, 이러한 개별적 상호작용은 이 근린주구의 충일성과 강한 장소감을 지속시키는 장소 상호작용의 대규모 연계로 응집된다. 이러한 상호작용은 참여자, 목표, 정규성의 정도에 따라 다양하지만, 이 모든 것은 허드슨 가의 독특한 생동성과 장소 현전을 특징짓는 대규모 상호작용 삼자에 기여한다. 이 근린주구의 세 장소 추동력은 다음과 같이 요약될 수 있다.

- 허드슨 가의 **환경적 총체(*2*)**: 침투가능한 거리 그리드, 다양한 건물유형, 다양한 활동과 기능(가령, 거주지, 일터, 가게, 식당)을 포함하는 환경적 요소와 장소 요소의 복잡한 복합체.
- 허드슨 가의 **장소-내-사람(*1*)**: 이 근린주구에서 살거나, 일하거나, 또는 여기를 지나가는 폭넓게 다양한 개인과 집단. 이러한 이용자들에는 "내부자"(주민, 지역 고용주와 피고용인, 여타 이 장소와 연관된 "단골")도, "외부자"(지나가는 사람, 일회적 또는 간헐적인 방문자)도 있다.
- 허드슨 가의 **공유 현전(*3*)**: 지지적-환경-내의-사람의 "함께 속함"에 근거 놓인 장소 기운의 독특한 성질.

이러한 세 추동력을 상호작용 삼자(*1-3-2*)를 통해 통합시켜 보자. 그러면 우리는 매개적 추동력으로서 근린공간의 탄탄한 공유 현전(*3*)이 이용자들 간의 풍부한 상호작용의 매트릭스(*1*)를 후원하는데, 이는 이들이 허드슨 가의 환경적 총체에(2) 현전하는 동안 일어난다고 말할 수 있다. 첫 번째로, 생동적 도시 구역은 장소-내-사람 상호작용의 풍부하고 다양성 있는 직물이다. 여기에서 주민, 일꾼, 방문자, 통행인이 공간적·환경적으로 상호혼합된다. 이어서, 이러한 많은 예측 불가능한 상호작용은 형언가능한 면모와 형언불가능한 면모 모두를 지닌 더욱 총괄적인 환경적 전체를, 즉 허드슨 가의 공유 현전을 지탱하며, 이에 의해 지탱된다.

나는 여섯 장소 삼자에 대한 이 검토를 상호작용에서 시작했다. 움직이기, 마주치기, 보기, 만나기, 참여하기 등의 행위가 많은 장소의 작동에 근거를 주기 때문이다. 다음 장에서 나는 장소 정체성을 고찰할 것이다. 이는 어떻게 개인과 집단이 장소에 애착을 가지게 되고, 장소에 동일시되는지를 설명하는 데에 도움을 줄 것이다.

10
장소 정체성의 삼자 (2-3-1 또는 EE-CP-PP)

상호작용 삼자가 특정 장소를 구성하는 통상적 사건 및 상황과 결부된다면, 정체성 삼자와 결부되는 것은, 개인이나 집단 스스로가 자신을 어떤 인격적 또는 공동체적 존재로 보는지의 당연하게-여겨지는 일부, 확장된 일부를 이루는 것이 장소라는 점이다. 우리의 초근대적 세계에서도, 새로운 상황에서 자신 소개할 때 우리는 여전히 혼히 어디에서 왔는지를 말한다. 우리는 이 거주 장소에 만족하거나, 애착을 가지지 못할 수도 있다. 그래도 우리가 어떤 존재인지를 이 장소가 어떤 방식으로 시사한다고 타자는 자동적으로 받아들인다. 동일시[43] 행위에 의해 우리는―완전히 또는 부분적으로―우리가 살고 있는 장소가 된

....

43 [옮긴이주] identity는 한국어의 두 가지 다른 말에 상응한다. 하나는 동일성, 하나는 정체성이다. 이는 영어권에서 동일성을 통해 정체성을 이해하기 때문이다. 이 책에서 저자가 정체성을 이해하는 방식도 마찬가지다. 저자가 장소와의 동일시identification를 통해 장소적 정체성을 말하는 것은 이러한 맥락에서 이해되어야 한다.

다. 어떤 사람에게 이 장소는 그들이 아는 유일한 장소다. 그들은 자기 삶 전체를 이 장소와 동일시하고, 아무런 의문 없이, 이 장소를 그들의 세계로서 그리고 유일한 세계로서 받아들인다. 어떤 개인은—특히 오늘날의 이동적 세계에서는—장소를 정규적으로 바꾸며, 그들의 삶의 환경적·장소적 면모는 그들이 누구인지, 또는 그들의 세계가 무엇인지에 별로 중요하지 않다고 느낄 수도 있다. 그러나 실감되는 장소 잡기가 인간 삶의 불가결적 구성 요소라면, 연속적 모빌리티라는 것이—결부된 개인에게, 또한 사람들의 계속적 교체를 견디는 장소에게—무엇을 뜻하는지는 중심 물음이 된다.

본 장에서 나는 장소 정체성을 포괄적으로 소개한 후, 사람들이 장소와 자신을 동일시하거나 동일시하지 않는 다양한 정도를 예증하는 세 가지 상황을 기술할 것이다. 장소 정체성의 삼자를 장소 상호작용의 삼자와 어느 정도 다르게 만드는 것은, 장소 정체성을 촉진하는 행위는 개인이 환경과 반복적으로 결부될 것을 내포한다는 점이다. 이러한 결부에서 환경은 자연적 태도에 대체로 뿌리내린 긍정적(또는 부정적) 감정의 장소가 된다. 대부분의 사람의 경우, 그들이 자동적으로 자신이 태어난 장소와 동일시하게 되는 것은 고향세계의 규범적 구조를 통해서다. 고향세계에 만족하지 못한 개인은 다른 곳으로 이동하여, 자기가 누구인지, 또는 누가 되고 싶은지와 더 조율되는 실감되는 장소 잡기로 옮겨 갈 수 있다. 그러나 많은 개인과 집단은 이 고향세계의 당연하게-여겨짐에—이 고향세계가 인간적 안녕을 지지하든 파괴하든 간에—묶여 있다.

장소 정체성의 삼자

삼자로서 장소 정체성은 *2-3-1(EE-CP-PP)*로 표현된다. 여기에서 화해적 추동력으로서의 공유 현전은 환경적 총체의 수용적 추동력과 장소-내-사람의 확언적 추동력 사이의 유대를 촉진한다. 장소 상호작용에서처럼 장소 정체성도 동명사를 통해 그려질 수 있다. 그러나 이때 동명사는 장소 사건(가령, "잡담하기", "바라보기", "거닐기")보다는 장소와의 전진적 몰입과 얽힘(가령, "부분이 되었다고 느끼기", "더욱 애착을 가지기", "내 장소로서 이 장소와 더욱 동일시되기")을 내포한다. 통상적으로, 자기 고향세계 너머의 체험을 만난 적이 없는 개인과 집단에게 장소 정체성은 내재적이다. 이때 내재적이라는 것은 출생, 가족, 역사, 지리 같은 우연성이 보통 의문시되지 않으면서도 눈에 띄게 강력하고 만연해 있다는 뜻이다. 고향세계에 얽힌 채로 있는 이 개인과 집단은 다른 생활세계와 장소도 가능하다고는 전혀 생각하지 않거나, 극히 드물게만 생각할 수 있다.

장소 정체성과 장소 상호작용은 상호적 과정이다. 장소 상호작용을 통해 참여자들이 장소와 능동적으로 교류하며 그것을 자기 것으로 전유하게 된다는 의미에서 그렇다. 이들은 장소의 일부라고 느끼게 되고, 자기의 개인적 정체성과 집단적 정체성을 이 장소의 정체성과 연관시킨다. 그 결과는, 장소 상호작용과 장소 정체성이─반성적이기도 하고 비반성적이기도 한─직접 느끼는 교류 및 정서적 유대를 활성화하기도 하고, 그에 의해 활성화되기도 하는 선순환이다. 개인과 집단이 속하는 장소로부터 고립될 때, 과정으로서의 장소 정체성은 장소를 침해한다. 장소와 연관된 사람은 자기 생활세계에 불가결한 면모로서의 그 장소를 차지하기를 원하지 않게 된다. 이들은 자신을 이 장소와 더 이상 연관시키지 않게 된다. 이들은 장소의 다른 사람이나 사건을 불신하거나 이로부터 위협받는다고 느끼며, 다른 곳으로 이동하여 더 안전하거나 더 호의적인 상황으로 갈 것을 고려할 수 있다. 공격적 행위가 불가능할 경우, 이 개인이나 집단은 이 장소와의 최소한의 상호작용과 최소한의 노출로 방어적으로 물러날 수 있다. 다른 방식으로, 분노나 좌절에 빠져 이 개인이나 집단은 이 장소를 모종의 방식으로 침해하거나 손상시키는 작업을 능동적으로 하여 퇴화적 상호작용과 정체성의 악순환에 기여할 수 있다.

장소 상호작용에서 그랬듯이, 다양한 장소 정체성을 예시하는 여섯 신문 기사를 요약하는 것으로 시작하려 한다. 이 이야기들은 대략 작은 장소 규모에서 큰 장소 규모로 배열되어 있으며, 장소 정체성의 방식과 범위를 보여 준다.

■ 롱아일랜드의 사랑받는 새그하버 극장이 화재로 파괴되었다. 롱아일랜드 "이스트엔드"의 문화적 랜드 마크이자 지역 상징물인 이 극장은 단일한 거대 스크린과 폭넓은 편성, 새그하버 마을과 밀접하게 연관된 붉은 네온사인으로 특별하게 인식되었다. 마을의 한 중요 인물은, "모든 사람이 이번 일로 엄청난 슬픔에 빠져 있다. 이 극장이 있던 곳을 지나가면서 엄청난 회한의 고통과 괴로움을 겪지 않은 사람은 없다"라고 설명했

다(NYT, 2016년 12월 19일, A18-A19쪽).

■ 1856년에 뉴햄프셔의 농장 가옥에 자리를 튼 '헤이븐힐에 희망을'은 오 피오이드[44]를 복용한 적 있는 임산부를 위한 쉼터이다. 이 여성들은 가 족의 지원을 받지 못하고 있으며, 여기가 아니었더라면 투옥되거나, 보 호소에 있거나, 거리의 노숙자로 있었을 것이다. '헤이븐힐에 희망을'의 목표는 임신 중이거나 최근 아이를 낳은 여성이 약물 사용 장애에 관한 치료와 상담을 받으면서 살 수 있는, 안전하고 보살핌을 받을 수 있는 환경을 제공하는 것이다. 여성들이 약을 하지 않는 상태를 유지하는 데 에 안정적이고 보호적인 환경이 도움이 되기를 이 쉼터는 희망하고 있 다(NYT, 2016년 12월 12일, A10, A13쪽).

■ 한때 700명의 골동품 중개인이 활동하는 거리로 알려진 런던 포토벨로 거리가, 이제는 대체로 대량생산된 기념품을 비영국인 관광객에게 판 매하는 가게와 가판대의 오픈마켓이 되었다. 2016년에 "시장 체험"을 찾아 포토벨로 거리에 온 방문자는 거의 550만 명으로 추산된다. 남아 있는 정통 골동품 가게 소유자들은 포토벨로 거리의 성격에 일어난 변 화에 복합적인 감정을 느끼고 있다. 희귀 도서 중개인은 "여기에는 어 떤 분위기가 있다"면서, 책 가판대를 지나가는 관광객에게 먹거리를 파 는 것에 만족한다. 그러나 다른 중개인은 많은 동료들이 "가짜에 둘러 싸인 것에 짜증이 나 있다"고 설명한다(NYT, 2017년 1월 17일, C12쪽).

....

44 [옮긴이주] opioid. 아편 수용체를 자극하는 마약성 진통제. 처방을 받으면 구매가 가능한 의약 품이지만 중독성도 강하다. 미국에서는 과도한 오피오이드 처방으로 인해 중독자가 늘어나서 사회문제가 되고 있다.

■ 중국 남부의 강가 마을 징더전의 도자기 구역에서는 한때 중국의 가장 칭송받는 도자기를 생산했던 전통 공인 문화를 젊은 도공들이 부활시키고 있다. 2005년에 문을 연 도자기 공방 교육센터는 젊은 도공들을 끌어들이는 자석이 되었고, 징더전이 도자기 산업을 되살리는 데에 결정적인 역할을 했다. 한 젊은 도공은 이렇게 설명했다. "나는 이곳의 분위기를 아주 좋아한다. 꿈을 가진 많은 사람들이 여기로 온다. 선생님들도 다양하다. 모든 종류의 기량과 발상을 가르쳐 준다"(WYT, 2017년 2월 1일, A9쪽).

■ 루이지애나주 라피엣의 연례행사인 루이지애나 국제 축제가 30회를 맞이했다. 이 축제는 이 지역의 크리올과 케이준 문화[45]를 담은 5일간의 음악축제다. 아코미언과 빨래판이 내는 독특한 음악 소리로 특징지어지는 자이데코[46] 밴드는 대략 30만 명의 청중과 댄서를 불러들였다. 이 축제는 본래 빈사 상태인 라피엣 중심가를 되살리려는 노력의 일환으로 기획되었다. 현재 중심가는 생동감 넘치며, 식당과 클럽, 미술관, 가게로 연중무휴다. 이 가게 중에는 자이데코와 케이준 밴드가 선호하는 특별한 버튼 양식을 지닌 아코디언을 만들고 판매하는 아코디언 가게도 있다. "이런 물건을 다른 곳에서는 찾을 수 없다." 한 지역 토착민은

....

45 [옮긴이주] 크리올Creole과 케이준Cajun은 모두 루이지애나주의 특징적인 민족 집단 또는 이들의 문화를 가리키는 말이다. 크리올은 미국이 루이지애나주에 대한 통치권을 획득하기 전에 이 지역에 거주하던 사람들의 후손이다. 이들은 프랑스 출신, 스페인 출신, 아프리카 출신, 아메리카 원주민 및 이들 간의 혼혈이다. 케이준은 노바스코샤에 정착했다가, 영국이 지배권을 가지면서 루이지애나주로 쫓겨난 프랑스계 캐나다인들의 후손이다. 이들은 언어, 종교, 식문화 등의 면에서 미국의 다른 집단과 구별되는 독특성이 있다.

46 [옮긴이주] 루이지애나주 크리올이 발전시킨 음악 장르.

자기가 크리올과 케이준 문화를 얼마나 사랑하는지 표현하며 이렇게 말했다(*NYT*, 2017년 4월 2일, 여행 섹션, 1쪽, 5쪽).

■ 한때 미국의 주요 직물 센터였던 맨체스터의 뉴햄프셔에 있는 메리맥 강을 따라 19세기 벽돌 직물공장 건물이 줄지어 서 있다. 이 구역에서, 맨체스터 밀야드라고 알려진 뉴잉글랜드의 테크놀로지 센터가 생겨나고 있다. 본래 공장 건물에는 직물 기계가 갖추어져 있었으나, 이제 부활한 이 건물은 30여 개의 테크놀로지 회사, 전문 사무소, 식당이 차지하고 있다. 한 공장 임차인, 이메일 주문 약국의 공동수립자는 2013년에 밀야드에서 스타트업 기업을 창립한 것을 후회하지 않는다고 설명한다. 그는 이제 49개 주에 고객을 가지고 있으며, 작업 공간을 거의 공장 한 층 전체로 확장했다(*NYT*, 2017년 3월 15일, B7쪽).

장소 정체성의 몇 가지 면모가 이 뉴스들에 예시되어 있다. 한편으로, 두 기사는 시간적으로 과거에 닿아 있으며 역사적이 된 장소와의 동일시를 기술한다. 지역민들이 전소된 새그하버 극장에 애정을 가지고 있는 것, 그리고 징더전이 중국 도자기와 전통적으로 연관되어 있음을 새로운 진입자가 아는 것이 그렇다. 다른 한편, 두 이야기는 시간에 따라 자아감이 전유될 수도 있고 그러지 않을 수도 있는, 새로 수립된 장소를 가리킨다. 임산부를 위한 쉼터, 그리고 하이테크 맨체스터 밀야드가 그렇다. 또한, 어떤 이야기는 어떻게 장소 정체성이 시간에 따라 변하는지를 가리킨다. 그것은 때로는 강화적이고(루이지애나 음악 축제는 라파엣 시내의 부흥을 촉발했다), 때로는 약화적이다(포토벨로 거리의 골동품점이 기념품 가판대로 대체되었다).

장소 정체성의 강도에 다양한 정도가 있음을 예시할 기술적 수단으로서 나는 세 가지 실제-세계 사례에 의거할 것이다. 하나는 실제 인간의 삶 이야기에서 온 것이고, 다른 둘은 도리스 레싱과 페넬로피 라이블리의 소설에서 온 것이다. 첫 두 상황은 자기 장소와 깊게 동일시된 개인을 제시한다. 이들은 호의적인 외부인이 보기에도 그들의 장소가 일상적 삶을 어지럽히거나 지장을 주는 것처럼 보임에도 불구하고, 이 장소를 다르게 만들려는 소망이나 의지가 전혀 없다. 세 번째 이야기는 새 장소를 자기 집으로 만들려는 의도 아래 이사를 하는 개인을 기술한다. 궁극적으로, 그녀의 노력은 실패한다. 그러나 그녀의 이야기는 중요하다. 장소 만들기의 노력이 궁극적으로 실패한다 하더라도, 그녀의 이야기는 장소 정체성의 삼자가 어떻게 시간에 따라 펼쳐지는지를 예시하기 때문이다.

가옥과의 강렬한 동일시

장소 정체성에 관한 첫 번째 예는, 인테리어 설계자 제인 베리가 자기 아버지에 대해 쓴 개인적 보고다. 그녀의 아버지는 65년 동안 살았던 가옥에 강렬한 애착이 있었다(Barry, 2012).[47] 건강이 나빠지고 있음에도, 그는 집에서 죽기를 고집한다. 그의 생의 마지막 시기 중 일부에 베리

....

47 나는 Seamon, 2018d에서도 배리의 아버지에 대해 논의했다.

는 그와 함께 살았으며, 그의 거주 상황을 개선해 보려 시도하였다. 계단 난간을 물리적으로 바꾸고, 계단 모서리에 강한 대비를 주고, 먹거리를 더 편리한 위치로 옮겼다. 그녀의 아버지는 그의-장소로서의-가옥과 전적으로 동일시하고 있었기 때문에 딸이 준 변화를 거의 무시했고, 계속해서 그가 하던 방식으로 일상적 행위와 임무를 영위하려 했다. 그런 노력이 좌절을 주거나 성공하지 못하는데도 그랬다. 베리는 어떻게 아버지의 일상적 삶이 "그 집에 깊게 뿌리내리고 있는지"를 가슴이 미어지게 묘사한다. "〔이〕 장소의 의미는 아버지의 행동과 그의 선택에, 그리고 환경을 변화시키는 데에 대한 저항에 강한 역할을 했다"(Barry, 2012, 4쪽).

아버지의 생활세계에 대한 베리의 그림은, 그와 그의 가족이 그 가옥에서 살았던 60년 동안 강력하게 수립된 극단적 장소 동일시의 상황을 보여 준다. 보고를 쓰면서 베리는 그녀가 자라날 때 일상적 삶이 어땠는지를 강조한다(Barry, 2012, 7쪽). 그녀는 아버지가 온 힘을 다해 수행했던 일련의 가사노동 루틴을 기술한다.

아버지의 전형적인 하루는 이러했다. 가족이 6시 45분쯤 일어나면, 부모님은 부엌으로 갔다. 어머니는 오븐에 불을 켰다. … 아버지는 난로 화실에 불을 피워 편지, 우유갑, 다른 쓰레기들을 태웠다. 그는 출근 준비를 위해 앞의 욕실을 사용했고, 어머니는 아침 식사를 준비했다. 다음으로 우리는 일을 하러, 학교로, 각자의 길을 갔다. 아버지는 걸어서 출근했다. 일터는 세 블록밖에 떨어져있지 않았다. … 〔집에〕 아버지의 공간으로는 사무실, 지하실, 집의 북쪽에 떨어져 있는 차고가 있었다. … 무언가를 고쳐야 할 필요는 심심치 않게 생겨났다. 창문망을 교체해야 했고, 차양을 치거나 접어야 했고, 표시등을 켜거나 꺼야 했고 등등. 아버지는 지하실이나 차고에 보관하고 있던 도구와 저장품으로 직접 이런 일을 했다. 또, 찬장과 서랍에 물품이 충분히 있는지를 확인했다. … 아버지는 지하실의 커다란 독에 설탕, 밀가루, 쌀을 잔뜩 보관했다. 아버지는 이 저장품에서 필요한 만큼 꺼내어 부엌 찬장에 있는 작은 통에 채웠다.

여기에서 우리는 일련의 필요한 가사노동 임무와 의무를 알아볼 수 있다. 이것들은 반복과 루틴을 통해 숙달이 되고 나면 습관적이 되고, 베리의 아버지에게 집 정체성과 애착의 감각을 부여했다. 돌보고, 책임지고, 그 안에서 삶으로써, 그는 집과의 깊은 실감된 관계를 주조했다. 이는 그가 누구인지의 불가결한 부분이 되었다. 그는 그의 가옥이었다고 말해도 정당할 것이다. 그가 나이가 들어 일상적 행위와 필요에 대처하는 능력이 떨어졌음에도, 그는 일상적 삶을 더 쉽게 만들 수 있는 변화를 거부했다. 예를 들어, 베리가 통조림을 창고에서 위의 부엌 찬장으로 옮겼을 때에도 그는 계속해서, 아직 창고에 저장되어 있던 비슷한 통조림을 가지러 계단을 내려갔다. 베리가 제공한 새로운 부엌 저장소에서 같은 물품을 가져오는 것이 물리적으로 더 쉬웠을 텐데도 그랬다. 인테리어 설계자라는 베리의 객관적·전문적 관점에서 볼 때, 집의 환경을 변경하는 것은 아버지의 상황을 개선하는 것이었다. 그러나 그가 장소와 자신을 극단적으로 동일시했기에—이를 베리는 처음에는 "완고함"으로 받아들였다—그는 이러한 변경을 이해할 수 없거나 수용할 수 없었다. "아버지는 변화하기를 거부했다. 어떤 유용한 변화가 가능한지를 아버지는 상상할 수 없었던(또는, 상상하려 하지 않았던) 것으로 보인다"(Barry, 2012, 5쪽).

집과의 강렬한 동일시

깊은 장소 정체성의 두 번째 예는, 영국계 아프리카인 소설가 도리스 레싱이 그린 모디 파울러라는 인물의 매혹적 초상이다. 궁핍한 90세 런던 주민인 그녀는 상황, 우발성, 나이에 의해 부과된 한계 있는 삶을 마주하게 된다(Lessing, 1984).[48] 레싱은 모디의 상황을 재나 소머즈라는 인물의 눈을 통해 제시한다. 그녀는 지역 약국에 줄을 서 있다가 우연히 모디와 만나 친구가 되었다. 그녀는 중년으로, 상류사회에 속하며, 중년 잡지 편집자다. 장소적으로, 모디의 생활세계는 제한되어 있다. 거기에는 그녀의 아파트, 그녀가 사는 거리, 바가지를 씌운다고 느껴서 그녀가 자주 말다툼하는 인도인이 운영하는 구멍가게만이 있다. 그녀 세계의 물리적 중심은 모디가 40년 이상을 보내고 있는, 방이 세 개 있는 아파트다. 그러나 건강이 점점 나빠져서, 이 장소를 깨끗하고 깔끔하게 유지하는 노력에 큰 어려움이 생긴다. 소머즈는 그 장소의 첫인상에 관해 이렇게 말한다. "나는 이 구제 불가능한 집 밖에서는 그런 것을 본

---

48 나는 Seamon, 1993에서 레싱의 소설에 대해 더 자세히 논했다.

적이 없다. … 모든 장소에서 냄새가 났고, 끔찍한 냄새가 났다. … 온통 너무나 더럽고 우중충하고 음산하고 끔찍했다"(Lessing, 1984, 14쪽).

그러나 시간이 지나면서, 소머즈는 모디의 불결한 아파트가 인격체로서 그녀 정체성의 불가결한 부분이라는 것을 깨닫는다. 소머즈가 이 사실을 인식하는 것은 모디에게 결정적이다. 당국이 더 좋게 여기는 집으로 이사할 것을 그녀에게 요구할 경우, 자기 아파트에 머무르고 싶다는 모디의 소원을 소머즈가 지지해 줄 것이기 때문이다. 교우 초기에 소머즈는 당연하게도, 신형 시설이 있는 새 집을 모디가 즐거이 받아들이리라고 생각했다. 그러나 모디의 가장 가까운 친구가 되자, 그녀는 이 아파트가 모디의 생활세계의 불가결한 부분이라는 것을 이해한다. 이 생활세계는 그녀가 다른 집에 살게 되면 붕괴할 수도 있다. 모디는 소머즈에게 이렇게 설명한다. "'나는〔집세를〕안 낸 적이 없어. 단 한 번도. 먹을 것이 없을 때도 그랬어. 안 돼, 나는 그걸 일찍이 배웠어. 사람에게 자기 장소가 있으면, 모든 것을 가지고 있는 거야. 없으면, 그 사람은 개야. 그 사람은 아무것도 아니야. 너는 너 자신의 장소가 있어? 내가 그렇다고 하자, 그녀는 사납게, 화난 듯이 고개를 끄덕이며 말했다. '옳은 일이야. 그걸 꼭 붙잡고 있으면, 어떤 것도 널 건드리지 못할 거야'"(Lessing, 1984, 18~19쪽).

모디의 안녕이 공식적인 사회적・설계적 기준의 측면에서 정의된다면, 그녀가 더 좋은 집으로 이사 가는 것은 지지할 만한 적절한 행위다. 그러나 장소 정체성의 측면에서, 베리의 아버지처럼 모디도 자기 거주지에 실존적으로 묶여 있다. 그녀가 다른 곳으로 이사 가기를 제안하는 것은 그녀의 자아감을 심각하게 동요시킨다. 소머즈는 더 만족스러운 물질적 조건이 끝내는 모디에게 별 상관없는 것임을 인식하게 된다. 그녀에게 물리적 어려움과 불편은 오랫동안 당연한 것으로 여겨져 왔다. "현재의 어떤 주거지 기준으로 봐도,〔그녀의 아파트는〕구제불능이다. 어떤 인간적 기준으로 봐도, 그녀는 그녀가 있는 곳에 머물러야 한다"(Lessing, 1984, 103쪽). 소머즈는 모디의 정체성이 그녀의 아파트와 불가분하다는 것, 그리고 물리적 개입만으로는 그녀 삶의 상황에 어떠한 개선도 있을 수 없다는 것을 깨닫는다.

"새 집 마련"에 그녀가 동의해야 한다는 생각을 나는 포기했다. 나는 딱 한 번 그렇게 말한 적이 있는데, 그 후 그녀가 나를 적으로 보지 않게 되는 데에는 사흘이 걸렸다. … 그녀는 이렇게 말한다. 나는 집 있는 사람이야, 콜록 콜록 콜록, 그러니까 어떤 날씨든 뒷문으로 나가서 얼어붙을 것 같은 화장실에 가지 않아도 되고, 불이 들어오지 않는 부엌에서 서서 씻지 않아도 돼. 그런데 내가 왜 이런 말을 하지? 사치스럽게 사는, 콜록, 연약한 90세 여자(Lessing, 1984, 86쪽).

모디, 그리고 베리 아버지의 상황은 둘 다 장소 정체성의 잠재적 강렬함을 보여 준다. 두 개인은 자신을 가옥이나 아파트의 측면에서 정의한다. 이는 그들의 자기가치와 개인적 정체성의 불가결한 일부다. "나는 집 있는 사람이야I am housed"라는 모디의 선언은 장소 정체성의 요지를 조준한다. 베리의 집과 모디의 아파트는 모두, 객관적으로 보기에, 지속 가능한 실감되는 환경으로서 문제가 있다. 그렇지만 우리는, 이 장소가, 의문시되거나 변화되지 않는 것이 나은 생활세계의 당연하게-여겨지는 중심이라는 것을 깨닫는다. 베리의 이야기도 레싱의 서사도, 결국에 이 두 개인을 자기 장소에 흡착시키는 강렬한 장소 정체성에 기여했을 많은 일상적 반복과 루틴을 상세하게 그려 주지는 않는다. 더 중요한 점은, 시간에 걸쳐 장소와의 직접적 상호작용이 그 장소와의 열정적 동일성 감각을 촉진한다는 것이다. 인간 존재는 장소 내 인간 존재가 된다.

장소 정체성의 실패

다음으로는, 개인이 장소 정체성과 관련하여 시도하나 실패하는 상황을 고찰하려 한다. 나는 영국 작가 페넬로피 라이블리의 1998년 소설 《거미줄》에 의거한다(Lively, 1998). 그녀는 영국의 웨스트컨트리를 집처럼 느끼려는 진입자의 노력을 현대적이고 경각심이 들도록 그려 낸다. 이 소설은 배경을 대부분 서머셋으로 하고 있다. 이 전원 지역은, 아마도 한때는 역사와 장소에 근거한 통합된 생활세계였을 테지만, 시간, 우발성, 다채로운 삶의 경로로 인해 다소간에 상이한 대조적 생활세계들의—한 마디로, "거기 늘 있던 사람들과 거기 우연히 오게 된 사람들의"—다채로운 혼합물이 되어 있다(Lively, 1998, 1-2쪽). 라이블리는 최근 퇴직한 사회인류학자 스텔라 브렌트우드의 노력을 이야기한다. 그녀는, 라이블리가 킹스턴 플로리라고 이름 붙인 작고 남다를 것 없는 서머셋의

마을 근처에 오두막을 사고 정착하여, 집처럼 느끼려고 노력한다.[49]

장소 정체성의 관점에서 스텔라의 이야기는 흥미로운 점을 들추어 낸다. 그녀는 평생 직업적으로 유지했던 분리된 관찰자로—그녀는 이 집트나 몰타 같은 머나먼 장소의 혈통과 친족을 연구했다—머무르지 않고, 서머셋의 실감된 일부가 되려 하기 때문이다. 헌신, 참여, 애정을 통해, 어떻게 그녀는 이 선택된 장소를 그녀 내부로 끌어들여, 그녀가 직업적 인류학자로서 늘 그래왔듯이 그 장소의 파편이 아니라 **부분**이 될 수 있을까? 소설 앞부분에서 그녀는, 그녀가 집처럼 느끼려는 현재 의 노력 전까지 자신이 연구했던 공동체와 장소에 실감된 연결의 감각 을 느낀 적이 없음을 깨닫는다. 저들은 "풍부하게 비축되어 관찰을 요 청하는, 저 바깥에 있는 세계"에 지나지 않았다(Lively, 1998, 15쪽). 그녀는 참 으로 장소에 집중한 적이 결코 없었으며, 실제로 거기에서 산 적이 없 었다. "그녀의 직업적 삶은 언제나 구경꾼의 삶이었고, 공동체에 대한 그녀의 관심은 냉담했다. 그녀는 사람들이 어떻게 왜 서로 어울리는 지, 또는 어울리는 데에 실패하는지를 알고자 했지, 스스로 이 방식을 시도해 보고자 하지 않았다"(Lively, 1998, 75쪽).

마침내, 그저 관찰하기만 하지 않고 삶에 들어서기를 추구하면서, 스 텔라는 퇴직 장소와 교류하고 그 생활세계를 감싸 안기로 한다. "여 기가 그녀가 이제 살 곳이다. 단 몇 주나 몇 달이 아니라 예견되는 미 래 내내, 몇 년을 살 곳이다"(Lively, 1998, 14쪽). 그녀는 긴 산책을 하고, 지도

---

49 나는 Seamon, 2018b에서 스텔라의 상황에 대해 더 상세히 논의한다.

를 공부하고, 차로 교외를 돌고, 지역신문을 읽고, 옛 건물과 이전의 역사적 시기의 장소들을 방문한다. 그녀는 지역민과 대화하고, 작은 마을 잡화점에서 장을 보고, 이웃을 알려고 하고, 지역 역사협회에서 발표를 한다. 이 모든 행위와 노력은 장소 상호작용의 연쇄를 내포하는데, 여기에서 그녀는 이 장소의 일부가 되고, 그리하여 서머셋과 킹스턴 플로리를 그녀의 정체성 감각으로 통합시킬 수 있을 것이었다. 가장 포괄적으로 말하자면, 여기에서 작동하는 장소 정체성 삼자(*2-3-1*)는 다음 세 추동력으로 그려질 수 있다. 내가-아닌-이-장소-앞에서(*2*), 나는-이-장소와-교류하여(*1*), 이-장소의-일부라고-느끼는-감각을-내-안에-낳는다(*3*). 여기에서 펼쳐짐의 순서는 올바르지 않다. 세 번째 추동력이 첫 번째와 두 번째 추동력의 혼합으로부터 생겨나기 때문에 둘 사이에 그려져야 한다는 의미에서 그렇다. 그러나 영어에는 이러한 "사이"를 문법적으로 표현할 편리한 방법이 없어서, 결과—전진적으로 강렬해지는 장소 정체성—를 마지막에 놓는 수밖에 없다. 동명사적으로 표현하자면, 화해적 추동력은 "장소 내에서 우리의 생성을 강화하기"나 "장소와 교류하는 노력을 통해 장소와의 동일성을 보강하기"라고 기술할 수 있을 것이다.

우리가 장기적 장소 정체성을 어떻게 현실화할 수 있는지 또는 못하는지가《거미줄》의 주요 주제다. 한편으로 스텔라는 장소와의 진정한 정체성이란, 단단히 결심한 교류 속으로 자신을 밀어 넣을 것을 요구한다는 점을 깨닫는다. "이제 그녀를 증명할 시간이었다. 그녀가 이 장소의 고대 수준까지 녹아들기를 희망할 수 없다 해도 … 더 넓은 맥락에서 그녀가 들어맞을 만한 구멍은 있었다. 일에 합류하라, 그녀는 자신에게 준엄하게 말했다. … 참여하라"(Lively, 1998, 76쪽). 다른 한편으로, 그녀는 이 장소와의 교류하는 데에서 드는 완강한 무관심에 직면한다. "그녀는 이러한 주변이 충분히 편안했다. 그러나 그녀가 어떻게, 또는 왜 여기에 왔는지는 확신이 들지 않았다. 예전에는, 그녀가 있던 장소에 그녀가 있는 좋은 이유를 발견할 수 있었다. 이제, 그녀가 거기 있는 이유는, 단순히 사람이란 어딘가에 있어야 하기 때문일 뿐이었다"
(Lively, 1998, 133쪽).

이러한 기술에서 우리는 무관심과 확언 사이의 양자적 긴장을 눈치챌 수 있다. 한편으로 스텔라에게는, 왜 자신이 킹스턴 플로리를 있을 장소로서 선택했는지가 불분명하고 불확실하다. "이제, 그녀가 거기 있는 이유는, 단순히 사람이란 어딘가에 있어야 하기 때문일 뿐이었다." 다른 한편, 그녀는 이 장소의 일부가 되기 위해서는 헌신의 노력을 해야 한다는 것을 깨닫는다. "참여하라"라고 그녀는 선언한다. 궁극적으로, 킹스턴 플로리와 교류하려는 그녀의 소원은 받아들이고 속하게 되기에 충분할 만큼 강하지 않았다. 그 결과로 스텔라의 노력은 양자적으로 머무른다. 그녀는 "그래, 나는 이 장소를 받아들일 수 있어"와 "아니야, 나는 이 장소를 받아들일 수 없어" 사이에서 분열된다. 장소 정체성의 삼자는 실현되지 않고 있다. 제3추동력(이-장소의-일부라고-느끼는-감각을-내-안에-넣기)이 결코 현전에 이르지 않는다는 점에서 그렇다. 그녀는 자신의 생활세계를 서머셋의 생활세계와 엮지 못한다. 그녀는 외부자에서 내부자로 옮겨 가지 못하고, 들어맞게 되지 못하고, 마침내 떠난다.

내가 베리의 아버지, 모디 파울러, 스텔라 브렌트우드의 장소 상황을 논의한 것은, 장소 정체성이 낳는 교류의 다양한 정도를 이들이 암시하기 때문이다. 한편으로 베리의 아버지와 모디 파울러는, 이들과 이들의 장소가 실존적으로 불가분할 정도까지 깊이 뿌리내린, 장소와의 동일시를 예시한다. 말 그대로, 그들은 그들의 장소다. 다른 한편, 스텔라 브렌트우드는 장소가 없지만, 하나의 장소를 욕망하는 것처럼 보인다. 적어도 처음에는 그렇다. 그녀는 서머셋과 킹스턴 플로리의 일부가 되기 위해 잘 의도된 노력을 하지만, 무관심, 의심, 관성으로 인해 억제된다. 장소-내-사람의 잠재적 모나드는 장소에서-분리된-사람의 두 갈래로 나뉜 양자로 머무른다. 스텔라가 끝내 "그녀의 장소를 찾〔아내는지〕" 라이블리는 말해 주지 않는다.

장소 상호작용과 장소 정체성을 함께 고려하기

앞서 언급했듯이, 장소 상호작용과 장소 정체성 사이에는 상호적 관계가 있다. 이러한 실감되는 상호성의 실제-세계 사례를 제공하기 위해, 나는 사회학자 에릭 클리넨버그의 《열파》에 의거한다(Klinenberg, 2002). 이 저작은 1995년에 있었던 5일간의 열파에 왜 700명의 시카고인—대부분은 노인이거나 빈자였다—이 죽었는지를 연구한 것이다.[50] 상호작용

---

50   클리넨버그의 연구에 대한 이 논의는 대체로 Seamon, 2013b, 156-160쪽에서 가져온 것이다.

이나 정체성이라는 언어를 직접 사용하지 않았지만, 클리넨버그는 어떻게 장소 상호작용에 있는 차이가 장소 정체성에서의 차이와 관련되는지에 관한 강력한 예를 제공한다. 이는 위기의 시기에는 목숨을 구할 수도, 목숨을 위협할 수도 있는 차이다. 클리넨버그의 초점은 시카고의 두 근린주구에 있다. 그리고, 어떻게 이들의 거리에서의 삶 및 사람-장소 상호작용에 있는 차이가 "극심했던 여름 기후에 거주민을 위험에 빠뜨리거나 보호했는지"에 있다(Klinenberg, 2002, 85쪽). 시카고의 이 두 근린주구는 노스론데일과 사우스론데일(통상 '리틀 빌리지'라고 알려져 있다)이다. 전자는 주로 아프리카계 미국인이 사는 근린주구로, 1995년에 더위로 인한 사망자 비율은 10만 거주자당 40명이었다. 후자는 주로 라틴계 근린주구로, 더위로 인한 사망자 비율이 10만 거주자 당 4명 이하로 훨씬 낮았다(Klineberg, 2002, 87쪽). 이 두 근린주구는 지리적으로 인접해 있고 빈곤층 노인과 독거노인의 비율(이전에 미국 질병통제예방센터는 이 두 집단을 열파 시 가장 취약한 집단으로 규정했다)도 비슷했지만, 이들의 열파 사망률은 극적으로 달랐다. 이 점이 클리넨버그의 궁금증을 유발했다. 그는 죽음에서의 이런 차이가, 이 두 근린주구의 장소로서의 차이와 적어도 부분적으로는 관련이 있지 않은지를 알고자 했다(Klinenberg, 2002, 21-22쪽).

이 두 근린주구를 더 잘 알게 되자, 환경적 총체의 측면에서, 그리고 사람-사람 및 사람-장소 상호작용의 측면에서 이 두 근린주구가 어마어마하게 다르다는 것을 클리넨버그는 깨닫는다. 노스론데일은 유기된 건물, 셔터가 내려진 가게, 이류 패스트푸드 식당, 버려진 공터, 열화되어 가는 주택 보유량, 낮은 고용 가능성, 많은 범죄가 있는 지역이었다. 그 결과 중 하나로, 론데일의 거주자들이 그 근린주구의 장소를 지역 목적지나 고용 장소로 가지고 있는 경우는 별로 없었다. 노스론데일의 경제가 몰락하면서 이 지역을 떠날 능력이 있는 거주자들은 떠났고, 빈 집, 그리고 떠날 의지나 자원이 없는 이웃을 남겨 두었다. 이러한 남아 있는 거주자들은 종종 노스론데일로부터 내향적으로 후퇴하여, 이 근린주구 너머에서 사회적 지지를 찾거나 스스로를 고립시켰다. 전에는 든든하고 강한 장소 정체성이 있었던 근린주구가, 소외된 거주자들이 더 이상 동일시하거나 속하지 않는 장소로 변모하였다.

클리넨버그는 열파 중에 죽은 사람들이 대체로 장소로부터 소외된 개인이었다고 규정한다. 그들은 그들을 도울 사회적 연락처가 없거나, 더위를 피할 수 있을 공적이거나 상업적인 기관이 거의 없는 위협적 근린주구에서 도움을 요청할 용기가 없었다. 이러한 고립된 개인의 대부분을 차지한 것은 "평소에 사회적 접촉이 제한되고 지지 네트워크가 약한" 혼자 사는 노인이었고, 이러한 고립된 개인을 보호해 줄 집합적 삶은 거의 없었다(Klinenberg, 2002, 41쪽). "열파로 인해 초점에 들어오게 된 것은, 연결을 만들었는지 잃었는지, 연결이 보이는지 인식되지 않는지에 따라서 도시와 거주자의 운명이 결정되는 방식"이라고 썼을 때 (Klinenberg, 2002, 21쪽), 클리넨버그는 장소 상호작용과 정체성의 붕괴를 가리킨 것이다.

대조적으로, 리틀 빌리지의 환경적 총체와 장소-내-사람의 면모들은 긍정적 장소 상호작용 및 장소 정체성을 촉진하는 쪽으로 작동했다. 리틀 빌리지는 노스론데일에서 단 한 거리 남쪽에 있을 뿐이지만, 몹시 다른 환경적 총체와 장소-내-사람이 있었다. 노스론데일과 빈곤층 노인 및 독거 노인 비율이 비슷했지만, 리틀 빌리지는 생동적인 소매점, 북적이는 인도, 훨씬 온전한 거주지가 있었고, 이들 모두에 거주자가 있었다. 노스론데일에는 근린주구 활동이 거의 없었지만, 리틀 빌리지는 "거주자를 위한 공적 삶과 비공식적 사회적 지원"이 있었다 (Klinenberg, 2002, 109쪽). 열파 중에 이러한 탄탄한 장소 활동은 노령 독거 주민에게 특히 중요했다. 그들은 거주지로부터 거리와 공적 장소로 나와서—노스론데일의 고립된 개인들은 하기 훨씬 힘들었던—사회적 접촉을 할 수 있었기 때문이다. 더욱이, 인근 거리의 활동은 가게, 식당, 그 밖에 개인이 더위를 피할 수 있는 장소를 제공했다. 가장 취약했던 층은, 구역이 거의 라틴계가 된 후에 이 구역에 남아 있던 노령 백인 주민이었다. 그러나 대부분의 경우, 그들도 보호받았다. 클리넨버그는 이렇게 결론 내린다. "이 지역의 탄탄한 공적 삶은 극히 노쇠한 주민을 제외하고는 모두를 집 밖으로 불러내어 사회적 상호작용, 네트워크 유대, 건강한 행동을 촉진했다"(Klinenberg, 2002, 110쪽).

두 근린주구를 논의하면서 클리넨버그는 사회적·문화적 차이를 고찰하고, 교회와 블록 클럽[51] 등 더 공식적인 사회적·문화적 기관의 대조적인 중요성을 고찰한다. 그러나 두 근린주구의 극적으로 차이나는 열파 사망률에 대한 설명 대부분을 이들의 대조적인 장소 성질에 할애

....

51 [옮긴이주] block club. 해당 지역의 안전과 발전을 도모하는 자발적 주민 모임.

한다. 가장 중요한 것은 리틀 빌리지의 생동적 장소 상호작용이다.

　내가 인터뷰했던 [리틀 빌리지] 노년층의 많은 사람들은, 열파 기간 동안 26번가[이 근린주구의 상업적 중심지]의 에어컨 있는 가게에서 휴식을 취했다고 설명했다. 그것은 그들이 평소 여름에 하는 일이었다. 그들은 노스론데일의 이웃들보다 보도와 거리에서 공포를 덜 느꼈을 뿐만 아니라, 번화한 상업적 교통과 활동적 거리가 있는 지역에서 살았기에 나가서 휴식을 취할 수 있는 장소로 걸어갈 동기가 더 있었다. 풍부한 상업적 자원과 풍요로운 보도의 문화는 이 근린주구 전체에 걸쳐 공공 지구에 활기를 불어넣었다. 내가 현장연구를 하던 지역에는 언제나 사람이 있었고, 잡화로 가득 찬 쇼핑카트를 밀며 상품이 담긴 작은 가방을 들고 있는 노년층도 있었다. … 보도는 사회적 접촉과 통제를 위한 일차적 유인이다. 이러한 공공 지역이 상대적으로 안전했기 때문에, 리틀 빌리지의 주민들은—심지어 노령의 백인조차—이웃과 관계하고 공동체 행사에 참여하기 더 쉬웠다(Klinenberg, 2002, 116-117쪽).

　내가 클리넨버그의 연구에 의거하는 이유는, 그것이 지지적인 방식과 침해적 방식 양쪽 모두로, 장소 상호작용과 장소 정체성 사이에 상호적 관계가 있음을 보여 주기 때문이다. 리틀 빌리지는 생동적 거리, 많은 상업적 활동, 주민의 집중, 상대적으로 낮은 범죄율의 장소였다. 장소의 이러한 지지적 요소는 긍정적 장소 상호작용과 지지적 장소 정체성에 기여한다. 이는 특히, 근처의 시설이 안전하게 이용 가능해야 집을 곧잘 떠날 수 있게 되는 노인층에게 중요하다. 대조적으로, 노스 론데일은 폭력범죄, 퇴화하는 상업, 버려진 건물, 텅 빈 거리, 낮은 밀집도의 근린주구였다. 이 모든 것은 공적 삶의 실행가능성을 침해했고, 자기 거주지를 거의 떠나지 않는 두려움에 찬 노인들이 생겨나는 배경을 설정했다. 열파 동안 이러한 극적으로 대조되는 장소 정체성은 "취약한 시카고인들이 생존하는 것을 돕는 사회적 접촉의 가능성"을 침해하거나 지탱했다(Klinenberg, 2002, 91쪽).

상호작용과 정체성의 상호의존

나는 클리넨버그의 발견을 제인 제이컵스의 도시 이해와 연결시키면서 본 장을 끝맺을 것이다. 제이컵스는 탄탄한 도시 장소란 무엇보다도 우선, 거리 발레로 응축된 사람과 장소 상호작용의 다양성 있는 직조라고 논한다. 그러나 그녀는, 장소 상호작용의 이러한 풍부한 역동이 장소 정체성의 강한 감각을 추동하고 그에 의해 추동된다고 강조한다. 이 감각은 참여자들이 책임감을 가지고 자신의 도시 장소를 돌볼 동기를 준다. 이 사람들은

  자기 거리 근린주구에 대한 강렬한 애착을 천명한다. 근린주구는 그들 삶의 큰 부분을 차지한다. 이들은 자기 근린주구가 온 세상에서 독특하고 대체 불가능하며, 단점에도 불구하고 놀랍도록 가치 있다고 생각하는 것으로 보인다. 이 점에서 그들은 옳다. 활기 있는 도시 거리 근린주

구를 이루는 다중적인 관계와 공적 성격은 언제나 독특하고, 복잡하며, 재생산 불가능한 원본이라는 가치를 지니기 때문이다(Jacobs, 1961, 279쪽).

그녀가 장소 상호작용과 정체성이라는 언어를 사용하는 것은 아니지만, 우리는 제이컵스의 도시 이해에서, 두 장소 과정이 상호의존적이라는 것을 인지할 수 있다. 거리의 생기 있는 삶은 장소 정체성을 촉진하는데, 이는 이어서 장소 상호작용을 풍부하게 한다. 클리넨버그가 노스론데일과 리틀 빌리지 근린주구를 대조한 것은 이러한 상호의존적 관계의 통찰력 있는 예다. 제이컵스를 인용하면서, 클리넨버그는 어떻게 "상업적 기구가 주민과 통행인을 보도와 거리로 불러내고, 도보 통행을 유발하며, 소비자, 상인 그리고 단순히 공적 삶에 참여하는 것이나 관찰하는 것을 즐기는 사람들 사이의 사회적 상호작용을 촉진"하는지를 기술한다(Klinenberg, 2002, 94쪽). 그러나 노스론데일 같은 근린주구가 "활기를 주는 기관"을 잃을 때, "그런 근린주구는 무너지고, 대신에 폭력, 불안전, 공포의 원천이 된다"(Klinenberg, 2002, 95쪽). 이러한 두 근린주구의 대조적 장소 역동은 어떻게 장소 상호작용과 장소 정체성이 장소를 강화하거나 침해하는 기능을 하는지에 관한 날카로운 예시를 제공한다.

상호작용과 정체성이 장소 및 실감되는 장소 잡기의 중핵을 특징짓는다면, 이들은 다른 네 장소 삼자―장소 해방, 장소 실현, 장소 창조, 장소 증진―에 의해 보충된다. 11장은 장소 해방을 고찰한다. 이것은 환경적 기우 및 우발성과 결부된다.

11
장소 해방의 삼자 (3-2-1 또는 CP-EE-PP)

본 장은 장소 해방place release의 삼자를 논의하고, 이어지는 장은 장소 실현place realization의 삼자를 논의한다. 내가 이들 두 삼자를 짝지은 것은, 양자 모두에게 공유 현전의 화해적 추동력이 장소 행위를 시동하기 때문이다. 다만 이는 대조적인 방식으로 이루어진다. 한편으로, 장소 해방의 삼자(*3-2-1*)는 공유 현전이(*3*) 환경적 총체를 통해 작동하여(*2*) 장소-내-사람에게 어떤 예기치 못한, 놀라운 행위나 사건을 낳는(*1*) 것으로 기술될 수 있다. 반면에 장소 실현의 삼자(*3-1-2*)는 공유 현전이(*3*) 장소-내-사람을 통해 작동하여(*1*) 환경적 총체에 형언할 수 있거나 없는 특이한 질서를 낳는(*2*) 것으로 기술될 수 있다.

　장소 연구에서 장소 해방과 장소 실현은 개념적 또는 응용적으로 미미한 관심만을 받아 왔다. 그 이유는 부분적으로, 이것들이 가리키는 장소 면모가 식별하고, 정의하고, 검증하기 어렵기 때문이다.[52] 이러한 관점에서 공유 현전이 유용하다. 손에 잡히는 성질과 손에 잡히지 않는 성질 양쪽을 포괄하는 독립적 추동력으로서의 공간적 함께임에 대해 말하는 것을 가능케 하는 수단을 공유 현전이 제공하기 때문이다. 내가 8장에서 설명했듯이, 이러한 공간적 함께임은 베넷이 이해하는 대로, 공유 현전의 특징적 요소다. 그것은 "공간상의 제한된 지역"에 있는 존재자들을 "지역 내의 모든 존재자들이 공유하는 인지 가능한 성질"로 엮기 때문이다(Bennett, 1961, 47쪽). 본 장 및 이어지는 장에서 내가 논하려는 바는, 한편으로 공유 현전은 장소 해방을 통해 환경적 기우를 후원한다는 것, 다른 한편으로 공유 현전은 장소 실현을 통해 환경적 질서를 후원한다는 것이다.

장소 해방과 장소 실현의 가장 어렵고 혼란스러운 면모는, 두 삼자에서 화해적 추동력이 시동 위치에 놓인다는 점이다. 공유 현전이 이 두 삼자를 시동한다는 것은 무슨 뜻인가? 공유 현전이 이 두 삼자에서 강제하는 것은 무엇인가? 공유 현전은 어떻게 시동적 성질로 식별되고 기술될 수 있는가? 어째서, 공유 현전이 한편으로는 환경적 기우를 지탱하고, 한편으로는 환경적 질서를 지탱하는가? 이 물음들에는 쉬운 대답이 없다. 다만, 자유와 질서가 우리 인간 존재가 알고 체험하는 대

....

52 장소 기우를 인지하고 검토한 소수의 연구자 중 하나가 Lofland, 1998, 77-98쪽이다. 9장에서 나는 로플랜드의 사람-사람 및 사람-장소 상호작용의 유형론을 논했다. 본 장의 뒷부분에서 장소 기우에 대한 그녀의 설명을 재고할 것이다. 이를 그녀는 "미학적이고 상호작용적인 쾌"라는 지시문 하에서 제시한다.

로의 세계를 불가결하게, 비우연적으로 구성하는 요소라는 베넷의 주장이 있다(Bennett, 1961, 120-128쪽).

현상학적으로 진행하는 과정에서 내가 대체로 관심을 가지는 것은, 해방과 실현이 실제-세계 장소의 사건과 사태에 기여할 때 이것들이 가지는 실감되는 면모를 풀어내고 그려 내는 것이다. 제3추동력이 어떻게 생겨나고 어디에서 생겨나는지는, 이러한 기술적 검토의 범위 너머에 있는 실존적이고 형이상학적인 물음을 가리킨다. 나 자신의 장소 체험에서 나는 장소 해방과 장소 실현의 행위의 유효성을 검증하였고 이것들을 정당한 현상으로 인정한다. 내가 독자들에게 요구하고 싶은 것은, 유형과 강도의 방식 및 범위에 주의를 기울이면서 자신의 장소 체험에서 사례를 찾아보라는 것이다. 모든 삼자에서 내가 강조했듯이, 이러한 여섯 가지 과정은 혼자서 생각한다고 이해할 수 있는 것이 아니다. 우리는 직접적 체험을 바라보고, 우리의 일상적 삶에서 직접적인 실제-세계 사례를 찾아야 한다. 이러한 방식으로 우리는 여섯 삼자를 지적이고 간접적인 방식이 아니라, 체험적이고 실존적인 방식으로 이해한다.

장소 해방의 삼자

장소 해방은 예기치 못한 마주침과 사건의 환경적 기우와 결부된다.[53]

....

53 7장에서 지적했듯이, 통상적으로 "기우"는 "행복한 우연"과 관련된다(Merton and Barber, 2004.

일상용어에서 이러한 우발성의 순간은 "놀라운", "우연적인", "돌발적인", "무작위로 보이는", "명확한 원인 없는" 등의 단어와 구절로 기술된다. 영어에는 이러한 기우적인 사건에 대한 구어적 표현이 상당히 많다. "뜬금없이out of the blue", "예측 못할from left field", "경고 없이without warning", "갑작스레all of a sudden", "기대하지 않은not bargained for", "준비되지 않은not in the cards" 등이 그렇다. 현상학적으로 진행하면서, 이러한 특별한, 예기치 못한 순간의 실감되는 특징을 풀어내려는 것이 나의 대략적 관심사다.[54]

장소 해방의 실제-세계 사례에는 다음과 같은 것이 있다. 보도에서 우연히 옛 친구를 만남, 순회 거리음악가의 즉흥 공연을 즐김, 어쩌다가 매일 나의 점심 도시락 포장 주문을 받게 된 계산대 점원과 데이트를 하고 마침내 결혼함. 8장에서 기술했듯이, 장소를 갑자기 삼자적으

95쪽). 그러나 나는 이 단어를 더욱 포괄적으로 사용하여, 운 좋은 사건만이 아니라 운 나쁜 사건까지도 기술하려 한다. 이러한 의미에서, 나의 정의는 머턴과 바버가 말하는 "특별한 종류의, 의도되지 않거나 예기치 못한 결과"와 관련된다(Merton and Barber, 2004, 234쪽).

54 기우와 우연적 일치에 대한 문헌은 상당히 많다. 이에 대한 개관으로는 Koestler, 1972가 있다. 기우와 창조성의 관계에 대해서는 Johnson, 2010, 4장을 보라. 기우가 인간 삶의 과정에서 행하는 역할에 관해서는 Bandura, 1982를 보라. 기우가 연구에서 하는 역할에 관해서는 Fine and Deegan, 1996을 보라. 심리학자 C. G. 융은 인간의 삶에서 우연의 일치가 가지는 중요성에 매료되었다. 특히 우연의 일치가 연속적으로 일어날 때에 그랬다. 그는 이 현상을 식별하고 동시성synchronicity이라고 불렀다. 그는 이를 "둘 또는 그 이상의 사건의 유의미한 우연적 일치로서, 이때 우연의 확률성과는 다른 무언가가 결부된다"고 정의했다(Jung, 1973, 104쪽, Main, 1997, 2007도 보라). 여기에서 나는 대체로, 융의 관심사였던 우연적 일치의 사건의 연속보다는 기우의 단독적 순간에 관심이 있다. 그는 또한, 이러한 우연적 일치의 사건 뭉치에 관한 설명을 내놓았다. 그것은, 이 뭉치가 "집합적 무의식의 구조를 구성하는 무의식적 심리, 원형"에 근거한다는 것이다(Jung, 1973, 20쪽). 나의 초점은 왜 이러한 사건이 일어나느냐는 데에 있지 않고, 이 사건들을 장소 해방의 삼자를 통해 생활세계적 체험으로서 기술하는 데에 있다.

로 "보게" 되었던 나의 이스탄불 체험도 장소 해방의 예시적 사례다. 도시의 독특한 삶과 기운이 세 가지 장소 추동력과 여섯 가지 장소 삼자에 대해 "말하고" 그것을 "가리켰던" 것으로 보인다. 내가 고심하고 있던 것을 보는 자유를 도시가 나에게 제공한 것 같고, 이러한 봄은 한 순간에 일어난 것 같다.

나의 이스탄불에서의 마주침은 아마도 흔치 않은 사례겠지만, 장소 해방은 크건 작건 간에 살아 있음의 즐거움에 기여한다. 특히, 우리가 가장 많이 연관되어 있는 장소와의 관계에서 그렇다. 장소의 즐거움이 어떤 방식으로 불안정해지거나 불안정하게 만들 때, 과정으로서 장소 해방은 장소를 침해한다. 장소가 흐뭇한 놀라움을 제공하는 일이 점점 줄어들고, 장소 사용자가 전에는 기쁨을 느낄 수 있었던 삶의 열정에 더 이상 기여하지 않는다. 더 심각한 양상에서, 장소 침해로서의 해방은 분열적이고 예기치 못한 상황을 내포할 수도 있다. 여기에서 우리는 당황하고, 두려워하고, 상처받는다. 예를 들어, 우리가 살고 있는 아파트 앞에서 우연히 강도를 당할 때에 그렇다.

장소 상호작용과 정체성에서처럼, 나는 장소 해방과 관계된 체험과 상황을 예시하는 여섯 가지 신문 항목을 제공하면서 이 논의를 시작할 것이다. 여기에서 공통적인 요소는 예지되지 않았거나, 예측 불가능하거나, 놀랍거나, 불가능해 보이는 어떤 마주침, 사건, 상황이다. 이 사례의 대부분은 "행복한 사고"라고 불릴 수 있겠지만, 마지막 두 사례는 불행한 사건을 기술한다. 첫 네 항목은 뉴욕타임스의 "대도시 일기"에 등장했다. 이것은 독자가 《뉴욕타임스》에 투고한 "일상적인 도시 생활의 기이한 일, 희한한 일, 우스운 사건"을 그리는 주간 칼럼이다 (Alexander, 1997, 책 표지). 장소 해방의 많은 사건은 더욱 중대한 삶의 문제들에 비해 일시적이고 사적이고 대수롭지 않기 때문에, 신문은 특이하거나 믿기 힘든 사례(예컨대, 다음에 나올 방향 잃은 총탄)가 아니면 이러한 사태를 잘 보도하지 않는다. 그렇기 때문에 "대도시 일기"는 가치 있는 증거의 원천이다. 체험한 사람 말고는 누구도 알지 못했을 장소 체험에 접근할 수 있게 해 주기 때문이다.

■ 한 독자는, 뉴욕 마라톤에 참여하기 위해 1988년에 처음으로 뉴욕을 방문했다고 한다. 42번가에 이르러 버스에서 내릴 때, 그는 어떤 소동이 일어나는 것을 눈치채고 보러 갔다. 한 남자가 탁자 위에 세 개의 조개 껍데기를 놓았다. 그중 하나 아래에는 콩이 숨어 있었다. 이 남자가 껍데기를 이리저리 옮긴 후에 콩을 찾는 것이 도전 과제였다. 독자는 몇 판을 지켜보았고, 매번 껍데기를 정확하게 추측했다. 그는 자기가 이길 수 있겠다고 생각하고 20달러를 걸었다. 그러나 남자가 이번에는 껍데기를 너무 빠르게 움직여 콩이 어디 있는지 추적하는 것이 불가능했다. 독자의 추측은 틀렸고, 남자는 재빨리 돈과 껍데기를 챙기고, 탁자를 접고, 사라져 버렸다. "나는 거의 경외에 빠졌다. 놀랐다. 나는 다른 사람들의 굳은 얼굴을 둘러보고, 크게 웃음을 터뜨렸다"(*NYT*, "Metropolitan Diary," 2016년 12월 19일, A19쪽).

■ 한 독자는, 그녀가 어렸을 때 이모가 책을 한 묶음 보내 주었다고 한다. 이 묶음은 그녀의 독서 열정에 기여했다. 책 각각에는 이모의 "우아하

게 뻗어 나가는 손글씨"가 적혀 있었고, 이는 "이모의 익숙한 사인으로 끝났다." 최근에 이 독자는 도서 자선 장터를 도왔다. 그녀와 다른 자원 봉사자들은 다음 날 손님들이 도착하기 전에 책을 정독할 기회를 얻었다. "유대 음악" 딱지가 붙은 탁자 앞에서 그녀는 "민속 곡조에 관한 얇고 작은 책"을 보았다. 표지를 넘기자, "거기에는, 페이지 맨 위에, 우아하게 뻗어 나가는 손글씨로" 이모의 이름이 쓰여 있었다(*NYT*," Metropolitan Diary," 2017년 4월 10일, A19쪽).

■ 한 독자는 월요일 아침에 일터로 걸어갔던 일을 이야기한다. 앞에 놓인 일주일간의 힘든 일을 마주할 힘을 받기 위해 하늘을 올려다보았을 때, 그녀는 ㅅ자 대형을 이룬 거위 한 무리를 본다. 그녀는 웃었고, 그녀 옆에 서 있던 여성도 웃었다. "아름다워요!" 여성은 저 대형을 유지하기 위해서 거위들은 높이 날아야 한다고 설명했다. "이걸로 오늘은 행복하겠어요." 독자는 이렇게 대답한다. "저도요"(*NYT*," Metropolitan Diary," Alexander, 1997, 66쪽).

■ 한 독자는 20년 전에 장갑 한 켤레를 사려고 가게에 들렀다가, 바로 다음 날 6번가 어딘가에서 한 짝을 잃어버렸다. 이후로, 길거리에 방치된 장갑을 보면 다가가서 자기 것인지 확인하는 것이 그와 아내가 반복적으로 주고받는 농담이 되었다. 이 행동을 하면 아내는 웃음보가 터진다. 최근에 그는 "밝은 형광 녹색 띠가 있는" 장갑 한 짝을 발견하고는 여느 때처럼 아내에게 말했다. "저것 봐, 저거 내 걸지도 몰라." 그들은 좀 더 걸어가다가, 금세 한 남자와 마주쳤다. 그는 형광 녹색 띠가 있는 장갑을 한쪽에 끼고, 활달하게 그들 쪽으로 오고 있었다. 독자는 그에게

소리쳤다. "장갑 찾아요? 계속 걸어가요. 이 블록 중간쯤에서 봤어요."
남자는 독자에게 크게 감사했다. 독자는 이렇게 쓴다. "그가 어떤 기분일지 알 것 같다. 나는 지금도 희망을 포기하지 않고 있다"(*NYT,* "Metropolitan Diary," 2017년 3월 6일, A19쪽).

- 1957년 어느 날 밤 1시 51분, 펜 역을 떠나던 열차가 퀸스 열차 건널목을 향해 돌진했다. 건널목 관리자가 잠이 들어서, 건널목 차단기를 내리는 것을 깜빡했던 것이다. 열차는 우유 트럭과 부딪쳤고 운전자는 죽었다. 60년 후, 어린 시절부터 이 우유 배달부의 죽음이 뇌리에서 떠나지 않던 한 남자가 이 사건에 대해 시를 썼다. 이 시는 시 웹사이트에 게재되었고, 그 우유 배달부의 손자의 관심을 끌었다. "60년이 지난 후에, 할아버지가 이 〔시인의〕 머릿속에 별 이유도 없이 불쑥 나타났다는 것이 경이로웠다"라고 이 남자는 말했다. 그의 어머니는 네 살 때 아버지를 잃은 것이었다. 그는 이 시가 "내가 할아버지에 대해 더 조사하도록 불을 붙였다"라고 설명한다. 할아버지는 제2차 세계대전 당시 노르망디 상륙작전에서 살아남았지만, 우유를 배달하고 집으로 오는 중에 부조리한 죽음을 맞이한 것이었다(*NYT,* 2017년 4월 17일, A12쪽).

- 45세 여성이 브롱크스에서 길을 건너고 있었다. 이때 믿기 힘들게도, 총탄이 두 블록을 지나 날아와 그녀의 목숨을 앗아 갔다. 이 총탄은 두 젊은이가 싸우는 중에 발사된 것이었고, "그 사이에 있는 전봇대, 가로등, 전선, 자동차, 나무의 미로"를 피해 갔다. 담당 형사는 이렇게 말했다. "나무에 맞을 수는 없었나? 가로등에? 표지판에?" 이 여성은 설탕 대용품 상자를 할머니의 아파트에 전해 주러 가던 길이었다. 그 후 그녀는

학교에서 조카를 데려올 것이었다(*WYT*, 2016년 11월 19일, A1쪽).

이 여섯 이야기는 장소에서 일어나는 기우적 마주침을 예시한다. 이
들 대부분은 유쾌하고, 변덕스럽고, 삶을 지탱하는 것이지만, 마지막
둘은 비극, 인간 생명의 부조리한 상실로 특징지어진다. "대도시 일기"
의 네 항목은 장소 해방이 가지는, 생기를 주는 면모를—기쁨, 유머, 놀
라움이 번득이는 조그마한, 순간적 상황과의 마주침을 기술한다. 거위
에 감탄하는 것, 책읽기를 좋아했던 이모의 책을 발견한 것, 장갑을 잃
어버린 남성을 도와준 것이 그렇다. 젊은 여성과 우유배달부의 불운한
죽음은 이와 대조된다. 이 둘은 모두 장소 해방이 가진 운 나쁜, 애통
한 차원을 가리킨다. 우유 배달부의 불시의 죽음은 다른 사례들과 다
르다. 이 불행한 사건이, 시인이 된 젊은이에게, 그리고 이 시인의 시를
발견한 데에 촉발되어 할아버지에 대해 더 알게 된 손자에게는 추가적
기우적 체험을 추동했다는 점에서 그렇다. 이 사례는 하나의 우발적
사건이 어떻게, 그것이 없었더라면 일어나기 힘들었을 다른 기우적 체
험을 추동하는지를 그려 낸다.

집합적으로 볼 때, 이 여섯 항목은 과거나 현재의 체험에서 예지되
거나 예측될 수 없는 마주침과 사태를 가리킨다. 이러한 사건은, 삶의
많은 것들이 예지 불가능하며, 운에 따르는 것으로 보인다는 점을 알
려 준다. 그것은 유리하고 흐뭇한 것일 수도 있고, 박복하고 기박한 것
일 수도 있다. 열차를 놓치는 것, 우연한 만남, 길을 잘못 드는 것—이
러한 장소 사태는 일시적 분열이 될 수도, 삶을 변화시키는 사건이 될

수도 있다. 그것은 기분을 환기시키는 가능성을 제공하기도, 해로운 가능성을 제공하기도 한다. 장소 상호작용과 장소 정체성에서 그랬듯이, 장소 해방은 고유의 철저한 현상학을 요구한다. 여기에서 나는 미래의 현상학이 더 철저히 탐사할 수 있을 세 주제를 개관하려 한다. 첫째, 예기치 못한 체험이 일어나는 순간이다. 둘째, 예기치 못한 체험이 귀결적 장소 사건의 연쇄를 촉발하는 상황이다. 이때 사건 중 일부는 본래의 체험과 간접적으로만 관계된다. 셋째, 환경적 총체와 장소-내-사람의 면모들이 장소 해방의 상황에 기여하는 방식이다.

장소 해방 체험하기

장소 해방의 순간은 다양한 정도의 교류와 결부된다. 이는 체험이 일어나는 세계 대 체험자의 상대적 역할과 관련된다. 어떤 사례에서는, 세계 내의 어떤 것이 예기치 못한 사건을 불러일으킨다. 예를 들어, 길 잃은 총탄이 여성에게 명중한다. 또는, 독자의 이모의 책이 도서 장터 물품으로 등장한다. 다른 사례에서는, 예기치 못한 체험이 일어나는 데에 체험자가 능동적 역할을 한다. 예를 들어, 여성이 자신감을 가지려고 하늘을 올려다보다가 거위 떼를 보게 된다. 우유 배달부의 손자가 시 웹사이트를 정독하다가 우연히도 할아버지의 불시의 죽음에 관한 시를 발견한다. 이 시인은 어린 시절부터 이 죽음이 뇌리를 떠나지 않았다.

　장소 해방에 대한 다른 이야기에서, 체험자와 세계의 면모는 다소간에 동등한 역할을 하는 것으로 보인다. 조가비 게임에 끌려들었던 독자는 이 북새통이 무엇인지 알려고 능동적으로 가 보았다. 그가 일단 연루된 후에, 그를 계속 참여하게 한 것은 승리의 가능성이었다. 조가비 게임의 예기치 못한 현전이 잠재적 체험을 설정하지만, 그가 20달러를 잃고, 세계에 조금 더 경계심을 가지게 되어, 자기의 순진함에 웃음을 터뜨리도록 한 것은 독자의 쉬이 속는 성미다. 비슷하게, 20년 전에 잃어버린 장갑을 독자가 늘 찾아보는 것은, 장갑을 잃어버린 한 남성이 장갑을 찾도록 그와 아내가 도와주게 되는 놀라운 순간의 방아쇠가 된다. 잃어버린 장갑이 독자와 아내 사이에서 반복되는 농담이 아니었더라면, 기우의 순간은 일어나지 않았을 것이다.

장소 상호작용에 관한 장에서 나는, 주목에 따라서 사람들이 자기의식적으로도, 비자기의식적으로도 장소와 교류한다고 논의했다. 장소 해방과 관련하여, 눈치챔의 경험은 특히 중요하다. 장소 해방은 갑작스레 일어나며, 우리가 한순간 전에는 알아차리지 못하고 있던 것이 우발적인 방식으로 우리의 주목에 신호를 보내는 상황과 결부되기 때문이다. 《생활세계의 지리학》에서 나는 눈치챔이 세계기반적일 수도 있고 인격기반적일 수도 있다고 지적했다(Seamon, 1979, 108-109쪽). 세계기반적 눈치챔에서는 세계 속의 어떤 비전형적이거나 인상적인 요소가 우리의 주목을 환기한다. 예를 들어, 갑자기 거위 떼를 눈치채는 여성이 그렇다. 대조적으로 인격기반적 눈치챔은, 알아차림을 환기하는 데에 개인의 알아차림이 능동적 역할을 하는 상황과 관계된다. 예를 들어, 오래전에 장갑을 잃어버렸기 때문에, 잃어버린 장갑을 찾는 남성을 눈치채는 경우가 그렇다.

체험자나 세계의 성질이 장소 해방의 순간에 기여하는 상대적 역할과 무관하게, 중심적 요점은, 이 순간에는 계획되지 않은 것, 예기치 못한 것, 통상적으로 "우발적", "무작위적", "우연적으로 일어남"이라는 명찰이 붙는다는 점이다. 베넷의 삼자적 관점에서 볼 때 이 순간들이 가능한 것은, 그럴 법하지 않은 것, 심지어 "불가능한 것"의 등장을 허락하는 자유의 작용이 세계 속에 있기 때문이다. 이 순간은 즐겁고 힘이 되는 것일 수도 있고, 위험하고 지장을 주는 것일 수도 있다.

장소 해방, 그리고 장소 사건의 연쇄

장소 해방의 핵심 성질은 모든 방식의 우발성이다. 이는 순간적이고 평이한 것부터 계시적이고 삶을 바꾸는 것까지 이른다. 소설가 페넬로피 라이블리는 자기 글에 늘 장소 해방의 상황을 담는 작가다. 10장에서 나는 그녀의 《거미줄》을 실패한 장소 정체성에 대한 소설로 논의했다. 주인공 스텔라 브렌트우드는 킹스턴 플로리의 서머셋 마을에 정착하려고 노력하지만 실패한다. 중요한 것은, 스텔라의 실패의 방아쇠가 된 것이 부분적으로, 장소 해방과 관계된 괴로운 사건이라는 것이다. 문제 있는 이웃이 부적절한 앙심을 품고, 그녀가 장소와 교류할 한 방법으로서 최근 보호소에서 입양한 개를 쏘아 죽인다. 일단 스텔라가 개를 잃고 나자, 그녀와 장소 사이의 연약했던, 실감되는 연결성이 파괴된다. 그녀는 킹스턴 플로리를 떠난다. 예측 불가능하고 불운했던 기우의 배치와 이웃답지 못한 지리로 인해 장소에 속하고자 하는 스텔라의 희망은 어그러진다. 라이블리가 쓰듯이, "운이란 이상한 접속을 내놓을 수 있다"(Lively, 1998, 2쪽).

여기에서 나는 라이블리의 다른 두 소설에 의거하여 장소 해방의 또 다른 면모를 예시하려 한다. 그것은, 잠깐 동안의 갑작스러운 우발성이 밖을 향해 파문을 일으켜 장소-내-타인의 삶에 닿는다는 것이다. 이는 종종 저 타인들은 전혀 눈치채지 못하는 방식으로 일어난다. 하나의 예가 그녀의 2007년 소설 《귀결들》에 있다. 이 소설은 1935년 6월 런던의 성 제임스 공원 한 벤치에서 일어난 두 사람의 우연한 만남으로 시작한다. 젊은 여자 로나는 어머니와 유쾌하지 못한 언쟁을 한 탓에 울고 있다. 젊은 남자 매티는 근처 웅덩이의 오리를 그리고 있다. 로나는 매트의 드로잉을 눈치채고, 매혹된다. 그는 곧 그녀가 거기 있다는 것을 깨닫는다. "마침내 매트가 그녀를 눈치채게 되었을 때, 그는 샛길을 쳐다보았고, 지쳐 있었다. … 그날이 끝났을 때, 양쪽 다, 그들의 삶이 차선을 바꾸었다는 것을 깨달았다"(Lively, 2007, 1쪽). 그 결과로 이들은 연애와 결혼을 했고, 이는 제2차 세계대전으로 인해 큰 혼란을 겪지만, 가족 삼대에 걸쳐 반향을 가진다. 이 소설은 이들의 손녀가 사랑에 빠지면서 끝난다.

장소 해방의 순간이 어떻게 시간과 장소에 걸쳐 반향을 일으키는지를 라이블리가 가장 통찰 있게 그려 낸 것 중 하나는, 그녀의 2011년 소설 《어떻게 그 모든 것이 시작됐는가》이다. 《귀결들》과 마찬가지로, 이 소설도 장소 해방의 이야기로 시작한다. 샬롯 레인스퍼드라는 이름의 나이 든 여성이 런던 거리에서 한 십대 불량배에게 강도를 당한다. 이 습격에서 그녀는 떠밀려 넘어져서 엉덩이뼈가 부러진다. 그래서 그녀는 임시로 사위 게리와 딸 로즈의 집으로 이사를 가게 된다. 로즈는 어머니를 돌보기 위해 일하는 시간을 빼야만 한다. 그녀는 젠체하는 노령의 역사가 헨리 피터스 경卿의 조교로 일했고, 그는 어쩔 수 없이 인테리어 디자인을 하는 그의 질녀 마리온에게 도움을 청하게 된다. 그는 맨체스터에서 명예로운 강의를 하게 되었는데, 이때 로즈를 대신하여 그를 보조해 달라는 요청이다. 이런 예기치 못한 여정을 떠나게 되자, 마리온은 마지막 순간에 애인 제레미에게 밀회에 가지 못한다고 전화 메시지를 남긴다. 이로 인해 제레미의 아내 스텔라는 이 메시지와 그들의 불륜을 발견하고, 마침내 이혼 소송을 한다. "돌턴 부부가 파경을 맞게 된 것은 샬롯 레인스퍼드가 강도를 당했기 때문이다. 그들은 샬롯을 몰랐고, 결코 알지 못할 것이다. 샬롯은 그들 삶의 주변부에 앉아 있을 것이었다. 그것은 운명적 현전이다"(Lively, 2011, 14쪽).

궁극적으로, 샬롯의 불행한 사고는 일곱 인물의 삶에 영향을 끼치며, 그런 일이 없었더라면 그들이 마주쳤을 삶의 경로와 아마도 다를 경로를 따라 그들을 이끈다. 거동이 불편해지고 지루해진 샬롯은, 그녀가 가는 성인 문해 교육 저녁반에 참여하는 폴란드인 안톤에게 제레미와 로즈의 집에 와서 같이 공부하자고 한다. 거기에서 안톤은 로즈를 만나 빠르게 사랑에 빠진다. "런던 교외에서 20년을 산다. 남편, 아이, 집, 고양이가 있다. 슈퍼마켓에 간다. 그러다가—무언가가 일어난다. 어떤 사람이 일어난다. 그게 전부다. 그였다"(Lively, 2011, 216쪽). 샬롯이 강도를 당한 것에 영향을 받은 또 다른 사람은 헨리 경이다. 그의 맨체스터 강의는 직업적 대실패였다. 숙부의 여행을 준비하려고 서두르는 와중에 마리온은 그의 강의 노트를 빠뜨리고 만다. 자기 말의 요점을 잊어버리고 창피를 당한 후, 헨리는 자신의 직업적 명성을 부활시키기 위해 일련의 경솔한 책략을 꾀한다. 그중에는 텔레비전 프로그램 제작에 참여해 보려는 처참한 모험도 있었다.

소설의 끝에서, 이 일곱 인물 중 누구에게도 똑같이 남아 있는 것은 거의 없다. 이는 부분적으로는 샬롯이 강도를 당했기 때문이다.[55] 장소 해방의 측면에서 해석할 때, 이 하나의 운 나쁜 사건이 샬롯을 비롯해 다른 인물들의 삶과 생활세계에 걸쳐 메아리친다. 라이블리의 서술이 이야기에 불과하다는 것은 명백하다. 삶은 결코, 이 소설 속 인물들이 펼쳐지는 귀결처럼 기우적이며 통합적인 방식으로 명쾌하지 않으며, 그런 방식으로 해독 가능하지 않다. 또한 샬롯이 당한 강도가 어떻게 삼자적으로 이해될 수 있느냐는 물음이 있다. 그녀의 체험, 그리고 그것이 방아쇠가 된 여타 체험이 어떻게 장소 해방과 관련되는가? 대답은 공유 현전의 형언 불가능한 차원에 있다. 장소의 함께임이 크거나 작은 정도로 환경적 예기불가능성에 기여할 수 있다는 것은 모든 장소의 불가결한 일부를 이룬다. 샬롯과 강도가 우연히 함께 있게 되

---

55 그리고 이 강도에게는 무슨 일이 일어났는가? 라이블리는 이렇게 설명한다(Lively, 2011, 229쪽). "이 비행 청소년—14세⋯—또한 즉시 적대적 패거리의 습격을 받아 67.27파운드를 잃었다. 이 돈은 패거리 구성원들 사이에서 분배되어 한 시간 내로 사라졌다. 이 비행 청소년은 돈을 잃은 것에 크게 화가 났지만, 하루 이틀 사이에 회복되었다. 그런 거다."

었음(*3*)이 런던 거리에서(*2*) 우연히도 그녀의 강도 당함으로 이끈다(*1*). 이 경우, 이들 두 인물의 교차는 좋게 끝나지 않는, 무작위적 "함께 속함"이다. "그렇게 다양한 삶이 충돌했다. 인간판^版 고속도로 추돌사고다. 급브레이크를 밟았던 흰색 로그⁵⁶ 밴은 이제 몇 마일 멀리 있다. 영향 받지 않고, 무대에서 내려가, 다음 휴게소에서 튀김 간식을 즐기고 있다"(Lively, 2011, 45쪽).⁵⁷

장소 해방, 환경적 총체, 장소-내-사람

장소 해방은 즉흥적이며 불청객이다. 이를 의도적으로 일어나게 할 수 있는 경우는 드물다. 그렇지만, 장소 해방의 확률을 풍부하게 해 줄 잠재력이 있는 환경적 총체와 장소-내-사람의 면모는 있다. 대부분의 유명한 공적 장소는 전형적으로 "즐김과, 만족과, 흐뭇함과—한마디로, 즐거움과 연관"되어 있다고 사회학자 린 로플랜드가 썼을 때(Lofland, 1998, 77쪽), 그녀는 이런 가능성을 시사한 것이다. 그녀는 이러한 즐거움의 감각에 기여하는 공적 장소의 몇 가지 환경적·인간적 요소를 검토

....

56 [옮긴이주] 일본 기업 닛산의 차종 이름.

57 샬롯이 강도를 만난 것이 왜 장소 상호작용의 예가 아닌지 의아해할 수 있다. 그가 우연적으로 현전한 곳이(*1*) 샬롯과 같은 시간, 같은 장소여서(*2*) 그녀가 강도를 당하게 되었다는(*3*) 점에서 그렇다. 확실히, 습격의 실제 순간은 상호작용 삼자다. 그러나, 강도짓은 미래에 반향을 일으키는 중대한 충격이기 때문에, 나는 이 사건이 상호작용만을 통해 환기되는 의의보다 더 큰 의의를 가진다고 논한다. 내가 제공하는 장소 해방의 많은 사례들은 그 실감되는 의의에서 훨씬 더 사소하다. 기쁨과 행복한 놀라움(또는 혼란과 불행한 놀라움)이라는 성질이 이러한 체험을 상례적 상호작용과 구별해 주는 것으로 보인다고 나는 주장한다.

한다. 여기에는 지각적 암시, 기발함, 특이함, 사람 구경, 사교성이 있다.

　로플랜드가 환경적 기우를 직접 지칭하는 것은 아니지만, 장소 해방의 현전은 이러한 장소-내-즐거움의 양상들과 관련이 있다고 우리는 논할 수 있다. 로플랜드의 지각적 암시, 기발함, 예기치 못함은 환경적 총체의 요소와 더 관련이 있다. 지각적 암시perceptual innuendo란, 우리가 마주치는 장소가 가지는 매혹적인 부분적 전망을 지칭한다. 우리는 시각적 불완전성에서 즐거움을 느끼고, "우리의 시야 바로 바깥에 있는, 흥미롭고, 이국적이고, 기이하고, 매혹적인 … 세계"를 상상한다(Lofland, 1998, 80쪽). 로플랜드의 예 중 하나는 주요 간선도로로부터 멀어지게 하는 좁은 길거리와 골목길이다. 우리는 시각적으로 자극받고, 이러한 경로의 볼거리가 제공하는 가능성을 탐사하기로 결정할 수 있다. 로플랜드는 기발함whimsy을, "경망스러운, 괴상함, 괴짜 같음, 정신 나감, 제멋대로임, 기이함"을 내포하는 환경적 요소와 관련시킨다. 어떤 환경적 요소는 너무나 이상해서 그것을 눈치채고 놀랄 수밖에 없다. 그녀가 든 예 중 하나는, 인간의 참여를 낳는 보도 조각상이다. 예를 들어, 오리건주 벤드에 있는 한 벤치 조각상은 보행자들이 조각된 사람과 새 옆에 앉게끔(그리고 종종 사진 찍게끔) 한다.

　로플랜드의 예기치 못함unexpectedness은, 장소 해방과 가장 밀접하게 관련된 성질이다. 그것은 우리를 익숙한 것으로부터 해방시키고, 놀랍거나 심지어 충격적인 병치를 야기하는 환경적 요소와 결부시킨다. 지각적 암시 및 기발함과 마찬가지로, 한 체험자에게는 예기치 못한 것이 다른 체험자에게는 익숙하고 놀랍지 않은 것일 수 있다. 로플랜드

는 그녀에게 예기치 못함을 야기했던 장소 요소의 목록을 제공한다
(Lofland, 1998, 82쪽).

런던 패딩턴역의 "숙녀 화장실"에 늘 살고 있던 ("꼬맹이"라는 이름의) 크고 엄청나게 살찐 고양이. 맨해튼과 런던의 거리 높이에서 흘깃 보이는, 무성한 옥상정원, 문자 그대로 꽃으로 분화開化하고 있던, 복잡한 런던 교통 간선에서 살짝 벗어나 있는 작은 뒷길, 암스테르담 사창가의 "그림" 창문을 통해 보이던 성매매 여성(이는 유명한 홍등가 언저리에 "우연히 당도한" 관광객에게 특히 놀랍다), 그리고 새크라멘토강 위의 레스토랑 바깥의 부두에 관광 보트가 도착하는 것.

암스테르담의 성매매 여성과 관광 보트 이용자에서 시사되듯이, 장소 해방에서는 장소-내-사람도 중요한 역할을 한다. 로플랜드는 이러한 상황을 "상호작용적 즐거움"이라고 부른다. 이에 관하여 그녀는 장소 해방과 관련될 수 있으며 중복되는 부분이 있는 두 가지 양상, 사람 구경과 사교를 개관한다(Lofland, 1998, 88-96쪽). 몇몇 연구자가 지적했듯이(예를 들어, Gehl, 1987, Whyte, 1980), 공적 공간을 이용하는 사람들의 가장 흔한 활동은 다른 사람 구경하기다. 다른 사람들이 누구인지, 그들이 어떤 사람들인지를 창조적으로 상상했을 관찰자가 그 개인이나 집단에 놀라거나 충격을 받을 때 기우적 순간이 일어난다. "우리는 매혹적인 실제-삶의 드라마를 힐끔 보기에 딱 적당한 만큼만 엿보거나 엿듣는다. 이 드라마를 채우는 것은 상상의 작업이다"(Lofland, 1998, 91쪽). 사람 구경과 밀접

하게 관련된 것이 공적 사교다. 여기에서 장소-내-사람은 타인을 관찰할 뿐 아니라, 대화를 포함하는 즉흥적 상호작용에 참여한다(Whyte, 1980, 94-101쪽).

참신성, 장소, 가능성

장소 해방이 필수적 꺾쇠가 되어 주는 한 가지 구체적 장소 유형은, 사회학자 레이 올덴버그(Oldenburg, 1999)가 제3장소라고 식별하는 장소다. 이장소는 사람들이 즐기기 위해 사교하는, 대체로 내부적인 환경이다. 제1장소가 집이고 제2장소가 일터라면, 제3장소에는 카페, 주점, 술집, 노천 맥줏집, 미용실, 이발소 같은 사업이 있다. 사람들이 편안한 방식으로 다른 사람들과 함께 있기 위해 "시간을 보내는" 모든 장소가 이런 곳이다. 제3장소는 "집과 일터의 왕국 너머에서 개인들의 정규적이고, 자발적이고, 비격식적이고, 기쁘게 기대된 모임을 주최하는 엄청나게 다채로운 공공장소"를 지칭한다(Oldenburg, 1999, 16쪽). 장소 해방의 측면에서 볼 때 제3장소가 중요한 것은, 이 장소들이 통상적으로 어떤 방식의 참신함을 내포하기 때문이다. 여기는 다양한 인구 구성, 유체적 구조, 이용자의 참여가 포함될 수 있다. 그 결과는 상호작용과 사건의 예측 불가능한 혼합물이며, 이는 대개 즐겁고 때로는 놀랍다.

이 결과로 나오는 불확실성이 매번의 방문을 둘러싼다. 단골 중 누가 거기 있을까? 새로운 얼굴도 있을까? 오래 보이지 않던 사람이 모습을 보일까? … 〔제3장소는〕 더 일상적인 의무와 루틴의 맥락 속에서 무언가 유쾌한 방식으로 참신한 것이 나타남을 약속한다 …(Oldenburg, 1999, 46쪽).

마지막으로, 나는 도시에 대한 제인 제이컵스의 이해로 돌아간다. 이 이해는 장소 상호작용과 장소 정체성에 근거를 두고 있기는 하지만, 장소 해방의 의의를 전제한다. 장소 상호작용과 정체성은 장소 정규성과 연속성을 지지하며, 여기로부터 만족스러운 마주침과 시간이 발원한다는 점에서 그렇다. 이 마주침과 사건은 크고 작은 정도로, 도시인이 자기 도시를 음미하고 즐기는 데에 기여한다. 제이컵스는 성공적 도시 근린주구는 욕구되는 곳이라고 말한다(Jacobs, 1961, 220-221쪽). 그것은 이들이 "막대한 생명성의 원천"이기 때문에, "그리고 이들이 좁은 지리적 범위 내에서 차이와 가능성의 거대하고 충일한 풍요로움을 대변하기 때문이다. 이러한 차이 중 많은 수는 독특하고 예측 불가능한 것이며, 바로 그렇기에 더욱 가치 있다." 그 기적적인 결과는 장소 예기치 못함, 놀라움, 자유다.

〔도시의〕 복잡하게 얽힌 질서—수없이 많은 계획을 세우고 실행하는 수없이 많은 수의 사람들의 자유의 현시—는 여러 가지 방식으로 대단한 경이다. 우리는 상호의존적 이용의 이러한 살아 있는 집합, 이 자유, 이 삶을 그 모습 그대로 더욱 이해 가능한 것으로 만들기를 주저해서는 안 된다(Jacobs, 1961, 391쪽).

내가 여기에서 제공하는 장소 해방의 사례는, 환경적 기우가 흔히 직접적으로 유발될 수 없음을 시사한다. 그러나 더욱 중요한 물음은, 역동적 환경적 동반상승작용 속에서, 장소 해방을 위한 "무대를" 간접적으로 "설치"할 수 있는 탄탄한 장소 상호작용과 충실한 장소 정체성을 우리가 설계, 계획, 정책, 운동을 통해 조성할 수 있느냐는 것이다. 그러나 생동적 장소 만들기에 대해 말하기 전에, 우리는 장소 실현의 삼자를 고찰해야 한다. 이는 장소 해방과 대립적인 방식으로, 환경적 질서와 인간적 질서를 제공함으로써 장소를 안정화한다.

12

장소 실현의 삼자 (3-1-2 또는 CP-PP-EE)

삼자로서 장소 실현은 공유 현전이(*3*) 장소-내-사람의 응답을 받아(*1*) 구체적 환경적 총체를(*2*) 촉진하는 것으로 기술될 수 있다. 다양한 정도의 전체성을 통해, 공동현전은 장소-내-사람을 통해 작동하여, 강하거나 약한 환경적 성격과 분위기를 표현하는 환경적 총체를 지탱한다. 장소는 그것이 가진 환경적 부분과 인간적 부분보다 더 큰, 독특한 현상적 현전으로 "실현"된다.

장소의 질서 잡힌 전체성이 어떤 방식으로 퇴락할 때, 또는 부적절한 정책, 몰이해한 설계, 돌봄의 결여, 또는 전쟁이나 자연재해 같은 극적인 사건으로 인해 전적으로 파괴될 때, 과정으로서의 장소 실현은 장소를 침해한다. 장소는 초라함, 노후함, 무질서, 곤경, 폭력, 또는 장소 상호작용과 정체성에 반하여 작동하는 여타 엔트로피적 성질로 퇴화할 수 있다. 통합된 세계가 불안, 불편, 불쾌, 소멸로 붕괴한다. 이러한 붕괴는 에너지나 기운이 없는, 밋밋한 장소를 낳을 수 있다. 더 극단

적인 판본으로, 장소로서의 장소가 더 이상은 존재하지 않는 완전한 해체도 있을 수 있다.[58]

장소에서의 기우와 예기치 못함을 후원하는 장소 해방의 삼자와 대조적으로, 장소 실현의 삼자는 장소가 공간과 시간 속에서 일관적으로 머무르는 방식을 후원한다. 이 삼자는 장소가 어떤 질서와 항상성을 유지하도록 보증한다. 다른 삼자와 마찬가지로, 나는 우선 장소 실현을 통해 촉진되는 다양한 환경적 질서 잡기를 가리키는 여섯 신문 항목을 제시하겠다. 다음으로 나는 환경적 질서 잡기의 두 가지 대조적 양상을 제시하겠다. 첫째는 일상적 생활세계적 필요를 통해 비자기의식적으로 생겨나는 장소 실현이다. 상가주택—집과 사업을 통합시키는 건물 유형—이 이를 예시한다. 둘째는 자기 주도적 계획을 통해 자기의식적으로 생겨나는 장소 실현이다. 이는 미국 패스트푸드 회사 맥도널드가 예시한다.

장소 실현의 예

이어지는 신문 기사는 장소 실현의 폭넓은 스펙트럼을 가리킨다. 대략

....

58 1장에서 기술했던 실패한 프랑스 마을 알비가 시사하듯이, 전 세계의 많은 장소들이 현재 해체되고 있다. 부분적으로는 국지적 · 지역적 단체, 사업 · 고용을 약화시키는 세계화, 테크놀로지적 변화, 끝없이—확장되는 기업의 위력 때문이다. 내가 논하는 것은, 강력한 기운과 "공유 현전"을 지닌 실제-세계 장소를 상상하고 실현하는 데에 여섯 가지 장소 과정에 대한 이해가 하나의 수단을 제공한다는 것이다. 이 목표를 향한 하나의 수단이, 하나의 기술적 · 해석적 안내자로서의 여섯 가지 장소 과정에 근거하여 생동적인 장소를 현상학적으로 풀어내는 것이다. 미국에서의 장소 파괴와 관련하여, 최근 이 주제에 대한 책들이 빈번이 등장하고 있다. 여기에는 Alexander, 2017, Goldstein, 2017, Pendergast, 2017, Timberg, 2015, 특히 2장과 5장이 있다.

적으로, 이 스펙트럼은 대규모 장소에서 소규모 장소의 순서로 배치되었고, 지역과 도시 범위에서 사업 및 주거 장소에 이른다. 알래스카의 항공 의존에 대한 항목, 그리고 자가운전 차량이 개인적 수송 패턴을 변화시키는 방식에 대한 항목은, 장소-내의-이동을 통한 환경적 질서 잡기로서의 장소 실현을 예시한다.

■ 코르시카 적포도주에 대한 한 기사는, 한 종류의 포도가 "풍미 없는, 흥미롭지 않은 포도주"를 낳을지 "놀랍고 영감을 주는 포도주"를 낳을지에 장소의 독특한 환경적 성질이 핵심 역할을 함을 시사한다. 이 기사는 테루아르[59]를 언급한다. 이 용어는 "포도가 자라나고 포도주가 만들어진 장소가 그 포도주에 성격을 준다"는 주장과 관계된다. 포도주의 독특함에 기여하는 환경 요소에는 흙, 고도, 미기후微氣候, 날씨, 햇빛의 질, 포도밭을 돌보고 포도주를 만드는 사람이 있다고 한다(WYT, 2017년 1월 25일, D4쪽).

■ 국제자연보호협회가 "마지막 위대한 장소" 중 하나로 선정한 레드힐은 플로리다주와 조지아주의 경계를 따라 있는 지역이다. 이 지역은 30만 에이커의 소나무숲, 구릉지, 풀로 덮인 언덕을 포함한다. 이 지역의 거대한 "플랜테이션 농장"의 소유자들은—이 농장 중에는 몇 세대 동안 같은 가족이 운영한 곳도 있다—레드힐이 개발되지 않은 채로 유지되도록 노력하고 있다. 부분적으로는 사냥을 위해 메추라기 서식지를 보존

....

59 [옮긴이주] terroir. 본래는 "지역"을 뜻하는 프랑스어다. 이 말은 포도주가 만들어지는 특정한 지역을 의미하기도 하고, 그 특정한 지역에서 비롯된 포도주의 독특한 특성을 의미하기도 한다.

하기 위해서지만, 토지와 이 지역 건축물을 관리하는 집사 역할을 하기 위해서이기도 하다(*WSJ*, 2017년 2월 3일, M1쪽).

■ 텍사스주 두 배 크기의 알래스카는 미국의 주 중에서 가장 항공 의존도가 높은 곳이다. 알래스카는 상업적 필요, 정부의 필요, 공동체의 필요 때문에 비행기에 의존한다. 수백 개의 소도시와 마을이 도로 체계 너머에 있으며, 이러한 도달하기-힘든 장소에 비행기가 생명선을 제공한다. 종종 이러한 항공은 좌석 9개 이하의 비행기를 운용하며, 비행사는 승객들과 그들의 삶에 관해 알게 된다. 현재, 알래스카는 훈련 받은 비행사 부족에 직면해 있다. 이들은 아래쪽 48개 주에서 같은 업무를 더 높은 봉급으로 할 수 있다는 유혹을 받고 있다. 어떤 스타트업 기업은 외딴 공동체에 물자, 약품, 편지를 배달할 수 있는 무인 드론 비행기를 개발하고 있다(*NYT*, 2016년 12월 29일, A12쪽).

■ 미국의 다국적기업 복합체이자 구글의 모회사인 알파벳이, 자가운전 테크놀로지가 상업화될 준비가 되었다고 발표했다. 한편으로, 운전자 없는 차량은 사고를 줄이고, 생명을 구하고, 정체를 완화하고, 에너지 소비를 낮추고, 오염을 감소시키는 이점을 제공한다. 다른 한편, 자가운전 차량은 현재 예측되지 못한 문제를 낳을 수 있다. 사고가 더 적을 수는 있지만 빠른 속도로 더 가까이서 운전할 수 있기 때문에, 사고가 더 격렬해지고 더 많은 차량이 연루될 수 있다. 수백만 명의 트럭 운전사, 택시 운전사, 차량 수송과 연관된 여타 노동자들이 일자리를 잃을 것이다. 앱 기반 차량 공유 서비스는 차량 판매를 감소시킬 수 있고, 자동차 생산자와 공급자의 일자리를 줄일 수 있다. 정확한 방향 설정과 횡단을

위해 자가운전 차량은 매끈한 도로와 명확히 색칠된 선을 요구하기 때문에 새로운 고속도로 기반시설이 필요해질 것이다(WYT, 2016년 12월 19일).

■ 온라인 소매 회사 아마존은 기반 도시 시애틀에서 새로운 잡화 쇼핑 방식을 실험하고 있다. 여기에서 고객은 온라인으로 구매를 하고 매장에 운전해 와서 주문품을 받아 가는데, 아마존 직원이 고객의 차량까지 물품을 가져다준다. 이 회사는 또한 "아마존 고"를 개발하고 있다. 이것은 계산대 없는 편의점으로, 계산을 하기 위해 구매자는 센서와 여타 테크놀로지를 이용한다(WYT, 2017년 2월 13일, B1쪽).

■ 한 방글라데시 남성과 두 동업자가 뉴욕시 그리니치가 세계무역센터 근처에서 할랄 음식 가판대를 운영하고 있다. 이들은 한 해 내내 날씨가 어떻든 영업을 한다. 이 음식 가판대 운영자들은 매주 5~6일을 8시간 교대로 일한다. 이들은 도시의 거리에서 음식을 판매함으로써 생계를 유지하는 1만명가량의 사람들—이들 대부분은 이주자다—중 한 명이다. 그는 아침 8시에 가판대를 준비하는데, 가판대에 채소와 고기, 그날 고객에게 낼 여타 필요한 물품들을 저장한다. 그의 메뉴에는 20여 가지 요리가 있고, 대부분은 주문을 받아 요리되지만, 단골들은 대부분 치킨 비르야니를 주문한다. 그의 첫 고객은 오전 9시 30분쯤 등장한다. 혼잡한 점심시간은 오전 11시 30분쯤 시작되는데, 정오에 두 명의 도우미가 도착한다. 세 남자는 그릴, 프라이기, 스팀 테이블 주변에서 효율적으로 일한다. 이들은 "사람들이 무리지어 나타날 때 쇄도하는 주문 속에서 자신의 리듬을 찾는다"(WYT, 2017년 4월 19일, D1쪽).

이 여섯 항목은, 공유 현전이 장소-내-사람을 통해 작동하여 특정한 환경적 총체를 지지하는 방식에 존재하는 광대한 다양성을 예시한다. 예를 들어, 코르시카의 독특한 "함께임"은 독특한 포도와 포도주를 생산하는 포도밭을 지탱하며, 레드힐 지역의 독특한 "함께임"은 독특한 자연적·인간적 풍경을 지탱한다. 방글라데시인 점주가 제공하는 할랄 음식으로 예시되는 음식 가판대 사업의 현전 방식은 그리니치가의 가판 광경에 기여한다. 아마존의 잡화점 쇼핑 재편의 목표는 새로운 종류의 잡화점과 편의점을 통해 새로운 고객 행동을 촉진하는 것이다. 알래스카 항공과 무인 자동차의 사례는, 역동적 네트워크가—이 경우에는, 수송의 상이한 "거미줄"이—어떻게 생활세계에서 역할을 하며, 이러한 생활세계가 펼쳐질 수 있는 구체적 환경적 요소를 필요로 하는지를 예시한다.

이 모든 이야기에서 우리가 볼 수 있는 것은, 장소의 공간적이고 실감되는 함께임의 어떤 면모가—즉, 공유 현전이—이 장소와 연관된 사람들을 통해 작동하여 상호 관련된 환경적 요소와 체험의 결합을 촉진한다는 점이다. 삼자로서 장소 실현의 작동을 해명하기 위해, 나는 장소 실현의 두 가지 대조적인 예를 더 상세히 고찰할 것이다. 첫째는 상가주택이다. 이것은 내가 비자기의식적 장소 실현이라고 부르는 것을 예시한다. 둘째는 맥도널드의 패스트푸드 레스토랑이다. 이는 내가 자기의식적 장소 실현이라고 부르는 것을 예시한다.

비자기의식적 장소 실현으로서 상가주택

장소 실현은 다채로운 방식으로 환경적 질서를 촉진한다. 전통적으로 그리고 20세기까지 대부분의 장소는, 특정한 생활세계적 필요가 특정한 장소 형태, 활동, 사건을 후원함에 따라 자기 고유의 때와 방식으로 생겨났다. 상례적 사람들의 일상적 필요와 기대를 중심으로 조직화된 이러한 장소들에는 "유기적", "자연적", "토착적", "민속적" 등 여러 가지 이름이 붙었다. 이 장소들은 대체로, 지지적이지만 당연하게-여겨지는 환경으로 기능하는 장소를 사람들이 일상적 삶의 과정 속에서 만들어 냄에 따라 선반성적으로 생겨난 것이기 때문이다. 지리학자 에드워드 렐프는 이러한 양상의 환경적 질서가 "장소와의 심오하며 비자기의식적인 동일시"로부터 생겨난다고 설명한다(Relph, 1976, 64쪽).[60]

렐프에 의거하여(Relph, 1976, 65~66쪽), 나는 이러한 양상의 장소 실현을 비자기의식적이라고 부른다. 그것은 의도적으로 계획하거나 미리 고찰

....

60 오늘날 대부분의 건물과 장소는 고객과 이용자가 아닌 집단에 의해 설계되고 건설된다. 자신의 장소를 자기가 전적으로 만드는 개인과 집단의 상황은 일반적인 경우가 아니다. 집 인테리어와 관련해서만 예외가 있다. 예를 들어, "DIY" 인테리어 설계와 가구의 개인적 선별이 그렇다. 장소 만들기에서 개인이나 집단의 능동적 노력은 "장소에 개인적 이해관계를 가지는" 데에 중요한 역할을 하며 그럼으로써 강력한 장소 정체성에 기여한다는 의미에서 이런 상황은 불운하다. 데이비스는 도시 장소에 관해 비슷한 요점을 개진한다(Davis, 2012, 89~90쪽). "일상적 삶과 그 환경 사이의 매끈한 관계가 … 도시에서 전형적인 것이었다. 비교적 최근까지, **도시에서** 일상적 삶의 중심지는 대체로 지역적이었고, 멀리 떨어진 경제적·정치적 기관에 의해 관장되지 않았다. 도시에서 지역적으로 일어나는 일에 더 큰 경험적·정치적 힘이 늘 영향을 끼치기는 했지만, 사람들의 행위, 작업, 결단은 지역적 구조와 기관 내에서 일어나고 있었고, 개인 간의 직접적 관계에 의해 특징지어졌다. 삶이 쉽지는 않았겠지만, 그것은 관료적이지 않고 개인적이었다."

해서 개입하는 일은 극히 적은 상태에서 자발적으로 전개되기 때문이다. 한 가지 실제-세계 예로서 나는 상가주택, 거주지와 사업장의 결합을 포괄하는 복합건물을 논의하려 한다. 《가게 위에서 살기》에서 건축가 하워드 데이비스는(Davis, 2012) 상가주택의 건축적 역사와 사회적 지리학을 제공한다. 그는 이러한 건물 유형이 거의 모든 문화, 지리적 지역, 역사적 시기에 발견됨을 보여 준다. 그 이유는, 대체로 상가주택으로 인해 건축, 이용자의 필요, 그리고 이 상가주택이 흔히 일부를 이루는 더 큰 공동체적 직조 사이의 효율적이며 실감되는 상호연결이 가능해지기 때문이다. 상가주택은 "도시 구역의 사회적·경험적 삶에 삽입"되어 있으며(Davis, 2012, vi쪽), 그렇기에 도시 장소의 전체성에, 상가주택 자체 안에서의 삶의 전체성에 기여한다.

상가주택이 지탱하는 유연한 생활세계의 다차원적 그림을 제공한다는 점에서, 데이비스의 연구의 많은 부분은 암묵적으로 현상학적이다. 그는 어떻게 한 건물이 가정과 사업을 포괄하는 생활세계를 가능케 하는 건축적 전체일 수 있는지를 그려 낸다. 20세기 초까지, 거주지와 가게 사이의 구별은 유동적이었다. 그 결과로, 상가주택은 변동하는 가족적·사회적·경험적·지역적 필요에 따라 쉽게 수정될 수 있었다. 이러한 적응성으로 인해 거주자는 "재정적 투자는 최소한으로 하고서 집에서 사업을 전개할 수 있었고, 사업에 할당된 공간을 필요에 따라 확장하고 압축할 수" 있었다(Davis, 2012, 13쪽). 데이비스는 이렇게 설명한다(Davis, 2012, 89쪽).

상가주택과 일상적 삶 사이의 관계는 탄력적이다. 매일매일, 집에서 쉽게, 또는 집에 쉽게 접근할 수 있는 상황에서 작업을 할 수 있다. 일터와 거주지는 때로는 같았고, 때로는 함께였고, 손쉽게 얽히고 겹쳐진다. 가정적 이용과 경제적 이용 사이를 쉽게 오가는 움직임을 지탱하면서, 상가주택은 손쉽게 확장되고 수축되는 직능을 수용할 수 있다. 경제적 이용에는 공간을 가족 외의 사람에게 임대하는 것도 있다─하숙인, 지하실을 빌린 학생, 공동주택의 임대아파트가 그런 것이다. 건물을 다양하고 쉽게 변화 가능한 방식으로 이용하는 것을 허락함으로써 가족은 장소에 머무를 수 있다.

데이비스의 연구는 장소 실현과 유관하다. 이 연구는 가정과 노동이라는 대조적 기능을 수용하는 물질적 질서 및 실감되는 질서를 상가주택이 어떻게 지지하는지를 그려 주기 때문이다. 데이비스는 거주적 필요와 상업적 필요를 건축적·체험적으로 통합하는 건물의 몇 가지 요소를 식별한다(Davis, 2012, 142-70쪽). 첫째, 상가주택은 전형적으로 보도와 거리라는 공적 영역에 직접 연결되는 좁은 정면을 가지고 있다. 정면이 좁기 때문에 한 블록에 많은 가게 정면이 있을 수 있고, 이는 다시 기능적 다양성, 쇼핑 선택지, 기우적 발견, 풍성한 거리의 삶에 기여한다. 둘째, 상가주택 공간은 통상적으로 거주와 상업이라는 대조적 필요와 기능 사이의 운용 가능한 균형을 지지할 수 있도록 배치되어 있다. 예를 들어, 노동 관련 공간은 종종 건물 전면에 놓여 있는 반면, 가사 공간은 건물의 후방이나 위층, 판매 및 노동 공간 위를 차지한다. 셋째, 많은 상가주택에서 부엌은 사이 공간이다. 이는 가게가 사교적 장소가 되는 데에 도움을 주고, 가족 구성원이 가족의 식사를 준비하면서 가게를 돌보는 것을 가능하게 해 준다. 또는 카페나 레스토랑의 경우, 부엌이 가게이다.

상가주택을 장소 실현의 삼자로 해석한다면, 우리는 거주와 상업에 의해 공간적으로 함께 호출된 공유 현전이(3) 거주자-가게 주인, 고객, 더 넓은 장소의 인구를 통해 작동하여(1), 지배적 건물 유형으로서의 상가주택을 독려한다고(2) 말할 수 있다. 그 결과는 가족, 고객, 더 넓은 도시 근린주구의 건축적 "모임"이며, 이는 생활세계적 필요, 의무, 희망, 행위를 통해 펼쳐진다.

상가주택이 유용한 것은, 그것이 가장 상례적이고 일반적인 의미에서 일상적 삶을 지지한다는 것이다. 일상적 삶—커피 한 잔과 함께 신문 읽기, 거리에서 이웃과 담소하기, 집에 도착해서 열쇠를 정문 열쇠 구멍에 꽂기, 마감에 맞추기 위해 열심히 일하기, 빵과 우유 한 쿼트를 사기, 아이를 학교로 데려가기, 친구를 만나기, 점심시간에 은행 방문하기, 집으로 오는 길에 세탁소에 들르기—은 사람들의 체험의 기반이다. 사고와 꿈의 내적 삶이 이 위에 놓이고, 놀라운 순간, 특별한 행사, 아름다운 것이 여기에 구두점을 찍는다. 때로는 배경에서, 때로는 시야 바로 앞에서, 그것은 언제나 현전한다—그리고 그것은 생각되기보다는 실감된다

(Davis, 2012, 89쪽).

이 지점에서 독자는 또 다른 삼자적 가능성이 있지 않은지 의구심을 품을 수 있다. 상가주택이(2), 장소-내-사람을 통해 작동하여(1), 장소의 공동현전에(3) 기여하는 삼자를 주장할 수는 없는가? 사실, 이런 관계를 말할 수 있다. 이 관계는 장소 증진의 삼자를 특징지으며, 다음 장에서 기술될 것이다. 내가 이 삼자적 가능성을 제시하는 것은, 어떤 장소에서든 여섯 장소 삼자 모두가—언제나 동등한 정도로는 아니지만(이 점은 15장에서 논의할 점이다)—현전한다는 것을 기억하는 것이 중요하기 때문이다. 예를 들어, 상가주택이 종종 기우적 사건과 마주침—"놀라운 순간"과 "특별한 행사"—의 현장이라고 데이비스가 말할 때에, 그가 장소 해방 삼자를 간접적으로 언급하고 있다는 점을 눈여겨보라. 우리는 또한, 상가주택이 어떻게 상호작용 삼자(가족, 손님, 보도에서 일어나는 더 넓은 근린주구에서의 삶)와 정체성("가정"과 "일터"에 대한 가족의 애착, "좋아하는 가게"에 대한 손님의 애착)을 내포하는지도 상상할 수 있다.

연구 내내 데이비스는 상가주택이 일부가 되는 더 큰 장소 직조와 상가주택 사이에 있는, 불가결한 공간적 관계 및 실감되는 관계를 강조한다. 상보적 기능을 건축적으로 통합함으로써, 상가주택은 도시 근린주구의 기능적 · 체험적 다양성에 기여하며, 조직화된 복잡성의 결정적 재료가 된다. 이 복잡성은 제인 제이컵스에게는 충일한 도시 근린주구의 핵심이며, 상가주택과 마찬가지로, 전통적으로 비자기의식적으로 생겨난 것이다. 데이비스는 그의 저작이 "부분적으로는, 도시적 다양성의 중요성에 관한 제인 제이컵스 주장의 확장"이라고 말한다. 그는 이 도시적 다양성이, 적어도 최근까지는 "가족들이 가게 위에서 사는 수많은 건물"을 포함해 왔다고 지적한다(Davis, 2012, 7쪽). 저작 마지막 장에서 데이비스는 그가 '탄력적 도시성'—즉, 자기의 독특한 성격을 변화시키지 않고도 변화를 수용할 수 있는 탄탄한 도시 구역, 근린주구, 건물—에 기여할 수 있으리라고 희망하는 일련의 현대적 상가주택 설계를 제시한다(Davis, 2012, 207쪽).

저작 내내 데이비스는 탄력적 도시성이 제이컵스의 조직화된 복잡성과 관련된다고 강조한다. 이 복잡성은 다시, 비자기의식적으로 펼쳐지는 장소 실현을 전제한다. 제이컵스는 빽빽하고 다양성 있는 환경적 질서 잡기가(3) 장소-내-사람의 거리 발레를 통해 작동하여(1) 적어도 최근까지는 상가주택을 포함했던 근린주구의 직조를 촉진한다고(2) 시사한다. 이러한 생동적 근린주구의 현전은 강력하다. 이들의 통합된 환경 질서는, 그 근린주구 장소에 속함을 알고, 마주치고, 느끼는 인간 존재만큼이나 실제적이 된다. 제이컵스는 우리가 이러한 장소 독특성을 더 잘 이해해야 한다고 강조한다(Jacobs, 1958, 180쪽). 그것은 근린주구의 생명성을 위한 엔진이기 때문이다.

도시〔근린주구〕를 매력적으로 만드는 것은 무엇인가? 사람들이 도시에 와서 거기에 머무르고 싶도록 만드는 흥겨움, 경이, 유쾌한 야단법석을 주입할 수 있는 것은 무엇인가? 문제의 핵심은 매력이다. 〔한 근린주구의〕 모든 가치는 매력의 부산물이다. 그 안에서 도시성과 충일성의 분위기를 창조한다는 것은 시시한 목표가 아니다.

자기의식적 장소 실현으로서 맥도널드

데이비스의 상가주택과 제이컵스의 근린주구는 어떻게 장소 실현이 비자기의식적으로 일어나고, 일상적 인간적 필요와 적절한 환경적 요소 사이의 전진적 주고-받음을 통해 생활세계적으로 펼쳐지는지를 그려 준다. 상가주택은 "생각되기보다는 실감된다"는 데이비스의 예리한 요점을 나는 반복하겠다(Davis, 2012, 89쪽). 장소 실현의 또 다른 방식은, 반성적 이해와 의도적 행위 및 실천을 통해 의도적으로 일어난다. 나는 이러한 환경적 질서 잡기 양상을 자기의식적 장소 실현이라고 부르겠다. 나는 이를 맥도널드를 통해 예시할 것이다. 맥도널드는 우연에 맡겨진 곳이라곤 전혀 없는, 사전 계획된 장소의 최상의 예이다.[61]

미리 조율된 환경적 질서잡기의 예로 맥도널드를 소개하면서, 렐프의 무장소성으로 시작하려 한다. 그는 오늘날 세계에서 심화되고 있는 장소 상실을 기술하기 위해 이 용어를 사용한다. 무장소성이란 "장소의 의의에 무감하기 때문에 생겨나는, 특별한 장소에 대한 무심한 침식 및 풍경의 표준화"이다(Relph, 1976, ii쪽). 무장소성이 현재 만연하고 있음을 설명하면서, 렐프는 몇 가지 인과적 요인을 식별한다. 그중 하나가 테크닉, 즉 관료적 또는 기업적 구상과 지시에 따라 전적으로 질서 잡히고 통제되는 자기충족적 환경을 창조하기 위해 합리적 계획을 이용

....

61 자기의식적 장소 실현의 원형적 사례로 패스트푸드 식당을 처음으로 제안해 준 제니 퀼리엔에게 감사한다. Quillien, 2012, 129쪽을 보라.

하는 일이다. 전 세계에 프랜차이즈 레스토랑을 가진 다국적기업으로서 맥도널드는 테크닉의 비범한 예가 된다. 이들은 파리, 모스크바, 도쿄의 맥도널드와 비교적 동일한 가격으로 로스앤젤레스와 런던에 음식을 공급한다.

여기에서 내가 제안하는 것은, 테크닉의 한 양상이 자기의식적 장소 실현이라는 것이다. 나는 이를 사회학자 로빈 라이드너의 통찰 있는 연구 《패스트푸드, 패스트 토크》에 의거하여 기술할 것이다(Leidner, 1993). 이 책은 맥도널드가 어떻게 모종의 장소 양상에 의존하면서 이 양상을 실행하는지에 관해 심도 있는 그림을 제공한다. 이 양상은 직원과 손님의 결정과 행위의 모든 면모가 효율성, 친숙성, 재빠른 손님 회전을 촉진하기 위해 의도적으로 배치되어 있는 장소 양상이다(Leidner, 1993). 이 회사는 자기 목표를 "QSC" 세 글자로 된 기업신경으로 요약한다. 이는 "질quality, 서비스service, 청결cleanliness"을 가리킨다. "QSC"는 이 회사가 관리자와 작업자에게 요구하는 수천 개의 규칙과 세부 사항의 목표다. 이 기업의 목표는 엄격하고 정밀한 표준화를 통해 실현된 낮은 가격에 균일한 질의 음식 품목을 제한된 수량으로 제공하는 것이다.

이러한 표준화는 직원에서 시작된다. 맥도널드는 근로자가 할 일의 어떤 부분도 그의 재량에 맡겨 두지 않는다. 이 전략은, "모든 임무를 행하는 '유일한 최선책'"을 결정하고, "일이 그에 따라 수행되는지를 검사하는" 것이다(Leidner, 1993, 45쪽). 맥도널드 점장들 사이에서 "성경"으로 알려진 "운영 및 교육 교본"은 600페이지 분량으로, 표준과 절차를 정확한 세부 사항과 함께 설명하고 있다. 예를 들어, 프렌치프라이에 소금을 뿌리는 정확한 팔 움직임이나, 각 햄버거 종류마다 케첩, 머스터드, 피클을 올리는 올바른 방식이 실려 있다(Leidner, 1993, 49쪽, 65쪽). 점장은 신입 직원 교육을 위한 4단계 과정을 잘 알고 있다. 그것은 준비시키기, 보여 주기, 시험하기, 계속 행하기다(Leidner, 1993, 65쪽). 수습 직원은 우선 구체적 작업에 관한 비디오를 보고, 이어서 숙련된 직원이 이를 행하는 것을 관찰한다. 이어서, 수습 직원은 교육자가 지켜보며 향상점을 제안하는 가운데에 그 임무를 직접 해 본다. 이들이 이 임무에 숙달이 되면, 직원은 솜씨 좋고 빠르게 일하고, 교육자는 "표준 운영 체크리스트"를 근거로 직원의 수행을 평가한다(Leidner, 1993, 65 - 66쪽).

손님은 맥도널드의 순조로운 작동에 두 번째 필수적 구성 요소다. 이 회사는 손님의 기대와 행위를 준비하고 습관화하기 위해 다양한 방식으로 작업한다. 미디어 광고는 새로운 제품을 소개하고, 음식을 구매하는 손님을 보여 준다. 라이드너는 자신이 접한 맥도널드의 모든 손님이, 자기가 어떻게 행위하도록 기대되는지에 익숙하다는 점을 관찰했다. "자신이 앉아서 서빙을 기다리지 않고 카운터로 가도록 전제되어 있다는 것을 모르는 손님을 본 적이 없다."[62] 이러한 익숙함은 손님이—대부분의 경우 무심결에 습관적으로—참여하는 자동적 환경적 질서 잡기에 필수적이다. 라이드너는 이렇게 쓴다(Leidner, 1993, 75쪽).

....

62 1990년 모스크바에 처음으로 맥도널드가 문을 열었던 때를 설명하면서, 라이드너는 손님들의 당연하게—여겨지는 익숙함이 결정적 중요성을 가짐을 지적한다(Leidner, 1993, 75쪽, 주석 29). 영업 첫 몇 주 동안, 맥도널드는 가장 짧은 계산대 줄에 서도록 손님들을 설득해야 했다. 러시아인들에게 당연하—여겨지는 체험은, 진짜 상품은 긴 줄에서만 구할 수 있다는 것이었다.

내가 연구했던 맥도널드에서 손님들은 자기에게 무엇이 기대되는지 알고 있었고, 자기 역할을 잘 수행하려고 했다. … 이 점은 놀라울 것이 없다. 그들은 스스로 줄을 서 정렬했고, 순서를 기다리는 동안 메뉴판을 바라보았다. 그들은 흔히 관습적인 순서에 따라—버거나 여타 주요리, 프렌치프라이나 여타 사이드 메뉴, 마실 것, 디저트—주문했다. 요령 있는 바쁜 손님은 "식품대에 있을 때에만", 즉 즉시 제공될 수 있을 때에만 그 품목을 주문한다. 많은 손님들은 신중히 준비하여 순서가 올 때 즉시 주문할 수 있도록 한다.

또한 직원과 손님의 행동을 루틴화하는 데에 중요한 것은, 레스토랑의 물리적 설계다. 음식 준비 및 서비스 공간은 오픈 플랜을[63] 포괄하고 있어서, 직원이 일을 하고 있는지를 점장이 손쉽게 지켜볼 수 있다. 다음으로, 노동 공간과 주문 카운터 사이에는 상당한 시각적 투과성이 있다. 손님들이 긴 줄을 서서 순서를 기다리고 있는 것을 알아차리는 것은 직원의 노력을 강화하는 데에 중요한 박차 역할을 한다. 자신이 불만족한 손님의 표적이 될 수 있다는 것을 인지하기 때문이다. "기다리는 손님은 근로자가 임무를 계속하는 것을 명확히 볼 수 있고, 근로자는 손님을 명확하게 볼 수 있도록 되어 있는 일터의 배치는 직원들이 열심히 일하게 하는 데에 중요했다(Leidner, 1993, 78쪽). 맥도널드의 물리적 설계는 또한 손님의 주문 행동과 식사 행동을 루틴화하도록 배치되

---

63 [옮긴이주] open plan. 칸막이를 최소한으로 줄인 건축양식.

어 있다. 입구는 식사 구역이 아니라 주문 카운터로 향하여, 손님들이 자동적으로 줄을 서도록 보장한다. 쓰레기통은 눈에 띄게 놓여 있어서, 손님들이 스스로 식탁을 치우고 쓰레기를 버려야 한다는 것을 명확히 한다(Leidner, 1993, 74쪽).[64]

장소 실현의 측면에서 볼 때, 맥도널드는 범례적이다. 사실은 엄격하게 연출되고 통제되는 표준화된 인간적·환경적 질서가 겉보기에는 "자연적인" 방식으로 펼쳐지는 환경을 어떻게 기술과 계획이 상상하고 배치하는지를 맥도널드가 예시하기 때문이다. 이윤 창출에 의해 명령을 받는 공유 현전이(3) 직원과 손님을 능숙하게 조직화하는데(1), 이는 전형적인 맥도널드 레스토랑의 루틴화되고, 행동-형성적인 환경에서 이루어진다(2). 이를 추동하는 동기는 전 지구적 자본주의지만, 내가 맥도널드를 논의하는 이유는, 그것이 미리 결정되어 있으며 모든 것을 아우르는 환경적 질서에 의해 형태 잡힌 장소 유형의 원형적 예이기 때문이다.[65]

....

64 2012년에 맥도널드는 더 건강한 식사 메뉴로의 변화를 꾀했다. 이 변화로 인해 2012~2016년 맥도널드는 미국에서 거의 5억 건의 주문을 잃었다. 2017년을 시작하며 이 회사는 저비용으로 돌아와, 다른 패스트푸드 체인점의 손님이 된 고객들의 발걸음을 돌리려 했다. 이 회사는 또한 셀프 주문대를 도입하고, 점원들이 주문품을 앉아 있는 고객들에게 직접 가져다줄 수 있는 식탁 배치 테크놀로지를 도입했다(Jargon, 2017, B5쪽).

65 회사로서 맥도널드는 자기의식적 장소 실현의 비범한 사례지만, 개별 맥도널드 식당은 장소 상호작용과 장소 정체성에 기여한다. 렐프가 지적했듯이(Relph, 1976), 가장 장소 없는 환경이 때로는 장소의 감각을 촉진한다. 맥도널드의 경우 이는 종종 옳다. 특히 지역적 기반의 식당들이 문을 닫고, 부전승으로 맥도널드와 여타 기업적 식당이 공동체의 "제3장소"가 된 작은 공동체에서 그렇다. 2016년에 사진기자 크리스 아네이드는(Arnade, 2016) 미국에서 58,000마일을 걸어 다니면서 작은 마을과 도시를 방문했다. 그는 이러한 장소에서 맥도널드는 사람들을

상호작용, 정체성, 해방, 실현이라는 네 장소 과정은 장소가 무엇이
며 어떻게 작동하는지를 우리가 이해하는 데에 도움을 준다. 이제 나
는 장소 증진과 장소 창조의 삼자로 시선을 돌릴 것이다. 이들은 인간
과 환경의 안녕을 지탱하고 강화하는 장소를 상상하고 만드는 것과 관
련되어 있다. 13장은 장소 증진을 고찰할 것이다. 이 과정은 장소 및
실감되는 장소 잡기에 기여하고 이를 형태 짓는 데에 환경적 총체가
가지는 중심적 중요성을 보여 준다.

....

함께 모으는 기능을 하는 기관 중 하나라는 점을 발견했다. 많은 빈곤층이나 중간 소득계층 근
린주구에서 맥도널드 레스토랑은 "사실상 공동체 중심이자 주변 근린주구의 반영이 되었다"
고 그는 설명한다(Arnade, 2016). 아네이드는 또한, 맥도널드가 종종 노숙자나 중독에 빠진 사
람들에게 중요한 장소가 된다는 점을 발견했다. "맥도널드에는 싸고 배를 채울 수 있는 음식이
있다. 맥도널드에는 공짜 와이파이, 폰 충전대, 깨끗한 화장실이 있다. 맥도널드는 또한 일반적
으로, 사람들이 꽤 오랫동안—다른 패스트푸드 장소보다 오래—조용히 앉아 있게 놓아 둘 정
도로 자애롭다"(Arnade, 2016).

13
장소 증진의 삼자 (2-1-3 또는 EE-PP-CP)

본 장은 장소 증진의 삼자를 논의하며, 이어지는 장은 장소 창조의 삼자를 논의한다. 내가 이 두 삼자를 짝지은 것은, 양쪽 모두에서 공유 현전의 화해적 추동력이 장소 행위의 결과이기 때문이다. 그러나 이 행위들은 체험적으로 상당히 다르다. 한편으로, 장소 증진 삼자(*2-1-3*)는 환경결합체가(*2*), 장소-내-사람과 교류하며(*1*), 더 효율적이거나 즐길 만한 물리적 환경을 통해 더 강한 공유 현전을 낳는 것(*3*)으로 기술될 수 있다. 다른 한편, 장소 창조 삼자는(*1-2-3*) 장소-내-사람이(*1*) 환경적 총체와 교류하여(*2*), 장소를 창조적으로 상상하고 재편함을 통해 더 강한 공유 현전을 낳는 것(*3*)이다. 장소 증진은 장소 만들기에서 물리적 환경이 가지는 중요성을 가리키며, 장소 창조는 혁신적 설계, 계획, 정책, 운동의 중요성을 가리킨다.

장소 증진은 어떻게 환경적 총체가 수용적 추동력이면서 장소를 촉진하는 데에서 능동적 역할을 할 수 있는지를 보여 준다. 그 결과는, 환경 엔트로피가 감소하고, 장소가 어떤 방식으로 더 좋아지거나 더 지속적이 되는 것이다. 더 적절한 환경적 총체는 장소-내-사람의 삶을 신장시키기 때문에, 장소의 공유 현전이 강화된다. 형편없이 고안된 설계, 정책, 건축이 장소의 삶을 쇠약하게 하거나 억누르게 되면, 과정으로서 장소 증진은 그 장소를 침해한다. 예를 들어 보도 및 거리와 물리적 · 시각적으로 거의 연결되어 있지 않은 도시의 거대 구조물이 그렇다. 부적절한 환경적 총체는 그 장소의 환경 엔트로피의 증가에 기여한다. 장소 증진의 과정을 논의하면서, 나는 장소 증진의 폭넓은 표현을 예시하는 여섯 개의 신문 이야기로 시작할 것이다. 다음으로 어떻게 환경적 총체의 구체적 면모가 생활세계와 장소의 지탱에 결정적 역할을 하는지에 관한 네 가지 예를 제시함으로써 이 과정을 구체적으로 그려 낼 것이다.

장소 증진의 예

이어지는 여섯 개의 신문 이야기에서는 환경적 총체의 어떤 면모가 각 장소의 삶에서 어떤 역할을 하며, 그렇기에 장소의 현전의 힘에 기여한다. 이 예들은 큰 규모에서 작은 규모로 움직인다. 그리고 일본의 "삼림욕"에 관한 첫 항목을 제외하고는, 건축된 환경—도시든, 근린주구든, 건물이든—의 어떤 면모와 관련된다. 내가 자연환경보다 인간이 만든 환경의 예를 강조하는 것은, 아주 많은 장소 체험이 인간이 만든 건축물과 상황에 의존하기 때문이다.

■ 일본에서 점점 더 인기를 얻고 있는 운동은 "삼림욕"이다. 삼림욕 참여
자들은 자연에 몸을 담근다. 이들은 식물과 나무가 배출하는 화학성분
이 건강에 유익하다고 주장한다. 일본 정부는 수백만 달러를 지출하여
이 요법을 홍보하고 이 요법의 잠재적 이점에 대한 연구에 자금을 댔다.
도쿄에 근거하는 삼림요법협회는 62군데의 숲과 삼림지대 오솔길을
"삼림욕" 지역으로 지정했다(WSJ, May 8, 2017, A13쪽).

■ 뉴욕주 로체스터는 지면보다 낮은 62년 된 고속도로 거의 1마일을 메우
고, 이를 지면과 같은 높이의 대로 및 거의 6에이커의 개발용 일급 농지
로 대체했다. 이 기획은 보행자에게 초점을 맞추고, 거주지, 일터, 상업
기능을 점점이 배치하는 운용 가능한 도심지 근린주구를 만들려는 도
시의 노력에 기여한다. 지면보다 낮은 고속도로는 "해자"였다고, 되찾
은 공간으로 인해 "사람들은 더 쉽게 돌아다닐 수 (있고)" "개발할 더 많
은 공간이 생긴다"고 시장은 설명한다(WYT, 2016년 11월 2일, B6쪽).

■ 많은 미국 도시들은 도심지 쇼핑센터를 제거하고 새로운 거리, 사무건
물, 거주지, 소매점, 공원을 만들고 있다. 매사추세츠주 우스터에서, 40
년 전 "오래된 도시 거리와 도심지 건물의 빽빽한 소굴"을 제거했던 쇼
핑몰이 이제는 호텔, 복합건물, 아파트로 대체되고 있다. 보스턴으로 가
는 기차는 재건축된 가까운 거리에서 쉽게 접근할 수 있다. 우스터 도시
관리자는 이렇게 말한다. "이전 시대의 실수에 팔짱만 끼고 있지 않고
해법을 찾는 것이 도시에 결정적입니다"(WSJ, 2017년 3월 21일, A3쪽).

■ 네브래스카주 오마하는 포장도로를 뜯어내고 이를 자갈길로 대체하고
있다. 많은 미국 도시에서 거리와 도로 기반시설은 심하게 손상되었다.

오마하는 공공 기금을 절약하고, 대대적 재포장을 하지 않으면서도 수리 불가능한 포장도로에 조치를 취하기 위해 포장도로를 자갈길로 개조하기로 하였다. 복잡한 스타벅스에서 한 블록 떨어진, 이미 전환된 거리 중 하나에 살고 있는 거주민은 말한다. "그쪽으로 난 창문은 열 수조차 없다. 여름에 그곳은 더스트볼[66]과 마찬가지다"(NYT, 2017년 3월 8일, A11쪽).

■ 뉴욕시 건설부는 현재 도시 건물 앞에 있는 거의 8,000개의 목재 또는 철제 건축용 발판의 위치를 표시한 지도를 출간했다. 통행인을 파편으로부터 보호하는 기능을 한다지만, 이러한 발판 중 많은 것은 수년간 거기 있었고 흉물이 되었다. 보행자와 사업자는 이것들이 도보 이동을 방해하고, 빛과 시야를 가리고, 쓰레기와 범죄를 끌어들인다고 불평한다. 시의회는 너무 오래 방치된 구조물을 표적으로 하는 규제를 궁리하고 있다(NYT, 2017년 4월 3일, A23쪽).

■ 프랑스 시골의 많은 마을에서 오래된 평범한 집들에서 건축자재를 뜯어내는 일이 벌어지고 있다. 자재는 종종 수출된다. 벽난로 앞장식, 계단, 몰딩, 목판, 바닥 타일 등 건축자재 시장이 번창하고 있다. 골동품 오크 나무문은 거의 600달러, 벽난로 앞장식은 거의 1만 달러를 호가한다. 건축자재를 뜯어낸 집은 수리나 안정화 비용 때문에 잘 팔리지 않는다. 근처의 집은 가격이 떨어지고, 마을은 "인구, 매력, 삶을 유지하기가 훨씬 힘들다고 느낀다"(NYT, 2017년 4월 17일, A4쪽).

....

66 [옮긴이주] dust bowl. 극히 건조한 기후와 잦은 모래폭풍이 미국 남부 평원을 덮쳤던 1930년대 미국의 자연재해 또는 그 시기, 또는 해당 지역을 가리킨다.

이러한 예들에서 환경적 총체의 어떤 요소는 장소가 다른 방식이 아니라 이런 방식으로 형태 잡히는 것을 돕는다. 어떤 예에서 환경적 요소는―일본의 숲, 로체스터의 지면보다 낮은 우회로 메우기, 우스터의 도심지 쇼핑몰 제거―는 장소와 장소 체험을 향상시킨다. 다른 사례에서―포장도로를 자갈길로 개조한 오마하, 뉴욕의 불량한 발판, 자재를 뜯어내는 프랑스의 집―환경적 요소는 장소를 침해한다. 긍정적 방식으로 작동하든 부정적 방식으로 작동하든, 환경적 총체의 어떤 면모가 (2) 장소-내-사람으로 하여금(1) 다른 방식이 아니라 이런 방식으로 존재하게 하고, 이는 이어서 공유 현전을 증진시키거나 감소시킨다(3).

본 장의 나머지 부분에서 나는 장소 증진의 네 가지 예를 제공할 것이다. 첫 번째 예는, 전통적 프랑스 가옥의 주요 생활공간이 어떻게 상보적 양식의 가족 삶을 촉진하는지를 예시한다. 두 번째 예는 도시학자 윌리엄 화이트의 연구에 의거하여, 도시 광장과 공원의 설계 요소가 어떻게 이 장소에서의 사교와 삶에 기여하는지를 조명한다. 마지막 두 예는, 어떻게 환경적 총체의 어떤 면모가 덜 명백한 방식으로 인간의 삶에서 역할을 하는지를 예시한다. 나는 건축 이론가 빌 힐리어의 공간문법 이론에 의거하여, 사람들이 장소에서 만나는지 분리되어 있는지에 경로의 공간적 배치가 어떻게 결정적으로 중요한지를 보여 줄 것이다. 나는 도시에 대한 제인 제이컵스의 시각으로, 즉 도시 다양성과 거리 발레를 촉진하는 데에 환경적 총체의 요소들이 어떻게 결정적인지에 관한 그녀의 정교한 해설로 돌아오면서 끝맺을 것이다.

삶을 조직화하는 건축

《보클뤼즈의 마을》에서 미국 인류학자 로렌스 와일리는 프랑스 남동부 루시옹의 작은 마을에서의 일상적 삶을 보고한다. 그는 1950년과 1951년에 여기에서 가족과 함께 살았다. 이들은 전기, 수도가 들어오고, 수세식 변기가 설치된 욕실이 있고, 중앙난방시스템을 갖춘 마을의 집에 거주했다. 그러나 이러한 현대 편의장치는 잘 작동하지 않았고, 난방 시스템은 전혀 작동하지 않았다. 시간이 지나, 와일리는 이 집의 소유주인 마트롱 가족이 이러한 장치를 거의 사용하지 않았으며, 그저 공동체에서 가족이 갖는 특권을 향상시키기 위해 설치한 것이라는 점을 깨달았다(Wylie, 1957, 145쪽).

이 집에서 몇 개월을 살고 나서 미스트랄—12월부터 3월까지 이 지역에 부는 차고 건조한 바람—에 대비한 후, 와일리는 방열기가 집 전체를 데울 능력이 없다는 것을 깨달았다. 그는 다른 수단으로 눈을 돌렸다. 그가 생각한 수단은 모든 방에 있는 벽난로와 부엌에 있는 난로였다. 집 전체를 데우겠다고 결심한 와일리는 난로와 벽난로에 매일 불을 지폈다. 그러나, 불이 계속 타오르게 하기 위해서는 온 시간을 들여야 한다는 것을 곧 깨달았다. 더욱이 나무와 석탄은 희귀했고, 그래서 비쌌다. 미스트랄이 불 때 벽난로는 방을 따뜻하게 유지할 수 없었다.

집 전체를 데우려는 노력이 실패하고, 와일리는 타자기와 책을 살르 salle로 옮겼다. 살르는 이 거주지의 중심 공간으로, 전통적으로는 거실, 식당, 부엌으로 이용되던 곳이다. 그는 침실의 불을 껐다. 거기에 불이 필요한 것은 가족들이 옷을 입고 벗을 때뿐이었기 때문이다(이제 가족들은 살르에서 옷을 갈아입었다). 시간이 지나면서, 부지불식간에, 와일리와 가족은 마을의 전통적 삶의 방식, 즉 추운 달에는 한 방에 모여 사는 방식에 적응한 것이었다. 그것은

고향에서 우리 가족의 삶은 집 전체에 분포되어 있었고, 루시옹의 집에서도 우리는 이를 집 전체에 분포시키기로 노력했다. 조금씩, 우리 가족의 삶은 다른 방에서 물러나 살르에 집중되었다. 이 변화는 몇 가지 문제를 풀었다. 가족을 따뜻하게 만드는 데에 시간을 덜 들이게 되었고, 연료비가 흐뭇할 만큼 떨어졌다. 다른 문제가 생겼다. 나는 아이들이 노는 동안 일하는 법을 배워야 했다. 아이들은 더 조용히 노는 법을 배워야 했다. 나는 책상을 식탁으로 쓸 수 있게 책상에서 논문을 치우는 법을 배워야 했다. 우리가 먹는 고기 대부분은 벽난로의 석탄으로 요리했다. 아이들 중 누가 밤중에 귀앓이를 할 때 우리는 아이의 방에 앉아서 다독여 줄 수 없었다. 우리는 아이를 데리고 내려와서 난로 앞에서 무릎 위에 안고 있어야 했다. 6개월 동안 밤낮으로 타올랐던 오크 나무 불은 우리 가족의 삶의 초점이 되었다(Wylie, 1957, 145-146쪽).

여름에는 살르가 훨씬 덜 중요하며, 가족들이 밖에서 햇볕 아래에서 지내게 되어서 불은 거의 요리할 때에만 지폈다고 와일리는 설명한다. 그러나 겨울에 살르와 벽난로는 결정적이었다. 그것은 가족에게 편안한 장소를 주고, 그들 삶의 매일의 중심이 되었기 때문이다. 살르와 가

족 사이의 이러한 내밀한 실감되는 관계는 비자기의식적 장소 중진 삼자의 예로서 단순하면서도 많은 시사점을 준다. 살르와 벽난로(환경적 총체)가 가족을 실용적·사교적으로 모으며(장소-내-사람), 매일의 지지적 생활세계를 지탱한다(운용 가능한 공유 현전).

건축 이론가 킴 도비는 매일의 삶을 위해 무언가를 제공하며 이 삶을 향상시키는 환경적 요소가 전유appropriation를 예시한다고 논한다. 전유는 지척에 있는 세계에 대한 책임과 돌봄을 내포한다. 전유란 "세계에 관한 우리의 일차적 결부, 우리의 심려"를 가리킨다. 이는 이기적인 것만이 아니라, "자체로 권리를 가진 세계에 대한 존중 및 세계의 보존"을 포괄한다(Dovey, 1985, 37쪽). 더욱이, 전유는 자애롭게 받아들이고 가지는 것을 내포한다. 여기에서 우리는 "세계를 우리 안으로" 통합시킨다(Dovey, 1985, 37쪽). 도비는 이렇게 설명한다.

우리가 자신을 사물과 장소의 세계로 개방할 때, 우리는 우리의 돌봄과 심려를 통해 이들에게 의미를 가져다준다. 동시에 이 사물과 장소가 우리의 정체성 감각에 의미를 빌려 준다. 전유란 그렇기에, 우리의 자기 정체성의 닻으로서의 세계의 면모를 우리가 전유하는 심려적 행위에 뿌리내리고 있다(Dovey, 1985, 37–38쪽).

살르에 대한 와일리의 예는 도비의 전유와 관련이 있다. 와일리가 처음에 그의 프랑스 집이 그의 미국 집과 거의 같은 방식으로 작동하리라고 가정한다는 점에서 그렇다. 그러나 프랑스 집에 살면서 가족에게 따뜻한 공간을 제공하려고 하면서, 그는 이 거주지가 무엇인지, 그리고 그것이 어떻게 작동하는지를 더 잘 이해해야 함을 깨닫는다. 시간이 지나, 그와 가족은 이 집을 전유한다. 이 집이 제공하고 필요로 하는 특정한 방식에 따라서 이를 이해하고, 받아들이고, 돌본다면, 이 집은 편안한 거주지로서 성공적으로 작동한다는 것을 그와 가족이 발견했다는 의미에서 그렇다. 그들은 집이 어떻게 작동해야 하는지에 관한 그들의 당연하게-여겨지는 기대를 치워야 했고, 집이 그들에게 제공하는 가능성이 무엇인지 깨닫고 나서 이 가능성을 받아들인다. 가족이 이 집을 편안하게 느끼게 되고 음미하게 되면서, 이들은 집을 전유한다. 이 결과로 생기는 생활세계는, 이들이 익숙한 미국에서의 체험과는 다르지만, 당연하게-여겨지며 새로운 정상성이 된다.[67]

살르의 예는 어떻게 모든 장소에서 여섯 장소 과정 모두가 작동하지만 종종 상이한 강도로 작동하는지를 예시한다. 나는 장소 증진을 풀어내기 위해 살르의 예를 선택했다. 하지만 나는 이 상황을 이용해서 다른 다섯 과정을 해명할 수도 있었다. 가족이 함께 물리적으로 모이도록 함으로써, 살르는 상호작용을 위한 환경적 배경을 촉진한다. 가족 구성원을 공간적으로 함께 붙잡음으로써, 살르는 이들이 가족으로서

....

67 그 집이 할 수 없는 것을 하게 하려는 시도를 하다 실패한 일련의 상호작용 삼자 후에야 살르를 전유하려는 그의 시도가 성공한다는 것에 주의하라. 이러한 실수를 통해, 그는 그 집이 가족에게 제공할 수 있는 최선의 것이 무엇인지 깨닫기 시작한다. 달리 말하자면, 그는 운용 가능한 생활세계이자 거주지로서의 집이 증진되어 가능 과정에 살르가 어떻게 참여하는지에 조현되어 간다.

의 정체성을 발견하는 장소를 제공한다. 예기치 못함과 놀라움의 공간을 열어 줌으로써, 살르는 해방을 지지한다. 가족의 가정적 삶의 대부분에 질서를 줌으로써, 살르는 증진을 조성한다. 가족이 새로운 가능성을 상상할 수 있는 지지적 배경을 제공함으로써, 살르는 창조를 후원한다. 여섯 장소 과정이 집의 "집처럼-편안함"을 지지하기도 하지만 침해할 수도 있다는 점을 상기하는 것은 중요하다. 예를 들어, 가족 구성원이 잘 어울리지 못한다면, 살르는 서툰 상호작용, 해체적 정체성, 무질서한 생활세계의 장소가 될 수도 있다.

내가 여섯 장소 과정의 상호연결성을 강조한 것은, 살르의 예가 특히 접근 가능한 그림을 제공하기 때문이다. 나는 15장에서 여섯 과정 사이의 동반상승적 관계를 논할 것이다. 그렇지만 내가 여기에서 이를 언급한 것은, 한 장소 과정에만 초점을 맞추다 보면, 탄탄한 장소에서 여섯 삼자가 모두 작동하고 있다는 것을 망각할 수 있기 때문이다.

플라자와 공원에 생기를 주는 설계

나는 와일리와 살르의 마주침을 통해 장소 증진을 예시했고, 이제 다른 세 연구자에게로 눈을 돌리려 한다. 이들은 인간의 삶에서 환경적 총체가 행하는 역할을 검토하고, 이 이해를 실용적 목표를 위해 명시적으로 이용한다. 이 연구자들 중 첫 번째는 도시학자 윌리엄 화이트다(Whyte, 1980, 1988). 그의 초점은, 광장과 공원이 도시의 생명성 및 장소의 도시적 의미에 어떻게 기여하느냐는 것이다. 그의 작업이 중요한 것은, 첫째, 어째서 어떤 도시 광장과 공원은 잘 이용되고 다른 광장과 공원은 잘 이용되지 않는지를 설명하기 때문이다. 둘째, 광장이나 공원이 잘 작동하거나 그러지 못하는 이유에 계획 가능하고 설계 가능한 요소가 어떻게 본질적 역할을 하는지를 그가 통합적인 방식으로 보여주기 때문이다.[68]

화이트가 보기에 최선의 광장과 공원은 사교가능성sociable이 있으며, 많은 수의 이용자들을 비격식적으로 한데 모은다. "비격식적"이라는 말로 화이트가 뜻하는 것은, 많은 이용자들은 특정한 광장이나 공원에 가려는 의도적 계획 없이 그곳을 이용하고 있다는 것이다. 오히려, 이들은 이용가능한 자유 시간이 있고, 어딘가 다른 곳으로 가거나 다른 곳에서 오는 길에 광장이나 공원에 "들른다." 이러한 이용자들은 다른 이용자를 불러들이고, 성공적인 광장이나 공원의 공유 현전에 기여한다. 이는 "활동", "삶", "교환", "즐거움", "왁자지껄", "사람 구경", "'시간 때우는' 사람들" 같은 기술어를 통해 그려질 수 있다. 화이트의 작업이 중요한 것은, 장소와 공원의 사교가능성의 중요성을 식별한 후 사교가능성이 일어나는 데에 핵심적인 세 가지 물리적 요소를 찾아내기 때문이다.

이 요소들 중 가장 중요한 요소는 위치다. 광장이나 공원은 적절한 잠재적 이용자 풀 근처에 있어야 한다. 이는 전형적으로, 복합적 기능—특히 일터, 거주지, 가게, 식당을 포함하는—을 지닌 밀집도 높은 지역과 연관된다. 1989년 영화 〈꿈의 야구장〉에서 어떤 목소리는 이렇게

---

68 화이트의 연구는 밀도가 높고 도보 이동이 많은 도시 구역 내의 광장과 공원에만 초점을 맞춘다.

말한다. "네가 건설한다면, 그가 올 것이다." 그 결과로 아이오와주 시골 지방에 야구장이 건설된다. 화이트가 보기에 이 문구는 이렇게 쓰는 것이 더 정확하다. 광장이 걸어서 오기 편리한 거리—대부분의 이용자에게 이는 세 블록 이내다—내에 있을 경우, "네가 건설한다면, 그가 올 수도 있다"(Whyte, 1980, 16쪽). 최선의 행위 계획은, 광장이나 공원을 보행자의 흐름이 많은 거리를 따라서 또는 거리 모퉁이에 놓는 것이다.

광장이나 공원이 좋은 위치에 놓이면, 두 번째 중요한 물리적 요소가 개입하기 시작한다. 그것은 거리-광장 관계다. 이를 통해 화이트가 의미하는 것은, 이 광장이 거리의 확장으로서 설계되어 어디에서 보도가 끝나고 광장이 시작되는지를 보행자가 눈치채지 못해야 한다는 것이다. 이 설계 목표는, 이용자가 될 법한 사람들이 부지불식간에 광장이나 공원으로 이끌리는 식의 **즉흥적 이용**을 촉진하는 것이다. 즉흥적 이용에 기여하는 물리적 요소는, 누가 공간 안에 있는지 누구 바깥 보도에 있는지를 들어오거나 나가는 이용자가 볼 수 있는 **탁 트인 시야**다. 화이트는 보도보다 높은 광장이나 낮은 광장에 강하게 반대한다. "사람들이 공간을 보지 못한다면, 이용하지도 않을 것"이기 때문이다 (Whyte, 1980, 58쪽).[69] 즉흥적 이용을 자극하는 또 다른 유용한 물리적 요소는 유인 장치, 즉 이용자들이 들어오도록 끌어들이는 설계 요소다. 여기에는 낮고 정중한 계단, 우아한 입구 표지판, 보기 좋은 풍경, 폭포 · 특

----

[69] 예외도 있기는 하지만, 화이트는(Whyte, 1980, 58-59쪽, 114쪽) 일반적으로 플라자는 보도 높이보다 3피트(약 1미터) 이상 높거나 낮으면 안 된다고 권한다.

이한 분수와 조각 같은 매혹적 장소 요소가 있다. 또한 광장 가장자리의 명물도 유용하다. 예를 들어, 이용자들이 광장으로 들어와 광장을 지나가게 하는 상점, 식당 등의 가게들이 그렇다.

이용자들이 광장에 들어오고 나면, 목표는 이들이 광장에 머무르게 하는 것이다. 설계적으로 볼 때 이는 앉을 곳을 통해 가장 쉽게 성취된다. 앉을 곳은 물리적으로도, 사교적으로도 편안해야 한다. 광장이나 공원이 제공해야 할 최소한의 앉을 곳에 관해, 화이트는 광장 30제곱피트당 1피트의 앉을 곳이 있어야 한다는 자의적 요건을 수립한다(Whyte, 1980, 112쪽). 물리적 편안함과 관련하여, 앉을 곳은 너무 높거나 너무 낮거나 너무 좁으면 안 된다. 예를 들어, 좌석은 1피트보다 낮으면 안 되고 3피트보다 높으면 안 된다. 좌석은 16인치보다 좁으면 안 되고, 양쪽에 앉을 수 있게 할 것이라면, 최소한 30인치는 되어야 한다.[70] 또한 중요한 것은 사교적 편안함이다. 이는 혼자 앉을 수 있는 곳, 친밀한 타인과 함께 앉을 수 있는 곳, 큰 집단과 함께 앉을 수 있는 곳 사이에서 선택지가 있음을 지칭한다. 일반적으로 볼 때, "잠시 앉아 있을" 사람을 위해 앉을 곳을 설계하는 것이 더 낫다. 가장 많이 이용되는 광장과 공원은 덜 이용되는 장소보다 더 많은 수의 여성, 더 많은 수의 무리, 더 많은 비율의 커플을 끌어들인다는 것을 화이트의 연구는 말해준다(Whyte, 1980, 16-39쪽).

....

70 30제곱피트는 거의 3제곱미터다. 3피트는 1미터보다 조금 작다. 16인치는 거의 40센티미터, 30인치는 거의 75센티미터. 1피트 이상의 등받이가 있는 좌석이라면 14인치(거의 33센티미터)까지는 좁아도 된다(Whyte, 1980, 112-116쪽을 보라).

화이트의 작업은 음식의 판매, 햇빛과 그늘의 존재 등 광장과 공원 설계의 여타 중요한 면모도 식별한다. 그러나 사교가능성을 자극하는 데에서 이러한 요소들 중 어느 것도 위치, 거리-광장 관계, 앉을 곳만큼 중요하지 않다. 화이트의 작업은 실용적으로 가치 있다. 장소가 생기 있는 도시 장소로서 성공하거나 실패하는 데에 환경적 총체의 상이한 요소들이 상이한 정도의 중요성을 가진다는 것을 보여 주기 때문이다. 그는 큰 규모에서 작은 규모로 움직이는, 그리고 더 넓은 도시 맥락(상대적 위치)으로부터 광장과 직접적 주변의 연결성(거리-광장 관계)으로, 그리고 그 안의 상황(물리적·사교적으로 편안한 앉을 곳)으로 내려가는 설계 요소의 위계를 식별한다.

상대적 중요성의 측면에서 이 세 요소를 제시함으로써, 화이트는 그른 위치의 광장이나 공원을 성공적으로 만들기는 아마도 힘들 것이라는 점, 또한 좋은 위치에 있지만 잘 돌아가지 않는 광장이나 공원은 좋은 앉을 곳 또는 보도-광장 관계의 개선을 통해 보강될 수 있다는 점을 우리가 깨닫는 데에 도움을 준다. 장소 증진의 측면에서 볼 때, 화이트의 작업은 유익한 모델이다. 어떻게 성공적으로 설계된 환경적 총체의 성질(위치, 거리-광장 관계, 앉을 곳)이 장소-내-사람의 특정한 방식(사교성)을 지지하고, 다음으로 이것이 생기 있는 공유 현전(환경적 풍성함)을 촉진하는지에 관하여 화이트의 작업이 단순하지만 명쾌한 예를 제공하기 때문이다.[71]

....

71 화이트의 가장 흥미로운 발견은 그가 "실효적 수용량effective capacity"이라고 부르는 것이다.

생활세계를 조직화하는 위상학

와일리의 살르 예와 윌리엄 화이트의 탄탄한 광장 및 공원 설계 원칙
은 명백하고 직접적인 방식으로, 환경적 총체의 요소가 어떻게 인간의
체험에서 역할을 수행하는지, 그래서 장소의 강하거나 약한 공유 현전
에 기여하는지를 예시한다. 그러나 장소 증진에는 더욱 복잡하고 식
별 · 기술이 어려운 요소와 면모가 있다. 장소 증진의 이러한 눈치채기
힘든 차원을 그려 보기 위해 나는 빌 힐리어의 공간문법 이론, 그리고
도시 다양성과 거리 발레를 위해 제인 제이컵스가 제시하는 조건에 초
점을 맞출 것이다. 이 두 사유자는 집요하고 자기의식적인 연구를 통
해서만 볼 수 있고 이해할 수 있는 환경적 총체의 물리적 · 공간적 면
모를 그려 낸다.

현상학적이 아니라 분석적이고 도구주의적이기는 하지만, 힐리어의
공간문법 이론은 환경적 총체의 어떤 중요한 면모가 어떻게 생활세계
체험만을 통해서는 쉽사리 알려지지 않는지에 관한 두드러진 예가 된

....

이는 어떤 공간에 이용자의 수가 어느 정도여야 적절한지를 사람들이 본능적으로 알아차린다
는 주장이다. 사람들은 어떤 공간 내의 이용자가 최적의 수에 달했다는 것을 느끼면, 광장에 들
어가지 않고 다른 곳에 간다(Whyte, 1980, 66–75쪽). 그가 설명하듯이, "수용량은 스스로 평준
화되는 성질이 있다"(Whyte, 1980, 73쪽). 뉴욕시 공무원에게 화이트의 주장은 중요했다. 그들은
어떤 광장이 유명해지면 과밀집될 것을 걱정했기 때문이다. 화이트는 진짜 문제는 과다 이용이
아니라 **과소** 이용이라고 결론 내렸다. 실효적 수용량에 대해 화이트가 제시하는 경험적 증거는
제한적이다(시그램 광장 북쪽에 대한 시차적 연구). 내가 아는 한, 이것이 실재한다는 것을 결
론적으로 증명한 연구자는 없다. 이 현상의 현상학적 차원을 포함하여 이 현상을 더 철저히 연
구하는 것은 미래의 중요한 연구 기획이다.

다(Hillier, 1989, 1996, 2005, 2008: Hillier and Hanson, 1984: Hanson, 2000). 그는 경로—도로든 거리든 보도든—의 공간적 배치가 이 경로가 잘 이용되고 살아나는지, 아니면 텅 비고 생명을 잃는지에 중대한 역할을 한다고 논한다. 그의 작업은 상이한 경로 배치가 이용자들을 공간적으로 함께 모을 수도 있고 이들을 떼어 놓을 수도 있음을 설득력 있게 보여 준다.[72]

힐리어 이론의 중심 개념은 축 공간axial space이다. 이는 경로의 일차원성과 관련되며, 전체로서의 소도시나 도시 전체에 걸친 인간의 이동에 영향을 미친다. 축 공간은 좁고 긴 거리街를 통해 완벽하게 예시되며, 선이 건물, 벽, 여타 물질적 대상에 부딪칠 때까지 거리나 여타 운동 공간을 통해 그을 수 있는 가장 긴 직선을 통해 기하학적으로 재현된다. 축 선은 두 가지 이유로 현상학적으로 중요하다. 첫째, 축 선은 우리가 있게 된 곳으로부터 볼 수 있는 가장 먼 지점을 가리키기 때문에 그것은 "여기"와 "저기" 사이의 실감되는 관계를 말한다. 그렇기에 정착지의 규모 면에서 그것은 환경적으로 방위를 잡고 장소 내에서 우리의 길을 찾는 데에 영향을 미친다. 둘째, 축 선들은 집합적으로 장소의 다양한 부분들이 보행자나 탈것의 순환을 통해 연결되는 공간적 체계를 묘사하기 때문에, 한 정착지의 주축선이 이루는 거미줄은 장소 내의 잠재적 이동의 장을 단순화한 표현을 제공한다. 상이하게 배치된 경로 거미줄은 경로 이동의 상이한 패턴, 그리고 보행자 및 여타 이용자 간의 면대면 마주침의 상이한 패턴을 낳는 데에 중대한 역할을 한

....

72 공간문법은 건물 인테리어에도 적용 가능하다. Hanson, 1998; Seamon, 2017a을 보라.

다는 것이 힐리어의 중요한 발견이다.

주축 공간과 경로 거미줄의 중요한 양적 측정 기준은 **통합성**integration 이다. 힐리어는 이를 축 공간이 경로 체계에서 다른 모든 축 공간과 관계하여 가지는 연결성의 상대적인 정도의 지표라고 정의한다. 여기에는, 많은 다른 경로와 연결된 경로로는 이용자가 더 많이 다닐 것이라는 가정이 있다. 그 소도시나 도시의 다른 경로나 목적지에 가기 위해 이용자들은 그 경로를 횡단할 필요가 있기 때문이다. 이러한 경로는 이동의 장에 강하게 **통합**되어 있다고 말할 수 있다. 다른 많은 경로가 저 잘 연결된 경로로 이어지며, 큰 이용자 풀을 잠재적으로 제공할 수 있기 때문이다. 대조적으로, **격리된**segregated 경로는 이어지는 경로가 적거나 없는 경로다. 예를 들어, 막다른 거리가 그렇다. 여타 제반 사항이 같다면 격리된 경로는 적은 이동의 장소일 것이다. 그 경로는 그 직접적 인근에 있는 제한적인 수의 이용자에게만 도움이 되기 때문이다.

통합과 여타 양적 측정 기준을 통해, 힐리어는 장소의 **전반적**global 패턴—달리 말하자면, 장소의 경로가 이루는 직조의 공간적 구조가, 공동-현전을 모으거나 분리시키는 잠재적 이동의 장을 배치하는 방식—에 관한 설득력 있는 이해를 전개한다. 보행자와 여타 장소 이용자의 이동 및 면대면 상호작용을 자동적으로 좌절시키거나 촉진할 수 있는, 경로 네트워크의 잠재적 힘을 기술하기 위해 힐리어는 자연적 이동이라는 용어를 사용한다. 자기 고유의 정규적 루틴과 활동에 참여하는 개인이 많이 현전하면, 그 통상적인 결과는 살아나는 경로와 충일한 지역 장소다. 힐리어는 밀집도, 건물 유형, 기능과 토지 이용의 수, 크기, 범위 또한 장소의 생명성에 기여한다는 것을 인지한다. 그러나 궁극적으로는 경로 배치가 가장 일차적이고 가장 결정적이라고 논한다 (Hillier, 1996, 161쪽).

도시와 관련하여 힐리어가 보여 주는 것은, 전통적으로 대부분의 도시 경로 체계는 다양한-규모의 변형 그리드[73]의 통합되고 상호연결된 직조였다는 점이다. 이러한 경로 체계에서 가장 활동적이고 통합된 거리가 이루는 형태는, 대략적으로 가장자리, 바퀴살, 중추로 된 바퀴를 떠올리게 한다. 통상적으로 이들 변형 그리드 각각은 지정된 근린주구 또는 구역과 연관된다. 예를 들어, 런던의 소호, 웨스트엔드, 런던시가 그렇다. 이어서, 이 구역들의 통합된 경로 구조는 결합되어 훨씬 더 큰 변형 그리드를 형태 잡는다. 이 그리드가 전체로서의 도시와 런던 지역의 이동적 역동을 토대 놓는다. 20세기 도시설계와 계획이 정규적으로 행한 것은, 통합된 경로 배치를 나무 같은 형태의 격리된 경로 체계로 대체하는 일이었다고 힐리어는 지적한다. 이는 지역적 통합과 전반적 통합 사이의 내밀한 관계를 좌절시키거나 파괴했고, 그리하여 많은 면대면 상호 관계를 제거했다. 예를 들어, 저밀집도의 "쿨데삭과 루프" 패턴[74], 자동차 의존적 교외지역, 많은 현대적 거주 구역의 위계적 순환

....

73 [옮긴이주] deformed grid. 도로 설계에서 그리드는 바둑판처럼 가로세로의 도로가 이어져 모든 곳이 모든 곳과 연결된 전통적 패턴을 뜻한다. 변형 그리드는 바둑판처럼 일정하게 정돈되지 않고 변형된 요소가 있는 그리드 형태를 뜻한다.

74 [옮긴이주] 쿨데삭cul-de-sac은 본래 "가방 바닥"을 뜻하는 프랑스어다. 도시설계에서 이 말은 도로의 끝이 다른 곳으로 이어지지 않고, 끝에 차를 돌릴 수 있는 공간이 주어진 막다른 도로 형태를 뜻한다. 루프loop 형태는 순환로를 놓은 설계 패턴을 뜻한다. 그리드 형태와 달리 모

적 배치가 그렇다.

동반상승적 관계성의 관점에서 볼 때 공간문법에서 충격적인 점은, 장소의 경로 네트워크가 어떻게 그 장소 전반에 걸쳐 이동 패턴을 촉진하거나 방해하는 작용을 하는지를 그려 주는 기술적 장치를 공간문법이 제공한다는 것이다. 객관주의적 틀에도 불구하고, 공간문법은 장소 내의 횡단을 지탱하는 그 장소의 부분들을 모으고 합친다. 동반상승적 함께임은, 그 기저에 있는 전체로서의 경로 구조의 위상학적 구성에, 즉 한 경로가 그 장소의 전반적 경로 배치에 위상학적으로 다소간에 얽혀 있는 방식에, 그리하여 경로를 따르는 인간의 이동을 그 경로가 다소간에 잠재적으로 지지하게 되는 방식에 기반을 둔다. 달리 말하자면, 횡단의 각 선은 분리되고 단절된 경로 조각으로 해석되지 않고 더 큰 경로 직조를 이루는 통합되고 연속적인 실로 해석된다. 힐리어가 설명하듯이, "공간 네트워크의 배치는 그 자체로, 이동 패턴을 형태 잡는 1차적 요인이다"(Hillier, 2008, 30쪽).

핵심 구절은 "그 자체로"다. 이는 경로 구조의 생래적 전체성을 암시한다. 이러한 의미에서 공간문법은 한 장소의 잠재적 경로-이동 역동에 관한 동반상승적 초상을 제공한다. 이 초상은 (각 경로의 경험적 이동 자료의 총합으로부터) 분석적으로 생겨나는 것이 아니고, 양적으로 그려진 경로 배치의 구조 자체로부터 동반상승적으로 생겨난다. 측정을 통하

....

든 곳이 모든 곳으로 이어지지 않는 이 패턴들은 제2차 세계대전 이후 많은 곳에서 그리드를 대체해 왔다. 힐리어는 이 점을 지적하는 것이다.

여, 공간문법은 "상호적으로, 요소들이 또한 구성하는 장소 내에서 이것들이 함께 모이는 방식을 통해서만 정의"될 수 있는(Malpas, 2009, 29쪽) 연속적이고 서로 얽힌 경로의 거미줄을 식별하고 평가할 수단을 제공한다.

　장소 증진의 측면에서 볼 때, 공간문법은 환경적 총체의 한 면모—공간적·위상학적 요소—가 장소-내-사람의 이동에서 어떻게 주축적 역할을 하는지, 그리하여, 이용자가 상호신체적으로 함께 모이는지 서로 분리되는지의 측면에서 본 그 장소의 "삶"의 정도에 어떻게 기여하는지를 그려 준다. 공간문법은 환경적 공간성과 물질성이—어떤 의미에서는 타성적이고 수동적임에도 불구하고—매일의 인간적 세계를 저 방식이 아니라 이 방식이 되도록 하는 데에 어떻게 능동적으로 기여할 수 있는지를 보여 주는 최상의 예를 제공한다. 사회학자 토머스 기어린은 "물질적 실재의 행위자적 능력"이라는 표현을 이용하여(Gieryn, 2002, 341쪽), 인간적 생활세계의 특정한 구성에 기여하는 물질성과 공간성의 독립적 힘을 기술한다. 공간문법은 이러한 행위자적 능력의 비범한 예가 된다. 장소의 물리성이 경로 구조를 통해 공간적 장을 미리 설정하고, 이 장의 본성은 그 장소 내에서의 인간의 이동 및 공동-현전의 상대적 양에 중심적 영향을 미친다는 점을, 이러한 접근법이 보여 주기 때문이다.

장소 발레를 지지하는 환경적 총체

이 장을 끝내면서 나는 제인 제이컵스로 돌아온다. 그녀는 탄탄한 도시 장소의 본질적 실감되는 구조는 근린주구와 보도의 삶의 충일성이라고 논한다. 제이컵스의 작업이 장소 증진과 유관한 것은, 도시의 환경적 총체가 가진 핵심적 물리적 · 공간적 요소가 충일한 거리 활동을 촉진하는 데에 중요한 역할을 한다는 점을 그녀가 식별하기 때문이다. 제이컵스는 실질적 도시 다양성과 생동적 도시 거리의 삶은 도시 환경적 총체와 직접적으로 관련될 수 있는 네 가지 구체적 조건을 요구한다고 역설한다(Jacobs, 1961, 143–151쪽). 그것은 블록이 짧을 것, 건축 유형이 다양할 것, 사람들이 고도로 밀집될 것, 일차적 용도가 혼합되어 있을 것—달리 말하자면, 사람들이 반드시 가야 하는 거주지와 일터 같은 정박 기능이 혼합되어 있을 것—이다. 장소 증진과 관련하여, 우리는 환경적 총체의 이러한 네 요소가(2) 거리 발레를 통해 장소–내–사람을 위한 배경을 만들고(1) 독특한 장소 기운과 공유 현전을 낳는다고 (3) 말할 수 있다.[75]

힐리어가 발견한 공간문법처럼, 이 네 조건은 직접적으로 명백하지 않다. 그런 의미에서 제이컵스의 작업은 환경 요소가 어떻게 활기찬 도시 장소에 기여하는지에 관한 암묵적 현상학이라고 기술될 수 있다. 거주지와 일터 같은 일차적 용도가 결정적인 것은, 이들이 거리와

....

75 "사람들이 고도로 밀집될 것"이라는 조건이 동등하게 "장소–내–사람"과 관련된다고도 논할 수 있겠지만, 나는 여기에서 이를 환경적 총체의 면모로 본다. 여기에서 제이컵스가 정의하듯이, 밀도란 (이 개인들의 심리적 · 사회적 · 문화적 · 경험적 특성이 아니라) 대체로 어떤 면적 단위에 있는 개인 수의 물리적 총합적 측정치이기에 나는 이를 환경적 총체의 요소로 포함시킨다. 이는 주로 제시의 편의성을 위해서다. 명백하게도 밀도는 밀집성과 관련되며, 이는 중요한 체험적 차원을 지닌다. 예를 들어, 과밀집의 경우에 그렇다(Jacobs, 1961, 205–208쪽을 보라).

보도 이용자들의 정규적이고 보장된 풀을 제공하기 때문이다. 제이컵스는 한 근린주구가 최소한 두 개의 일차적 용도를 포함해야 하고, 이상적으로는 더 많은 용도를 포함해야 한다고 강조한다. 상이한 일차적 용도는 상이한 시간과 거리에 상이한 사람들을 제공하기 때문이다. 이 사람들이 이 근린주구의 장소 발레에 기여한다.

일차적 기능과 연관된 이용자가 또 중요한 것은, 이들이 근린주구의 이차적 기능—식당, 카페, 술집, 가게 같은 용도로 이와 관련하여 많은 단골이 현전한다—을 위해 경제적·사회적으로 많은 지지를 제공하기 때문이고, 무엇보다도 이차적 기능이 거주, 일, 학교 등의 일차적 기능에 의존하기 때문이다(Jacobs, 1961, 161-164쪽). 대부분의 이차적 용도는 작은 가게들이고, 이들이 살아남을 수 있는 것은 오직 제이컵스의 네 핵심 요소 중 다른 하나—이용자가 될 법한 사람들의 빽빽한 집중 때문이다. 일차적 이용이 충분하면 대체로 이러한 집중이 생겨나며, 이 집중은 "좁은 지리적 범위에서 차이와 가능성의 거대하고 충일한 풍요로움"을 낳는다. "이러한 차이 중 많은 수는 독특하고 예측 불가능한 것이며, 바로 그렇기에 더욱 가치 있다"(Jacobs, 1961, 220-221쪽). 생기 있는 도시 근린주구에는 이차적 이용의 수가 일차적 이용의 수보다 훨씬 크다. 많은 사람들이 가까이에 함께 있으면 폭넓은 상품, 서비스, 활동이 필요하기 때문이다(Jacobs, 1961, 147쪽).

탄탄한 도시 근린주구를 위한 제이컵스의 다른 두 조건은 다양한 유형의 건물과 작은 블록이다. 근린주구의 건물을 논의하면서, 제이컵스는 이 구역에 다양한 연식과 조건의 구조물이 면밀하게 섞여 있어야 한다고 논한다. 이 중에는 새로운 일차적 기능을 위한, 그리고 비싼 임대료를 감당할 수 없는 도전적인 이차적 스타트업 기업을 위한 인큐베이터가 될 많은 수의 작고 오래된 건물도 있다. 다양한 유형의 건물은 "중간 이윤, 저이윤, 무이윤의 다양성을 몹시 다채롭게 하기 위한 … 보호소"가 된다(Jacobs, 1961, 199쪽). 작은 구조물이 특히 중요한 것은, 흔히 지역적이지 않은 집단에 의해 운용되는 거석과도 같은 큰 구조물에 비해서 이들이 보도 길이당 더 많은 건물 수를 제공하기 때문이다. 이런 방식으로 작은 건물은 더욱 다양한 용도, 행동, 이용자들을 제공하는 데에 기여한다. 이 모든 것은 이 근린주구의 거리 발레의 시각적 · 기능적 · 사회적 다채로움을 지탱하는 데에 도움을 준다.

제이콥스의 도시 환경적 총체의 네 번째 요소는 짧은 블록이다. 제이콥스는 이것이 한 구역의 거리 발레에 불가결하다고 본다. 긴 블록이 제공하는 것과 비교해 볼 때, 침투 가능하고 상호연결된 보도와 거리는 보행자들의 혼합적 교차-이용을 지지하며, 거리 전면의 장소들이 더 길게 연쇄되는 것을 지지하기 때문이다. 짧은 블록은 긴 블록보다 더 많은 경로 선택지를 제공하여, 횡단을 더욱 편리하게 만든다. "빈번한 거리와 짧은 블록은 가치가 있다. 이것들은 도시 근린주구의 이용자들 가운데에서 섬세한 교차 이용의 직조를 가능케 하기 때문이다"(Jacobs, 1961, 186쪽).

탄탄한 도시 근린주구에 짧은 블록이 가지는 중요성을 강조함으로써, 제이콥스의 작업은 거리와 보도가 잘 이용되고 살아나는지 아니면 텅 비고 생명을 잃는지에 거리와 보도의 공간적 배치가 어떻게 중대한 역할을 하는지를 다루는 힐리어의 더 최근 작업의 전조가 된다(Seamon, 2012a). 힐리어의 발견과 마찬가지로, 제이컵스의 작업은 도시 생명성과 도시 장소 만들기에서 환경적 요소가 어떻게 탁월한 역할을 수행하는 지에 관한 놀라운 예다. 그녀는 경쟁력 있는 공유 현전을 지탱하는 인간의 삶에 그리고 장소에 환경적 총체가 충만하게 기여한다는 결정적 증거를 제공한다.

　장소 증진과 관련하여 제인 제이컵스, 빌 힐리어, 윌리엄 화이트의 작업은 많은 것을 밝혀 준다. 이 연구자들은 쉽게 인지되거나 이해되지 않는 환경적 총체의 면모들을 검토하기 때문이다. 이 세 연구자 모두 물리적 · 공간적 환경이 도시적 생활세계에서 어떻게 역할을 수행하는지, 그리고 장소의 공유 현전을 증진시키거나 감소시키는지에 관한 많은 이야기를 해 준다. 이러한 이해는 건축가, 계획자, 정책 입안자, 공동체 운동가가 환경적 총체로서의 장소와 생활세계로서의 장소 사이의 적절한 "들어맞음"을 더 잘 상상하는 데에 도움을 준다. 이러한 이해를 통해 우리는 장소 창조라는 여섯 번째 삼자로 움직인다. 여기에서는 사려 깊고 능력 있는 개인과 집단이 혁신적 장소 만들기에 참여한다. 이 삼자가 다음 장의 초점이다.

14
장소 창조의 삼자(1-2-3 또는 PP-EE-CP)

장소 창조는 장소 증진과 밀접히 연관되어 있으며, 헌신적 개인과 관련된다. 그는 자신의 장소를 이해하고 이 장소가 필요로 하는 것을 인지하고서, 이 장소의 환경적 총체에 있을 수 있는 개선점을 상상하는데, 이 개선점은 이어서 공유 현전을 강화한다. 장소 창조가 장소의 실제 필요를 오해하거나 무시하는 사고, 상상, 제작을 낳을 경우, 과정으로서 장소 창조는 장소를 침해한다. 그 결과는 자의적이거나 부적절하거나 무용한 정책, 설계, 행위다. 이는 그 장소가 어떤 것인지를 오해하고, 그리하여 장소의 핵심 작동과 가능성을 무효화함으로써 장소를 약화시킨다.

삼자로서 그려 보면, 장소 창조는 헌신적이며 그 상황에 정통한 장소의-사람이(1) 장소의 환경적 총체에 창조적 변동을 낳고(2) 이것이 장소의 공유 현전에 활기를 불어넣는(3) 것이라고 기술할 수 있다. 건축 현상학자 댈리버 베즐리가 쓴 다음 말은 장소 창조에 대한 좋은 기술이다(Vesely, 2003, 144쪽). "창조한다는 것은 이전에 없던 것을 존재하게 하되, 이때 그 결과가 이미 여기 있는 모든 것과 완전히 화해되는 방식으로 창조하는 것이다." 베즐리의 창조 이해에 중요한 것은, 창조의 결과가 이미 현전하는 것에 꼭 들어맞고 그 상황을 더 낫게 한다는 것이다. 그는 이러한 창조 방식을 그가 생산production이라고 부르는 것과 대조시킨다. 생산은 위조의 방식으로, 이미 현전하는 것에 간섭하거나 그것을 손상시킨다. 그는 생산을 "의미의 상실, 실재의 혼잡한 감각, 건물과 공간의 공허함, 환각적 체험을 위한 공간의 성장과 문화적 파편화의 성장"과 연관시킨다(Vesely, 2003, 144쪽). 그는 이렇게 쓴다.

생산은 … 주어진 실재의 제한을 무시하고, 이루어질 수 있는 것의 한계를 향해 움직이는 경향이 있다. 생산은 실재의 상상적 수준과 환각적 수준의 경계를 아주 자주, 상당히 고의적으로 넘는다. 생산적 태도에서 생산물의 환각적 성질은 문제적이거나 부정적인 것으로 간주되지 않고, 아주 자주 바람직한 것으로 간주된다(Vesely, 2003, 144쪽).

내가 장소 창조라고 말할 때, 베즐리의 생산은 장소 창조의 부정적이고 파괴적인 면이다. 이 장에서 내가 제공하는 확장된 예는 "이미 현전하는 것"과 "이전에는 여기에 없던 것" 사이의 베즐리의 화해를 포괄하는 건설적, 장소-강화적 과정을 강조한다. 나는 여섯 개의 신문 이야기로 시작한다. 이 이야기들은 장소 창조를 예시하는데, 이 중 한 보고는 창조적 강화가 아니라 장소의 파괴적 "생산"과 더 관련된다. 다음으로 나는 건설적 장소 창조의 다섯 가지 심화 사례를 제시할 것이다. 여기에는 장소-기반 풍력발전 터빈, 풍경 복구, 전체성의 제조가 있다.

장소 창조의 예

이어지는 신문 이야기들은 전 지구적인 규모에서 지역 규모에 이르는 장소 상황, 그리고 자연적이기도 하고 인간이 만든 것이기도 한 장소를 예시한다. 이 항목들은 "장소-내-사람"이 환경적 총체에 대한 적절하거나 부적절한 개입으로 인해 어떻게 자기 장소를 보강하거나 쇠약하게 할 수 있는지를 가리킨다.

■ 베이징의 만성적 대기오염을 완화하기 위해 중국 정부는 도시를 둘러싼 나무들의 "녹색 목걸이"를 계획하고 있다. 이 계획은 도시의 스모그를 흩어지게 할 바람과 공기 움직임을 가능케 하는 다섯 개의 "통풍 복도"를 포함한다. 각각의 폭이 최소한 1,500피트(460미터)인 이 복도는 도시를 지나가면서 공기 순환을 향상시킬 것이다(NYT, 2017년 3월 24일, A10쪽).

■ 작은 이탈리아 마을 소베리아 마넬리는 전통 노동문화와 디지털 테크놀로지를 연결시켜 3,000명으로 이루어진 이 공동체를 미개발된 이탈리아 남부의 모델로 바꾸었다. 이 마을에는 학교, 가구공장, 출판사, 양모공장이 있는데, 이 모든 사업장은 사업을 디지털로 갱신함으로써 지역적 유대를 유지해 온 가족들이 운영하고 있다(NYT, 2016년 12월 9일, A4쪽).

■ 설계자들은 도시의 사회적 직조와 시각적으로 잘 섞이며, 편의시설과

공공 예술을 제공하는 새로운 세대의 편의 구조물을 창조하고 있다. 하나의 예로 시애틀의 변전소가 있다. 이 변전소는 통행인들이 둥근 창을 통해 시설 안의 기계들을 보도록 유도한다. 거리의 삶을 고취하기 위해, 이 변전소의 1층에는 소매 공간과 야외 식당 구역이 있다(*WSJ*, 2017년 4월 4일, R6쪽).

■ 디트로이트 도심의 중심부가 부활하기는 했지만, 그것을 둘러싼 도시 근린주구는 거의 버려져 있다. 거주자들이 도시를 떠나거나 교외로 이사했기 때문이다. 이 도시는 현재 이러한 황폐 지역을 회복하고 남아 있는 운용 가능한 근린주구를 재연결하기 위한 다양한 노력을 기울이고 있다. 빈 공간을 채울 해법에는 새로운 사람들을 도시로 끌어올 일군의 주택 유형을 건설하는 것, 빈 주차장을 정원·공원·자전거도로로 바꾸는 것, 도시농업을 개발하는 것, 빈 가게와 잠재적 기업가의 만남을 주선하는 것이 있다(*WSJ*, 2017년 4월 17일, R3쪽).

■ "탄력적 설계"를 예시하는 뉴욕시 첼시 근린주구의 90층짜리 건물은, 해수면 상승과 더 강력한 폭풍으로 인한 홍수로부터 이 구조물을 보호하기 위해 1층이 지면보다 높게 지어질 것이다. 이용자는 보도 높이에서 건물로 들어와, 계단이나 경사로를 통해 1층으로 올라갈 것이다. 홍수로 인한 물은 칸막이를 통해 낮은 곳으로 가기도 하고 오기도 할 것이다. 이 건물의 여타 폭풍 대비 설비에는 강풍을 견뎌 내도록 고안된 창문, 지하실에 있지 않고 메자닌[76]층에 있는 전기 장치가 있다(*WYT*, 2017년 4

76 [옮긴이주] mezzanine. 1층보다 높고 2층보다 낮은 곳에 라운지 형태로 건설된 공간.

■ 뉴욕시의 유명한 중심가 소공원인 그린에이커 공원의 일조량이 줄어들
지도 모른다. 새로운 구역 재조정 계획이 더 높은 건물의 건설을 허용하
기 때문이다. 더 높은 건물은 공원에 드는 오후의 햇빛을 막고, 공원의
우아한 조경 식수를 위협하고, 더 어둡고, 더 춥고, 훨씬 덜 매력적인 장
소를 만들 것이다. 공원의 그린에이커 재단이 의뢰한 연구는, 근처에 계
획된 여섯 채의 마천루가 이 공간 전체에 그림자를 드리울 것이라고 확
인했다. 구역 재조정 계획에 반대하기 위해 이 재단은 "빛을 위한 투쟁"
캠페인을 조직했다(*NYT*, 2017년 5월 23일, A22쪽).

이 여섯 개의 신문 보도를 살펴보면, 네 개의 이야기는 장소를 더 낮
게 만들려는 창조적 노력을 예시하고 있음을 알 수 있다. 예를 들어, 디
지털 테크놀로지를 이용하는 이탈리아의 마을, 도시 맥락에 통합되어
있는 시설 구조물을 창조하려는 도시설계 노력이 그렇다. 두 이야기는
장소를 약화시킬 잠재력이 있는, 부적절하거나 의문스러운 정책과 설
계를 가리킨다. 도시의 많은 부분이 받는 자연의 빛을 감소시킬 뉴욕
의 경솔한 고층 구역 재조정, 기후변화에 대처할 수 있는 "탄력적" 건축
물을 제조하려는 건축가의 논란의 여지가 있는 노력이 그렇다.

탄력적 건축설계에 대한 이야기는, 어떻게 장소 창조가 때로는 애매
성을 내포하는지를 예시한다. 기후변화로 인한 해수면 상승과 폭풍 강
화가 확실하다면, 환경적 귀결에 대처하고 극복할 수 있도록 환경이
설계되고 건설될 수 있다고 가정하는 것이 말이 되는가? 나는 적절한

장소 창조의 핵심 요건은 충분히 장소를 이해하고 거기에 가능한 것과 불가능한 것을 받아들여야 한다는 점이라고 논한다. 이러한 관점에서, 소위 "탄력적 설계"는 지지적 장소 창조와 장소 만들기의 불확실한 예다. 해수면 상승이 항구적이 되고 위협받는 구조물들이 결국은 물에 잠길 것이라면, 어떻게 사용 가능한 건물이 남아 있을 수 있는지 의문을 가질 수 있기 때문이다(Abramson, 2016, 155-156쪽).

본 장에서 나의 강조점은 건설적이고 적절한 장소 만들기에 있다. 이어질 다섯 가지 예에서는, 긍정적 장소 창조를 특징짓고 생산적 장소 만들기를 촉진하는 이해와 상상이 가진 기저의 성질을 알아볼 것이다. 첫째, 나는 장소와 지리적 지역에 근거하는 이용자친화적 풍력발전 터빈을 상상하고 건설하려는 철학자 고든 G. 브리턴의 논리를 제시할 것이다. 둘째, 세계가 전진적으로 더 많은 엔트로피를 향해 움직인다고 주장하는 열역학 제2법칙에 반대하기 위해 자연주의자 폴 크레이펠이 행한 개념적·실천적 노력을 검토할 것이다. 셋째, 7,000명의 강제 이주된 이집트 농부들을 위한 마을의 건설을 시도한 이집트 건축가 하산 화티의 선구적 작업을 고찰할 것이다. 넷째, 장소의 전체성을 촉진할 건축적 언어를 상상하고 구체화한 건축가 크리스토퍼 알렉산더의 노력을 조명할 것이다. 마지막 예로, 제인 제이컵스의 작업으로 돌아갈 것이다. 도시 생활세계에 대한 제이컵스의 비범한 이해는 반세기가 지난 지금도 우리 시대의 장소 이해와 창조에 관한 가장 심오한 묘사로 남아 있다.

내가 이 다섯 명의 사유자와 창조자를 선택한 것은, 이들의 작업이 진정한 장소 창조의 중심 요소를 예시하기 때문이다. 그것은, 혁신적 장소 만들기는 우리가 더 낫게 하고자 하는 장소에 대한 참여적 이해에 근거한다는 것이다. 변화시키고자 하는 상황과의 실제적 마주침이 없다면, 긍정적 차이를 만드는 설계와 제작이 일어날 가능성은 크게 줄어든다. 우리는 이해하는 것만 만들 수 있다. 나는 이 다섯 개인의 작업이 사려 깊은 이해와 유의미한 제작에 관한 흥미로운 예를 제공해 준다고 논한다. 이러한 노력은, 환경적 총체, 장소-내-사람, 공유 현전이 결합되어 장소, 장소 체험, 장소 의미의 풍부함을 촉진하는 장소 만들기를 향한 하나의 접근법을 가리킨다.

장소와 사람에 조현된 풍력발전 터빈 상상하기

1980년대부터 2000년대 초까지, 몬태나주의 목장주이자 철학자인 고든 G. 브리턴 주니어는 장소-기반 풍력발전 터빈의 원형을 개발하려 했다. 특정한 지리적 지역에 맞게 조정 가능하고, 그 장치가 전력을 공급해 주는 가정과 근린주구의 일반인이 작동시킬 수 있는 것이어야 했다(Brittan, 2001, 2002a, 2002b). "윈드재머"라는 이름이 붙은 이 장치는 전통 풍차를 모델로 하였고, 느린 회전 속도, 높은 회전력, 강한 바람이 불면 접히도록 천으로 만들어진 삼각형 돛으로 된 날개 등 풍차의 기술적 요소를 많이 포괄하고 있다. 윈드재머의 기계장치는 노출되어 있고, 간단한 구조로 되어 있고, 기계와 전기에 대한 기초 지식이 있는 이용자라면 수리할 수 있다. 터빈의 변속기, 브레이크, 발전기는 지면 높이에 있으며, 25피트 길이의 회전 날개는 훨씬 큰 기업용 풍력 터빈과 달리 설치나 수리를 위해 타워나 크레인을 쓸 필요가 없었다. 기업용 풍력 터빈은 700피트(200미터) 높이에 달할 수 있고, 400피트(120미터) 길이의 날개를 가질 수 있으며, 4,000가구까지 전력을 생산할 수 있다 (Pasqualetti et al., 2002).

브리턴과 그의 개발팀의 핵심 설계 목표는 풍력 터빈이 "충분히 작고 충분히 단순하고 충분히 싸서(1,500달러 이하) 거의 누구나 도움 없이 설치할 수 있을 것"이었다(Brittan, 2001, 184쪽). 윈드재머의 감당할 만한 크기, 낮은 가격, 설치와 보수의 용이함이 의미한 것은, 윈드재머를 지역적으로 소유할 수 있다는 것, 그리하여 더 큰 지역 전력망에 잉여 전력을 공급하는 공동체 협력단체 내로 조직화될 잠재력이 있다는 것이었다. 더욱이, 브리턴의 목표는, 지형, 기후, 계절, 주된 바람, 환경 미학, 사회적 · 문화적 전통과 삶의 방식 같은 장소의 요소와 관련한 자연적 · 인간적 차이를 고려하여, 상이한 지리적 지역에 상이한 윈드재머 모델을 생산하는 것이었다(Brittan, 2002b, 15쪽).

철학자로서 브리턴은 윈드재머를 장치device가 아니라 사물thing이라고 불렀다. 철학자 마르틴 하이데거(Heidegger, 1971b)와 앨버트 보그만(Borgmann, 1992, 1999)에 의거하여, 브리턴(Brittan, 2002b, 11쪽)은 이용자들과 교류하며 그들에게 자기-가치의 감각을 제공하는 세계 내 대상을 사물이라고 정의한다. 예를 들어, 도구, 가보, 악기 등이 그렇다. 대조적으로, 장치란 이용자와 분리된 채로 있는 기계로, 이용자는 그것이 어떻게 작동하는지, 부서지면 어떻게 고칠 수 있는지 모르는 것이다. 예를 들어, 개인용 컴퓨터나 휴대전화가 그렇다. 오늘날의 많은 장치는 수리가 안 되도록, 고장 나면 버려지도록 설계되어 있다. 어떤 장치는 너무나 복잡해서, 고장 나면 특수한 장비가 있는 전문가만이 수리할 수 있다. 예를 들어, 제트기나 디지털적으로 정교해진 자동차가 그렇다.

기업용으로 회사가 홍보하는 평범한 세 날개 풍력 터빈은 장치인 반면, 브리턴의 윈드재머는 전유될 수 있는 사물이다. 여기에서 이용자는 돌봄과 의무의 감각을 느끼며, 이는 개인적·공동체적 자율성의 감각을 지지한다. 지역의 바람을 충분히 이용하기 위해, 윈드재머의 설계와 윈드재머 운용자는 지역적 지리의 성질에 조현되어야 한다. 특히 날씨 및 기후와 관련된 매일의, 매 계절의, 매 해의 변동에 조현되어야 한다. 운용자는 또한 풍력 터빈 자체에 조현되고, 터빈을 적절하게 작동시킬 책임, 터빈이 최선이 아닌 방식으로 작동할 때 그것을 알아차릴 책임 감각을 느껴야 한다. 이러한 의미에서, 윈드재머 같은 장치는 사람을 그의 장소와 관련시키고, 인간 공동체 및 더 강한 장소 감각을 지탱할 장소 정체성과 장소 상호작용 모두를 촉진한다.

내가 장소 창조의 예로 브리턴의 작업에 의거한 것은, 장소, 장소 체험, 장소 행위, 장소 의미를 강화할 수 있는 환경적 총체의 새로운 요소를 상상하기 위해 노력한 헌신적 개인들의 집단이라는 명민한 예를 그의 노력이 제공하기 때문이다. 브리턴의 창조적 노력은(*1*) 풍력 터빈 원형을(*2*) 설계하고 제조하는 것이었고, 이 노력은 지역 사람과 장소를 연결시키는 돌봄과 심려를 주입할 수 있으며, 그리하여 공유 현전을 강화할 수 있다(*3*).

침식된 풍경을 치유하기

다음으로 나는 자연주의자 폴 크레이펠에게로 눈을 돌린다. 그의 글과 실천적 노력은 실감되는 환경적 윤리에 중대한 기여를 한다. 여기에서 개인은 깊어지는 이해를 통해, 활기를 주는 실천적 행위를 통해 자연적 세계를 숭상하고 치유할 수도 있다. 크레이펠의《자연 바라보기》(Krafel, 1998)를 열역학의 두 법칙에 대한 현상학이라고 기술하는 것은 정당하다. 제1법칙은, 에너지는 창조되지도 파괴되지도 않는다는 것, 제2법칙은 자기 고유의 장치에만 한정되어 버린 모든 활동은 더 큰 무질서와 더 적은 가능성을 향한다는 것이다. 제2법칙의 실감되는 함의를 숙고함으로써, 크레이펠은 우리 시대에 결정적인 물음을 던진다. 인간은 소비하고 지구를 손상시킬 수밖에 없는가? 크레이펠은 이렇게 쓴다(Krafel, 1998, 198쪽). "세계를 대가로 지불하면서 사는 일 이상의 것을 할 수 없다는 데에 나는 절망한다."

제2법칙에 반대할 개념적 · 실천적 방식을 탐색하면서, 크레이펠은 자연적 세계의 질서를 바라보고 거기에 질서를 주는 놀랍도록 창조적인 방식을 제시한다. 그는 자신의 접근법을 **변동shifting**이라고 부른다. 여기에서 우리는 새로운 관점에서 보려고 노력하여, 세계를 다르게 이해한다. 세계와 교류하는 이러한 방식은 의도적인 돌봄 행위를 현실화하는 데에 도움을 줄 수 있다. 여기에서 인간 존재는 세계의 가능성을 감소시키지 않고 증대시킨다. 크레이펠의 예 중 하나가 〈도판 14.1〉에 그려져 있다. 이 예는 자기 관점을 변동시켜서 지구-태양 관계를 새롭

도판 14.1 해가 움직이는 것을 보기, 땅이 움직이는 것을 보기

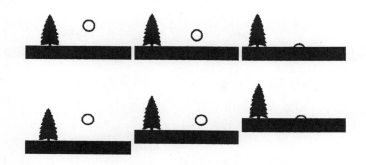

출처: Krafel, 1989, 12쪽. 저자의 허가 하에 게재함.

고, 체험적으로 더욱 정확한 방식으로 보는 것이다.

　어느 날 저녁 나는 지구가 도는 것을 보았다. 그날 밤 전까지 나는 언제나 해가 정지된 지평으로 진다고 보아 왔다.〔위 그림〕 그러나 해가 정지되어 있다고 보자, 나는 내 지평선이 해를 향해 떠오르는 것을 보았다.〔아래 그림〕 첫 번째 관점에서는 해가 움직인다. 두 번째 관점에서는 나의 세계가 움직인다. 나의 눈은 같은 것, 해와 지평선 사이의 틈이 좁아지는 것을 본다. 무엇이 움직이는가? 나의 뇌는 가정을 해야만 한다. 이 가정을 변동시킴은 내가 보는 세계를 변화시킴이다(Krafel, 1998, 13쪽).

　자신의 이해를 변동시키고 그리하여 건설적 변화를 촉진하려는 크레이펠의 가장 고무적인 노력 중 하나는, 도랑으로 인해 심하게 침식

된 과도하게 방목된 캘리포니아 들판을 치유하는 작업이다. 폭풍우가 오는 동안 그는 삽을 들고 유린된 토지로 나가서, 빗물이 만든 급류를 가르고 급류의 침식력을 약화시킬 작은 댐을 짓는다. 〈도판 14.2〉에 예시되어 있듯이, 빗물이 어떻게 이동하는지를 점차 알아차리게 되면서, 도랑을 치유할 방도에 관한 그의 이해는 변동한다. 그의 이해와 그 결과로 나오는 보수 작업은 네 단계로 진행된다.

① 크레이펠이 이 기획을 시작했을 때, 그는 잔디를 도랑의 경로에 직접 밀어 넣어 두꺼운 댐을 이루도록 만들었다. 이 댐은 빗물이 옆을 향한 경로를 따르게끔 굴절시킬 정도로 높아야 한다. 그러나 이러한 댐은 금방 침식된다. 물이 멈추고, 고이고, 이어서 옆을 향해 움직이도록 강제하기 때문이다. 이 노력은, 침식된 도랑에서 물의 흐름을 우회시키고 감소시키는 데에는 성공했다. 그러나 들판에는 얽은 자국이 생기게 된다. 두꺼운 댐을 만들기 위해서는 상당한 양의 잔디가 필요하기 때문이다.

② 크레이펠이 도랑과 더 친숙해지자, 그는 물의 일부만 새로운 경로로 굴절시키면 된다는 것을 깨닫는다. 물이 굽은 길을 따라 더 쉽게 흐른다는 것을 인지하고서, 그는 이제 댐을 비스듬한 각도로 놓는다. 그러면 이전에는 댐을 침식시켰던 물의 운동량이 이제는 물을 도랑으로부터 새로운 옆 경로로 굴절시키는 긍정적 힘이 된다.

③ 다음으로, 크레이펠은 본래의 경로를 막는 댐을 이용하기보다는 거기에 새로운 경로를 제공하는 편이 물의 운동량을 더욱 잘 이용할

도판 14.2 크레이펠의 도랑 보수 네 단계

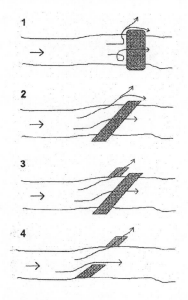

출처: Krafel, 1989, 147 - 149쪽. 저자의 허가 하에 게재함.

수 있다는 것을 깨닫는다. 잔디를 삽으로 파내며, 그는 둑을 낮추어 옆 물길을 냈다. 이를 통해 물은 도랑으로부터 방향을 바꾸어 멀어질 수 있다. 그는 파낸 잔디로 댐을 짓는다. 이 댐은 더 작아도 되는데, 꽤 많은 물이 이제 옆 물길을 따라 움직이기 때문이다. 크레이펠은 이렇게 기록한다. "이 발견은 심오하고 시사점이 풍부하게 느껴졌다. 옛 경로를 막기 전에 새로운 경로를 제공하기"(Krafel, 1998, 147쪽).

④ 도랑 보수의 주축적 요소는 빗물의 운동량을 새로운 경로로 돌리는 것이라는 점을 이해하게 되면서, 크레이펠은 도랑의 일부에 걸쳐

서만 댐을 만들면 된다는 것을 깨닫는다. 그는 옆 경로를 내는 한편 부분적이고 비스듬한 댐을 지음으로써 물의 흐름을 나누고 침식력을 줄인다. 4년 후, 그의 도랑 보수 노력은 중요한 결과를 보여 준다. "헐벗은 단단한 흙밖에 없던 곳에 야생 래디쉬와 겨자가 있는 작은 습지가 생겨난다." 자기 체험을 평가하면서 그는 그렇게 쓴다.

들판에서 작업을 시작했을 때, 나는 침식된 도랑에서 작업하면서 급류와 직접 맞서야 한다고 가정했다. 그러나 흐르는 빗물의 집중된 힘을 가로막는 것보다 토양이 비를 흡수하는 것을 돕는 것이 더 효과적임을 배웠다. 토양이 비를 흡수한다면, 침식력은 애초에 형성되지 않는다. 치유를 위한 가장 강력한 장소는 도랑에 있지 않고 빗방울이 처음으로 지구에 닿는 곳에 있었다(Krafel, 1998, 158쪽).

실감되는 환경 윤리와 관련하여, 크레이펠의 작업은 범례적이다. 그것은 지리학자 에드워드 렐프가 환경적 겸손이라고 부르는, 자연 세계와의 마주침 방식을 예시하기 때문이다. 그것은 타자의 최고 성질에 응답하며, 장소·사람·자연 사물을 향한 동정과 부드러운 돌봄을 고무하는 보기 및 이해하기 방식이다. 렐프는 이렇게 쓴다(Relph, 1981, 187쪽). "후견인이 되라는, 그저 사물이 존재한다는 이유만으로 사물을 돌보라는, 그것을 보살피고 보호하라는 부름이 있다. 이 부름에서는 주인 됨도 복종함도 없다. 반면에 책임과 헌신이 있다"(Relph, 1981, 187쪽).

크레이펠의 설명은 환경적 겸손과 장소 창조 사이의 밀접한 관계를 예시한다. 그의 알아차림과 이해의 성장은(1) 보수 과정을 완성시키고 (2), 이는 이어서 공유 현전, 즉 들판의 환경적 생존력을 치유하고 새로이 한다(3). 그의 체험은 장소-내-사람과 환경적 총체 사이의 내밀한 교류의 결정적 중요성을 가리킨다. 이는 크레이펠의 경우에는 삽을 들고 빗속으로 나가서, 세찬 물살을 어떻게 하면 가장 효과적으로 방향 전환시킬 수 있을지를 세심하게 살펴보고, 관찰하고, 깨달음을 통해 현실화되었다. 렐프의 용어로 말하자면, 그는 타자가 "된다." 크레이펠의 성공은, 가장 유용한 상상하기와 만들기는 공감적 이해에 근거한다는 점을 보여 준다. 이러한 이해는 개선되어야 할 상황을 충분히 주목하고, 이 상황과 세심하게 교류하고, 이 상황을 언제나 가장 중시한다.

이집트 마을을 설계하고 건설하기

장소 창조의 또 다른 인상적인 노력은 구르나에 살고 있던 7,000명가량의 이집트 농부를 위한 마을을 설계하고 건설하려는 노력이다. 구르나는 고대 무덤과 성유물이 있는 테베 공동묘지에 위치한 나일강 상류의 마을이다. 구르나의 주된 생계는 공동묘지를 약탈해서 내용물을 암시장에 내다파는 것이었다. 대체 불가능한 고고학 유물이 상실되는 것을 염려한 이집트 정부는 1945년에 구르나 사람들을 이주시키기로 결정하고, 화티에게 이 이주를 조직해 달라고 의뢰했다. 그는 이 일을 인상적인 저작 《빈자를 위한 건축》에서 기술한다(Fathy, 1973). 이 저작은 자립적 주거지, 지속 가능한 거주지, 설계-시공 장소 만들기를 위한 영향력 있는 텍스트가 되었다.

화티가 구르나 사람들을 위해 계획한 새 구르나는 결국 완성되지 못했지만, 그의 작업은 장소 창조에 중심적이다. 구르나인의 필요를 이해하려 하고, 이 이해에 의거하여, 구르나인의 생활세계를 유지하고 향상시킬 환경적 총체를 제작하는 설계 및 건설 방식을 그가 예시하기 때문이다. 서구의 영향이 오기 전에 전통 이집트 건물은 장소-내-사람의 필요에 토대를 둔 것이었다고 화티는 논한다. 이는 "사람들의 상상과 이들 지방의 요구"를 통합시키는 건축양식을 촉진했다(Fathy, 1973, 19쪽). 개발도상에 있는 세계에서 근대적 주거지는 서구의 건물 양식과 건축 방법에 강하게 영향을 받아 전통 건물과 단절되는 일이 너무 자주 일어났다고 그는 역설한다. 빈자가 "줄지어 서 있는 동일한 집"에 사는 것은 아주 흔히 볼 수 있다. 이러한 집은 거주자에게 부정적인 영향을 준다. "사람들은 자기 집과 마찬가지로 무감해지고 의기소침해지며, 이들의 상상은 쪼그라든다"(Fathy, 1973, 31쪽).

전통 건물을 되살리기 위해서는, 암묵적으로 현상학적인 방식으로, 구르나인의 생활양식과 철저하게 씨름해야 한다는 것을 화티는 깨달았다. "우리는 구르나인의 일상적 삶을 들추어내고 밝혀야 한다. 어쩌면 그들 자신이 아는 것보다 더 세세하게 밝혀야 할 수도 있다"(Fathy, 1973, 50쪽). 구르나인을 이해하려는 이러한 철저하고 공감적인 노력은 적절한 설계에 추진력을 제공한다. 한 가지 예가, 구르나 지역에 공통적인 전통 건축 재료와 방법, 특히 진흙벽돌을 이용하는 방법이다. 진흙벽돌은 이 지역의 물질로부터 경험적으로 만들 수 있고 체험적 · 생태적·미적으로 잘 작동하는 건물을 생산할 수 있다. 예를 들어 편안한 건물은 벽과 지붕의 보온성에 대체로 의존한다. 진흙벽돌은 열을 잘 전도하지 않기 때문에, 낮에는 시원하게 유지되고 밤에는 열을 방출한다. 덥고 건조하며 낮과 밤에 따라 기온이 크게 요동치는 이집트 북부 기후에서, 이 집의 거주자는 낮에는 아래층에서 살고 밤에는 지붕으로 가서 시원한 밤공기 속에서 잘 수 있다. 동시에, 진흙벽돌은 저렴하며 미적으로 근사한 인간 규모의 건물로 이끈다. "(진흙벽돌은) 아름답지 않을 수가 없다. 그 구조가 형태를 명령하고, 소재가 규모를 강조하며, 모든 선이 강조점의 분배를 존중하며, 건물은 만족스럽고 자연적인 형태를 취한다"(Fathy, 1973, 11쪽).

새 구르나를 설계하면서 화티는 구르나의 가족, 확장 가족, 부족의 사회적 구조에 세심히 주의를 기울인다. 집들은 독립적으로 서 있지 않고, 근린주구 블록과 공통의 벽을 공유하여 바다나badana를 지탱한다. 바다나는 한 명의 인정받은 가부장을 두고 밀접히 관계하는 10~20 가족의 집단이다. 바다나의 가족들은 인접한 집에서 사는데, 이 집들은 손님을 받고 결혼식 같은 사회적 모임을 거행할 수 있는, 반쯤 공적인 공유 안뜰을 둘러싸고 있다. 바다나는 집단적으로 더 큰 사회적 단위, 즉 부족을 형성한다. 옛 구르나에는 세 부족이 있었고, 각각이 자신의 마을 구역에 살았다. 새로운 마을을 계획하면서, 화티는 이러한 구역을 복제했다. 각 부족과 전통적으로 연관된 기능을 활용하여 공공시설의 위치를 정했다. 예를 들어 하사스나는 전통적으로 경건하고 지혜롭다고 생각되었다. 화티는 이들의 구역을 종교·교육 관련 건물, 즉

모스크, 여자 학교와 남자 학교 주위로 모았다. 대조적으로, 호로바트는 전통적으로 "전사"로, 무덤 도굴에 가장 활동적인 부족으로 알려졌다. 화티는 이들의 구역이 시장, 마을 회관, 공예학교, 경찰서를 포함하도록 계획했다. 사회적 질서와 공간적 질서 사이의 이러한 연결을 만듦으로써, 화티는 구르나인의 생활세계를 존중하고 새로운 마을에서 이것이 연속되게 하려 했다.

화티의 노력의 가장 칭송할 만하고 희망적인 면모는, 모든 마을 요소가 다양한 실천적이고 실감되는 기능을 포괄해야 한다는 그의 고집이었다. 한 예는 안뜰이다. 그는 이 건축 요소가 환경적 · 체험적 · 사회적 · 영적으로 작동하도록 한다. 이 안뜰은 안을 향한 집들로 둘러싸여 형성된다. 첫째, 안뜰은 환경적으로 작동한다. 그것은 그늘을 제공하고, 거친 사막이 들어오지 못하게 하고, 낮의 기온을 중화시키는 찬 밤공기를 수집하는 역할을 하는 것이다. 둘째, 안뜰은 알라의 유일함을 반영하는 하늘을 끌어당김으로써 영적인 차원을 포괄한다. "하늘이 … 끌어당겨져. 집과 내밀하게 접촉하게 된다. 그리하여 가정의 영성은 천국으로부터 항상 보충된다"(Fathy, 1973, 56쪽). 셋째, 안뜰은 아이가 놀 공간, 비공식적 모임, 가족의 축하연을 위한 공간을 제공하여 중요한 사회적 기능을 맡는다. 넷째, 안뜰은 각 집의 독특한 분위기에 기여한다. 안뜰은 "뚜렷하게 느껴질 수 있으며, 특정한 곡선처럼 명확하게 지역의 특징을 담고 있는 어떤 성질을 지지한다"(Fathy, 1973, 55쪽). 화티는 또한 안뜰의 배치를 이용하여 새 구르나의 근린주구 블록을 조직한다. 그는 구역 블록을 통과하는 거리의 중심부분의 폭을 넓혀서 결혼식이나 장례식 같은 바다나 행사를 위한 널찍한 사회적 공간을 창조한다(Fathy 1973, 55쪽). 비슷한 방식으로, 그는 대규모의 "안뜰" 배치를 이용하여 마을에 공간적 중심을 준다. 그는 중심 광장을 제공하고, 그 주위로 모스크, 마을회관, 전시장, 여타 공공건물을 놓는다(Fathy, 1973, 70쪽, 76쪽).

화티의 마을 설계가 구르나인의 전통적 생활세계에 근거하기는 하지만, 그는 이 생활세계에 있는 개선될 수 있는 면모도 인지한다. 예를 들어, 그는 구르나인이 집을 데우기 위해 사용하는 전통 화덕이 비효율적이라는 것을 깨닫는다(Fathy, 1973, 97쪽). 그는 더 효과적인 장치를 탐색한다. 그는 이를 타일 벽난로Kachelofen라는 만들기 쉬운 오스트리아 난로에서 발견한다. 이것은 연소에서 생겨나는 뜨거운 기체가 칸막이된 시스템을 통하여 오가도록 함으로써, 열이 방을 데울 시간을 더 많이 준다. 화티는 전통 구르나 화덕을 만드는 노인을 찾아가 전통 화덕 재료로 타일 벽난로를 만드는 법을 가르쳐 준다. 그녀는 제작법을 배우고는 이전의 화덕만큼 저렴하게 난로를 생산한다. 이 경우에 화티는, 끝에 가서는 구르나인의 옛 건물 전통의 일부가 될 수 있을 새로운 가내 테크놀로지를 개발하는 것을 목표로 한다(Fathy, 1973, 24쪽).

화티는 또한, 불법 도굴에 의존하는 것을 대체할 수 있는 실현 가능한 생계 유지 방식을 구르나인에게 제공하지 않는다면 새 구르나가 장소로서 성공할 수 없음을 깨닫는다. 그는 농사와 지방 공예―특히 직조, 염색, 도자기 같은, 옛 마을 생활에 흔했던 공예―를 지지하는 마을을 설계한다. 그는 구르나인들이 새 구르나를 스스로 건설해야 한다고 역설한다. 마을 건축에서 그들이 추가적인 건설 공예, 특히 아치와 돔 건축을 배울 것이기 때문이다. 재정착 실험이 끝나고 몇 년 후 화티가 새 구르나를 방문했을 때, 그는 그가 훈련시켰던 46명의 석공이 새 구르나에서 배운 건설 기술을 이용하며 여전히 그 구역에서 일하고 있음을 발견한다(Fathy, 1973, 192쪽).

화티의 새 구르나 실험은 궁극적으로는 실패했다. 이는 부분적으로, 적대적인 정부 관료제 때문이었다. 그러나 화티의 작업은 장소 창조의 걸출한 예다. 새 구르나에 대한 화티의 노력의 관심사는 무엇보다도, 개발도상 중에 있는 세계의 빈자를 어떻게 지방에서 재활시킬 것이냐는 문제였다. 그러나 그것은 또한, 개별적으로 헌신하는 한 사람이 장소-내-사람들과 작업하며(1) 새 구르나의 환경적 총체를 건설하여(2) 번영하는 마을의 삶을 통해 강한 공유 현전을 촉진하려는(3) 상황의 두드러진 예시다. 구르나인의 삶의 방식의 필요와 바람을 부분적으로 오해했다는 점으로 화티가 비판을 받기는 했지만, 그의 새 구르나 실험은 장소 창조와 유관하다. 그것은 구르나인을 이해하고 그리하여 그들 마을의 삶을 건축설계를 통해 개선하려는 건축가의 진실한 소망을 보여 주기 때문이다. 그의 작업은 사람과 장소의 필요에 근거한 뛰어난 장소 만들기 모델이다.[77]

....

77 화티의 뉴 구르나 프로젝트 및 이에 반대하여 제기된 비판에 대한 논의로는, Miles, 2006; Pyla, 2007을 보라. 이 프로젝트에 관한 염려에는 첫째, 화티가 누비아에서 석공을 수입하는 것이 적절한지 의문스럽다는 점이 있다. 누비아는 새 구르나와 지리적·문화적으로 다른 지역이며, 이 지역은 진흙벽돌 아치·돔 건축과 연관되어 있는데, 이 두 건축 기술은 구르나인에게는 알려지지 않은 것이다. 두 번째 염려는, 화티가 새 구르나 거주지에 통합시킨 집 뜰이 옛 구르나의 전통 가옥 건축에 속하지 않고, 이집트 도시 주거지로부터 화티가 수정해 들여온 것이며, 그러

전체성을 이해하고 만들기

장소 창조를 고찰할 때 가장 도전적인 물음은, 과거의 자발적 장소 만들기가 우리의 초근대 세계에서 의도적으로 재생성될 수 있느냐는 물음이다(Relph, 1976, 1981). 화티의 작업은 이 물음에 긍정적 대답을 제공하는 중요한 시도인데, 건축가 크리스토퍼 알렉산더의 노력도 그렇다. 다음으로 나는 알렉산더에 관해 논의할 것이다.[78] 알렉산더는 자신을 현상학자라고 기술하지 않지만, 그의 작업은 암묵적으로 현상학적이라고 할 수 있다. 그는 건물과 장소의 체험된 성질에, 그리고 건축적·환경적 설계의 실감되는 과정에 주목하기 때문이다. 예를 들어, "패턴 언어"(Alexander et al., 1977; Alexander et al., 1987)를 만들려는 그의 노력은 알렉산더가 전체성이라 부르는 건축적·환경적 질서의 양상에 관한 암묵적 현상학으로 이해될 수 있다. 이러한 전체성은 자연적인 것이든 인간이 만든 것이든, "세계의 어느 부분에든 존재하는 정합성의 원천"이다 (Alexander 2002a, 90쪽).

현상학적으로, 우리는 알렉산더의 목표가 "함께 속함"에 근거하는 장소를 이해하고 만드는 것이라고 말할 수 있다. 그의 모든 글과 건축설

므로 구르나인의 시골 상황에는 부적절할 수 있었다는 것이다. 이 두 비판이 옳다고 해도, 이러한 새로운 건축적 개입에 구르나인들이 어떻게 응답했는지를 우리는 알 수 없다. 구르나인들은 궁극적으로 새 구르나로 이주하기를 거부했고, 새 구르나는 시간이 지나 "무단 점유자"들이 차지하게 되었다.

78 나의 논의는 부분적으로 Seamon, 2016에서 가져온 것이다. 이 글은 알렉산더의 총체성 이해와 총체성 만들기에 대해 더 자세히 검토한다.

계에서, 그의 중심적 관심사는 설계된 것―우아한 출입구든, 품위 있는 건물이든, 활기 있는 도시 광장이든―이 어떻게 함께 속하며 전체 속에서 적절한 자기 장소를 가질 수 있는지를 이해하는 것이다(Alexander, 2005, 2012; Alexander et al., 1977). 그는 어떻게 건축적·환경적 전체성이 생겨나는지, 어떻게 이해와 설계 사이의 계속해서-심화되는 상호성이 점점 더 많은 전체성의 펼쳐짐을 가능케 하는지를 묻는다. 그의 목표는 "모든 부분, 모든 건물, 모든 거리, 모든 정원이 살아 있는 건축"이다(Alexander, 2002b, 2쪽). 건축될 환경을 잘 설계한다는 것은, 설계된 환경이 한편으로는 편안하고 아름답고 탄탄하고 전체적이 될 수 있고, 다른 한편으로는 불편하고 꼴사납고 빈사 상태이고 파편화될 수 있다는 의미에서 삶을 만드는 것이다. 알렉산더는 이렇게 쓴다. "우리의 안녕은 대체로, 세계의 공간적 질서에서 기원한다"(Alexander, 2012, 382쪽).

다른 곳에서, 알렉산더는 그가 찾는 전체성에 다른 명패를 붙인다. "이름 없는 성질", "시간을 초월한 건설 방식", "패턴 언어의 창조", "밀집도", "삶의 정도", "전체성을 지탱하는 근본적 속성", "전체성을-확장하는 변용"이 그런 것이다(Grabow, 1983; Alexander, 2007). "패턴 언어"를 생성하려 노력하면서, 예를 들어 알렉산더는 질서, 탄탄함, 편안함의 감각을 환기시키는 건물과 장소의 예를 전 세계에 걸쳐 모으려 했다. 다음으로 이러한 예들은, 미래의 건물과 장소를 생각할 모델이 될 수 있는 기저의 물리적 성질 또는 "패턴"을 식별하고 풀어낼 수 있는 실제-세계적 기초가 되었다(Alexander et al., 1977).

중요한 것은, 이러한 패턴이 건축적 요소나 물질적 사물이 아니라 건축적 · 장소적 성질을 통해 인간적 · 환경적 안녕의 감각을 지탱하는 환경-체험 관계의 구조라는 것이다. 예를 들어, "동일시 가능한 근린주구", "공공성의 정도", "주된 출입구", "입구 이행", "창문 장소", "최소한 6피트는 되는 발코니" 등이다(Alexander et al., 1977). 예컨대 "주된 출입구"를 풀어내면서 알렉산더가 제안하는 것은, 도시설계자들은 "주요 출입경로가 경계와 교차하는 지점"을 표시하는 일종의 입구 형태를 통해서 중요한 도시 구역을 강조해야 한다는 것이다. 또는, "입구 이행"의 중요성을 강조하면서, 알렉산더는 거리에서 건물 입구로의 심리적 이행을 언급한다. "거리와 내부 사이의 품위 있는 이행이 있는 건물은 거리로 직접 열려 있는 건물보다 더욱 평온하다"(Alexander et al., 1977, 549쪽). 그는 정문을 통해, 그리고 경로 방향, 높이, 표면, 빛, 시야 등에서의 변동을 통해 입구 이행이 어떻게 설계적으로 강화될 수 있는지를 논의한다.

그러나 끝에 가서 알렉산더는 설계 접근법으로서의 패턴 언어에 불만족하게 된다. 그는 패턴 언어 과정만으로는 삶을-지탱하는 건물이나 장소를 생산하기에 부족하다는 것을 깨닫는다. 그는 자신의 전체성 이론이, 전체성을 상상할 뿐 아니라 일어나게끔 하는 설계-건설 과정을 통합할 필요가 있다는 것을 인지했다. 알렉산더를 질서의 본성에 관한 그의 가장 최근 작업으로 이끈 것은 이러한 관심사였다. 질서의 본성을 통해 그가 뜻하는 것은 계속해서-강화되는, 삶 만들기 및 펼치기다. 이는 설계 목표에 따라서 평형, 충일, 행복, 위안, 성스러움, 경외, 공동체 감각, 그 밖에 장소를 지지하는 실감되는 성질을 지칭할 수 있다(Alexander, 2002a, 2002b, 2004, 2005, 2012).

《질서의 본성》에서 알렉산더의 주된 목적은, 설계 과정에서의 각 단계가 다음 단계를 위한 지시자가 되는 점증적 증진을 통해 전체성과 삶을 생성하는 현대적 설계 방법을 수립하는 것이다. 이러한 과정이 올바로 펼쳐질 수 있는 것은, "각 건설 행위의 응답이 신선하고, 진정하며, 자율적이고, 이전 및 현재의 상황에 의해 존재하도록 요청되며, 전체에 대한 상세하고 살아 있는 전반적 응답을 통해서만 형태 잡혔을 때"뿐이다(Alexander, 2005, 22쪽). 장소-내-사람의 설계적 필요와 사려 깊게 교류하며(**1**), 그리하여 환경적 총체의 적절한 요소를 상상하고(**2**), 그것이 장소의 공유 현전과 전체성을 강화한다는(**3**) 점에서 알렉산더의 작업 방식은 장소 창조를 예시한다. 활동, 체험, 건물, 공간이 통합되고 정합적인 방식으로 설계되어, 실천적으로 잘 작동하면서 삶, 지속, 즐거움, 놀라움을 불러일으키는 "만들기"의 실천적 방법을 알렉산더는 제공한다. 그 가장 포괄적인 목표는 치유다. 여기에서는 모든 새로운 구조물이 환경과 장소를 더욱 전체적으로 만드는 방식으로 설계되고 제조된다(Alexander, 2002b, 249-266쪽, 2007).

알렉산더의 작업은 장소 증진에 관해 많은 것을 말해 준다. 그는 인간적 삶과 인간적 안녕에 설계된 환경이 중심적 역할을 한다고 깊이 믿기 때문이다. 우리가 평소 당연하게 여기는 건축적·환경적 원소와 성질이 일상적 삶에서 가지는 중요성을 깨달음으로써, 우리는 미래의 장소를—방이든, 건물이든, 구역이든, 도시든, 지역이든 간에—더 잘 상상하고 설계할 수 있다는 것이 그의 가정이다. 건축과 설계 과정의 실감되는 본성에 대한 통찰 있는 해설을 통해, 알렉산더의 작업은 장소

322

중진, 장소 창조, 그리고 이들 간의 내밀한 상호성의 비범한 예가 된다.

도시의 현상을 발견하기

20세기에서 장소 창조의 가장 주목할 만한 예 중 하나는 제인 제이컵스의 《미국 대도시의 죽음과 삶》이다(Jacobs, 1961). 제이컵스 자신은 도시 장소의 설계나 계획에서 직접적 역할을 한 적이 없지만, 그녀 저작에 있는 발상들은 많은 도시설계자와 계획자가 오늘날 더 나은 도시를 상상하는 데에 강력한 추진력이 되었다. 내가 제이컵스의 저작을 장소 창조의 예로 이용하는 것은, 그것이 한 현상—도시성과 도시 체험—을 철저히 이해하고자 하는 한 연구자의 열렬한 바람, 그리고 이러한 이해를 충일한 도시 환경을 생성하기 위한 실천적 안내로 이용하고자 하는 열렬한 바람을 예시하기 때문이다. 이러한 의미에서 제이컵스의 작업은 도시와 도시 장소 만들기의 응용 현상학이다(Seamon, 2012a). 방법론적으로, 그녀의 주요 목표는 당연하게-여겨지는 일상적 삶 속에서 도시성이 드러나게 하는 것, 그리고 이러한 직접적 발견을 출발점으로 삼아, 도시의 본질적 모습을 만들어 내는 더욱 일반적인 원리와 구조를 식별하는 것이다.

이전의 장에서 설명했듯이, 제이컵스는 과정으로서의-도시-장소에 대해 많은 말을 한다. 그녀가 희망하는 도시의 전망은 "계속해서 늘어나는 다양성, 밀집도, 역동—실상, 하나의 도약, 환희에 찬 도시적 뒤범벅 속에서 사람과 활동을 운집시키는 것이다"(Martin, 2006, n.p.). 《죽음과 삶》에서 그녀는 20세기 중반의 도시설계와 도시계획이 미국의 도시를 약화시켰다고 논한다. 전문가들이 도시 현상을 그것 자체로 이해하지 않고, 자기들이 원하는 바대로 이해했기 때문이다. 예를 들어, 르코르 뷔지에의 "공원 내의 탑", 루이스 멈퍼드의 교외 새로운 마을 네트워크, 로버트 모지스의 거대 블록 도시 재개발 정책 및 막대한 고속도로 구축이 그렇다(Laurence, 2016). 본 장의 시작에서 설명했던 베즐리의 "생산"을 예시하는 장소의 자의적 조작에 몰두하여, 도시 실무자와 연구자들은

실제 삶의 성공과 실패에 대한 연구를 무시했고, 예기치 못한 성공의 이유를 궁금해하지 않았고, 대신에 마을, 교외, 결핵 요양소, 축제, 그리고 상상적 꿈의 도시에서 도출된—결코 도시 자체에서는 도출되지 않은—원리에 의해 인도되었다(Jacobs, 1961, 6쪽).

건축역사가 피터 로렌스는 제이컵스가 제2차 세계대전 이후의 도시계획과 설계에 점점 환멸을 느껴 가는 과정을 추적했다(Laurence, 2011, 2016). 1950년대 초《건축 포럼》[79]에서 도시 문제에 관한 글을 썼던 그녀는, 도시 재개발 기획을 지지한 데에 점점 더 죄책감을 느끼게 된다. 직접 방문해 보고서, 그녀는 이 기획들이 실감되는 장소와 공동체로서 극적인 실패라는 점을 깨달은 것이다. 그녀가《죽음과 삶》을 쓰고 있

....

79 [옮긴이주] Architectural Forum. 19세기 초에서 20세기 후반까지 출간되었던 건축잡지.

던 1959년에 그녀는 환경건축가이자 친구인 그레이디 클레이에 관해 자신이 점점 냉소적이 되어 감을 기술한다.

도시의 재건설이 이루어지는 방식에 관한 불편한 마음이 구석구석 스며드는 것을 나는 느꼈다. 내 생각에, 이 불편한 마음을 강화한 것은 어떤 개인적 죄책감, 아니면 적어도 개인적 연루의 느낌이었다. 그 이유는, 다양한 재개발 계획이 얼마나 위대한 것이 될지를 내가《포럼》에 아주 진실한 마음으로 써 왔기 때문이다. 그 후에 나는 이들이 건설된 것을 보기 시작했다. 그것은 반가운 것이 아니었다. 그것은 좋은 것이 아니었다. 그것은, 명백하게도, 결코 제대로 작동하지 않을 것이었다. … 계획 이론에서는 논리적으로 들리던 것, 종이에서는 훌륭해 보이던 것이 실제 삶에서는, 또는 적어도 도시의 실제 삶에서는 전혀 논리적이지 않다는, 그리고 사용될 때에는 전혀 훌륭하지 않다는 이 아주 불편한 느낌을 나는 느끼기 시작했다(Laurence, 2011, 35쪽에서 재인용. 본래는 1959년 3월 3일에 쓰였다).

그래서 한편으로 도시성에 대한 제이컵스의 이해는 그녀가 현장에서 직접적으로 전후 도시 재개발의 실패를 봄으로써 전개되었다. 다른 한편으로, 그녀는 활기와 다양성이 있는 거리에서의 삶이 있는 실제-세계 도시 근린주구와 지역을—특히 그녀가 있는 그리니치빌리지 허드슨가—식별하고 관찰하느라 분주했다. 이러한 귀납적 관찰과 해석을 통해 그녀가 결국《죽음과 삶》에서 주장한 것은, 도시성에 대한 자신의 이해는 도시 및 도시 체험이 실제로 무엇인지에 근거한다는 것이었다. 그것은 개인적 · 집단적 정체성과 애착을 지탱하는 실감되는 다양성이다. 자신의 방법을 기술하면서―이 기술은 도시 현상학을 위한 설명서 역할을 할 수 있을 것이다―그녀는 이렇게 쓴다. "도시의 겉보기에 신비롭고 괴팍한 행동에서 무슨 일이 일어나고 있는지를 파악할 방법으로 내가 생각하는 것은, 미리 기대하는 것은 가능한 한 줄인 채 가장 상례적인 장면과 사건을 자세히 살펴보는 것, 그리고 그것이 무엇을 뜻하는지, 그들 사이에서 어떤 원리의 연결이 등장하는 것은 아닌지를 바라보려 시도하는 것이다"(Jacobs, 1961, 13쪽).

그녀의 실질적 도시 발견만큼이나 중요한 것은, 그녀의 진심 어린 설명이 일깨우는 애착과 희망이다. 제이컵스의 공감적 이해를 통해, 독자에게는 자기 도시에서 일어날 수 있는 장소 창조에 참여할 동기가 생길 수 있다. 제이컵스의 작업은, 장소를 더 살 만하고 생동적으로 만드는 방법을 장소 체험과 삶에 대한 더 나은 이해를 통해 어떻게 양육할 수 있는지의 명쾌한 예다. 도시역사가 크리스토퍼 클레멕은 제이컵스의 저작에 대한 자신의 개인적 체험을 이렇게 설명한다(Klemek, 2011, 75쪽). "[《죽음과 삶》을 읽는 것은] 패러다임을 변용시켰다. 그날 이후로, 내가 잡은 도시 관찰의 틀 중 그녀의 생각에 어떤 방식으로도 빚지지 않은 것은 없다시피하다. 《죽음과 삶》은 그야말로 이런 책이다. 우리가 이 책을 한번 읽고 나면, 우리는 영원히 이 책의 측면에서 도시 세계를 마주치게 되는 것으로 보인다."

클레멕이 시사하듯이, 제이컵스는 도시 생활세계에 대한, 그리고 도시성과 도시적 삶의 정수를 특징짓는 환경적 총체의 요소에 대한 절대적 충성심을 느꼈다. 그녀는 도시 장소를 복잡하고 상호연결된 환경적·인간적 전체로 이해했다. 이 전체는 "장소는 자신이 아닌 다른 어떤 것에 의해서도 둘러싸이지 못한다는 속성"을 전제한다(Casey, 2009, 15-16쪽). 장소 창조의 측면에서 볼 때, 제이컵스의 이해에서 중심적인 것은, 역동적 장소 동반상승 속에서 펼쳐지는 사람, 개인, 상황, 환경적 요소의 적절한 "함께 속함"을 도시 장소의 부분들이 촉진하며, 또 이 부분이 저 "함께 속함"을 통해서 촉진될 때, 그때에만 이 부분들이 함께 작동한다는 것이다.

도시에 대한 제이컵스의 작업은 장소 창조의 가장 위대한 예 중 하나다. 도시를 도시적 생활세계로 이해하려던 그녀의 끊임없는 노력(*1*)을 통해, 그녀는 환경적 총체의 다양한 원소들의 중심적 중요성을 인식하고(*2*), 그리하여 도시의 충일성 및 도시 장소의 강력한 감각을 실천적으로 양육할 수 있는 이해를 그려 냈다(*3*). 그녀의 작업은 어떻게 현상과의 세심하고 확장된 교류를 통하여, 생활세계 및 실감되는 장소 잡기에 근거한 창조의 방법을 제공하는 개념적·실천적 이해에 이를 수 있는지 보여 주는 뛰어난 사례다. 그녀는 본 장의 시작에서 내가 강조했던, 베즐리가 표현한 대로의 창조를 예화한다. "창조한다는 것은 이전에 없던 것을 존재하게 하되, 이때 그 결과가 이미 여기 있는 모든 것과 완전히 화해되는 방식으로 하는 것이다."

내가 본 장에서 제시했던 장소 창조의 다섯 가지 예에서, 확언적 추동력이 "장소-내-사람" 자체가 아니고, 혁신적 가능성을 상상하고 그것을 실천적으로 구체화하는 창조적 개인이라는 것을 독자들은 눈치

챘을 것이다. 브리턴의 윈드재머, 크레이펠의 지형 치유, 화티의 마을 계획, 알렉산더의 환경적 전체성, 제이컵스의 도시 다양성의 조건이 모두 그렇다. 이러한 예들이 평범하고 헌신적인 장소-내-사람이 아니라 창조적 개인을 수반한다는 사실은 중요한 물음으로 이끈다. 장소의 중심적 필요를 "보고" 이 장소를 더 강하게 만드는 변화를 상상하는 통찰력 있고 창조적인 사람의 도움 없이 장소 창조가 성공할 수 있는가? 이와 관련된 문제는, 장소 및 장소 만들기에서 환경적 총체의 상대적 의의의 문제다. 환경적 요소를 내가 강조하는 것을 어떤 독자들은 환경적 결정론으로, 적절한 환경적 변화가 적절한 인간적 변화에 영향을 준다고 내가 주장하는 것으로 볼 수도 있을 것이다.

이 두 물음은 중요하며, 나는 둘 다 마지막 장에서 논의할 것이다. 그러나 이를 논하기 전에, 여섯 장소 과정과 이들의 상호연결성에 대한 요약을 제공하려 한다. 사건에 대한 J. G. 베넷의 체계론적 개념에 의거하여 내가 논하려는 것은, 여섯 장소 과정이 동반상승적 관계성을 예시하며, 구체적 장소의 강점과 약점을 찾아내고 평가하는 하나의 통합된 방법을 제공한다는 점이다.

15
여섯 가지 장소 과정 통합하기

본 장에서 나는 여섯 가지 장소 과정을 재검토하고, 어떻게 장소가 시간에 걸쳐 변화하는지를 이해할 개념적 수단으로서 이들 사이의 상호작용을 검토한다. 3장에서 동반상승적 관계성을 논하면서 나는 장소가 물리적·실존적으로 연속적으로 변동되면서 역동적으로 구성된다고 강조했다. 장소가 어떻게 번창하거나 쇠락하는지를 더 정확히 살펴보기 위해, 나는 베넷의 체계론으로 돌아가 그의 사건 개념에 의거할 것이다. 이 개념은, 삶이 저런 방식이 아니라 이런 방식으로 펼쳐지게 하는 모든 유의미한 사태를 지칭한다. 크든 작든, 오랜 시간에 걸친 것이든 잠깐 동안에 걸친 것이든, 장소는 사건으로 이해될 수 있다. 사람들의 삶에 중요한 비우연적이며 조직화된 세계를 장소가 제공하기 때문이다. 사건으로 장소를 사고하는 것은, 동반상승적 관계성의 물리적·실감되는 표현으로서 여섯 장소 과정이 시공간 속에서 펼쳐질 때 이 과정들을 통합할 한 가지 개념적 수단을 제공한다.

장소 강화와 장소 약화로서 여섯 가지 장소 과정

〈표 15.1〉은 한편으로는 장소를 유지하고 들뜨게 하는 것으로, 다른 한편으로는 장소를 손상시키고 산산조각 내는 것으로서의 여섯 가지 장소 과정을 요약한다. 번영하는 장소에서 여섯 과정은 상호 지지하며, 폭넓게 다양한 생성적 수준과 환경적 규모에서 서로에게 활기를 준다. 탄탄한 장소는 이용자에게 즐거움을 주며, 이용자는 이 장소에 애착을 느끼고, 책임 있고 잘 숙고된 행위·계획·구축으로 장소를 보존하고 강화하기를 바랄 수 있다. 이로써 탄탄함은 더 증진된다.

표 15.1 여섯 장소 과정의 지탱적 면모와 침해적 면모

장소 과정	지탱적 면모	침해적 면모
장소 상호작용 *(1-3-2)*	장소 내에서 일어나는 일들. 상례적인 매일매일의 일, **그리고** 상례를-벗어나고 특별한 일이 모두 있다. "장소의 일상생활", 장소의 하루, 주, 계절에 따른 "순환".	장소의 전형적 상호작용이 줄어들거나 파괴적이 된다. 장소의 일부가 된다는 즐거움이 불편, 스트레스, 짜증, 비효율성, 공포 등으로 침해된다.
장소 정체성 *(2-3-1)*	우리 세계의 중요한 부분으로서 장소를 차지한다. 장소를 우리의 개인적·공동체적 정체성에 불가결한 것으로 받아들이고 인정한다.	장소와 연관된 사람들이, 자기 세계의 부분으로서 그 장소를 차지하는 것을 불편하게 느끼기 시작한다. 우리는 그 장소의 사람과 사건을 불신하거나 그것들에 위협받는다고 느낀다. 장소에 속한다는 비자기의식적 감각을 잃는다. 이전에는 우리가 누구인지에 필수적인 부분이었던 장소로부터의 실감되는 분리를 느낀다.

장소 해방 *(3-2-1)*	예기치 못한 만남과 사건의 환경적 기우. 사람들은 장소-내-놀라움에서 즐거움을 얻음으로써 자기 속으로 더욱 깊이 "해방"된다.	우리를 불안하게, 불안정하게, 두렵게 하는 기우적 사건이 펼쳐진다. 운 나쁜 놀라움을 통해 사람들의 안전감과 안정감이 약화된다.
장소 실현 *(3-1-2)*	특별한 기운과 성격을 지닌 환경적 질서를 생성하는 장소의 힘.	장소의 물리적 질서 및 실감되는 질서가 퇴락하거나 해체된다. 장소의 기운이 불쾌해지고, 부정적이 되거나, 존재하지 않게 된다.
장소 증진 *(2-1-3)*	물리적·물질적·공간적 환경이 장소를 강화하는 독립적 행위자처럼 작동하는 방식. 장소를 저런 방식이 아니라 이런 방식으로 만드는 데에 건축, 설계, 계획, 정책이 수행하는 능동적 역할.	자의적이고 강요된 계획, 설계, 정책이 장소를 뒤흔들고 침해한다. 부적절한 건설과 개입이 장소의 삶을 억누른다.
장소 창조 *(1-2-3)*	장소-내-사람이, 심려와 애착의 마음으로부터, 장소가 지탱되고 강화되는 방식으로 장소를 상상하고 재편한다.	개인과 집단이 장소를 오해하고, 그리하여 장소를 약화시키며 장소의 독특한 성질과 성격을 무시하는 부적절한 정책, 설계, 행위를 강요한다.

그러나 우리는 여섯 장소 과정이 장소를 약화시킬 수도 있다는 것을 강조해야 한다. 예를 들어, 미국의 전후 도시 재개발 프로그램은 정책 입안자와 계획자가—부분적으로는, 장소가 어떻게 작동하는지에 무지했기 때문에—부적절한 장소 양상을 강요했던 장소 창조 양상을 예화한다. 이는 살아 있던 거리의 삶, 그리고 미국의 많은 도시 및 도시 내 근린주구와 구역의 게니우스 로키를 불안정하게 만들거나 파괴했다 (Fullilove, 2004; Rae, 2003; Simms, 2008). 비슷하게 오늘날의 많은 "빗장 공동체 gated community"는 장소 상호작용을 방해하는 배제적 장소 정체성의 양상을 전제로 한다. 그러지 않았더라면 저 장소 상호작용을 통해 공동

체는 그것이 일부가 되는 더 큰 환경적 직조와 연결되었을 것이다(Low, 2003a). 또 다른 예는, 장소에 활기를 주지 않고 장소를 침식하는 데에 기여하는 부적절한 환경적 설계를 포괄하는 피상적 장소 증진 양상이다. 예컨대, 앉을 곳 없는 공공 광장, 보도와 거리에 등을 돌리는 거대 구조물, 보행자의 편안한 이동을 방해하는 위계적 경로 구조물이 그렇다(Whyte, 1980; Hillier, 1996).

여섯 과정이 실감되는 관계 속에서 펼쳐지는 것을 검토하면, 첫 네 과정(상호작용, 정체성, 행방, 실현)은 장소의 존재being와 더 관련된다는 것을 눈치챌 수 있다. 이는, 그 장소가 무엇이냐, 그것이 어떻게 자신을 유지하느냐, 어떻게 그리고 어째서 사람들이 그 장소에 애착을 가지느냐는 것이다. 장소 상호작용과 장소 정체성의 과정은 장소와 장소 체험의 생성적 토대라고 불릴 수 있을 것이다. 이들은 탄탄한 장소를 전제하며 거기에 근거를 제공하는 일상적 행위, 의미, 동일시를 가리키기 때문이다. 장소 상호작용을 통해, 참여자들은 장소와 동일시하고 강한 호감 및 애착을, 심지어 헌신과 심오한 충성심을 느낀다. 이어서, 장소 상호작용과 정체성 사이의 이러한 실감되는 상호성은 장소 해방을 지탱한다. 환경적 기우가 장소 예기치 못함의 놀라움과 즐거움을 제공한다는 점에서 그렇다. 그리고 또다시 상호작용, 정체성, 해방 사이의 지지적 상호성은 장소 실현에 활력을 준다. 대체로는 형언할 수 없지만 불가결한 장소 성질이 되는 독특한 분위기와 성격에 활력을 준다.

첫 네 과정이 장소가 무엇인지 그리고 장소가 매일매일 어떻게 작동하는지에 관한 동반상승적 이해에 기여한다면, 나머지 두 과정(증진과 창조)은 장소의 **생성**becoming에 관해 말한다. 이는, 어떻게 탄탄한 장소가 공감적 이해와 행위(창조)를 통해, 그리고 장소에서의 잘 빚어진 개선(증진)을 통해 상상되고 현실화될 수 있느냐는 것이다. 장소 창조는 사려 깊게 장소를 향상시키는 헌신적이며 그 상황에 정통한 개인을 요구한다. 반면에 장소 증진이 식별하는 것은, 물질적·공간적으로 저런 방식이 아니라 이런 방식으로 존재함으로써 장소를 되살리고 강화하는 적절한 설계와 제조의 독립적 힘이다. 그 결과는, 장소가 어떤 방식으로 더 나아지거나 더 지속적이 되는 것이다. 예를 들어, 거리의 전면을 창조적으로 재설계함으로써 보도 통행량을 증가시키는 것, 도시 구역의 경로 그리드를 더 잘 연결되게, 보행자가 침투할 수 있게 만듦으로써 거리 활동을 향상시키는 것이다.

사건과 장소 튜브로서 여섯 가지 장소 과정

〈도판 15.1〉과 〈도판 15.2〉에 그려져 있듯이, 여섯 장소 과정의 상호 결합된 구성을 우리는 연속적이며 주고-받는 상호연결성을 포괄하는 하나의 동반상승적 구조로 상상할 수 있다. 〈도판 15.1〉은 이러한 과정적 상호작동을 단순화하여 그려 낸 것이다. 〈도판 15.2〉는 여섯 장소 과정이 예측 불가능하고 중첩되는 펼쳐짐 속에서 서로 얽히는 것을 좀 더 현실에 가깝게 그려 낸 것이다. 여섯 장소 과정 중 어느 것도 다른 것보다 더 중요하지 않다. 그러나 특정 장소와 역사적 시대, 여섯 과정의 실제-세계 역동은 상이한 생성적 결합과 다양한 정도의 지속, 활

도판 15.1 여섯 장소 과정 사이의 주고-받는 연결과 역동의 단순화한 도해

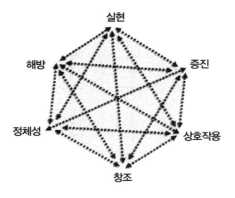

도판 15.2 예지 불가능하고 서로 얽히는 펼쳐짐 속에서의 여섯 장소 과정 사이의 주고-받는 연결과 역동의 더 현실적인 도해

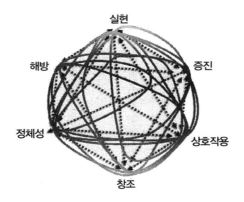

력, 관련성을 포괄할 수 있다. 건설적이고 장소-지지적인 양상에서 여섯 과정은 폭넓게 다양한 생성적 강도로 상호적으로 서로를 지탱한다. 동반상승적 방식에서 각 과정은 잠재적으로 다른 과정을 활성화하고

다른 과정에 의해 활성화될 수 있다. 탄탄하고 잘 이용되는 장소에서는 여섯 과정 모두가 현전하며, 대체로 예측 불가능한 정교한 상호성에 참여한다고 우리는 논할 수 있다.

다음으로는, 〈도판 15.2〉의 서로 얽히고 중첩되는 구조에 어떻게 시간적 차원이 포괄될 수 있는지를 물으려 한다. J. G. 베넷의 체계론으로 돌아와 여섯임과 육자hexad에 관한 그의 논의를 끌어오겠다. 어떤 상황에서 여섯 삼자가 모두 협력적으로 작동할 때 사건event이 가능해진다고 베넷은 주장한다. 사건이란, 이 사건 없이 되었을 미래와는 다른 미래를 만드는 데에 크거나 작은 역할을 수행하는 지속적이고 영향력 있는 사태다. 베넷은 사건을 "시간과 공간에 걸쳐 자신을 내세우고 반향을 일으키는" 성취라고 기술한다. "사건은 일어남에 따라 구체성을 얻는다." 이러한 의미에서, 사건은 잠재적인 것이 지속적인 방식으로 현실적이 되어 미래에 중요해지는 상황을 지칭한다. 명확하게도, 장소는 인간의 삶에 본질적이며, 런던 같은 대도시 또는 가장 작은 마을이 세워지고 역사적으로 펼치는 것은 인간의 삶과 인간의 역사에서 크거나 작은 역할을 수행하는 사건으로 해석될 수 있다.[80]

....

80 〈표 4.1〉에 나와 있듯이, "사건"은 여섯임 또는 베넷이 **육자**라고 부르는 체계와 연관되어 있다. 나는 육자는 자세히 논의하지 않을 것이다. 응집하여 장소를 만드는 여섯 가지 장소 과정에 대해 사고하는 데에 육자에 대한 설명은 필수적이지 않기 때문이다. 사물 또는 행위(베넷은 이를 다섯임 및 오자와 연관시킨다. 〈표 4.1〉을 보라)의 잠재력에 육자를 통해 구체성과 실제-세계 영향력이 주어진다는 것이 베넷의 주장이다. 이러한 의미에서 "실현 작용이란 실체로 변용된 역동이다"(Bennett, 1966a, 44쪽). 그리고 "모든 가능한 사건의 역동이 여섯 가지 근본적 삼자를 통해 주어진다"(Bennett, 1966a, 46쪽). 그렇기에, 육자는 "사건으로서의 [현상의] 의의를 실현하는 과정에서 [현상을] 연구하는 데에 가장 적절한 체계다"(Bennett, 1966a, 49쪽). 여기에서 나는

〈도판 15.2〉가 가리키는 역동적 상호연결성이 시사하는 점은, 우리가 실제-세계 장소를 소생시키고 강화하려 한다면, 여섯 과정이 모두 현전적이고 활동적이어야 한다는 것이다. 여섯 과정에는 사려 깊은 관심이 주어져야 하고, 무언가가 연속적이고 탄탄하게 일어날 수 있는 열린 지점이 제공되어야 한다. 장소를 사건으로 사고하는 것은, 장소의 실감되는 복잡성이 장소 잡힐 수 있는 방식을 제공한다. 장소는 상호작용, 정체성, 형태 잡히고 형태 잡기 위한 잠재태의 현장이다. 세계는 당연하게-여겨지는 환경적·공간적 질서를 제공하며, 이 질서는 놀라움과 자유의 순간을 제공할 수 있다. 우리가 누구냐 하는 것은 우리가 어떻게 장소 잡혔느냐는 것이다. 장소를 사건으로 사고하는 것은, 실감되는 장소 잡기를 이해하고, 장소가 강화되고 더 단단하고 탄력적이 될 수 있는 방식을 상상하는 데에 도움을 준다.

....

시간에 걸쳐 펼쳐지는 장소의 삶은 사건의 한 종류라고, 그리고 탄탄한 장소에서는 여섯 가지 장소 삼자가 생명을 주는 방식으로 연속적으로 펼쳐진다고 제안한다.

내가 베넷의 체계론에 의거하면서도 왜 넷임과 사자, 다섯임과 오자로서의 장소를 논의하지 않는지 독자가 의아해할 수 있겠다. 베넷은 수가 늘어나면서 체계가 점차 더 구체적이 된다고 주장한다. 단자·양자·삼자의 첫 세 체계는, 장소가 인간적 삶과 체험의 비우연적 요소로서 포괄적으로 이해될 수 있도록 장소를 기술한다. 그러나 삼자를 넘어서는 각 체계는 특정한 장소와의 관계 속에서만 더 적절하게 이용될 수 있다. 예를 들어 특정 학교나 광장의 사자, 특정 근린주구나 도시의 오자를 말할 수 있다. 이러한 특정성은 육자의 경우에도 마찬가지라는 점을 독자들은 염두에 두어야 한다. 육자와 사건에 의거하면, 우리는 여섯 장소 과정이 특정한 장소에서—예를 들어 뉴올리언스, 런던 리젠츠 공원, 제인 제이컵스의 허드슨가 근린주구에서 현시되는 데에 저 과정들을 최선의 방식으로 적용할 수 있다. 장소의 비우연적 차원을 떠나지 않기 위해, 나는 "장소"에 대한 논의를 일반적이고 개념적으로 유지했다. 그러나 독자가 친숙한 특정한 장소와의 관련 속에서 여섯 장소 과정의 상호 연결된 역동을 끝까지 사고해 보는 것은 가치가 있다.

사건으로서의-장소를 시간적·역사적으로 어떻게 기술할 수 있을까? 한 가지 가능성은 양자물리학자 데이비드 봄이 세계 튜브라고 부른 것이다. 〈도판 15.3〉에서 이것은 A와 B로 표시된 구불구불한 두 "흐름"으로 그려졌다. 그것은 "튜브의 경계에 의해 표시된 지역을 중심으로 한 운동과 발전 속에 있는 한 구조의 무한히 복잡한 과정"이다(Bohm, 1980, 10쪽). 봄은 각각의 세계 튜브를 "정합적 전체"라고 상상한다. "그것은 결코 정적이거나 완성되지 않고, 오히려 운동과 펼쳐짐의 끝없는 과정이다"(Bohm, 1980, ix쪽). 〈도판 15.3〉의 두 세계 튜브 내의 비정형적 X

도판 15.3 물리학자 데이비드 봄이 그래프로 그린 시간적 흐름 (t) 속에 있는 두 세계 튜브(A와 B) — "운동과 발전 속에 있는 한 구조의 무한히 복잡한 과정"(Bohm 1980, 10쪽). 두 튜브 내의 X는 시간에 따라 두 튜브 내에서 펼쳐지는 상호연결되고 중첩되는 행위, 사태, 상황을 나타낸다. y로 표시된 선은 두 튜브의 시간적 진행 속에서의 한 시간적 순간을 가리킨다. 비슷한 방식으로, 우리는 장소의 상호내포적이고 상호연결된 환경적·시간적 관계성을 상상할 수 있을 것이다. 사람, 사물, 상황, 사건의 변동되는 결합으로서, 장소는 "세계 튜브"의 한 양상으로 과정적으로 이해될 수 있다. 여섯 장소 과정은 시간에 걸쳐 "튜브" 속에서 장소 사건으로 펼쳐지는 주고-받는 연결과 교환으로 나타낼 수 있다(〈도판 15.4〉를 보라).

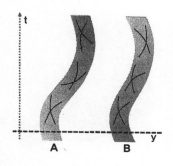

출처: Bohm, 1980, 10쪽에 근거하여 새로 그린 도해.

들은 이러한 서로 얽힌 행위, 움직임, 상호작용, 상황을 나타낸다.

시공간 속에서 펼쳐지는 상호연결된 흐르는 과정에 대한 봄의 이미지를 이용하여, 우리는 모든 장소를 장소 튜브와 장소 사건으로 상상할 수 있다. 그것은 시간적 · 공간적 한계를 통해 모두 연결되어 있지만, 또한—가깝든 멀든 간에—다른 장소와도 어느 정도 연결되어 있는 사람, 사물, 상황, 사태의 변동하는 시공간적 결합이다. 〈도판 15.4〉는 시간에 걸친 한 장소 튜브를, 그것이 시간에 걸쳐서 역사적으로 "사건화"됨에 따라 그린 것이다. 이 그림은 부분적이고 인위적이다. 저 장소가 언제나 일부가 되는 세계의, 그리고 다른 장소의 불가결한 직조로부터 자의적으로 단절된 하나의 장소 튜브만을 나타내고 있기 때문이

도판 15.4 사건으로서, 시간적 과정으로서의 장소(화살표가 시간을 나타낸다). 여섯 장소 과정은 환경적으로 서로 얽히고 시간적으로 펼쳐져서, 장소가 더 강해지거나, 더 약해지거나, 다소간에 똑같이 머무르는 결과를 낳는다. 봄의 세계 튜브에 의해 시사된 이러한 환경적-시간적 구조는 "장소 튜브"라고 불릴 수 있으며, "경계 없이 나누어지지 않고 흐르는 운동으로서의 실존 총체의 간단없는 전체성"이라는 사고틀을 반영한다(Bohm, 1980, 172쪽). J. G. 베넷의 관점에서 볼 때, 장소 튜브는 장소가 더 또는 덜 중요한 사건으로 펼쳐지는 상대적 힘을 가리킨다.

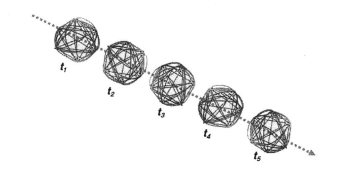

다. 더 포괄적인 도해는 세계의 장소들을 계산 불가능하게 많은 중첩되고, 상호연결되고, 상호작용하는 "튜브"와 "사건"으로서 그려 낼 것이다. 이들 속에서는 여섯 장소 과정의 연속적으로 변동하는 거미줄이 상호적으로 장소를 강화하거나, 침해하거나, 유지한다. 우리는 다양한 규모의 장소의 헤아릴 수 없이 복잡한 직물을 그려 볼 수 있다. 이들 중 어떤 것은 다른 것에 내포되고, 어떤 것은 파괴적 분쟁 속에서 충돌하고, 어떤 것은 건설적 통합 속에서 응집되고, 어떤 것은 전혀 또는 거의 교류하지 않는다.

오늘날에도 더 큰 세계와 연결되지 않은 외딴 장소가 남아 있기는 하지만, 대부분의 장소는 다른 장소와 실제적이고 실감되게 관계하고 교환하고 있다. 이러한 큰-규모의 환경적 관계성은, 장소들 사이에서 그리고 장소들 가운데서 펼쳐지는 행위, 마주침, 연관 기저에 또 다른 생성적 과정의 집합이 있음을 시사한다. 이 주제는 여기에서 논의할 범위를 벗어난다.[81] 더욱이, 모든 현행적 장소는 어떤 시점에 장소가 생겨나고 다른 어떤 시점에 몰락한다는 의미에서, 시작과 끝을 가진다. 예를 들어 고대 바빌론의 이야기가 그렇다. 어떤 장소는 잠재적 붕괴

....

81 장소 **사이의** 관계에 대한 삼자적 이해는 그것 고유의 상세한 현상학을 요구하는데, 여기에서는 이를 시도하지 않을 것이다. 어떤 경우에, 장소 사이의 관계가 양자적으로 유지되고, 강한 장소가 약한 장소를 압도한다. 약한 장소를 대가로 둘임이 하나임이 된다(군사적 패배가 가장 명백한 예가 될 것이다). 관계는 제3의 추동력을 필요로 한다. 이는 가장 포괄적으로 "교환"이라고 불릴 수 있을 것이다. 그러면 장소 간의 교환이 어떤 방식으로 가능하냐는 물음이 생긴다. 예를 들어, 강한 장소가 약한 장소에 어떤 종류의 교환을 요구하는 것은, 두 장소 모두에 유용한 교환을 촉진하도록 강한 장소가 약한 장소를 돕는 것과는 많이 다른 관계다. Bennett, 1993, 41-45쪽을 보라.

를 맞이하지만 회복되기도 한다. 1871년 화재 후의 시카고나, 2005년 허리케인 카트리나 이후의 뉴올리언스가 그렇다.[82]

장소의 시작과 끝을 말하는 것은, "장소 토대 놓기의 현상학"을 향해, 또한 "어떤 현장이 '장소'로 선택되는 데에 기여하는, 토대적 현장의 성질의 현상학"을 향해 움직이는 것이다(Seamon, 1985). 우리는 어떻게 장소가 끝나는지, 그리고 이러한 몰락의 체험이 어떤 체험자에게 어떤 방식으로 어떤 귀결을 수반하는지를 고찰할 수 있다. 예를 들어 우리는 다음 연구들을 생각해 볼 수 있다. 프리드(Fried, 1972)와 갠스(Gans, 1962)는 보스턴 웨스트엔드의 주민들이 1950년대의 도시 개발 과정에서 오랫동안 이웃했던 이탈리아인 근린주구를 잃은 것을 보고한다. 에릭슨(Erickson, 1976)은 웨스트버지니아주 버팔로크릭 공동체가 홍수로 파괴되는 것을 연구한다. 라이(Rae, 2003)는 코네티컷주 뉴헤이븐의 도시 생활세계가 해체되는 것을 조사한다. 풀릴러브(Fullilove, 2004, 2011)는 1950년대와 60년대의 미국 도시 재개발로 인해 아프리카계 미국인 구역이 붕괴하

---

82 재난 중의 인간의 이타성에 관한 저널리스트 레베카 솔니트(Solnit, 2009, 24쪽)의 연구는 많은 생각거리를 던져 준다. 여기에서 그녀는 캘리포니아의 작가 메리 헌터 오스틴을 인용한다. 인용구는 1906년 파괴적이었던 샌프란시스코 지진을 겪으며 사는 것이 어떤지, 샌프란시스코인들이 어떻게 집을 잃었지만 장소를 잃지는 않았는지를 기술한다. "그들은 벽과 가구가 아니라, 집이 될 장소와 정신을 발견했다. 어떤 랜드 마크, 어떤 귀중한 예술품이 소실되었는지는 … 상관이 없었다. 샌프란시스코, **우리의** 샌프란시스코는 아직 모두 여기 있다. 연기가 높은 현수막을 이루고 불꽃이 저 현수막을 붉게 물들이는 만큼이나 빠르게, 그와 함께, 무언가 형언할 수 없는 것이, 마치 숨을 내쉬는 것과도 같이, 생겨났다." "형언할 수 없는 날숨"이라는 그녀의 이미지에서 오스틴은 공유 현전이 가지는 인상적인 지속력을 암시한다. 샌프란시스코의 경우, 도시가 재건될 것을 보장한 것은 이 힘이었다. 솔니트는 현상학적 언어를 사용하지 않지만, 그녀의 연구는 장소 재난의 현상학에 관한 중요한 기여다.

는 것을 연구한다.

장소, 협력적 관계성, 장소 돌보기

이 책에서 나는 장소가 세계를 가능케 한다는 것을 보여 주려 했다. 이러한 가능케 하는 힘을 살펴보기 위해, 나는 여섯 가지 장소 과정을 끌어왔다. 이 과정들은 장소를 동반상승적 관계성으로 상상하는 한 수단을 제공하기 때문이다. 그러나 동반상승적 관계성으로서의 장소와, 장소에 대한 돌봄과 보살핌 사이의 관계는 무엇인가? 사고를 통해서든, 감정을 통해서든, 행위를 통해서든 간에, 장소를 돌봄이 애착·심려·책임감·헌신·사랑 같은 긍정적 정서를 전제한다면, 여섯 장소 과정의 측면에서 어떻게 이러한 감정을 충분히 인지할 수 있을까?

건강하고 탄탄한 장소와 관련하여, 우리는 "선"순환을 상상할 수 있다. 여기에서는 여섯 장소 과정 사이의 역동적 상호 엮임이 장소의 안녕을 중진시키며 환경적·인간적 엔트로피에 대항하여 작동하는 장소 펼쳐짐을 지지한다. 지지적 상호작용은 개인적·집단적 정체성을 강화하며, 이는 장소의 감각과 삶을-향상시키는 기우에 생명을 불어넣는다. 이어서, 이러한 생의 기쁨joie de vivre은 점차 장소 상호작용과 장소 정체성, 또한 책임감 있는 장소 창조와 증진에 생기를 준다. 대조적으로, 동요하는 장소는 "악"순환으로 그려질 수 있다. 이것이 가지고 있는 헝클어지고 붕괴되는 연결은 퇴화하는 상호작용과 정체성을 선동하며, 이는 이어서 장소 해방, 실현, 창조, 증진을 약화시킨다. 건설적 상호작용과 창조적 개입이—장소 자체 내로부터든 외부의 어떤 행위자로부터든—들어서지 않고서는, 이 허우적대는 엔트로피적 장소 튜브는 장소 불안, 폭력, 해체, 몰락으로 끝날 수 있다.

진화하는 장소 튜브와 관련되든 퇴화하는 장소 튜브와 관련되든, 장소를 돌보느냐 장소를 돌보지 않느냐는 대체로 과정으로서의-장소의 부산물로 보인다. 확실히, 장소 정체성은 장소를 향한 강한 애착과 헌신을 포괄할 수 있다. 그러나 장소 돌봄이 이 장소에 대해 책임감을 지님, 그리고 그 장소를 더 좋게 만들 방법의 탐색과 관련된다면, 이러한 돌봄은 여섯 장소 과정 사이의 건전한 역동에 더욱 의존하는 것으로 보인다. 장소의 생동적인 삶은 그 장소를 돌볼 것을 요청하기 때문이다. 달리 말하자면, 장소 돌봄을 직접적으로 일으키거나 단번에 일으키는 것은 아마도 불가능할 것이다. 오히려 그것은 보조적인 방식으로 점차 일어난다. 장소가 돌봄을 받을 때에, 그것은 이미 돌봄을 요청하고 있기 때문이다.

인본주의 지리학자 이푸 투안은 돌봄의 장場—장기적인 체험을 통해서만 알려지는 장소—에 대해, 예를 들어 아끼는 가정, 좋아하는 공원, 숭상하는 근린주구, 사랑하는 지역에 대해 말한다(Tuan, 1974a). 장소 및 돌봄과 관련하여, 핵심적인 구절은 "장기적 체험"이다. 달리 말하자면, 여섯 장소 과정을 통한 개인과 집단의 연장된 생활세계적 교류를 통하여 긍정적 정서적 유대가 운에 따르고 계획되지 않은 방식으로 펼쳐진다. 이러한 유대는 선술어적이고 숙고되지 않은, 이 장소를 돌보려는 에토스를 포함한다. 이러한 돌보려는 추동력은 의지적 감정, 사고,

행위를 통해 직접적이거나 의도적으로 일어나지 않는다. 그것은 외적이고 강요적 명령에 의해 자의적으로 수립될 수도 없다. 오히려 이러한 돌봄의 추동력은 사실상, 여섯 장소 과정이 환경적 · 인간적 전체성을 증진시킬 때에 여기에서 이 과정들을 통해 상상된 동반상승적 관계성을 따라서 생겨난다. 돌봄은 생활세계와 장소의 불가결한 일부일 수 있지만, 그것은 장소와의 장기적이고 능동적인 교류를 통해 대체로 비자기의식적으로 생겨난다.

장소, 장소 만들기, 협력적 관계성

도시설계자 스티븐 마샬은, 장소 만들기의 통합된 이론이 세 가지 구성 요소를 필요로 한다고 말한다(Marshall, 2012). 첫째, 세계가 어떻게 작동하는지에 관한 개념적 이해다. 둘째, 세계가 어떻게 작동해야 하는지에 관한 입장이다. 셋째, 규범적 시각을 현실적 장소로 번역할 수 있는 실천적 수단이다. 이 책에서 나는, 여섯 가지 장소 과정에 근거를 둔 동반상승적 이해가 이러한 세 구성 요소를 상상할 한 수단을 제공한다고 논했다. 첫째, 여섯 과정은 장소 및 실감되는 장소 잡기 체험이 수반하는 것이 무엇인지에 관한 통찰 있고 과정에-근거한 그림을 제공한다. 둘째, 여섯 과정은 장소가 더 잘 작동하기 위해 어떻게 해야 하는지에 관한 유용한 시각을 제공한다. 셋째, 13장과 14장에서 논의했던 것 같은 설계 접근법과 짝을 지으면, 여섯 장소 과정은 장소 만들기가 계획, 정책, 설계, 운동의 측면에서 더 잘 펼쳐질 수 있는 방법을 가리킨다.

이들이 제공하는 이해에서는 장소 및 장소 만들기의 나뉘지 않은 전체성이 온전하게 유지된다는 점에서, 여섯 장소 과정은 장소 만들기에 대한 통합된 이론을 향한 마샬의 요청에 기여한다.

이 책 내내 나는 우리가 세계를 이해하는 방식이 우리가 세계를 해석하고 만드는 방식이며, 일상적 삶에서도 그렇고 학자적이고 전문적인 노력에서도 그렇다고 논했다. 장소 만들기의 측면에서 이러한 상황이 뜻하는 바는, 어떻게 우리가 세계를 설계하고 다른 방식으로 다시 형태 잡을 수 있는지에 관한 한계는 우리가 세계에 관하여 알고 있는 바에 의해 대략적으로 설정된다는 것이다. 이러한 점에서 분석적 관계성과 동반상승적 관계성의 차이의 영향력은 광범위하다. 두 관점은 장소가 무엇인지, 그리고 장소가 어떻게 연구되고 제조되어야 하는지에 관한 극적으로 대조되는 이해를 상정하기 때문이다. 위긴스, 오스텐슨, 웬트는 이렇게 설명한다. "우리가 관계에 대해 상정하는 바는, 인간과 자연적 세계〔그리고 인간이 만든 세계〕사이의 관계를 이론화하고, 경험적으로 탐구하고, 이 관계에 개입하는 방식에 심오한 함의를 가진다"(Wiggins, Ostenson, and Wendt, 2012, 210쪽).

분석적 관계성의 관점은 장소가 정적이고 파편적이고 미리 정의된 부분을 통해 이해될 수 있으며, 이는 이어서 측정 가능하고 고정된 관계를 통해 자의적으로 재연결될 수 있음을 보여 준다. 반면에 동반상승적 관계성의 관점은, 장소가 불가분적이며 변동하는 전체로 이해될 수 있고, 이 전체의 부분은 언제나 그것이 난류亂流 내의 정교하고 불가결한 관계 속에 있을 때에만 이해될 수 있음을 보여 준다. 동반상승적 관계성의 관점은 실제-세계 장소를 연구하고 설계하는 데에 많은 이점이 있다. 이쪽이 장소의 실감되는 실재, 장소 체험, 실감되는 장소 잡기에 더 밀접히 흡착되기 때문이다.

나는 다가치적이고, 역동적이고, 동반상승적인 장소 이해를 옹호했다. 16장에서는 이에 대한 잠재적 비판과 염려에 응답하겠다. 나는 나의 관점이 본질주의적이며 환경적·건축적 결정론을 전제한다는 비판으로 시작할 것이다. 다음으로 장소에 관한 나의 관점이 장소 내의 차이와 분쟁이라는 명백한 사실에 어떻게 응답할 수 있느냐는 물음을 논의할 것이다. 마지막으로, 장소에 관한 탈구조주의적이고 사회구성주의적인 염려를 다룰 것이다. 이 염려는, 우리의 초근대적 시대에, 장소는 더 이상 독립적 존재자가 아니고, 네트워크, 디지털 연결, 끊임없이-변동하는 부분, 인터페이스, 거미줄에 근거한 전 지구적 구조의 접속점에 지나지 않는다는 것이다.

16
삶은 장소에서 일어난다: 비판, 염려, 장소의 미래

동반상승적 관계성과 J. G. 베넷의 전진적 점근에 의거하여, 나는 장소와 장소 만들기의 현상학 하나를 제시했다. 장소 및 실감되는 장소 잡기는 복잡하고 다가치적인 현상학으로서, 장소, 장소 체험, 장소 의미가 시간에 걸쳐 변동되는 생성적 차원을 포괄한다고 나는 논했다. 그리고 베넷의 체계론의 방법을 이용하여, 세 가지 상이한 관점에서 장소 및 실감되는 장소 잡기를 검토했다.

- 장소의 전체성, 그리고 사람들이 불가피하게 세계에-몰입해-있음.
- 장소의 양자적 면모. 이는 운동과 정지, 거주와 여정, 내부와 외부 같은 실감되는 상보성을 포함한다.
- 장소의 삼자적 본성. 이는 장소가 존재하고 생성되는 여섯 가지 상이한 과정으로 기술된다.

어느 장소에든 여섯 과정은 현전하며, 이 과정들의 강도와 상호교환 정도가 그 장소의 상대적 탄탄함과 취약함에 근거를 준다고 나는 말했다. 나는 장소 만들기가 장소 증진 및 장소 창조라는 두 과정과 가장 직접적으로 관련되어 있다고 논했다. 이들을 통해, 장소를 이해하려는 헌신적 반성적 노력은 이 장소를 위한 설계, 계획, 정책을 생성하는 적절한 방도로 이끈다.

이 마지막 장에서 나는 내가 이 책에서 제시한 장소현상학에 관한 몇 가지 비판과 염려를 고찰할 것이다. 첫째, 개인적 · 사회적 · 문화적 · 역사적 차이와 무관하게 현전하는 비우연적 요소를 장소 및 실감되는 장소 잡기가 가지고 있다고 주장한다는 점에서 나의 관점이 본질주의적이라는 사회구성주의적 견해를 고찰할 것이다. 둘째, 환경적 · 건축적 결정론의 문제—그러니까 장소와 장소-내-사람을 형태 잡는 물리적 환경의 독립적 힘을 내가 너무 강하게 주장했는지를 고찰할 것이다. 셋째, 장소는 개인적 · 집단적 차이의 현장이 될 수 있고, 여기에서 종종 대립과 분쟁이 일어날 수도 있다는 명백하고 실감되는 사실에 응답할 것이다. 마지막으로, 우리의 초근대적 세계에서 장소는 낡은 배제적 구조이거나, 끊임없이 변동하는 네트워크와 상호연결이라는 더 큰 전 지구적 구조의 반짝이는 접속점에 불과하다는 탈근대주의적 견해에 응답할 것이다.

본질주의적 개념으로서의 장소, 실감되는 장소 잡기, 장소 과정

사회구성주의자와 탈구조주의자가 보기에 이 책에서 개진한 개념적 접근법에는 본질주의적이라는 표찰이 붙으리라는 점이 거의 확실하다. 즉, 역사적·문화적·사회적 성질을 포함한 모든 "비본질적인 것"을 뜯어내고, 장소 및 실감되는 장소 잡기에 중심을 둔 인간적 체험의 불가피한 중핵만을 남겨 둘 때에만 밝혀지는 불변적·보편적인 인간 조건을 전제하며 주장한다는 것이다(Cresswell, 2013, 2014). 사회구성주의의 염려는, 토대적 실존적 구조로서의 장소 및 실감되는 장소 잡기의 현상에 초점을 맞춤으로써, 장소 및 실감되는 장소 잡기와 관련하여 개인과 집단의 상황을 형태 잡는 구체적 시간적·사회적·개별적 상황을 내가 무시한다는 것이다.

이러한 본질주의 비판에 대한 응답으로, 나는 기본적 현상학적 인식을 강조하려 한다. 그것은 인간적 체험과 실존에는 상이한 차원들이 있으며, 장소 및 실감되는 장소 잡기를 포함한 인간적·사회적 현상에 관한 철저한 이해는 이들 모두를 포괄해야 한다는 인식이다. 이 차원에는 다음이 있다.

① 우리의 독특한 개인적 상황. 예컨대, 우리의 젠더, 성별, 성적 정체성, 물리적·지적 자질, 능력의 정도, 개인적 호오.
② 우리의 독특한 역사적·사회적·문화적 상황. 예컨대, 우리가 살고 있는 시대와 지리적 지역, 우리의 경험적·정치적 상황, 우리의 가

족적·교육적·종교적·사회적 배경, 개인이나 집단의 특수한 생활 세계에 기여하는 테크놀로지적·소통적·매체적 기반시설.
③ 전형적인 인간 세계에 몰입해 있는 전형적 인간 존재로서 우리의 상황. 장소-내의-인간-존재는 이러한 인간 존재의 불가결하고 실감되는 하나의 면모이다.

이 책에서 나의 관심이 초점이 된 것은 이 세 번째, 인간 존재의 보편적이고 비우연적인 차원이다. 달리 말하자면, 장소, 실감되는 장소 잡기, 장소 체험, 장소 의미를 전제하며 이것들에 기여하는 실감되는 성질에 중심적 주의를 기울인 것이다. 우리가 문화적·사회적·개인적 체험의 차원으로 옮겨 간다면, 집단이나 개인에게 장소 및 실감되는 장소 잡기는 다양해질 것이며 때로는 서로 충돌할 것이라는 탈구조주의적 염려에 나는 동의한다. 모든 현상학적 탐구는 이러한 변양과 차이를 기술하고 해석해야 한다. 이것들은 구체적 실제-세계의 문화적·사회적 패턴, 과정, 권력 구조와 관련되기 때문이다. 그러나 나는, 현상학적으로 식별된 포괄적 주제와 구조를 통해서, 구체적인 실감되는 장소 잡기 및 장소 체험을 검토하고 이해할 하나의 유용한 개념적 수단이 주어질 수 있다고 논한다.

나의 더 포괄적인 요점은, 여기에 개념적으로 옳고 그른 것은 없다는 점이다. 오히려, 탈구조주의와 현상학의 강조점의 차이는 현상학적 탐구의 상호 관련된 차원의 측면에서 재구성될 수 있다. 여기에는 (가) 전형적으로 인간적인 또는 "본질적인" 것, (나) 문화적이고 사회적인 것,

(다) 개별적이고 개인적인 것이 있다. 이 세 실감되는 각각의 차원은 상이한 현상학적 주제와 결과로 이끌지만, 이 모든 것에는 공통되는 것이 있다. 예를 들어, 실감되는 장소 잡기의 중요성이라든가, 현실 장소의 작동에서 발견되는 여섯 장소 과정의 어떤 판본의 현전이 그렇다. 한마디로, 어떤 생활세계에서든 이 세 차원 각각은 현상학적 탐구의 정당한 장이며, 한 차원이 다른 차원을 대신하거나 대체하지 않는다.

이러한 다가치적 관점에 의거한다면, 탈구조주의적 관점은 장소 및 실감되는 장소 잡기의 사회적·문화적, 그리고 독특하고 개인적인 차원을 풀어내는 데에 더 관심이 있는 반면에, 현상학자로서 나는 불가피하고, 불변하고, 보편적이고, 본질적인 유형성 속에서 생겨나고 펼쳐지는 것으로서의 이러한 현상에 더 관심이 있다고 우리는 말할 수 있다. 궁극적으로, 장소의 이 모든 차원은 검토될 수 있으며, 한 면모에 관한 발견은 다른 면모에 관한 이해를 제공할 것이다. 예를 들어, 구체적 장소 또는 구체적 개인과 집단에 현전하는 대로의 여섯 장소 과정에 대한 심도 있는 연구는, 이 과정들에 관해 포괄적인 관점에서 본 추가적인 통찰과 명확성을 제공할 것이다. 그런데 그 역도 참이다. 즉, 특정한 장소와 특정한 장소-내-인간적-삶을 이해하기 위해 여섯 가지 장소 과정을 이용하는 것은, 다른 방식으로는 손에 넣을 수 없는 이해를 가리킬 것이다.

장소, 실감되는 장소 잡기, 환경적 결정론

장소에 관한 나의 접근법에 대한 두 번째 비판은, 이 접근법이 물리적·공간적 환경에, 즉 내가 환경적 총체라고 식별한 것에 인과적인 무게를 너무 많이 준다는 것이다. 물리적인, 설계된, 건축된 환경이 인간의 삶에 어떤 상대적 역할을 수행하는지에 관해서는 상충되는 많은 문헌이 있다(Hay, 2002; Sprout and Sprout, 1965). 한편으로 건축가 크리스토퍼 알렉산더는, "우리가 살고 일하는 장소에 속한다는 편안함"에 환경적 설계가 기여한다고 주저 없이 선포한다(Alexander, 2005, 66쪽). 비슷하게, 건축작가 사라 윌리엄스 골드하겐은 이렇게 논한다(Goldhagen, 2017, xiv쪽). "건축된 환경은 우리의 삶, 우리가 하는 선택을 형태 잡는다. … 그것은 우리의 기분과 정서, 공간 내·운동 내의 우리 신체에 대한 우리 감각에 영향을 미친다. 그것은 우리가 우리에게 말하는 서사, 우리의 일상적 삶에서 나온 구조물을 깊이 형태 잡는다."

다른 한편, 예술사가 사이먼 리처즈는 "올바른 종류의 건물은 우리를 더 행복하고, 건강하고, 더 나은 사람으로 만들 수 있다"는 주장을 의문시한다(Richards, 2012, 1쪽). 그는 건축된 환경이 인간 세계에서 중심적 역할을 수행한다는 가정을 "건축과 계획이 세계 및 세계 속의 모두를 더 좋게 변용시킬 수 있다는 믿음"이라고 기술하고, 여기에 이의를 제기한다(Richards, 2012, 1쪽). 그는 이러한 주장이 개념적 정당화도 실제-세계적 증거도 제공하지 못하면서 종종 상충하는 실천적·정치적·윤리적 논증을 정당화하기 위해 사용되었다고 논한다.

〔이러한 주장은〕좀 더 책임감 있게, 이 논증이 종종 대표하는 선입견과 가치-판단을 더 잘 의식한 채로 다루어져야 한다. 특히, 다른 어떤 직업도〔즉, 건축가는〕자신이 세계 및 세계 속의 모두를 구할 준비가 되어 있고, 의욕이 있고, 능력이 있다고 그렇게 열정적으로 선언하고 싶어 하지 않기 때문이다(Richards, 2012, 157쪽).

여기에서 나는 설계 가능한 환경이 인간의 삶에서 중요한 역할을 한다는 알렉산더와 윌리엄스 골드하겐에게 동의한다. 그러나 나는 환경적 영향력이 작동하는 구체적 방식에 대한 정확한 이해를 요구하는 리처즈에게도 동의한다. 이 책에서 나는 장소 및 실감되는 장소 잡기가 인간 존재의 불가결한 부분이라고 논했다. 이어서, 장소의 본질적 요소 중 하나가 환경적 총체라고 논했다. 환경적 총체는, 특히 장소 증진 과정을 통해서, 장소-내의-삶을 저런 방식이 아니라 이런 방식으로 만드는 데에 능동적으로 작용한다. 장소 증진에 대한 장에서 나는 물리적 환경이 생활세계의 행위와 체험에 명확히 기여하는 세 가지 예를 살펴보았다. 성공적인 도시 광장을 위해 도시학자 윌리엄 화이트가 제시한 기준, 건축 이론가 빌 힐리어의 공간문법 이론, 도시 다양성과 풍성한 거리의 삶을 위해 제인 제이컵스가 제시한 네 가지 조건이 그것이다.

내가 이 세 가지 예를 선택한 것은, 물리적으로 설계 가능한 성질이 인간의 삶, 장소 체험, 장소 만들기에서 역할을 수행하는 명확히 식별된 방식을 뒷받침하는 설득력 있는 증거를 이 사례들이 제공하기 때문이다. 예를 들어, 제이컵스의 논증은 설득력이 있다. 그녀의 논증은 인간적 성질과 환경적 성질의 상호작동이 어떻게 장소를 지탱하고 장소에 의해 지탱되는지를 보여 주기 때문이다. 거주지와 일터 같은 일차적 용도가 결정적인 것은, 이들이 거리와 보도 이용자의 일정하고 보장된 풀을 제공하기 때문이다. 이어서, 이 사람들은 이 근린주구의 장소 발레에 기여하고, 공동체의 질서와 근린주구의 안전을 촉진하는 "거리를 보는 눈" 및 비공식적 정찰 구조를 제공한다. 비슷하게, 제이컵스는 짧은 블록이 중요하다는 것을 보여 준다. 침투 가능하고 상호연결된 보도 및 거리는 뒤섞이는 보행자의 교차-이용을 지지하고, 또한 더 큰 블록이 제공할 수 있는 것보다 더 많은 상점 전면을 지지하기 때문이다. 더욱이, 짧은 블록은 긴 블록보다 더 많은 경로 선택지를 제공하며, 횡단을 더욱 편리하게 해 준다. 우리는 일차적 용도와 짧은 블록이 어떻게 장소 상호작용, 정체성, 해방, 실현에 기여하는지를 이해한다. 이러한 이해 아래 설계자와 정책 입안자는 도시 구역을 창조적으로 상상하고 재편하며 이 구역들의 장소 성격을 강화할 수 있다.

탄탄한 장소 만들기에서 물리적 설계가 가지는 중요성을 증명하는 가장 포괄적인 노력 중 하나는 설계자 이언 벤틀리, 앨런 앨콕, 폴 머레인, 수 맥글린, 그레이엄 스미스가 쓴 도시-설계 교본인《응답적 환경》이다(Bentley et al., 1985). "응답적 환경"의 성격은 제이컵스의 이상적 근린주구와 가까운 것이다. 그것은 이용자들에게 "본질적으로 민주적인 배경"을 제공하고, "이용자들이 이용할 수 있는 선택의 정도를 최대화함으로써 이들의 기회를 풍부하게 하는" 다양성 있고 걸어 다닐 수 있는 근린주구다(Bentley et al., 1985, 9쪽). 벤틀리와 공저자는 응답적 환경을 산출하고 지탱하는 데 필수적인 일곱 가지 설계 가능한 성질을 식별한다. 그것은 침투가능성, 다양성, 가독성, 탄탄함, 풍부함, 시각적 적절함, 개인화이다. 예를 들어, **침투가능성**permeability은 제이컵스의 짧은 블록 및 경로 배치에 관한 힐리어의 강조와 평행한다. 그것은, 사람들이 도시 구역 내에서 갈 수 있고 갈 수 없는 곳이 어떻게 거리와 보도 배치에 의해 결정되는지와 관련된다. 벤틀리와 공저자가 주지하는 바는, 도시설계자는 언제나 맨 먼저 침투가능성을 고려해야 한다는 것이다. 그것은 도시 구역 전체 내의 보행자와 탈것의 순환을 내포하기 때문이다. 환경을 통과하는 대안적 경로의 수가 클수록 이용자의 이동의 자유가 커지고, 따라서 이 장소의 잠재적 응답성도 커진다.

현장에 어떻게 침투 가능하고 상호연결된 거리 배치를 할지를 설계자가 일단 고심하고 나면, 다음으로 주의 깊게 고심해야 할 것은 다양성이다. 이것은 장소가 제공할 용도—거주, 일터, 쇼핑, 휴양 등(이는 제이컵스의 일차적 용도 및 이차적 용도와 대등하다)—의 폭이다. 쉽게 접근 가능한 장소라고 해도, 이 장소가 선택한 장소 체험이 제한적이라면 별로 쓸모가 없다. 설계의 목표는, 경제적·기능적으로 실현 가능한 용도들이 가장 넓게 혼합되도록 하는 것, 다음으로 이 용도들을 현장에 주의 깊게 배치하여 다양한 기능들 사이를 지나가는 보행자의 흐름을 최대화하는 것이다. 장소의 기능적 다양성이 있으면, 설계자는 이제 가독성으로 눈을 돌린다. 이는 현장이 더욱 떠올리기 좋고 기억되기 좋도록(예를 들어, 특징적인 건물이나 인상적인 풍경 요소) 물리적 요소를 형성하고 장소 잡는 방식을 고심하는 것이다. 다음으로, 설계자는 탄탄함, 풍부함, 시각적 적절성, 개인화라는 소규모 환경적 성질을 촉진하기 위해 작업한다. 크리스토퍼 알렉산더의 패턴 언어와 평행하는 방식으로 큰 규모에서 작은 규모로 내려가면서, 벤틀리와 공저자는 도시 장소 만들기에 일곱 성질이 모두 중요하다는 것을 인지한다. 그러려면 소규모 성질이 상상되거나 제조되기 전에 침투가능성이나 다양성 같은 대규모 성질을 장소에 놓아야 한다. 장소 창조와 장소 증진을 위한 창조적 가능성은 성공적인 실제-세계 장소의 이러한 일곱 가지 설계 가능한 요소에 의해 인도된다.

제이컵스 · 힐리어 · 화이트 · 알렉산더의 작업과 비슷하게, 《응답적 환경》이 제공하는 설계 가능한 성질의 집합도 장소를 환경적 요소와 인간적 가능성의 역동적 상호작동으로 이해하는 데에 근거한다. 벤틀리와 공저자는 사람과 장소가 본질적으로 상호연결되고 함께 개념화된 것으로 이해되는 동반상승적 관계성을 가정한다. "환경이 사람을 형태 잡는다"는 주장이든 "사람이 환경을 형태 잡는다"는 주장이든 요점을 빗나간다. 오히려 사람과 장소는 불가분하며, 장소 만들기는 역동적 환경적 동반상승에 근거한다는 암묵적 현상학적 인식이 있다. 《응답적 환경》의 장소-만들기 접근은 앞에서 인용했던 말파스의 주장의 강력하고 실제적인 예를 제공한다. 그것은, 장소는 "요소들의 모임을 통해 구성되는데, 이 요소 자체도 상호적으로, 요소들이 구성하는 장소 내에서 이것들이 함께 모이는 방식을 통해서만 정의된다"는 것이다(Malpas, 2006, 29쪽).

차이와 분쟁의 현장으로서의 장소

이 책에 개진한 나의 주장이 가진 가장 의문스러운 면모 중 하나는, 장소를 중심적 현상으로서 강조하는 과정에서 장소가 종종 불일치와 분쟁의 현장이라는 사실을 내가 무시한다는 점이다. 같은 장소와 연관된 상이한 개인과 집단이 그 장소가 무엇인지, 누가 그 장소를 지배하는지, 그 장소가 어떻게 계획되고 정치적·경제적으로 관리되어야 하는지를 이해하는 방식에는 경쟁이 있을 수 있다. 비록 이러한 예를 이 책에서 강조하지는 않았지만, 나는 장소 분쟁을 다루는 신문 기사도 많이 수집했다. 이는 다음 표제에서 예시된다.

- "박물관을 확장하라, 그러나 공원은 개방하라: 좁은 녹지를 둘러싼 공정한 거래는 가능하다"(*NYT*, 2017년 1월 3일, C5쪽).
- "웨스트체스터에 새 총포 가게가 문을 열고, 사상의 전투도 벌어진다"(*NYT*, 2016년 11월 16일, A22쪽).
- "태양열 프로젝트가 긴장의 씨를 심는다: 많은 농장에서 태양 전지판이 작물을 대체하자, 주 정부는 거대한 재사용 가능한 들판에는 이를 제한할 것을 고려하고 있다" (*WSJ*, 2017년 3월 9일, p. A3).
- "석탄 대기업과 아메리카 원주민이 애리조나주에서의 석탄 채굴 확대를 두고 싸우고 있다"(*NYT*, 2016년 12월 30일, A14쪽).
- "이라크의 기독교인이 조상의 땅을 위해 싸우고 있다: 대부분 아시리아인-기독교인 병사로 이루어진 병력이 이슬람 국가와 싸우기 위한 민병

대를 결성한다"(*WSJ*, 2016년 12월 7일, A8쪽).

■ "지진으로 인해 미얀마 사원 복구를 위한 전망들 간의 경쟁에 불이 붙는다"(*NYT*, 2017년 5월 12일, A4쪽).

명백하게도, 개인적 차이와 집단의 차이는 장소 분쟁을 야기할 수 있다. 내가 말하는 가능성은, 장소라는 것이 차이를 모으는 현장이되, 장소가 먼저 놓이는 방식으로 그렇게 될 수 있느냐는 것이다. 장소의 힘, 특히 강한 장소 실현의 현전이 공동적 가치와 행위를 위한 시발점을 제공할 수 있는가? 이러한 가능성을 검토하면서, 나는 정치철학자 대니얼 케미스의 작업에(Kemmis, 1990, 1995) 눈을 돌린다. 그는 장소가 도시 정치와 시민성에 의미를 가질 수 있는 방식으로 장소의 가치를 고찰한다. "인간의 에너지를 도시의 유기적 전체성을 중심으로 다시 초점을 맞추어 보자. … 이는 우리 삶의 형태와 조건을 깊이 재인간화하겠다고 약속한다"(Kemmis, 1995, 151쪽).[83] 어떤 삶의 방식이 속함의 한 양상을 제공하고, 그렇기 때문에 개별 시민이 자기 도시 장소의 일부가 된다고 느끼는 것, 이것이 바로 케미스가 기술하는 삶의 방식이다. 그가 대답하려 노력하는 어려운 물음은, 건설적 장소 변화에 결부된 다양한 집단들에 의해 이 변화의 실천적 단계가 어떻게 결정되어야 하느냐는 물음이다. 케미스가 보기에, 이러한 결정-내리기 과정은 철두철미하게 정치적이다. 이를 통해 그가 의미하는 바는, 어떤 장소와 연관된 개인

---

83 케미스에 대한 나의 논의는 부분적으로 Seamon, 2004, 124-127쪽에 바탕을 둔다.

과 집단의 관점들 사이에 있는 정중함civility을 통해 그 장소의 가능성을 실현하는 것이다. 그는 "정치란, 사람들이 〔자기〕 장소에 함께 거주할 수 있게 하는 … 실천의 묶음으로서 등장한다"고 쓴다(Kemmis, 1990, 122쪽).

케미스가 정치와 장소 사이의 관계를 가장 철저하게 논의하는 곳은 《좋은 도시, 좋은 삶》이다(Kemmis, 1995). 이 저작은 장소에 근거한 시민성이 어떻게 도시 규모에 적용될 수 있는지를 상당히 세세하게 탐사한다. 이 책의 초반에서 케미스는 이른바 "좋은 삶"이라고 부르는 것을 논의한다. 그것은 "인간이—자기에게, 서로에게, 자기 주변에—완전히 현전하는 것을 가능케 하는" 삶이다. "이러한 현전은 우리의 정치문화에 너무나 만연한 주의산만—옆에 존재함—과 정확히 반대된다"(Kemmis, 1995, 22쪽). 케미스가 보기에, 도시는 "세계의 어떤 부분을 자기 자신의 관점에서 조직"한다는 의미에서 동반상승적이다(Kemmis, 1995, 177쪽). 이러한 이유에서, 케미스는 도시의 거주자가 언제나 자기 도시에 대한 능동적 관심을 던지는 것은 아니라고 논한다. 더 자주 있는 일은, 생동적이고 매력 있는 도시가 거주자의 관심과 심려를 활성화하고, 그래서 거주자들이 도시에 기여하는 것이다. 이러한 의미에서, 장소 전체성은 인간 전체성을 낳으며, 그 역도 성립한다. 케미스가 보기에, 이러한 부분과 전체, 인간과 세계, 거주자와 도시 서로의 상호작동이 문명화civilization의 토대다(Kemmis, 1995, 12쪽). "인간의 전체성 및 삶에 대한 적합성과 도시의 전체성 및 삶 사이의 이러한 근본적 연결은 '문명화됨'이라는 단어에 … 모두 담겨 있다."

케미스가 여기에서 암묵적으로 논의하는 것은, 실감되는 장소 잡기라는 현상학적 원리다. 여기에서는 사람과 장소가 분리되지 않고, 세계-내-인간-존재의 한 면모로서 내밀하게 상호연결되어 있다. 이러한 관계는 "함께 **속함**"과 동반상승적 관계성의 한 양상을 반영한다. 이것은 규정하기 힘들며, 여기에 근거 있는 의의를 부여하는 것은 어렵다. 그것은 개념적으로 분리하면 자기가 아니게 되고 마는 전체론적 구조이기 때문이다. 케미스의 강점 중 하나는, 이러한 인격-장소 내밀성을 자신의 정치적 체험을 통해 탐사하고 기술하는 그 능력이다. 그는 몬태나주 미줄러의 전 시장이었고, 몬태나 주의회의 전 대변인이었다. 예를 들어, 그는 미줄러의 생기 있는 농산물 시장을 논의한다. 이 시장은 시민들을 함께 모으고 경제적 · 사회적 교환을 제공함으로써 도시가 시민들에게 보탬이 될 수 있는 장소를 제공한다. 이러한 "모으는 역할은 … 사람들이 시장을 떠날 때에, 시장에 도착했을 때보다 더 전체적이 될 수 있도록 한다"(Kemmis, 1995, 11쪽).

케미스의 중심 물음은, 어떻게 자기 장소에 대한 시민의 책임감이 문명화된 정치를 촉진하느냐는 것이다. 케미스가 강조하는 바는 (Kemmis, 1995, 153쪽), 모든 정치는 권력의 문제지만, 좋은 도시가 일어날 수 있게 하는 정치가라면 그의 권력이 "실제 그 권력을 소유하고 있는 사람들 편에 서서 일하는 일종의 집사執事직의 한 형태"라는 점을 늘 상기해야 한다는 것이다. 좋은 정치가는 자신이 권력의 집사임을 기억한다고 케미스는 논한다. 정치가는 시민들의 말을 듣고 또한 도시 자체의 말을 들음으로써 더 좋은 도시를 만들기 위해서 이 집사직을 손에 넣었다. 많은 다양한 사람을 만나고, 이들이 서로 이야기하게끔 하고, 알맞은 때가 온 것으로 보일 때 도시의 편에서 가능한 최선의 선택을 해야 한다. 마지막으로, 좋은 정치인의 특징은 "언제 세계에서 손을 떼야 할지, 언제 세계에 손을 대야 할지를 아는 것"이다(Kemmis, 1995, 177쪽). 케미스가 보기에, 좋은 정치가는 사람의 필요와 장소의 필요 양쪽 모두에 열려 있어서 적절한 순간이 오면 권력을 이용하여 도시의 치유를 향한 다음 단계로 나아간다.

도시가 이미 창조한 것에 그리고 운으로 생겨난 것에 항상적으로 응답하고 있다면, 창조 다음의 행위는 언제나 의지와 수용의 역설적 혼합이어야 한다. … 정확하게 이 혼합이, 좋은 정치가를 정의하는 특성이다 (Kemmis, 1995, 178-179쪽).

도시가 무엇이 될 수 있는지에 이렇게 실천적으로 열려 있는 상황은, 일반 시민이 정치 과정에 참여하지 않는다면 일어날 수가 없다. 불행히도, 오늘날 공동체의 참여란 너무 쉽게 권력을 얻으려는 특수 이익집단의 투쟁이 되고 만다. 정중할 수 있으며 극단을 중화하고 가능성의 중간점을 발견하는 책임을 질 수 있는 사람을 이 과정 속으로 끌어들일 필요가 있다고 케미스는 말한다. 시민이 된다는 것은, "서로에게 말하는 법을 가르치는 능력, 또는 말하도록 독려하는 능력, 그리하여 이미 나의 의견을 공유하고 있지 않은 타인에게 나의 말을 실제로 들려줄 수 있는 능력"을 내포한다(Kemmis, 1995, 192쪽).

시민에게 동기를 부여하고 장소를 치유하는 이러한 과정이 반드

시 쉬운 것도, 즉각적인 것도, 보장된 것도 아니지만, 시민들이 진정으로 자기 장소를 바라보고 듣는다면, 장소는 자기가 필요로 하는 것을 "말할" 수 있다고 케미스는 믿는다. 예를 들어, 그는 미줄러 도심 바로 남쪽에 있는 클락포크강을 따라 있는 강변 공원의 개발을 논의한다. 1980년대에 미줄러 도심은 외딴 교외에 있는 쇼핑몰과의 소매 경쟁으로 경제적으로 거의 파괴되어 있었다. 경제적 부흥을 촉발하기 위해 미줄러의 지도자들은 세금 인상을 통한 자금 조달을 시행했다. 이로 인해 도심지 개선과 상가 개보수에 대한 사적 투자가 늘어났다. 이러한 초기의 성공은 추가적 도심지 투자를 낳았으며, 이는 이어서 도심지 강변 공원의 창조를 촉발했다. 이 공원은 마침내, 강의 양쪽 모두에서 산책로로 연결된 공원의 추가적 창조에 박차를 가했다.

케미스가 강조하는 것은, 미줄러 도심지의 재활성화가 어떤 연대기적 순서나 물리적 형태를 가지게 될지, 시작점에서는 시민도 정치가도 상상할 수 없었다는 점이다. 미줄러의 지도자들이 처음에 위험부담을 감수하면서 시행한 세금 인센티브 프로그램이 성공하면서, 사적 기업가 및 공적·사적 행위자들 또한 위험부담을 감수하게 되었고, 이 중 많은 것이 성공적인 것으로 증명되었다. 미줄러 도심지와 강변의 점진적이고 기우적인 조합을 기술하면서, 케미스는 환경 치유를 촉진하려는 크리스토퍼 알렉산더의 목표를 언급한다(Kemmis, 1995, 171쪽). 여기에서는 "건설의 모든 새로운 행위가 … 그것을 둘러싼 전체의 연속적 구조를 창조해야 한다"(Alexander et al., 1987, 22쪽).

미줄러 도심지 재개발에 대한 보고의 말미에 케미스는, 이 강변 공원과 산책로가 아직 하나의 완전한 순환산책로로 연결되지 않았고, 그래서 이용자들이 미줄러강 구역을 하나의 전체로 체험할 수 있게 해주지 않는다고 설명한다. 그러나 그는 (크리스토퍼 알렉산더가 그랬을 듯이) 장소에 환경적 부분들이 충분하므로 이제 모줄러인들은 적절한 환경적 전체가 부족하다는 것을 느끼리라고 믿는다. 그는 이 느낌이 결국은 강변 산책 체계를 완성하려는 대중적 의지를 산출할 것이라고 예측한다. 그는 이렇게 설명한다.

강변 산책로는 문자 그대로 결합되기 위해 뻗어 나가며, 그러지 못하도록 방해하며 끼어드는 구획에 압박을 가한다. 그리하여 이러한 틈새 중 하나를 메우는 데에 성공할 때마다, 그것은 또한 자신을 더 큰 전체성으로 만드는 모든 것을 독려한다(Kemmis, 1995, 171쪽).

도시의 치유가 중심적으로 필요한 것이라는 점에 알렉산더와 케미스가 동의하기는 하지만, 이러한 치유가 어떻게 일어나느냐에 관한 이해들은 상당히 다르다. 케미스는—정치가이자 정치철학자로서—도시 치유가 대체로 시민과 정치가 사이의 시민적 담론을 통해 촉진된다고 본다. 반면에 알렉산더는—건축가로서—이러한 담론이 시작할 수 있기 전에, 환경적 전체성이 무엇인지 그리고 물리적-공간적 환경과 도시적·건축적 설계의 성질에 의해 환경적 전체성이 어떻게 강화되거나 방해받을 수 있는지에 관한 기초적 이해가 먼저 필요하다고 주지한다.

확실히, 치유 과정의 양 면모—물리적인 것과 인간적인 것, 물질적인 것과 공동체적인 것—모두 고려되고 실행되어야 한다. 그러나 나는 물리적 도시가 어떻게 치유 과정에 근거를 주고 치유 과정을 자극하는지에 관한 지식이 시민적 담론을 특징지어야 한다는 점에서 알렉산더와 의견을 함께한다. 이런 식으로, 나는 14장에서 장소 창조에 관한 논의의 맨 마지막에 내가 제기했던 물음에 대답한다. 장소 만들기는 단순히 일어날 수 없다. 그것은 장소에 대한 공감적 이해, 그리고 환경적 총체의 성질이 어떻게 장소를 강화하거나 약화시킬 수 있는지에 관한 지식에 근거해야 한다. 자기 장소를 더 낫게 만들려는 시민의 목표가 결정적이기는 하나, 이러한 헌신은 이러한 장소 개선이 어떻게 환경적 총체를 통해 실천적으로 촉진될 수 있는지에 관한 사려 깊은 이해로 보충되어야 한다. 알렉산더, 벤틀리, 브리턴, 화티, 힐리어, 제이컵스, 크레이펠, 화이트의 작업은 모두 값을 매길 수 없는 안내를 제공한다.

장소 만들기에 케미스의 작업이 중요한 것은, 그가 실천적 중용을 가리키기 때문이다. 여기에서 장소-내-사람은 자기 장소를 우선으로 놓고, 상충하는 차이를 치워 두고, 자기 장소를 더 낫게 할 수 있는 이해와 행위에 건설적으로 참여할 수 있다. 케미스 자신은 현상학적 언어를 사용하지 않는다. 그러나 우리는, 개인과 집단이 모여서 "좋은 도시" 또는 더 일반적으로 "좋은 장소"를 상상하고 만드는 방식에 관한 현상학의 시작점을 케미스가 표시한다고 말할 수 있다. 그는 이렇게 쓴다.

공적 삶이 재활성화될 필요가 있다면, 가치를 객관적이고 공적인 것으로 만드는 실천 능력을 끌어들이는 더욱 의식적이고 더욱 자신감 있는 방식에 공적 삶의 쇄신이 의존한다면, 구체적 장소에서 잘 살려는 상이한 사람들의 노력을 통해 이러한 실천이 힘을 획득한다면, 우리가 해야 할 것은 특정 장소에 관해 생각하는 것, 이제 거기에서 사는 실제 사람에 대해 생각하는 것, 거기에서 살려는 사람들의 논리가 더욱 숙련되고, 더욱 거주적이 되고, 그러므로 더욱 공적이 되는 방도를 상상하려 노력하는 것이다(Kemmis, 1990, 82쪽).

배제로서의 장소, 또는 세계화된 네트워크의 변동하는 접속점으로서 장소

탈구조주의적이고 사회구성주의적인 이론에서는 장소 및 실감되는 장소 잡기에 대한 두 가지 대조적인 방식의 비판이 현재 유행 중이다.[84] 한 비판자 집단은, 현상학적 해석이 중심 있고 정적이고 제한적이며 지역주의적인 장소 면모를 너무 흔쾌히 강조한다고 주장한다.[85] 1970년대와 1980년대의 장소에 관한 초기 현상학적 연구가 가스통 바슐라르, 오토 볼노프, 마틴 하이데거 같은 철학자들의 1세대 현상학적 저작에 의거했다는 점에서, 이러한 비판은 부분적으로 정확하다. 이 철학

....

84 이 논의의 많은 부분은 Seamon, 2013b, 160-166쪽에서 가져온 것이다. 지리학자 존 토매니 (Tomaney, 2010, 2012)는 이러한 두 가지 장소 이해 방법에 대한 통찰 있는 비판을 제공한다.

85 예컨대, Amin, 2004; Cresswell, 2013, 2014; Dainotto, 2000; Massey, 1997, 2005, 2009; Morley, 2000; Naficy, 1999; Paasi, 2011; Paasi and Metzger, 2016; Rose, 1993, 1995.

자들은 장소를 정적이고, 한계 있고, 그렇기에 배제적인 것으로 그렸다.[86] 이러한 보수적 장소 관점의 비판자는 그 대신에 "장소의 전진적 의미"를 말한다. 이들은 어떻게 장소가 더 큰 사회적 · 경제적 · 정치적 맥락과 관련되고 거기에 응답하는지를 묻는다. 이러한 비판자들에게도 장소가 여전히 중요하기는 하지만, 실천적 · 개념적으로 더 시급하게 필요한 것은, 둘러싼 더 넓은 세계와의 관련 속에서 특정 장소가 어떻게 더 연결되고 침투 가능하게 되는지를 그리는 것이다. 달리 말하자면, 어떻게 장소가 다양성 및 차이의 통합을 포괄할 수 있는가? 지리학자 도린 매시는 이렇게 묻는다(Massey, 1997, 320쪽). "우리는 우리의 장소 감각을 재고할 수 없는가? 장소의 의미가 전진적이 되는 것, 자기폐쇄적이고 방어적이기보다, 외부를 내다보게 되는 것은 불가능한가?"

두 번째 비판자 집단은, 세계화 · 사이버공간 · 가상현실을 향한 현재의 흐름으로 인해 실제-세계 장소는 여러 가지 방식으로 점점 더 무의미해지고 낡은 것이 되고 있다고 주장한다.[87] 부분적으로는 탈구조주의 사유자 질 들뢰즈와 펠릭스 가타리의 작업에 동기 부여되어 (Deleuze and Guattari, 1987), 이 비판자들은 장소의 엄격하고 중심 있는 정지 상태에 반박한다. 이들은 그 대신에 "정체성들 사이, 국민국가들 사이, 이념들 사이, 장소들 사이, 사람들 사이 등"에 있는 변동하는 움직임과

....

86 장소에 관한 이러한 초기 현상학적 연구에는 다음이 있다. Bollnow, 1967; Buttimer, 1976; Norberg-Schulz, 1971, 1980; Relph, 1976; Tuan, 1974a, 1974b, 1977, 1980.

87 예컨대, Allen and Cochrane, 2007; Connolly, 1995; Cresswell, 2006; Deleuze and Guattari, 1987; Hardt and Negri, 2000.

흐름을 말한다(Kogl, 2008, 1쪽). 중심 개념은 들뢰즈와 가타리의 리좀rhizome 은유다. 그것은 경계나 봉쇄를 포기하는 중심 없는 네트워크를 산출하는 자유롭고 예측 불가능한 흐름과 움직임의 공간적 구조다(Deleuze and Guattari, 1987, 8쪽, Kogl, 2008, 57-77쪽). 정치철학자 알렉산드라 코글은 장소에 관한 이러한 탈구조주의적 비판을 요약한다(Kogl, 2008, 1쪽).

21세기 초는 급진적으로 변동하는 지리의 시대로 보인다. 그것은 장소의 공간으로부터 흐름의 공간으로, 국민국가의 공간에서 전 지구적 공간으로, 둥근 세계에서 평평한 세계로의 변동이다. 사람과 국가가 의미를 부착시키며, 사람이 일상적 삶을 살아가는 손에 잡히며 독특한 공간으로서의 장소는 가치, 사람, 정보, 자본, 오염, 사고, 테크놀로지, 문화, 언어, 질병의 흐름에 압도된 것으로 보인다.

코글은 이러한 탈구조주의적 비판을 좋게 평가하면서도, 이러한 관점이 단순하다고 지적한다. 이는 부분적으로, 세계화와 흐름이 오늘날 어떤 장소를 손상시키고 있기는 하지만, 이러한 똑같은 과정이 다른 장소는 강화하고 새로운 종류의 장소(예를 들어, 수출가공지구나 전 지구적 도시)를 촉진하기 때문이다(Kogl, 2008, 1쪽). 더 중요한 것은, "인간의 신체는 언제나 지역적이며, 좋든 싫든 간에 특정 장소에서 타인과 함께 특정한 삶을 살[기]" 때문에 장소는 중요성을 유지한다는 점이다. 이동적인 미국에서조차 거의 40퍼센트의 미국인은 자기 고향 마을을 떠난 적이 없고, 다른 20퍼센트는 자기 고향 주를 떠난 적이 없다(Cohn and

Morin, 2008). 영국의 거의 절반 정도의 성인이 자기가 태어났던 곳에서 5마일 내에서 거주한다는 점에서, 영국의 거주 패턴도 비슷하다(Morley, 2000, 14쪽). 전 지구적 패턴의 측면에서 볼 때, 다른 곳에 거주하기 위해 자기 고향 장소를 자의적으로 떠나는 이주자의 수는 나라별로 다르지만, 전체 비율은 지구 인구의 한 부분으로서 비교적 안정되어 있다. 이는 2000년의 2.9퍼센트에서 2010년의 3.1퍼센트로 미미하게 증가하였다(UN DESA, 2010: IOM, 2010). 2017년 국제연합의 연구에 따르면, 전 세계에서 난민, 망명 신청자, 고향 장소에서 강제로 분리된 사람의 수는 2016년에 거의 6,600만 명으로 추산된다. 이는 세계 인구의 약 1퍼센트다(WYT, 2017년 6월 6일, A5쪽). 요컨대, 세계 인구의 거의 96퍼센트가 계속해서 고국에서 살아간다.[88]

이러한 의미에서, 장소는 인간 삶의 거대한 안정화 요소로 남아 있다. 장소는 실감되는 신체를 공간적·지리적으로 자동적으로 "장소 잡고" 붙잡는다는 점에서 그렇다. 이러한 "장소를 통한 신체적 장소 잡기"로 인해, 내가 이 책에서 상호작용, 정체성, 실현의 장소 과정을 통해 기술했던 공간적 질서와 환경적 속함의 한 양상이 인간 존재에게 자동적으로 제공된다. 디지털 테크놀로지와 로봇공학의 계속적 발전으로 인해 인간적 삶이 전적으로 가상적·비물질적·간접적이 되지

----

88 세계에서 강제이주된 사람의 정확한 추산치는 6,560만 명이다. 이 중 280만 명은 모국에서 도망쳐 국제적 보호를 찾는 난민과 망명 신청자다. 중요한 것은, 거의 4천만 명이 모국 내에서 강제이주되었다는 것이다. 상황이 달랐다면 장소에 머물렀을 것이 거의 확실한 사람들이 다른 곳으로 강제로 보내졌다는 점에서, 이는 특히 염려되는 상황이다.

않는 한, 장소는 인간 존재의 한 부분으로 남아 있을 것이다. 모든 개인이 자기 삶의 장소와 동등하게 동일시하고 애착을 가지는 것은 아니지만, 저 장소들은 여전히 불가피하다. 각 개인과 집단의 생활세계를 위한 일상적이고 다양하게-여겨지는 공간적·환경적 맥락을 장소가 제공한다는 점에서 그렇다. 적어도 신체-주체와 환경적 육체성의 측면에서는 그렇다.

장소의 더 진보적인 의미를 찾으려 하는 첫 번째 장소 비판자 집단은 장소의 이러한 불가피한 육체성을 종종 무시한다. 우리의 탈근대 시대에 우리가 해야 할 일은, 장소의 정지 상태에 더 활기를 줄 수 있고, 이어서 다양성을 촉진하고 차이의 수용에 기여하는 생동적 상호연결성을 통해 다른 장소에 활기를 주는 방법을 찾는 일이라는 점에서 이 비판자들은 옳다(Kogl, 2008; Massey, 1997, 2005, 2009; Morley, 2000). 그러나 이러한 역동적 교환의 많은 부분은 앞으로도 장소와 혼합되는 신체-주체의 습성적 규칙성에 근거할 것이다. 장소 사이의 역동적 상호교환이 각 장소 자체의 탄탄한 온전성을 전제한다는 현실 또한 이 비판자들이 폄하할 수 있는 것이 아니다. 이러한 탄탄한 온전성은 적어도 부분적으로는, 물질적 공간 내의 실감되는 신체의 관성적 규칙성에 토대를 두고 있다. 이러한 의미에서, 인간적 생활세계에서 장소의 불가결한 역할은 다음과 같은 물음을 야기한다.

■ 관성과 신체적 규칙성이 장소의 불가피한 일부를 이룬다면, 이러한 실감되는 성질은 어떻게, 탄탄한 장소를 촉진하고 장소 서로 간의,

특히 상당히 차이 나는 장소(예컨대, 상이한 민족의 구역 또는 지역) 간의 지지와 이해를 산출하려는 계획 · 정책 · 법을 통해 이용될 수 있을까?

■ 생활세계, 장소, 환경적 체화에 관한 현상학적 교육을 통해, 시민과 전문가가 실제-세계 장소의 작동과 필요를 더 잘 이해하는 데에 도움을 주고, 그리하여 이들이 상상하고 만드는 데에 기여할 수 있을까?

■ 장소-내의-인권 또는 장소 정의를 말하는 것이 가능한가? 만약 그렇다면, 그러한 가능성은 장소 맥락을 고려하지 않은 개인과 집단의 권리와 필요에 초점을 맞추기보다는, 사람과 여타 생물이 현존하는 장소를 개선하는 데에 관심과 지지적 노력을 보내야 하지 않을까?

장소, 체험적 자리 잡기, 장소 정의

이 책에서 내가 주장한 것과 관련하여 이 모든 물음이 중요하다. 그러나 내가 내 결론의 마지막을 바치고 싶은 물음은 다음과 같다. 현상학적 접근은 장소 정의라고 불릴 만한 것과 유관한가? 장소 정의를 통해 내가 의미하는 것은, 환경적 설계, 공적 정책, 장소에-근거한 운동을 이용하여 생동적 장소를 보호하고 빈사 상태의 환경에 활력을 불어넣는 것이다. 장소 및 실감되는 장소 잡기가 이러한 임무에 기여하는 바는 무엇인가? 아마도 가장 중요한 인식은, 인간적 삶이 언제나 장소-내-인간적-삶이라는 인식일 것이다. 특히 신체-주체와 환경적 체화로 인해, 많은 사람의 일상적 삶은 매일 삶의 습관, 루틴, 당연하게-여겨지는 관성 때문에 단순히 일어난다. 상례적 삶이 극적으로 변동되고 우리가 평범하지 않은 무엇을 하도록 강제되지 않는다면, 대부분의 인간 존재는 자기 세계의 당연하게-여겨지는 관성을 거의 의문시하지 않으며, 세계가 바뀔 수 있다고 상정하지 않는다.

자연적 태도로 인해, 사람들은 자신의 생활세계와 장소를 가능한 유일한 세계로서 습관적으로 받아들인다. 2005년 열파 당시 사망한 시카고의 고립된 노인에 관한 클리넨버그의 연구로 돌아가자(Klinenberg, 2002. 10장을 보라). 이 개인들은 자신의 사회적·환경적 고립을 당연하게 받아들였고, 위기의 때에 자신의 상황을 변동시킬 의지도, 능동적 수단도 가지지 못했다. 생활세계의 관성이 장소 및 실감되는 장소 잡기의 불가결한 일부라면, 우리가 더욱 자유로워지고 더욱 전체적이 되는 긍정적 변화를 가장 효과적으로 지지하는 것은 때로 장소 창조와 증진일 수 있다. 여기에서는 장소의 공유 현전을 강화하고 그리하여 장소 체험, 행위, 의미를 향상시키는 환경적 총체 내에서의 변화가 장소와의 사려 깊고 건설적인 교류를 통해 상상되고 제조된다.

한 마디로, 생활세계 속에서 사람들이 그 세계의 파편이 아니라 일부가 되었다고 느끼도록 촉진하는 장소를 재조성할 필요가 있다. 인권에 대한 이러한 접근은 간접적이다. 법적·정치적 수단을 통해 권력을 권력 없는 개인에게 공식적으로 배당함을 통해서 유용한 변화가 일어나는 것이 아니라, 그들의 장소를 물질적·공간적으로 더 낫게 만듦으로써 그들이 단순히 자기 일상적 삶을 사는 와중에 장소의 성질이 그들 개인의 안녕에 기여하게끔 함으로써 유용한 변화가 일어난다는 점에서 그렇다. 우리는 대니얼 케미스의 "좋은 삶"으로 돌아간다. 여기에서 사람들은 그들의 세계를 이루는 자신에게, 타인에게, 장소에 완전하게 현전한다. 그는 "장소에 대한 공동 애착을 통해 사람들이 서로에게 묶이게 되는, 다양한 관심을 통한 상호적 인정에 바탕을 둔 정치"를 말한다(Kemmis, 1990, 123쪽).

법학자 코너 기어티는 인권과 환경 보호를 통찰력 있게 통합하였는데, 내가 여기에서 제공하는 관점은 그의 통합과 공통점이 많다. 그는 이렇게 쓴다.

> 우리가 인권과 환경 보호를, 세계를 더 나은 장소로—그것 자체를 위해, 그리고 그 안에서 사는 모두의 삶을 위해—만들려는 욕망에 의해 추동되는 운동activism의 형태로 본다면 … 우리는 두 장 사이에 사실상 밀접한 유대가 있다는 점, 그리고 인권은 환경 장에서 일어나는 진보에 장애가 되지 않고 도움이 된다는 점을 볼 수 있다(Gearty, 2010, 15쪽).

기어티의 통합으로의 부름에 내가 동의하기는 하지만, "운동"의 정의에 대해서는 그와 나의 의견이 부분적으로 불일치할 것이다. 운동은 통상적으로 법, 정치, 경험 등과 관련된 의지적이고 자기주도적인 노력을 통해 세계 속에 긍정적 변화를 일으키려고 자기의식적으로 애쓰는 개인과 집단으로 해석되기 때문이다. 그렇다고 해서 내가 자기의식적, 자율적인 시동에 반대하는 것은 아니며, 케미스가 자기 작업에서 보여 주었듯이, 이런 노력이 장소 만들기의 불가결한 부분이라고 나는 믿는다. 그러나 내가 거듭 말하고 싶은 바는, 생활세계와 자연적 태도의 많은 부분은 부분적으로 신체 주제, 환경적 체화, 장소로 인해 비자기의식적으로 근거 놓여 있다는 것이다. 이러한 선술어적, 비반성적 삶은 인권과 환경 정의의 상보적 차원을 가리킨다. 그것은, 불공평하거나 삶을-퇴화시키는 생활세계가 창조적인 공간적 · 물질적 변화를 통해 간접적으로 변용될 수 있는 방식을 사려 깊게 고안하는 것이다. 장소와 장소 만들기에 환경적 총체가 가지는 중요한 역할을 사려 깊게 검토했던 알렉산더, 제이컵스, 화이트, 벤틀리 및 여타 인물들은 저러한 창조적 변화를 옹호했다. 달리 말하자면, 때로 장소는, 이 장소와 연관된 인간 존재의 자기의식적인 행동적 · 태도적 변동을 강조하기보다 환경적 총체에 건설적 변동을 만듦으로써 더욱 잘 강화된다.[89]

이러한 가능성은 우리의 초근대 세계가 오늘날 마주한 가장 중요한 물음 중 하나를 향한다. 대니얼 케미스가 지적한 대로의 사려 깊은 설계, 평등한 정책, 문명화된 장소-내-정치의 방식을 통해, 지지적 장소가 번영하도록 의도적으로 만들 수 있을까? 과거에 이러한 지지적인 종류의 장소는 대부분 비자기의식적으로 일어났다. 건축, 수송, 통신 테크놀로지가 대부분 지리적으로 제한되어 있었고, 기업 활동은 대체로 지역적이었으며, 대부분의 인간 존재는 장소에 몹시 신체적으로-

---

89 장소 만들기로서의 건축, 계획, 환경 설계에 관한 논의로는 다음이 있다. Bermudez, 2015; Carmona et al., 2010; Frumkin et al., 2004; Kopec, 2012; Montgomery, 2014; Sadik-Khan and Solomonow, 2016; Schwartz, 2015; Seamon, 2014b; Speck, 2012; Steinfeld and White, 2010; Williams Goldhagen, 2017.

묶여 있었기 때문이다. 오늘날, 지구상의 모든 장소는 다소간에 동등하게 접근 가능하며, 이에 결정적 의문이 제기된다. 거의 모든 것을 할 수 있는 우리의 인간적 능력에도 불구하고, 우리는 장소 및 실감되는 장소 잡기에 활기를 불어넣을 실천적 방법을 찾을 수 있는가? 이 책에서 나는 인간적 삶에서 장소가 무엇인지, 장소가 왜 중요한지, 장소가 어떻게 작동하는지를 이해함으로써 시작해야 한다고 논했다. 나는 현상학적 접근법이 이러한 이해에 많은 것을 제공하며, 특히 여섯 장소 과정을 통해 세계의 장소를 더 강하고 더 내구성 있게 만들 수 있는 실천적 수단과 방법을 가리킨다고 제안했다.

이제 2장에서 했던 주장으로 끝을 맺으려 한다. 인간 존재는 언제나 이미 자기 세계에 불가피하게 몰입해 있고, 얽혀 있고, 엮여 있다. 이는 거의 대부분의 경우, 어떤 것이나 어느 누군가의 개입 없이 "그냥 일어난다." 장소 및 실감되는 장소 잡기는 이러한 실감되는 몰입의 불가결한 일부다. 다음으로, 나는 장소의 불가결한 구성 요소는 장소의 물리적·공간적·물질적 요소, 즉 내가 식별한 대로의 환경적 총체라고 논했다. 아마도 내가 제공하는 가장 중요한 결론은, 인간적 안녕이 여건에 의존하며, 이 중에서 가장 변화시킬 수 있고 가장 만들어 낼 수 있는 것 중 하나가 환경적 총체라는 것이다. 장소의 환경적 면모가 개인이나 집단의 삶을 결정하는 것은 아니다. 그러나 환경적 면모는 삶이 저런 방식이 아니라 이런 방식이 되는 데에 기여하는 구체적 가능성, 행위, 상황을 유도한다. 좋든 나쁘든 간에, 우리가 깨닫든 깨닫지 못하든 간에, 우리는 언제나 장소 잡혀 있으며, 어떤 장소 잡기는 안녕을 촉진하는 반면에 어떤 장소 잡기는 불친절, 괴로움, 노골적 절망으로 곪게 만든다. 우리가 무엇이 되는지에 우리가 누구인지가 막대한 기여를 하지만, 우리가 어떻게 장소 잡혔는지 또한 중요하다. 실감되는 장소 잡기를 이해하기 위해 애쓰는 것, 그것이 쇠약해지지 않고 양육될 수 있는 방식을 찾아내는 것이 내가 이 책에서 제공하는 결정적 지침이다. 오늘날의 초근대적 세계에서조차, 삶은 언제나 장소에서 일어난다. 우리는 이에 따라서 이해하고, 행위하고, 상상하고, 창조해야 한다.

후기:

체험 대 인식, 실감 대 개념

이 책의 초고를 읽은 한 독자는, 나의 접근접이 현상학적이라기보다는
개념적이라고 말했다. 그는 베넷의 체계가 장소와 장소 체험에 미리
규정된 구조를 부과한다고 주장했다. 현상학이 "사태 자체로 돌아가는
것"임을 받아들인다면, 베넷의 전진적 점근을 내가 어떻게 현상학적으
로 정당화할 수 있을까? 이 논평자는 현상학이 체험적 기술인가, 뇌가
하는 해석인가 하는 관련 물음을 제기했다. 현상학은 여전히 현상에
가까이 있고, 현상에 대한 실감되는 표현으로부터 생겨나는 대체로 서
사적인 해설을 내포하는가? 아니면, 현상학은 순수 체험적 기술로부터
멀어져서, 현상에 근거하기는 하지만 현상을 더 포괄적으로 이해하는
해석적 추구를 향해 움직이는가? 현상학적으로 볼 때, 체험과 인식 사
이, 실감되는 기술과 지적 이해 사이의 존재론적 · 인식론적 · 방법론
적 경계선은 어디에 있는가?

이러한 문제는 중요하다. 나는 본 후기에서 이를 논할 것이다. 한편

으로 나는, 베넷의 체계론이 주장하는 포괄적 질적 구조가 자의적이고, 지성적으로 파생된 것이며, 체험적으로 직접 접근 가능하지 않은 것으로 보인다는 데에 동의한다. 다른 한편, 30년 이상 베넷의 체계론을 가지고 작업해 온 사람으로서 나는 실습과 직접 하는 탐구를 통해 베넷의 체계를 체험적으로 발견할 수 있고, 그렇지 않으면 접근 불가능한 직관력 있는 통찰을 발견할 수 있다고 제의한다. 이러한 의미에서, 나는 그의 체계가 실감되는 체험에서 생겨나는 것이라고 제안한다. 그리고 인간적 삶을 구성하는, 또한 우리가 얽혀 있는 인간 존재로서의 현존하는 세계를 구성하는 행위 · 상황 · 과정을 고찰할 생산적이고 독창적인 수단을 제공한다고 제안한다.

현상학의 창안자 에드문트 후설은, 현상학자는 영원한 초심자이며, 기술적 · 해석적 증거를 위해 계속해서 실감되는 체험에서 시작하고 또 그리로 돌아와야 한다고 주장했다(Moran, 2000, 62쪽). 그러나 동시에, 정확한 체험적 교류와 기술은 현상학적 노력의 첫 발짝에 불과하다고 대부분의 현상학자들은 강조한다(예컨대, Finlay, 2011, 109-112쪽, Giorgi, 2009, Spiegelberg, 1982, 682-715쪽). 결국, 우리는 구체적 기술적 발견을 더 포괄적인 실감되는 구조 및 패턴과 관련시키려 노력하게 된다. 이 구조와 패턴을 나는 여기에서 "현상학적 개념"이라고 부른다. 실감되는 신체에 관한, 그리고 지각과 신체-주체 같은 현상학적 관련 개념에 관한 메를로퐁티의 해설이 한 명백한 예가 되겠다. 그의 비범한 기여점은, 인간의 체험에서 이러한 현상을 직접 찾아내고 글로 풀어냄으로써 이 현상을 가시화하고, (내가 신체 루틴, 시공간-루틴, 장소 발레 같은 장소에-근거한 개념을 통해 시도한 것처럼) 다른 현상학자들이 살펴보고 더 전개할 수 있도록 만든 것이다.

체험하기 대 인식하기

실감되는 체험 대 지적 사고라는 물음에 관련하여 핵심은, 한 현상학자의 직접적 실감되는 발견이 다른 현상학자에게는 간접적이며 뇌를 통한 정식이 될 수 있다는 것이다. 메를로퐁티가 실감되는 체험을 통해 직접 발견한 개념들을 나는 처음에는 글로 쓴 그의 표현을 통해 지적으로 인지했다. 물론 나는, 그의 개념적 설명이 가진 실감되는 유효성을 끝내는 나 자신의 생활세계 속에서 검증했다. 그러나 이러한 설명에 대한 나의 본래의 이해는 직접적 체험이 아니라 인지적 인식에 근거했다. 이러한 의미에서 현상학적 연구는, 한 현상학자의 실감되는 발견이 지적인 인식 집합의 일부가 되어 다른 현상학자의 또 다른 실감되는 발견을 인도하고 촉발하게 되는 집단적 기획이다. 예를 들어, 케시와 말파스의 장소현상학은 후설, 하이데거, 메를로퐁티가 놓은 개념적 기초 작업 없이는 불가능했을 것이다(Casey, 2009; Malpas, 1999, 2006).

　체험적 이해 대 지적 이해를 논의하는 데에서 또 다른 중요한 점은, 생활세계와 자연적 태도가 모든 현상학적 탐구를 위한 출발점이 된다는 명백한 사실이다. 내가 이 책 내내 강조했듯이, 생활세계와 자연적 태도의 가장 눈여겨볼 만한 실존적 성질은 이것들이 당연하게-여겨진다는 점이다. 생활세계와 자연적 태도는 정상적으로는 의식적 주목이 알아차리는 것 바깥에 있고, 그렇기에 내가 현상학적으로 드러낼 때까지는 뇌를 통한 이해에는 숨겨져 있다. 후설은 이렇게 썼다(Husserl, 1970, 142쪽).

생활세계는 그 속에서 깨어서 살고 있는 우리에게 언제나 이미 거기 있고, 우리에게 미리 존재하고 있으며, 이론적이든 이론 외적이든 간에 모든 실천의 "지반"이다. 우리에게, 깨어 있는 주체에게, 언제나 어떤 방식으로 실천적 관심을 가진 주체에게, 세계는 모든 실제적 · 가능적 실천의 보편적 장으로서, 지평으로서 미리 주어지는데, 경우에 따라 한 번 미리 주어지는 것이 아니라, 언제나 필연적으로 미리 주어진다. 산다는 것은 계속해서 세계확실성-속에서-사는 것이다.

모란이 설명하듯이(Moran, 2000, xiii쪽), 후설의 탁월한 성취는 서구 사유를 "가짜-문제에 싸여 있는 추상적 형이상학적 사변으로부터" 되돌려 "사태 자체 및 구체적인 살아 있는 체험과 접촉하도록" 한 것이다. 아마도 후설의 가장 유익한 기여는 생활세계와 자연적 태도의 "발견"이었을 것이다. 이 개념들은 이전에는 서구 철학과 심리학에서 완전하게 인지된 적이 없다. 이어서, 하이데거와 메를로퐁티 같은 다른 현상학자들은 자연적 태도 속에 은폐되어 있는 생활세계로부터 등장하는 추가적인 실감되는 구조─여기에서도, 나는 이것들을 개념이라고 부르는 것이 정당하다고 생각한다─를 식별했다. 신체 주체나 지각 같은 개념을 내가 직접 발견하지 않았다는 것은 명백하다. 그러나 일단 메를로퐁티의 글로 인해 내가 이것들을 알게 되자, 나는 이것들이 나 자신의 삶에서 작동함을 지적으로 깨달았다. 그리고 마침내 나 자신의 생활세계 체험을 통해서, 우리가 인간 존재로서 누구이며 어떻게 존재하는지에 관한 불가결한 차원을 이것들이 정확히 기술함을 보게 되었다(Seamon, 1979, 2018b). 이윽고, 나는 어떻게 이러한 중심 개념이 장소에 관한 인간적 체험을 이해하는 데에, 그리고 더 나는 장소 만들기를 제공하는 데에 기여하는지를 인식하게 되었다.

장소 증진을 다룬 13장에서 그려 보였듯이, 현상학적 노력을 통해서조차 생활세계의 구성에 기여하는 것으로 직접 보이거나 식별되지 않는 생활세계의 면모들이 있다. 아마도 가장 설득력 있는 예는, 힐리어의 공간문법 이론일 것이다. 이 이론은 사람들이 장소에서 물리적으로 함께 모이는지 분리되는지에 경로의 공간적 구성이 중요한 역할을 한다는 것을 경험적·양적으로 보여 준다. 경로 구성이 상호주관적 육체성을 어떻게 향상시키거나 방해하는지를 우리가 체험하고 관찰하는 현상학적 연구를 고안하는 것이 가능할 수는 있을 것이다. 그렇지만 이 현상을 샅샅이 더 잘 이해하게 되는 것은, 통합성에 대한 힐리어의 측정 및 이 측정을 그려 낸 지도 같은 간접적 지시자를 통해서다. 인간의 이동과 경로 구성 사이의 실감되는 체계를 완전하게 보는 것은 현상학적으로 불가능할 수 있다. 그러나, 예를 들어 우리는 도시 보도의 생동적인 구간과 생명 없는 구간을 연구하고, 공간-문법 이론을 지성적 보조 도구로 이용하여 보도 위 활동의 대조적인 정도 차에 관한 일군의 행동적·체험적 실마리를 획득할 수 있다.

비슷한 방식으로, 베넷이 일자 · 양자 · 삼자 등이 체험의 일차적 요소이며 "정신에 의해 덧붙여지는 것이 아니[라고]" 주장함에도 불구하고, 그의 전진적 점근법은 생활세계 체험을 통해 직접 접근할 수 없으므로 그 유효성과 신뢰성 측면에서 의문스럽다고 논할 수도 있다 (Bennett, 1966a, 9쪽). 그러나 나는 대부분의 독자들에게 5장과 6장에서 기술한 실감되는 장소 잡기의 일자 및 몇 가지 장소 양자는 사리에 맞는 현상학적 묘사로 보이리라고 기대하며, 이것들이 실상 메를로퐁티(환경적 체화), 후설(고향세계/이방세계), 재거(거주/여정과 노동/축제 세계), 케이시와 말파스(실감되는 장소 잡기)에서 이미 식별된 것으로 보이리라고 기대한다. 장소 양자의 실감되는 의의에 대한 이해는 베넷의 체계 중에서 신입자가 받아들이기 가장 쉬운 요소일 것이다. 운동과 정지, 내부와 외부 등은 비교적 간단하게 자신의 체험에서 찾을 수 있기 때문이다(그러나 고향세계와 이방세계는 덜 그럴 것이다. 이 세계들은 생활세계와 자연적 태도의 은폐성과 밀접히 관련되어 있기 때문이다).

생활세계 구조로서의 삼자

이 책에서 옹호된 체계 중 훨씬 더 문제적인 것은 삼자다. 첫째, 모든 관계와 행위가 이 세 추동력에 근거한다는 주장, 둘째, 세 추동력의 여섯 가지 조합이 그리는 여섯 삼자가 모든 관계와 행위를 특징짓는다는 주장이 문제적이다. 삼자적 구조는 인간 삶의 모든 과정적 현상의 기저에 있는가? 한 사람이 실습을 통해, 인간적 체험과 세계의 작동 속에서 여섯 삼자를 참으로 발견할 수 있는가? 이러한 물음으로 인해 나의 논의는 이 책의 초고에 대한 논평자의 염려로 돌아온다. 베넷의 여섯 삼자는 뇌에 의해 부과된 추측인가, 아니면 베넷이 고통스러운 시행착오 끝에 자신의 체험에서 발견한 실존적 구조인가?

이 물음에 나는 직접 대답할 수 없다. 내가 말할 수 있는 것은, 자전적인 방백을 통해 베넷은 그의 연구소에서 체계론적 연구가 중요했다고 언급하며, 여섯 삼자에 대한 그의 이해와 숙달은 천천히, 적어도 부분적으로는 협업적 노력을 통해 생겨났다고 시사한다는 점이다.[90] 내가 보기에, 더 중요한 관건은, 다른 사람도 자기 자신의 체험에서 여섯 삼자를 찾아내고 이를 통해 "상호주관적 확증"에 기여할 수 있느냐는 것이다. 이 확증에서 삼자는 폭넓고 다양한 생활세계 상황에서 증명되거나 논박될 것이다. 이 책은 장소의 현상에 초점을 맞추었기 때문에,

....

90 체계론의 전개에서 협업이 행한 역할에 대한 논의로는, Bennett, 1966a, v-ix쪽, Bennett, 1966b, ix-x쪽을 보라. 출간된 《역동적 우주》 제2권에서 제시된 여섯 삼자의 최종적 판본을 더 이른 1952년의 《역동적 우주》 원고와 비교해 보면, 베넷의 이해에 몇 가지 변동이 있었음을, 특히 질서와 자유의 삼자와 관련하여 변동이 있었음을 눈치챌 수 있다. 1952년 원고에서 베넷은 삼자 몇몇에 다른 표찰을 붙인다. 그는 상호작용 삼자는 "교환", 확장 삼자는 "내적 진화involution", 집중 삼자는 "외적 진화evolution", 질서 삼자는 "결정"이라고 부른다.
체계론의 전개 내내, 베넷과 동료들이 체계론의 관점·방법·개념적 발견에 계속해서 물음을 던지고, 그것을 다시 표현하고, 연마하고 있었음을 우리는 알 수 있다. 나는 이러한 지적 유연성이 인간적 삶과 세계 실존을 **참으로 이해하려는** 진실하고 탄탄한 노력을 시사한다고 본다. 《역동적 우주》 제3권에서 베넷은 그의 목표를 다음과 같이 요약한다(Bennett, 1966a, viii쪽, ix쪽). "나는, 20세기 후반에 우리에게 제시된 대로의 모든 인간 체험과 모든 지식을 포괄하기 위해 구축된 통일적 세계상을 보여 주기로 하였다. 이 상은 필연적으로 **결함이 있을** 수밖에 없다. 그러나 이보다 더 중요한 것은, 어떤 종류의 총체적 상이 **가능함을** 보여 주는 것이다. … 전개된 관념 중에 어떤 것이 유익한 것으로 증명되고, 다음 세기에 오게 될 인간 사고의 위대한 재구조화에 기여한다면, 이는 내가 희망할 수 있는 모든 것을 성취한 것이리라."

나는 베넷의 여섯 삼자가 장소 체험, 장소 의미, 실감되는 장소 잡기와의 관련 속에 있는 다양한 생활세계 차원을 가리키는 대로 이 삼자를 풀어내려 했다. 이 삼자가 인간적 삶 속에 실재한다는 점에 대한 일종의 질적 증거를 나의 해석 및 실제-세계 사례가 제공하기를 나는 희망한다.

나는 베넷의 삼자에 대한 논평자의 회의적 태도도 이해한다. 그러나 나는 다른 한편, 생활세계, 실감되는 신체, 신체-주체 같은 현상학적 중심 개념이 후설이 현상학적 태도를 "발명"하고 이것이 인간의 의식, 삶, 체험에 중요하도록 만들 때까지는 이용 불가능했음을 지적한다. 베넷은 자신이 현상학자라고 주장한 적이 없지만, 그가 인간 체험의 핵심 차원을 해명하려 했다는 의미에서 그의 작업은 현상학적이다. 신입자가 보기에, 여섯 삼자는 지성적 부과로 보일 수 있다. 그러나 나는 장기적이고 참여적인 연구를 통해, 우리는 이것들이 인간적 체험에도 본질적이고 이 체험이 펼쳐지는 세계에도 불가결한 실감되는 구조임을 깨닫게 된다고 논할 것이다. 《역동적 우주》의 초기 원고에서 있는, 세 추동력과 여섯 삼자를 이해하는 세 단계에 대한 베넷의 기술은 중요하다.

이해에는 세 계기가 있다. 첫 번째 계기는 "이해에 관한 인식"이라고 불릴 수 있다. 이는, 실재가 삼자적이라는 단언으로 표현되며, 이 단언이 참임을 확인하기 위한 사례의 축적을 통해 자라난다. 그럼에도 불구하고, 이 계기에서 이해는 계속해서 인식의 대상이지,〔직접적 실감되는 체험]의 발현이 아니다. 이해의 두 번째 계기에서, 우리의 의식은 삼자로 돌입하기 시작한다. 이해하려는 노력은 주의의 특별한 분업을 통해 이루어진다. 이 분업에서 삼자의 세 추동력은 이것들의 결합 속에서 분리되어 성찰되고 관찰된다. 이러한 훈련은 "능동적 숙고"라는 세 번째 단계로 이끈다. 이 단계는, 어떤 상황에서든 삼자적 성격을 파악하려는 의식적으로 인도되는 노력과 결부된다. 이러한 숙고가 무엇보다도 요구하는 것은, 세 추동력 각각의 성격에 대한 직접적 지각이다. 이는 삶의 체험을 통해서, 주의하려는 지속적 노력을 통해서만 획득된다. 그것은 확언, 부인, 화해라는 추상적 원리의 의미에 대한 인식으로 시작하여, 모든 실재에 세 추동력이 만연하다는 인식으로 움직인다. 이 움직임은 모호에서 명확성으로의, 추상에서 구체성으로의, 굳은 정식에서 역동적 참여로의 움직임이다(Bennett, 1952, 292–293쪽).

전진적 이해

베넷이 이러한 전진적 이해 방식을 삼자와 관련시키기는 했지만, 우리는 이 삼단계 과정이 현상적 방법에 포괄적으로 적용된다고 정당하게 말할 수 있다. 현상학의 신입자로서 우리는 통상적으로 간접적 지성적 통찰에서 시작한다. 현상학자가 흥미를 가지는 구체적 현상을 통해 이 통찰의 실감되는 현전을 탐색함에 따라 통찰이 전진적으로 더욱 실재적이 되고 근거를 가지게 되기 때문이다. 예를 들어, "생활세계" 개념을 처음 접한 사람은 흔히, 그것이 무엇인지 이해하는 데에 상당한 지적 어려움을 겪게 된다. 평범한 삶에서 그것은 시야에서 숨겨져 있고, 곧잘 "사라지는" 결눈질로만 "붙잡을 수" 있기 때문이다. 그가 인내한다면, 인간적 삶이 정규적으로, 정상적으로, 또한 대체로 지장 없이 펼쳐지는 데에 생활세계의 자동적 그것으로-존재함이 어떻게 기여하는지를 시간이 지남에 따라 깨닫게 된다. 한 마디로, 그는 불명료한 데에서 명료한 데로, 간접적이고 미리 수립된 기술에서 직접적이고 체험적인 입증으로, 타인이 주장한 자의적 개념에서 인간적 삶의 본질적 구성 요소에 관한 직접적 인식으로의 전진적 이해 과정을 체험한다.

그리고 마침내 현상학적 태도를 실습함을 통해, 그는 자기 실감되는 체험 속에 현상학적 개념이 실재함을 인식한다. 이런 방식으로, 이 개념들은 구체적이고 의심 불가능한 것이 된다. 언제나-이미 현전하는 생활세계나 신체-주체를 일단 인식하고 나면, 이것이 구체적 체험에서 생겨난 개념이며, 인간적 체험의 구성을 더 포괄적으로 이해하는 데에 능란하게 도움을 주는 개념이라는 것을 의심의 여지없이 보게 된다. 베넷은 앞에서 묘사한 삼단계 과정을 통해, 여섯 삼자와 관련해서도 이러한 구체적 이해를 가질 수 있다고 시사한다.

이 책을 쓰는 나의 체험을 통해 이를 예시해 보자. 나는 안식년을 갖게 되어 매 평일 오후 세 시간은 글을 쓰기로 했다. 거의 언제나, 작업을 하기로 하면, "나는 작업해야 한다," 그러나 "정말 작업할 기분은 아니다"라는 양자가 생겨났다. 많은 논문과 장을 쓰는 반복적 노력을 통해 내가 배운 것은, 이러한 반항적 양자를 작동하는 삼자로 변용시키기 위해서는 "사물과 잘 관계해야 한다"는 것이었다. 이는 나의 상황을 양자에서 삼자로 변동시키는 어렵지만 필요한 요구였다. 거의 언제나, 나는 반복적 과제를 수행함으로써 이러한 변동을 일으켰다. 그 과제는 그날 내가 필요로 할 수 있는 자료를 찾아내기, 구체적 전거 탐색하기, 내가 전날 썼던 것을 다시 읽거나 수정하기였다. 이 모든 행위는 상례적이고 단조로운 상호작용 삼자였다. 그러나 이것들의 가치는, 이것들이 집합적으로 작용함으로써 나의 글쓰기 노력이 내가 실제로 글쓰기 시작할 수 있는 더 교류적인 삼자 상태로 변동된다는 데에 있다. 행하기-쉬운 행위를 함으로써 "내가 글쓰기를 시작하게 하는" 상황으로부터, 조만간 나는 나의 작업과 능동적으로 교류하는 상태에 있게 되었다. 글과 사고가 흘러나오기 시작하고, 글쓰기는 "자기 자신의 삶"을 떠맡는다. 상호작용 삼자인 "쓰려는 노력"이 창조와 자유 삼자인 "실제로 쓰기 및 종종 꽤 잘 쓰기"가 된다.

글을 쓰려 노력하는 데에서 쓰고 있는 단계로 넘어오면, 내가 다른 사유자의 생각을 논의에 끌어들여야 한다는 것을 갑자기 상기하거나, 내가 막 표현했던 사고가 이전에 더 잘 논의되었다는 것을 깨달을 수 있다. 가장 고무적인 순간은, 전에는 이해하지 못했던 것을 한순간 갑자기 이해하기 되고, 그 이해를 내 글에 포괄시킬 수 있게 되는 때다. 이 모든 행위는 자유 삼자와 관련된다. 여기에서는 어떤 연결, 장소 잡기, 영감이 "뜬금없이" 생겨나며 장소 삼자를 증진시킴으로써 나의 글을 강화한다. 내가 이 책을 시작할 때, 나는 이 책의 순서와 형식에 대해 일반적인 감만 있었다. 나는 장소 단자와 양자를 포괄할 단독적인 장을 상상했다. 그리고 각각이 두 삼자를 다룰 세 장을 그려 보았다. 내가 무엇을 말할 수 있는지 점점 명확해지면서(집중 삼자), 나는 장소 단자, 양자, 여섯 삼자 모두가 자기 고유의 장소를 요구한다는 것을 깨달았다(자유 삼자에 의해 특징지어지는 일련의 통찰). 과정적으로, 나는 이 책의 잠재적 개요 앞에 나 자신을 수용적으로 장소 잡기 위해, 그리고 "최선의 알맞은 조직화"에 나 자신을 열어 주기 위해 힘썼다. 이러한 능동적 수용성은 일련의 집중 삼자를 예시한다. 이는 결국 출간된 대로 이 책의 최종적 조직적 구조를 형태 잡는 데에 도움을 주었다.

이 과정 내내 나는 나의 현상학적 감수성을, 베넷의 체계론에 관한 나의 이해를, 인간적 삶에서 실감되는 장소 잡기가 가지는 의의에 관한 나의 존중을 강화했다. 이러한 의미에서, 이 책을 쓰는 것은 나를 집중과 정체성의 전진적 삼자에 연루시켰다. 여기에서 나의 자아 감각은 고무되고 강화되었다. 나는 내가 시작할 때보다 더 잘 이해한다는 것을 안다. 그리고 이러한 성취 감각은 안심감과 고양감을 준다. 장소, 실감되는 장소 잡기, 장소 만들기에 관한 나의 초점은 인간적 삶의 의미의 일부만을 이루지만, 나의 발견은 현상학이 포괄적으로 제공하는, 그리고 베넷 해석 체계의 다가치적 관점을 통해 현상학적 조사의 초점을 맞출 한 가지 혁신적 수단으로서 베넷의 저작이 제공하는 이론적 · 실용적 가능성의 풍부한 장을 가리킨다.

예측불가능성과 경이로서의 장소

이 후기를 어떻게 끝맺을지 숙고하던 차에, 장소 기우에 관한 영감을 주는 이야기가 《뉴욕 타임스》〈도시 일기〉에 등장했다. 한 남자가 웨스트 83번가에 있는 뉴욕 스포츠클럽을 떠나면서 인접 건물의 수위에게 손을 흔들어 인사하자, 수위가 달려왔다. 그는 이 수위에게 지난 2년간 인사를 해 왔다. "기다려요!" 수위가 소리쳤다. "이름이 어떻게 되세요?" "앤드류예요." 남자가 말하자, 수위가 대답한다. "건물에서 어떤 여성분이 당신을 보고 누구인지 궁금해해서 물어보는 거예요. 레이첼이란 이름의 아름다운 분이에요. 그분에게 당신의 이름을 알려 줘도 될까요?" "물론이죠." 앤드류는 휴대폰 번호를 수위에게 주었다. 사흘 후 레이첼이 앤드류에게 문자를 보냈고, 또 사흘 후에 그들은 만나서 술을 나누었다. 3년 후 그들은 결혼했고, 첫 아들이 5월에 태어났다. 앤드류의 서술은 "고마워요, 후안"으로 끝났다. 물론 후안은 수위의 이름이었다(NYT, 2017년 9월 25일, A21쪽).

내가 이 이야기로 후기를 끝내는 것은, 이것이 장소의 예측 불가능하고 놀라운 역동을 가리키기 때문이다. 물론 이 기우적 사건은 장소 해방 삼자와 관계되지만, 이는 또한 앤드류가 뉴욕 스포츠클럽의 멤버가 아니었더라면, 레이첼과 후안이 인접 건물과 무관했더라면, 앤드류가 클럽을 떠나는 것을 레이첼이 목격하지 않았더라면, 앤드류가 후안에게 규칙적으로 인사하지 않았더라면, 그리고 후안이 레이첼의 요청을 받고 머뭇거렸더라면, 앤드류와 레이첼이 결코 만나지 못했을 것임을 그려 준다. 장소 및 실감되는 장소 잡기는 모든 인간 존재의 기적적이지만 당연하게-여겨지는 면모다. 장소 및 실감되는 장소 잡기의 이례성을 향하는, 베넷 체계론의 개척적 관점을 통해 더욱 구체화된 로

드맵을 현상학이 어떻게 제공하는지를 이 책이 보여 주기를 희망한다.

　지리학자 에드워드 렐프는 "세계는 세계에 관한 이론과 기술을 계속해서 넘어선다"고 단언한다(Relph, 2001, 159쪽). 이 주장은 현상학에도, 또한 과거와 현재의 모든 인식 방식에도, 그러니까 탈구조주의 · 사회구성주의 · 비판이론 · 분석적 과학, 그리고 여타 모든 것에도 참이다. 어떤 개념적 접근법도 세계와 사고 사이의 완전하고 완벽한 합치를 제공할 수 없기 때문에, 나는 생활세계로부터 생겨나는 개념적 구조가 사고에 의해서만 생성된 개념적 구조보다 더욱 실재적이고 유용하다고 주지한다. 내가 여기에서 제공하는 장소현상학이, 정확하게 실감되는 체험으로부터 생겨나는 것인지 아닌지를 결정하는 것은 독자의 몫이다. 베넷의 체계론은 나의 주장과 모순되어 보일 수 있다. 그러나 나는 자신 있게 말할 수 있다. 독자가 베넷의 체계론적 방법과 씨름하고 여기에 정당한 기회를 준다면, 다른 방식으로는 쉽게 식별될 수 없는 체험적 발견을 접하고 놀랄 것이며 만족할 것이다.

　《지각의 현상학》 서문에서 메를로퐁티는 현상학이 "우리를 세계에 연결시키는 지향적 실을 느슨하게 하여, 그것이 모습을 드러내게 한다"고 쓴다(Merleau-Ponty, 1962, xiii쪽). 이러한 지향적 실 중 하나가 인간적 삶 내에서 장소의 주축적 현전이다. 여기에서 나는 이 주축적 현전을 살펴보려 했고, 특히 그 과정적 펼쳐짐을 해명하려 했다. 확실히, 삶은 장소에서 일어난다.

참고문헌

Abramson, D.M. (2016). *Obsolescence: An architectural history*. Chicago, IL: University of Chicago Press.

Alexander, B. (2017). *Glass house: The 1% economy and the shattering of the all-American town*. New York: St. Martin's Press.

Alexander, C. (2002a). *The nature of order, vol. 1: The phenomenon of life*. Berkeley, CA: Center for Environmental Structure.

Alexander, C. (2002b). *The nature of order, vol. 2: The process of creating life*. Berkeley, CA: Center for Environmental Structure.

Alexander, C. (2004). *The nature of order, vol. 4: The luminous ground*. Berkeley, CA: Center for Environmental Structure.

Alexander, C. (2005). T*he nature of order, vol. 3: A vision of a living world*. Berkeley, CA: Center for Environmental Structure.

Alexander, C. (2007). Empirical findings from the nature of order. *Environmental and Architectural Phenomenology*, 18(1), 11 - 19.

Alexander, C. (2012). *Battle for the life and beauty of the earth*. New York: Oxford University Press.

Alexander, C., Anninou, A., King, I., and Neis, H. (1987). *A new theory of urban design*. New York: Oxford University Press.

Alexander, C., Ishikawa, S., and Silverstein, M. (1977). *A pattern language*. New York: Oxford University Press.

Alexander, R. (1997). *Metropolitan diary: The best selections from the New York Times column*. New York: William Morrow and Company.

Allen, C. (2004). Merleau-Ponty's phenomenology and the body-in-space: Encounters of visually impaired children. *Environment and Planning D: Society and Space*, 22(5), 719 - 735.

Allen, J. and Cochrane, A. (2007). Beyond the territorial fix: Regional assemblages, politics and power. *Regional Studies* 41(9), 1161 - 1171.

Amin, A. (2004). Regions unbound: Towards a new politics of place. *Geografiska Annaler*, 86B(1), 33 - 44.

Arnade, C. (2016). McDonald's: You can sneer but it's the glue that hold communities together. *The Guardian*, Wednesday, June 8, 2016; https://www.theguardian.com/business/2016/jun/08/mcdonalds-community-centers-us-physical-social-networks (accessed May 8, 2017).

Bachelard, G. (1964). *The poetics of space*. Boston, MA: Beacon Press.

Bandura, A. (1982). The psychology of chance encounters and life paths. *American Psychologist*, 37(7), 747 – 755.

Barry, J. (2012). My dad's story: The house he lived in for sixty-five years. *Environmental and Architectural Phenomenology*, 23(2), 4 – 10.

Behnke, E. (1997). Body. In L. Embree, ed. *Encyclopedia of phenomenology* (pp. 66 – 71). Dordrecht, the Netherlands: Kluwer.

Bennett, J.G. (1950). The triad [unpublished early chapter of *The dramatic universe*, photocopy].

Bennett, J.G. (1952). *The dramatic universe: An examination of the significance of human existence* [unpublished early draft of The dramatic universe, photocopy].

Bennett, J.G. (1956). *The dramatic universe, vol. 1: The foundations of natural philosophy*. London: Hodder & Stoughton.

Bennett, J.G. (1961). *The dramatic universe, vol. 2: The foundations of moral philosophy*. London: Hodder & Stoughton.

Bennett, J.G. (1963). Systematics and general systems theory. *Systematics*, 1(2), 105 – 110.

Bennett, J.G. (1966a). *The dramatic universe, vol. 3: Man and his nature*. London: Hodder & Stoughton.

Bennett, J.G. (1966b). *The dramatic universe, vol. 4: History*. London: Hodder & Stoughton.

Bennett, J.G. (1970). Systematics and system theories. *Systematics*, 7(4), 273 – 278.

Bennett, J.G. (1974). *Witness: The autobiography of John Bennett*. London: Turnstone Books.

Bennett, J.G. (1993). *Elementary systematics*. D. Seamon, ed. Santa Fe, NM: Bennett Books.

Bentley, I., Alcock, A., Murrain, P., McGlynn, S., and Smith, G. (1985). *Responsive environments: A manual for designers*. London: The Architectural Press.

Bermudez, J., ed. (2015). *Transcending architecture*. Washington, DC: Catholic University of America Press.

Bertalanffy, L. von (1965). *Perspectives on general system theory*. New York: George Braziller.

Blake, A. (2003). *The meaning of the triad*. Charles Town, WV: DuVersity Publications.

Bohm, D. (1980). *Wholeness and the implicate order*. London: Routledge.

Bollnow, O. (1967). Lived-space. In N. Lawrence and D. O'Connor, eds. Readings in *existential phenomenology* (pp. 178 – 186). Englewood Cliffs, NJ: Prentice-Hall.

Bollnow, O. (2011). *Human space*. London: Hyphen Press [originally 1963].

Borch, C., ed. (2014). *Architectural atmospheres*. Basel, Switzerland: Birkhäuser.

Borgmann, A. (1992). *Crossing the postmodern divide*. Chicago, IL: University of Chicago Press.

Borgmann, A. (1999). *Holding on to reality*. Chicago, IL: University of Chicago Press.

Bortoft, H. (1971). The whole: Counterfeit and authentic. *Systematics*, 9(2), 43 – 73.

Bortoft, H. (1985). Counterfeit and authentic wholes: Finding a means for dwelling in nature. In D. Seamon and R. Mugerauer, eds. *Dwelling, place and environment* (pp. 289 – 302). Dordrecht, the Netherlands: Martinus-Nijhoff.

Bortoft, H. (1996). *The wholeness of nature*. Edinburgh, UK: Floris Books.

Bortoft, H. (2012). *Taking appearance seriously*. Edinburgh, UK: Floris Books.

Böhme, G. (2014). Urban atmospheres. In C. Borch (ed.) *Architectural atmospheres* (pp. 42 – 59). Basel, Switzerland: Birkhäuser.

Böhme, G., Griffero, T., and Thibald, J., eds. (2014). *Architecture and atmosphere*. Espoo, Finland: Tapio Wirkkala Rut Bryk Foundation.

Brittan, G.G., Jr. (2001). Wind, energy, landscape: Reconciling nature and technology. *Philosophy and Geography*, 4(2), 169 – 184.

Brittan, G.G., Jr. (2002a). The wind of one's sails: A philosophy. In M.J. Pasqualetti, P. Gibe, and R.W. Righter, eds. *Wind power in view* (pp. 59 – 79). San Diego, CA: Academic Press.

Brittan, G.G., Jr. (2002b). Fitting wind power to landscape: A place-based wind turbine. *Environmental and Architectural Phenomenology*, 13(2), 10 – 15.

Burch, R. (1989). On phenomenology and its practices. *Phenomenology + Pedagogy*, 7, 187 – 217.

Burch, R. (1990). Phenomenology and lived experience: Taking a measure of the topic. *Phenomenology + Pedagogy*, 8, 130 – 160.

Burch, R. (1991). Phenomenology and the human sciences reconsidered. *Phenomenology + Pedagogy*, 9, 27 – 69.

Buttimer, A. (1972). Social space and the planning of residential areas. *Environment and Behavior*, 4(3), 279 – 318.

Buttimer, A. (1976). Grasping the dynamism of lifeworld. *Annals of the Association of American Geographers*, 66(2), 277 – 292.

Cameron, J. (2005). Place, Goethe and phenomenology: A theoretical journey. *Janus Head*, 8(1), 174 – 198.

Carman, T. (2008). *Merleau-Ponty*. London: Routledge.

Carmona, M., Tiesdell, S., Heath, T., and Oc, T. (2010). *Public places, urban spaces: The dimensions of urban design*. London: Architectural Press/Elsevier.

Casey, E.S. (1997). *The fate of place: A philosophical history*. Berkeley: University of California Press.

Casey, E.S. (2001a). Between geography and philosophy. Annals, *Association of American Geographers*, 91(4), 683 – 693.

Casey, E.S. (2001b). J.E. Malpas's Place and experience. *Philosophy and Geography*, 4(2), 225 – 231.

Casey, E.S. (2009). *Getting back into place*, 2nd edn. Bloomington, IN: Indiana University Press.

Cerbone, D.R. (2006). *Understanding phenomenology*. Durham, UK: Acumen.

Cerbone, D.R. (2008). Perception. In R. Diprose and J. Reynolds, eds. *Merleau-Ponty: Key concepts* (pp. 121 – 131). Stockfield, UK: Acumen Publishing.

Compton, J. (1997). Existential phenomenology. In L. Embree, ed. *Encyclopedia of phenomenology* (pp. 205 – 209). Dordrecht, the Netherlands: Kluwer.

Cohn, D. and Morin, R. (2008). *Who moves? Who stays put? Where's home? Pew Demographic Trends*. Washington, DC: Pew Research Center. http://pewsocialtrends. org/assets/pdf/Movers-and-Stayers.pdf (accessed July 5, 2017).

Connolly, W. (1995). *The ethos of pluralization*. Minneapolis, MN: University of Minnesota Press.

Creswell, J.W. (2007). *Qualitative inquiry and research design*. Thousand Oaks, CA: SAGE.

Cresswell, T. (2006). *On the move: Mobility in the modern world*. New York: Taylor & Francis.

Cresswell, T. (2013). *Geographic thought: A critical introduction*. Oxford, UK: Wiley-Blackwell.

Cresswell, T. (2014). *Place: A history*. Oxford: Blackwell.

Dahlberg, K. (2006). The essence of essences – The search for meaning structures in phenomenological analysis of lifeworld phenomena. *International Journal of Qualitative Studies in Health and Well-Being*, 1(1), 11 – 19.

Dainotto, R. (2000). *Place in literature: Regions, culture and communities*. Ithaca, NY: Cornell University Press.

Davis, H. (2012). *Living over the store*. London: Routledge.

Dardel, E. (1952). *L'homme et la terre: Nature de la réalité géographique*. Paris: Presses Universitaries de France.

Deleuze, G. and Guattari, F. (1987). *A thousand plateaus*. Minneapolis, MN: University of Minnesota Press.

Diprose, R. and Reynolds, J., eds. (2008). *Merleau-Ponty: Key concepts*. Stockfield, UK: Acumen Publishing.

Doczi, G. (2005). *The power of limits: Philosophy and practice*. Boston, MA: Shambhala.

Donohoe, J. (2011). The place of home. *Environmental Philosophy*, 8(1), 25 – 40.

Donohoe, J. (2014). *Remembering places*. New York: Lexington Books.

Donohoe, J. (2017a). Hermeneutics, place, and the environment. In Bruce Janz, ed. *Place, space and hermeneutics* (pp. 427 - 436). Cham, Switzerland: Springer.

Donohoe, J., ed. (2017b). *Place and phenomenology*. New York: Roman & Littlefield.

Dorfman, E. (2009). History of the lifeworld from Husserl to Merleau-Ponty. *Philosophy Today*, 53(3), 294 - 303.

Dovey, K. (1985). The quest for authenticity and the replication of environmental meaning. In D. Seamon and R. Mugerauer, eds. *Dwelling, place and environment* (pp. 33 - 49). Dordrecht, the Netherlands: Martinus Nijhoff.

Dovey, K. (2010). *Becoming places*. London: Routledge.

Durrell, L. (1971). Landscape and character. In A.G. Thomas, ed. *Spirit of place* (pp. 159 - 163). New York: Dutton.

Erickson, K.T. (1976). *Everything in its path: Destruction of community in the Buffalo Creek flood*. New York: Simon and Schuster.

Evans, F. (2008). Chiasm and flesh. In R. Diprose and J. Reynolds, eds. *Merleau-Ponty: Key concepts* (pp. 184 - 193). Stockfield, UK: Acumen Publishing.

Fathy, H. (1973). *Architecture for the poor*. Chicago, IL: University of Chicago Press.

Fine, G.A. and Deegan, J. (1996). Three principles of serendipity: Insight, chance, and discovery in qualitative research. *Qualitative Studies in Education*, 9(4), 434 - 447.

Finlay, L. (2006). The body's disclosure in phenomenological research. *Qualitative Research in Psychology*, 3(1), 19 - 30.

Finlay, L. (2011). *Phenomenology for therapists: Researching the lived world*. Oxford: Wiley/Blackwell.

Fisher, C. (1982). *To dwell among friends*. Chicago, IL: University of Chicago Press.

Fried, M. (1972). Grieving for a lost home. In R. Gutman, ed. *People and buildings* (pp. 229 - 248). New York: Basic Books.

Frumkin, H., Frank, L., and Jackson, R.J. (2004) *Urban sprawl and public health: Designing, planning, and building for healthy communities*, Washington, DC: Island Press.

Fullilove, M.T. (2004). *Root shock*. New York: Ballantine Books.

Fullilove, M.T. (2011). *Urban alchemy*. New York: New Village Press.

Gallagher, S. (1986). Lived body and environment. *Research in Phenomenology*, 16(1), 139 - 170.

Gans, H. (1962). *The urban villagers*. New York: Free Press.

Gardner, W.H., ed. (1953). Introduction. In G.M. Hopkins, *Poems and prose* (pp. xiii - xxxvi). London: Penguin.

Gearty, C. (2010) Do human rights help or hinder environmental protection? *Journal of*

Human Rights and the Environment, 1(1), 7 - 22.

Gehl, J. (1987). *Life between buildings*. New York: Van Nostrand Reinhold.

Gieryn, T.F. (2000). A space for place in sociology. *Annual Review of Sociology*, 26(1), 463 - 496.

Gieryn, T.F. (2002). Give place a chance: Reply to Gans. *City & Community*, 1(4), 341 - 343.

Giorgi, A. (2009). *Descriptive phenomenological method in psychology*. Pittsburgh, PA: Duquesne University Press.

Gladwell, M. (2008). *Outliers*. New York: Back Bay Books.

Goffman, E. (1963). *Behavior in public places*. New York: Free Press.

Goffman, E. (1983). The interaction order. *American Sociological Review*, 48(1), 1 - 17.

Goldstein, A. (2017). *Janesville: An American story*. New York: Simon & Schuster.

Grabow, S. (1983). *Christopher Alexander and the search for a new paradigm in architecture*. London: Oriel Press.

Greenfield, A. (2017). *Radical technologies: The design of everyday life*. London: Verso.

Griffero, T. (2014). *Atmospheres: Aesthetics of emotional spaces*. Burlington, VT: Ashgate.

Griffero, T. (2017). *Quasi-Things: The paradigm of atmospheres*. Albany: State University of New York Press.

Gruenewald, D.A. (2003). Foundations of place: A multidisciplinary framework for place-conscious education. *American Educational Research Review*, 40(3), 619 - 654.

Hammond, D. (2003). *The science of synthesis*. Boulder: University Press of Colorado.

Hanson, J. (1998). *Decoding homes and houses*. Cambridge, UK: Cambridge University Press.

Hanson, J. (2000). Urban transformations. *Urban Design International*, 5(2), 97 - 122.

Hardt, M. and Negri, A. (2000). *Empire*. Cambridge, MA: Harvard University Press.

Harries, K. (1997). *The ethical function of architecture*. Cambridge, MA: MIT Press.

Harte, B. (1961). *Selected stories of Bret Harte*. New York: Pyramid Books.

Hay, P. (2002). *Major currents in Western environmental thought*. Bloomington: University of Indiana Press.

Heidegger, M. (1962). *Being and time*. New York: Harper and Row.

Heidegger, M. (1969). *Identity and difference*. New York: Harper and Row.

Heidegger, M. (1971a). Building dwelling thinking. In *Poetry, language, thought*. New York: Harper and Row.

Heidegger, M. (1971b) *Poetry, language, thought*. New York: Harper and Row.

Heinämaa, S. (2012). The body. In S. Luft and S. Overgaard, eds. *The Routledge companion to phenomenology* (pp. 222 - 232). London: Routledge.

Hillier, B. (1989). The architecture of the urban object. *Ekistics*, 56(334/33), 5 - 21.

Hillier, B. (1996). *Space is the machine*. Cambridge, UK: Cambridge University Press.

Hillier, B. (2005). Between social physics and phenomenology: Explorations towards an urban synthesis? In A. van Nes, ed. *Proceedings of the 5th international space syntax symposium* (pp. 3 - 23). Delft, the Netherlands: Delft Techne Press.

Hillier, B. (2008). The new science and the art of place. In T. Haas, ed. *New urbanism and beyond* (pp. 30 - 39). New York: Rizzoli.

Hillier, B. and Hanson, J. (1984). *The social logic of space*. Cambridge, UK: Cambridge University Press.

Hopkins, G.M. (1953). *Gerard Manley Hopkins: Poems and prose*. London: Penguin.

Horan, D. (2000) *Digital places*. Washington, DC: Urban Land Institute.

Husserl, E. (1970) *The crisis of European sciences and transcendental phenomenology*. Evanston, IL: Northwestern University Press.

IOM (2010). International Organization on Migration, World migration report 2010; http://www.publications.iom.int (accessed July 17, 2017).

Jacobs, J. (1958). Downtown is for people. In W. Whyte, ed. *The exploding metropolis* (pp. 157 - 184). Garden City, NY: Doubleday & Company.

Jacobs, J. (1961). *The death and life of great American cities*. New York: Vintage.

Jacobson, K. (2010). The experience of home and the space of citizenship. *The Southern Journal of Philosophy*, 48(3), 219 - 245.

Jager, B. (1975). Theorizing, journeying, dwelling. In A. Giorgi, C. Fischer and E. Murray, eds. *Duquesne studies in phenomenological psychology, vol. 2* (pp. 235 - 260). Pittsburgh, PA: Duquesne University Press.

Jager, B. (1983). Theorizing the elaboration of place: Inquiry into Galileo and Freud. In A. Giorgi, A. Barton, and C. Maes, eds. *Duquèsne studies in phenomenological psychology, vol. 4* (pp. 153 - 180). Pittsburgh, PA: Duquesne University Press.

Jager, B. (1985). Body, house and city: The intertwinings of embodiment, inhabitation and civilization. In D. Seamon and R. Mugerauer, eds. *Dwelling, place and environment* (pp. 215 - 225). Dordrecht, the Netherlands: Martinus Nijhoff.

Jager, B. (1997). Concerning the festive and the mundane. *Journal of Phenomenological Psychology*, 28(2), 196 - 235.

Jager, B. (2001a). Introduction. *Journal of Phenomenological Psychology*, 32(2), 103 - 117.

Jager, B. (2001b). The birth of poetry and the creation of the human world. *Journal of Phenomenological Psychology*, 32(2), 131 - 154.

Jager, B. (2007). Memories and myths of evil: A reflection on the fall from paradise. In C. Thiboutot, ed. *Essais de psychologie phénoménoguique-existentielle: Réunis en homage au professeur Bernd Jager* (pp. 394 - 421). Montreal, Canada: *Cercle interdisciplinaire de recherches phénoméologiques.*

Jager, B. (2009). Thresholds and inhabitation. *Environmental and Architectural Phenomenology*, 20(3), 8 – 10.

Jager, B. (2010). Towards a psychology of homo habitans: A reflection on cosmos and universe. In T.F. Cloonan and C. Thiboutot, eds. *The redirection of psychology: Essays in honor of Amedeo P. Giorgi* (pp. 229 – 249). Montreal, Canada: *Cercle interdisciplinaire de recherches phénoméologiques.*

Jager, B. (2013). Psychology as an art and as a science: A reflection on the myth of Prometheus. *The Human Psychologist*, 41(3), 261 – 284.

Janz, B.B. (2005). Walls and borders: The range of place. *City & Community*, 4(1), 87 – 94.

Janz, B.B., ed. (2017). *Place, space and hermeneutics.* Cham, Switzerland: Springer.

Jargon, J. (2017). McDonald's offers franchises help to regain business. *Wall Street Journal*, Friday, May 12, p. B5.

Johnson, S. (2010). *Where good ideas come from.* New York: Riverhead Books.

Jonas, A. (2012). Region and place: regionalism in question. *Progress in Human Geography*, 36(2), 263 – 272.

Jones, L. (2000). *The hermeneutics of sacred architecture*, 2 vols. Cambridge, MA: Harvard University Press.

Jung, C.G. (1973). *Synchronicity: An acausal connecting principle.* Princeton, NJ: Princeton University Press.

Kelly, K. (2016). *The inevitable: Understanding the 12 technological forces that will shape our future.* New York: Viking.

Kemmis, D. (1990). *Community and the politics of place.* Norman: University of Oklahoma Press.

Kemmis, D. (1995). *The good city and the good life.* New York: Houghton Mifflin.

Klemek, C. (2011). Dead or alive at fifty? Reading Jane Jacobs on her golden anniversary. *Dissent*, Spring, 73 – 77.

Klinenberg, E. (2002). *Heat wave.* Chicago, IL: University of Chicago Press.

Koestler, A. (1972). *The roots of coincidence.* New York: Vintage.

Kogl, A. (2008). *Strange places: The political potentials and perils of everyday spaces.* New York: Rowman & Littlefield.

Kopec, D. (2012). *Environmental psychology for design*, 2nd edn. New York: Fairchild.

Krafel, P. (1989). *Shifting.* Cottonwood, CA: P. Krafel.

Krafel, P. (1998). *Seeing nature.* White River Junction, VT: Chelsea Green [a revised edition of Krafel, Shifting].

Lane, B. (2000). *Landscapes of the sacred.* Baltimore, MA: Johns Hopkins Press.

Larsen, S.C. and Johnson, J.T. (2017). *Being together in place: Indigenous coexistence in a more than human world*. Minneapolis: University of Minnesota Press.

Laurence, P.L. (2011). The unknown Jane Jacobs: Geographer, propagandist, city planning idealist. In M. Page and T. Mennel, eds. *Reconsidering Jane Jacobs* (pp. 15 - 36). Washington, DC: APA Planners Press.

Laurence, P.L. (2016). *Becoming Jane Jacobs*. Philadelphia: University of Pennsylvania Press.

Lawlor, R. (1982). *Sacred geometry: Philosophy and practice*. London: Thames and Hudson.

Leder, D. (1990). *The absent body*. Chicago, IL: University of Chicago Press.

Leidner, R. (1993). *Fast food, fast talk: Service work and the routinization of everyday life*. Berkeley: University of California Press.

Lessing, D. (1969). *The four-gated city*. New York: Bantam.

Lessing, D. (1984). *The diaries of Jane Somers*. New York: Vintage.

Lewicka, M. (2011). Place attachment: How far have we come in the last 40 years? *Journal of Environmental Psychology*, 31(3), 207 - 230.

Lewis, P. (1979). Defining a sense of place. In W.P. Prenshaw and J.O. McKee, eds. *Sense of place: Mississippi* (pp. 24 - 46). Jackson: University of Mississippi Press.

Lively, P. (1998). *Spiderweb*. London: Penguin.

Lively, P. (2007). *Consequences*. London: Penguin.

Lively, P. (2011). *How it all began*. London: Penguin.

Lively, P. (2013). *Dancing fish and ammonites: A memoir*. London: Penguin.

Lofland, L.H. (1985). *A world of strangers: Order and action in urban public space*. Prospect Heights, IL: Waveland.

Lofland, L.H. (1998). *The public realm*. New York: Aldine de Gruyter.

Low, S. (2003a). *Behind the gates: The new American dream*. New York: Routledge.

Low, S. (2003b). Embodied space(s). *Space and Culture*, 6(1), 9 - 18.

Madison, G.B. (1988). *The hermeneutic of postmodernity*. Bloomington: Indiana University Press.

Main, R. (1997). *Jung on synchronicity and the paranormal*. Princeton, NJ: Princeton University Press.

Main, R. (2007) *Revelations of chance*. Albany: State University of New York Press.

Malpas, J.E. (1999). *Place and experience*. Cambridge, UK: Cambridge University Press.

Malpas, J.E. (2001). Comparing topographies: Across paths/around place: A reply to Casey. *Philosophy and Geography*, 4(2), 231 - 238.

Malpas, J.E. (2006) *Heidegger's topology*. Cambridge, MA: MIT Press.

Malpas, J.E. (2009). Place and human being. *Environmental and Architectural Phenomenology*, 20(3), 19 - 23.

Malpas, J.E. (2012a). *Heidegger and the thinking of place.* Cambridge, MA: MIT Press.

Malpas, J.E. (2012b). Putting space in place: Philosophical topography and relational geography. *Environment and Planning D: Society and Space*, 30(2), 226 – 242.

Malpas, J.E. (2014). Human being as placed being. *Environmental and Architectural Phenomenology*, 25(3), 8 – 9.

Malpas, J.E., ed. (2015). *The intelligence of place: Topographies and poetics.* London: Bloomsbury.

Manzo, L.C. (2003). Beyond house and haven. *Journal of Environmental Psychology*, 23(1), 47 – 61.

Manzo, L.C. (2005). For better or worse: Exploring multiple dimensions of place meaning. *Journal of Environmental Psychology*, 25(1), 67 – 86.

Manzo, L.C. and Devine-Wright, P., eds. (2014). *Place attachment: Advances in theory, methods and research.* New York: Routledge.

Marshall, S. (2012). Science, pseudo-science and urban design. *Urban Design International*, 17(4): 257 – 271.

Martin, D. (2006). Jane Jacobs, urban activist, is dead at 89 [obituary]. *New York Times*, April 26, 2006.

Massey, D. (1997). A global sense of place. In T. Barnes and D. Gregory, eds. *Reading human geography* (pp. 315 – 323). London: Arnold.

Massey, D. (2005). *For space.* London: SAGE.

Massey, D. (2009). The possibilities of a politics of place beyond place? *Scottish Geographical Journal*, 125(3/4), 401 – 420.

Mbembe, A. (2001). *On the postcolony.* Berkeley: University of California Press.

McFarlane, C. (2011). The city as assemblage. *Environment and Planning D: Society and Space*, 29(4), 649 – 671.

McGilchrist, I. (2009). *The master and the emissary: The divided brain and the making of the Western world.* New Haven, CT: Yale University Press.

Mehta, V. (2013). *The street.* London: Routledge.

Merleau-Ponty, M. (1962). *Phenomenology of perception.* New York: Humanities Press.

Merleau-Ponty, M. (1968). *The visible and the invisible.* Evanston, IL: Northwestern University Press.

Merton, R. and Barber, E. (2004). *The travels and adventures of serendipity.* Princeton, NJ: Princeton University Press.

Meyrowitz, J. (2015). Place and its mediated re-placements. In J. Malpas, ed. *The intelligence of place* (pp. 93 – 128). London: Bloomsbury.

Michael, S. (2018). *Expanded understandings of place making through genre painting: A heuristic study in the Mid North of South Australia.* Doctoral thesis, Department of

Visual Art, University of South Australia, Adelaide.

Miller, V. (2016). *The crisis of presence in contemporary culture*. London: Sage.

Miles, M. (2006). Utopias of mud? Hassan Fathy and alternative modernisms. *Space and Culture*, 9(2), 116 - 139.

Minton, A. (2009). *Ground control: Fear and happiness in the twenty-first-century city*. London: Penguin.

Montgomery, C. (2014). *Happy city: Transforming our lives through urban design*. New York: Farrar, Straus and Giroux.

Moores, S. (2012). *Media, place and mobility*. Basingstoke, UK: Palgrave Macmillan.

Moran, D. (2000). *Introduction to phenomenology*. London: Routledge.

Moran, D. (2001). Phenomenology. In C. Meister and J. Beilby, eds. *The Routledge companion to modern Christian thought* (pp. 349 - 363). London: Routledge.

Moran, D. (2005) *Edmund Husserl: Founder of phenomenology*. Cambridge, UK: Polity.

Moran, D. (2008). The phenomenological approach: An introduction. In L. Introna, F. Ilharco, and E. Fay, eds. *Phenomenology, organization and technology* (pp. 21 - 41). Lisbon, Portugal: Universidade Católica Editora.

Moran, D. (2011). Edmund Husserl's phenomenology of habituality and habitus. *Journal of the British Society for Phenomenology*, 42(1), 53 - 76.

Moran, D. (2014). The ego as substrate of habitualities: Edmund Husserl's phenomenology of the habitual self. *Phenomenology and Mind*, 6, 26 - 47.

Moran, D. (2015a). Between vision and touch: From Husserl to Merleau-Ponty. In R. Kearny and B. Treanor, eds. *Carnal hermeneutics* (pp. 214 - 234). New York: Fordham University Press.

Moran, D. (2015b). Everydayness, historicity and the world of science: Husserl's life-world reconsidered. In L. 'Učník, I. Chvatík, and A. William, eds. *The phenomenological critique of mathematisation and the question of responsibility* (107 - 132).

Morgan, P. (2009). Towards a developmental theory of place attachment. *Journal of Environmental Psychology*, 30(1), 1 - 12.

Morley, D. (2000). *Home territories: Media, mobility and identity*. London: Routledge.

Morley, J. (2010) It's always about epoché. In T. Cloonan and C. Thiboutot, eds. *The redirection of psychology* (pp. 293 - 305). Quebec, Canada: Interdisciplinary Circle of Phenomenological Research, University of Quebec.

Morris, D. (2004). *The sense of space*. Albany: State University of New York Press.

Morris, D. (2008). Body. In R. Diprose and J. Reynolds, eds. *Merleau-Ponty: Key concepts* (pp. 111 - 120). Stockfield, UK: Acumen Publishing.

Mugerauer, R. (1988). *Heidegger's language and thinking*. Atlantic Highlands, NJ: Humanities Press.

Mugerauer, R. (1994). *Interpretations on behalf of place.* Albany: State University of New York Press.

Mugerauer, R. (2008). *Heidegger and homecoming.* Toronto, Canada: University of Toronto Press.

Naficy, H., ed. (1999). *Home, homeland, exile.* New York: Routledge.

Norberg-Schulz, C. (1971) *Existence, space and architecture.* New York: Rizzoli.

Norberg-Schulz, C. (1980). *Genius loci: Towards a phenomenology of architecture.* New York: Rizzoli.

Norberg-Schulz, C. (1985). *The concept of dwelling.* New York: Rizzoli.

Oldenburg, R. (1999). *The great good place,* 2nd edn. New York: Marlowe & Company.

Paasi, A. (2011). The region, identity, and power. *Procedia: Social and Behavioral Sciences,* 14, 9 – 16.

Paasi, A. and Metzger, J. (2016). Foregrounding the region. *Regional Studies,* 51(1)1 – 12.

Pallasmaa, J. (2005). *The eyes of the skin: Architecture and the senses.* London: Wiley.

Pallasmaa, J. (2009). *The thinking hand.* London: Wiley.

Pallasmaa, J. (2014). Space, place, and atmospheres. In C. Borch, ed. *Architectural atmospheres* (pp. 18 – 41). Basel, Switzerland: Birkhäuser.

Pallasmaa, J. (2015). Place and atmosphere. In J. Malpas, ed. *The intelligence of place* (pp. 129 – 155). London: Bloomsbury.

Palmer, R. (1969). *Hermeneutics: Interpretation theory in Schleiermacher, Dilthey, Heidegger, and Gadamer.* Evanston, IL: Northwestern University Press.

Pasqualetti, M.J., Gipe, P., and Righter, R.W. (2002). *Wind power in view.* San Diego, CA: Academic Press.

Patterson, M. and Williams, D. (2005). Maintaining research traditions on place: Diversity of thought and scientific progress. *Journal of Environmental Psychology,* 25(4), 361 – 380.

Pearson, T.R. (1985). *A short history of a small place.* New York: Penguin.

Pendergast, M. (2017). *City on the verge: Atlanta and the fight for America's urban future.* New York: Basic Books.

Pietersma, H. (1997). Maurice Merleau-Ponty. In L. Embree, ed. *Encyclopedia of phenomenology* (pp. 457 – 461). Dordrecht: Kluwer.

Quillien, J. (2012). *Clever digs: How workspaces can enable thought.* Ames, IA: Culicidae Press.

Pyla, P. (2007). Hassan Fathy revisited. *Journal of Architectural Education,* 60(3), 26 – 39.

Rae, D.W. (2003). *City: Urbanism and its end.* New Haven, CT: Yale University Press.

Relph, E. (1976). *Place and placelessness.* London: Pion.

Relph, E. (1981). *Rational landscapes and humanistic geography.* London: Croom Helm.

Relph, E. (1985). Geographical experiences and being-in-the-world. In D. Seamon and R. Mugerauer, eds. *Dwelling, place and environment* (pp. 15 - 31). New York: Columbia University Press.

Relph, E. (1993). Modernity and the reclamation of place. In D. Seamon, ed. *Dwelling, seeing, and designing: Toward a phenomenological ecology* (pp. 25 - 40). Albany: State University of New York Press.

Relph, E. (2001). The critical description of confused geographies. In P.C. Adams, S. Hoelscher, and K.E. Till, eds. *Texture of place: Exploring humanist geographies* (pp. 150 - 166). Minneapolis: University of Minnesota Press.

Relph, E. (2007). Spirit of place and sense of place in virtual realities. *Techné*, 10(3), 1 - 8.

Relph, E. (2008). Sense of place and emerging social and environmental challenges. In J. Eyles and A. Williams, eds. *Sense of place, health and quality of life* (pp. 65 - 78). Burlington, VT: Ashgate.

Relph, E. (2009). A pragmatic sense of place. *Environmental and Architectural Phenomenology*, 20(3), 24 - 31.

Relph, E. (2015). Place and connection. In J. Malpas, ed. *The intelligence of place* (pp. 177 - 204). London: Bloomsbury.

Richards, S. (2012). *Architect knows best: Environmental determinism in architecture from 1956 to the present*. Burlington, VT: Ashgate.

Righter, R. (2002). *Wind energy in America*. Norman: University of Oklahoma Press.

Robbins, P. and Marks, B. (2010). Assemblage geographies. In S.J. Smith, R. Pain, S.A. Marston, and J.P. Jones, eds. *The SAGE handbook of social geographies* (pp. 176 - 194). London: SAGE.

Robinson, S. and Pallasmaa, J., eds. (2015). *Mind in architecture: Neuroscience, embodiment, and the future of design*. Cambridge, MA: MIT Press.

Romdenh-Romluc, K. (2012). Maurice Merleau-Ponty. In S. Luft and S. Overgaard, eds. *The Routledge companion to phenomenology* (pp. 103 - 112). New York: Routledge.

Rose, G. (1993). *Feminism and geography*. Cambridge, UK: Polity.

Rose, G. (1995). Place and identity. In D. Massey and P. Jess, eds. *A place in the world?* (pp. 87 - 132). Oxford: Oxford University Press.

Sadik-Khan, J. and Solomonow, S. (2016). *Street fight: Handbook for an urban revolution*. New York: Viking.

Scannell, L. and Gifford, R. (2010). Defining place attachment: A tripartite organizing framework. *Journal of Environmental Psychology*, 30(1), pp. 1 - 10.

Schuh, R.T. and Brower, A.V. (2009). *Biological systematics*, 2nd edn. Ithaca, NY: Cornell University Press.

Schwartz, S.I. (2015). *Street smart: The rise of cities and the fall of cars*. New York: Public

Affairs.

Sciolino, E. (2016). *The only street in Paris*. New York: Norton.

Seamon, D. (1979). *A geography of the lifeworld*. New York; London: St. Martin's Press; Routledge Revivals.

Seamon, D. (1985). Reconciling old and new worlds: The dwelling-journey relationship as portrayed in Vilhelm Moberg's "Emigrant" novels. In D. Seamon and R. Mugerauer, eds. *Dwelling, place and environment* (pp. 227 – 245). Dordrecht, the Netherlands: Martinus-Nijhoff.

Seamon, D. (1993). Different worlds coming together: A phenomenology of relationships as portrayed in Doris Lessing's Diaries of Jane Somers. D. Seamon, ed., *Dwelling, seeing and designing: Toward a phenomenological ecology* (pp. 219 – 246). Albany: State University of New York Press.

Seamon, D. (2004). Grasping the dynamism of urban place: Contributions from the work of Christopher Alexander, Bill Hillier, and Daniel Kemmis. In T. Mels, ed. *Reanimating places* (pp. 123 – 145). Burlington, VT: Ashgate.

Seamon, D. (2007). A lived hermetic of people and place: Phenomenology and space syntax. In A. S. Kubat, O. Ertekin, Y. I. Guney, and E. Eyuboglu, eds. *6th international space syntax symposium: Proceedings*, 2 vols. (pp. 1 – 16). Istanbul: Istanbul Technological University [ITU], Faculty of Architecture.

Seamon, D. (2008). Place, placelessness, insideness, and outsideness in John Sayles' Sunshine State. *Aether: The Journal of Media Geography*, 3, June, 1 – 19.

Seamon, D. (2010). Gaston Bachelard's topoanalysis in the 21st century: The lived reciprocity between houses and inhabitants as portrayed by American writer Louis Bromfield. In L. Embree, ed. *Phenomenology 2010* (pp. 225 – 243). Bucharest, Romania: Zeta Books.

Seamon, D. (2012a). "A jumping, joyous urban jumble": Jane Jacobs' death and life of great American cities as a phenomenology of urban place. *Journal of Space Syntax*, 3(1), 139 – 149.

Seamon, D. (2012b). Place, place identity, and phenomenology. In H. Casakin and F. Bernardo, eds. *The role of place identity in the perception, understanding, and design of the built environment* (pp. 1 – 25). London: Bentham Science Publishers.

Seamon, D. (2013a). Encountering the whole: Remembering Henri Bortoft (1938 – 2012). *Phenomenology & Practice*, 7(2), 100 – 107.

Seamon, D. (2013b). Lived bodies, place, and phenomenology: Implications for human rights and environmental justice. *Journal of Human Rights and the Environment*, 4(2), 143 – 166.

Seamon, D. (2013c). Phenomenology and uncanny homecomings: Homeworld, alienworld, and being-at-home in Alan Ball's HBO television series, Six Feet Under. In D. Boscaljon, ed. *Resisting the place of belonging* (pp. 155 - 170). Burlington, VT: Ashgate.

Seamon, D. (2014a). Lived-immersion-in-world. *Environmental and Architectural Phenomenology*, 25(3), 5 - 8.

Seamon, D. (2014b). Physical and virtual environments: Meaning of place and space. In B.A. Boyt Schell, G. Gillen, and M.E. Scaffa, eds. *Willard & Spackman's occupational therapy*, 12th edn. (pp. 202 - 214). Philadelphia, PA: Lippincott, Williams & Wilkens.

Seamon, D. (2014c). Place attachment and phenomenology. In L. Manzo and P. Devine-Wright, eds. *Place attachment: Advances in theory, methods and research* (pp. 11 - 22). New York: Routledge.

Seamon, D. (2015a). Lived emplacement and the locality of being: A return to humanistic geography? In S. Aitken and G. Valentine, eds. *Approaches to human geography*, 2nd edn. (pp. 35 - 48). London: SAGE.

Seamon, D. (2015b). Situated cognition and the phenomenology of place: Lifeworld, environmental embodiment, and immersion-in-world. *Cognitive Processes*, 16(1), 389 - 392.

Seamon, D. (2015c) Understanding place holistically: Cities, synergistic relationality, and space syntax. *Journal of Space Syntax*, 6(1), 32 - 43.

Seamon (2016). Christopher Alexander and a phenomenology of wholeness. In K. Pontikis and Y. Rofé, eds. *In pursuit of a living architecture: Continuing Christopher Alexander's quest for a humane and sustainable building culture* (pp. 50 - 66). Champaign, IL: Common Ground.

Seamon, D. (2017a). Architecture, place, and phenomenology: Buildings as lifeworlds, atmospheres, and environmental wholes. In J. Donohoe, ed. *Phenomenology and place* (pp. 247 - 263). New York: Roman and Littlefield.

Seamon, D. (2017b). A phenomenological and hermeneutic reading of Rem Koolhaas's Seattle Central Library. In R.C. Dalton and C. Hölscher, eds. *Take one building: Interdisciplinary research perspectives of the Seattle Central Library* (pp. 67 - 94). London: Routledge.

Seamon, D. (2017c). Hermeneutics and architecture: Buildings-in-themselves and interpretive trustworthiness. In B. Janz, ed. *Hermeneutics, space, and place* (pp. 347 - 360). Cham, Switzerland: Springer.

Seamon, D. (2018a). Architecture and phenomenology. In D. Lu, ed. *The Routledge companion to contemporary architectural history*. London: Routledge, in press.

Seamon, D. (2018b). Lifeworld, place, and phenomenology: Holistic and dialectical perspectives. In T. Collins and N. Cronin, eds. *Lifeworlds: Space, place and Irish culture*. Cork, Ireland: Cork University Press, in press.

Seamon, D. (2018c). Merleau-Ponty, lived body, and place: Toward a phenomenology of human situatedness. In T. Hünefeldt and A. Schlitte, eds. *Situatedness and place*. Cham, Switzerland: Springer, in press.

Seamon, D. (2018d). Well-being and phenomenology: Lifeworld, natural attitude, homeworld and place. In K. Galvin, ed. *A handbook of well-being*. London: Routledge, in press.

Seamon, D. and Gill, N. (2016). Qualitative approaches to environment-behavior research: Understanding environmental and place experiences, meanings, and actions. In R. Gifford, ed. *Research methods for environmental psychology* (pp. 115 - 135). New York: Wiley-Blackwell.

Seamon, D. and Mugerauer, R., eds. (1985). *Dwelling, place and environment*. Dordrecht, the Netherlands: Nijhoff,

Seamon, D. and Nordin, C. (1980). Marketplace as place ballet: A Swedish example. *Landscape*, 24, October, 35 - 41.

Shamai, S. (1991). Sense of place: An empirical measurement. *Geoforum*, 22(3), 347 - 358.

Simms, E. (2008). Children's lived spaces in the inner city. *The Humanistic Psychologist*, 36(1), 72 - 89.

Slife, B.D. (2004). Taking practice seriously: Toward a relational ontology. *Journal of Theoretical and Philosophical Psychology*, 24(2),157 - 178.

Sokolowski, R. (2000). *Introduction to phenomenology*. Cambridge, UK: Cambridge University Press.

Solnit, R. (2009). *A paradise built in hell: The extraordinary communities that arise in disaster*. New York: Penguin.

Speck, J. (2012). *Walkable city*. New York: Farrar, Staus and Giroux.

Spiegelberg, H. (1982). *The phenomenological movement*. The Hague, the Netherlands: Martinus Nijhoff.

Sprout, H. and Sprout, M. (1965). *The ecological perspective on human affairs*. Princeton, NJ: Princeton University Press.

Stambaugh, J. (1969). Introduction. In M. Heidegger, *Identity and difference* (pp. 7 - 18). New York: Harper & Row.

Stefanovic, I.L. (1991). Evolving sustainability: A re-thinking ontological foundations. *Trumpeter*, 8(4), 194 - 200.

Stefanovic, I.L. (1998). Phenomenological encounters with place: Cavtat to square one. *Journal of Environmental Psychology*, 18(1), 31 - 44.

Stefanovic, I.L. (2000). *Safeguarding our common future*. Albany: State University of New York Press.

Steinbock, A. (1994). Homelessness and the homeless movement: A clue to the problem of intersubjectivity. *Human Studies*, 17(2), 203 - 223.

Steinbock, A. (1995). *Home and beyond: Generative phenomenology after Husserl*. Evanston, IL: Northwestern University Press.

Steinfeld, E. and White, J. (2010.) *Inclusive housing*. New York: Norton.

Storper, M. and Scott, A.J. (2016). Current debates in urban theory. *Urban Studies*, 53(6), 1114 - 1136.

Tilley, C. (1994). *A phenomenology of landscape*. Oxford: Berg.

Tilley, C. (2010). *Interpreting landscapes: Explorations in landscape phenomenology* 3. Walnut Creek, CA: Left Coast Press.

Tilley, C. and Cameron-Daum, K. (2017). *An anthropology of landscape*. London: University College London Press.

Timberg, S. (2015). *Culture crash: The killing of the creative class*. New Haven, CT: Yale University Press.

Tomaney, J. (2010). Parish and universe: Patrick Kavanagh's poetics of the local. *Environment and Planning D: Society and Space*, 28(2), 311 - 325.

Tomaney, J. (2012). Parochialism: A defense. *Progress in Human Geography*, 37(5), 658 - 672.

Toombs, S.K. (1995). The lived experience of disability. *Human Studies*, 18(1), 9 - 23.

Toombs, S.K. (2000). *Handbook of phenomenology and medicine*. Dordrecht, the Netherlands: Kluwer.

Trentelman, C.K. (2009). Place attachment and community attachment: A primer grounded in the lived experience of a community sociologist. *Society and Natural Resources*, 22(3), 191 - 210.

Tuan, Y. (1974a). Space and place: Humanistic perspective. In C. Board, R.J. Chorley, P. Haggett, and D.R. Stoddard, eds. *Progress in human geography*, vol. 6 (pp. 111 - 152). London: Edward Arnold.

Tuan, Y. (1974b). *Topophilia*. Englewood Cliffs, NJ: Prentice-Hall.

Tuan, Y. (1977). *Space and place*. Minneapolis: University of Minnesota Press.

Tuan, Y. (1980). Rootedness and a sense of place. *Landscape*, 24, January, 3 - 8.

UN DESA (2010). Trends in international migrant stock. United Nations Department of Economic and Social Affairs. http://esa.un.org/migration/index.asp?panel=1 (July 17, 2017).

van Eck, D. and Pijpers, R. (2017). Encounters in place ballet: A phenomenological perspective on older people's walking routines in an urban park. *Area*, 49(2), 166 - 173.

van Manen, M. (2014). *Phenomenology of practice*. Walnut Creek, CA: Left Coast Press.

Vesely, D. (2003). The humanity of architecture. In N. Leach, ed. *Architecture and revolution* (pp. 139 – 145). London: Routledge.

Wachterhauser, B.R. (1996). Must we be what we say? Gadamer on truth in the human sciences. In B.R. Wachterhauser, ed. *Hermeneutics and modern philosophy* (pp. 219 – 240). Albany: State University of New York Press.

Weiss, G. (2008). *Intertwinings: Interdisciplinary encounters with Merleau-Ponty*. Albany: State University of New York Press.

Weiss, G. and Haber, H.F., eds. (1999). *Perspectives on embodiment*. New York: Routledge.

Whyte, W. (1980). *The social life of small urban spaces*. New York: Project for Public Spaces.

Whyte, W. (1988). *City: Rediscovering the center*. New York: Doubleday.

Wiggins, B.J., Ostenson, J.A., and Wendt, D.C. (2012). The relational foundations of conservation psychology. *Ecopsychology*, 4(3), 209 – 215.

Williams Goldhagen, S. (2017). *Welcome to your world: How the built environment shapes our lives*. New York: HarperCollins.

Willig, C. (2001). *Introducing qualitative research in psychology*. Philadelphia, PA: Open University Press.

Wood, S. (2014). Favorite places: Spatial and temporal dimensions of place attachment, *Environmental and Architectural Phenomenology*, 25(2), 10 – 16.

Wood, S. (2016a). Moving: Remaking a lifeworld. *Environmental and Architectural Phenomenology*, 27(1), 14 – 17.

Wood, S. (2016b). Moving and ongoing place processes. *Environmental and Architectural Phenomenology*, 27(2), 13 – 15.

Wylie, L. (1957). *Village in the Vaucluse*. Cambridge, MA: Harvard University Press.

Yardley, L. (2008). Demonstrating validity in qualitative psychology. In J.A. Smith, ed. *Qualitative psychology*, 2nd edn. (pp. 235 – 251). Thousand Oaks, CA: SAGE.

Zukin, S. (2010). *Naked city: The death and life of authentic urban places*. New York: Oxford University Press.

삶은 장소에서 일어난다

2020년 2월 20일 초판 1쇄 발행

지은이 ㅣ 데이비드 시먼
옮긴이 ㅣ 최일만
펴낸이 ㅣ 노경인 · 김주영

펴낸곳 ㅣ 도서출판 앨피
출판등록 ㅣ 2004년 11월 23일 제2011-000087호
주소 ㅣ 우)07275 서울시 영등포구 영등포로 5길 19(양평동 2가, 동아프라임밸리) 1202-1호
전화 ㅣ 02-336-2776   팩스 ㅣ 0505-115-0525
블로그 ㅣ bolg.naver.com/lpbook12
전자우편 ㅣ lpbook12@naver.com

ISBN 979-11-87430-85- 8   94300